Der Unilateral Contract

Europäische Hochschulschriften
Publications Universitaires Européennes
European University Studies

Reihe II
Rechtswissenschaft

Série II Series II
Droit
Law

Bd./Vol. 4121

PETER LANG
Frankfurt am Main · Berlin · Bern · Bruxelles · New York · Oxford · Wien

Cornelia Wendel

Der Unilateral Contract

Eine rechtsvergleichende Untersuchung zwischen dem englischen und US-amerikanischen Recht und dem deutschen Recht

PETER LANG
Europäischer Verlag der Wissenschaften

Bibliografische Information Der Deutschen Bibliothek
Die Deutsche Bibliothek verzeichnet diese Publikation in der Deutschen Nationalbibliografie; detaillierte bibliografische Daten sind im Internet über <http://dnb.ddb.de> abrufbar.

Zugl.: Passau, Univ., Diss., 2003

D 739
ISSN 0531-7312
ISBN 3-631-53636-4

www.peterlang.de

Inhaltsübersicht

Literaturverzeichnis

Adam, Dietrich: Planung und Entscheidung: Modelle – Ziele – Methoden, 3. Aufl., Wiesbaden 1993

Adams, John N. / Brownswood, Roger: Understanding Contract Law, 2nd ed., London 1994

Ames, James Barr: Lectures on Legal History and Miscellaneous Legal Essays, Reprint Edition Buffalo/New York 1986

Ames, James Barr: The History of Assumpsit I., II., 2 Harvard L.Rev. 1 ff., 53 ff. (1888)

Ashly, Clarence D.: Offers Calling for Consideration other than Counter Promise, 23 Harvard L.Rev. 159 ff. (1910)

Ashworth, Andrew: The Criminal Process, Oxford 1994

Atiyah, Patrick S.: An Introduction to the Law of Contract, 5th ed., Oxford 1995

Atiyah, Patrick S.: Essays on Contract, Oxford 1986

Atiyah, Patrick S.: The Rise and Fall of Freedom of Contract, Oxford 1979

Baker, John Hamilton/ Milsom S.: Sources of English Legal History, London 1986

Baker, John Hamilton, An Introduction to English Legal History, 4th ed., London 2002

Baker, John Hamilton: New Light on Slade's Case, 30 Cambridge L.J. 51 ff., 213 ff. (1971)

Baker, John Hamilton: Origins of the „Doctrine of Consideration“ 1535 – 1585, in: Arnold, Morris S. (ed. et al), On the Laws and Customs of England, Essays in Honor of Samuel E. Thorne, Chapel Hill, 1981, S. 336 ff.

Baker, John Hamilton: Book Review (reviewing P.S. Atiyah, The Rise and Fall of Freedom of Contract, 1979) 43 M.L.R. 467 (1980)

Baker, John Hamilton: English Law and the Renaissance, 44 Cambridge L.J., 46 ff. (1985)

Baker, John Hamilton: The Legal Professions and the Common Law, Bristol 1986

Baker, John Hamilton: The Law merchant and the Common Law before 1700, 38 Cambridge L.J. 295 ff. (1979)

Ballantine, Henry W.: Acceptance of Offers for Unilateral Contracts by Partial Performance of Service Requested, 5 Minnesota L.Rev. 94 ff. (1921)

Barbour, W.T.: The History of Contract in Early English Equity, in: Oxford Studies in Social and Legal History, Vol. IV, Oxford 1914

Barton, J. L.: The Early History of Consideration, 85 L.Q.Rev. 372 ff. (1969)

Becker, Walter G.: Gegenopfer und Opferverwehrung, Berlin/ Frankfurt a.M. 1958

Behrens, Peter: Die ökonomischen Grundlagen des Rechts, Tübingen 1986

Benson, Bruce L.: The Enterprise of Law. Justice Without the State, San Francisco 1990

Berensmann, Wolfgang: Bürgschaft und Garantievertrag im englischen und deutschen Recht, Berlin 1988

Berman, Harold J.: Law and Revolution. The Formation of the Western Legal Tradition, Cambridge, Massachusetts 1983

Bird, Roger: Osborne's Concise Law Dictionary, 7th ed., London 1983

Blomeyer, Arwed: Allgemeines Schuldrecht, 4. Aufl., Berlin/Frankfurt a.M. 1969

Blomeyer, Arwed: Studien zur Bedingungslehre, 1. Teil, Über bedingte Verpflichtungsgeschäfte, Berlin/Leipzig 1938

Bötticher, Eduard: Besinnung auf das Gestaltungsrecht und das Gestaltungsklagerecht in: Festschr. für Hans Dölle, Bd. 1, S. 41 ff., 1963

Bötticher, Eduard: Gestaltungsrecht und Unterwerfung im Privatrecht, Berlin 1964

Braucher, Robert: Offer and Acceptance in the Second Restatement, 74 Yale L.J. 302 ff. (1964)

Buckland, W.W. : Roman Law and Common Law – A Comparison in Outline, 2nd ed., revised by F.H. Lawson, Cambridge 1974

Bungert, Hartwin: US-amerikanisches Bürgschaftsrecht, Göttingen 1990

Burdick, Francis M.: What is the Law Merchant, 2 Col.L.Rev. 470 ff. (1902)

Bydlinski, Peter: Probleme des Vertragsabschlusses ohne Annahmeerklärung, JuS 1988, 36 ff.

Calamari, John D. / Perillo, Joseph M.: The Law of Contracts, 4th ed., St. Paul/Minn. 1998

Calamari, John D.: Forging a Good Unilateral or a Series of Good Contracts out of a Bad Bilateral contract, Washington U. L. Q. 367 ff (1961)

Calhoun, Donald E.: Acceptance of Offer for Unilateral Contract – Necessity of Notice to Offeror, 4 U.Cin.L.Rev. 57 ff. (1930)

Carter, The Early History of the Law Merchant in England, 68 L.Q.Rev. 233 ff. (1901)

Campbell, Morton C.: The Notice Due to a Guarantor, 35 Michigan L.Rev. 529 ff. (1936)

Canaris, Claus Wilhelm: Bankvertragsrecht, 3. Aufl., Berlin 1988

Chagares, Michael A.: Limiting the Employment-at-Will Rule: Enforcing Policy Manual Promimses Through Unilateral Contract Analysis, 16 Seton Hall L.Rev. 465 ff. (1986)

Cohen, Morris R.: The Basis of Contract, 46 Harvard L.Rev. 553 ff. (1933)

Cooke, John / Oughton, David: Common Law of Obligations, 2nd. ed., London 1993

Corbin, Arthur L.: Offer and Acceptance and Some of the Resulting Legal Relations, 26 Yale L.J. 167 ff. (1917)

Corbin, Arthur L.: The formation of a Unilateral Contract, 27 Yale L.J. 382 ff. (1908)

Davis, The Relationship Between Banker and Seller under a Confirmed Credit, 52 L.Q.Rev. 225 ff. (1936)

Dawson, John P. / Harvey, Willliam Burnett / Henderson, Stanley D.: Contracts, Cases and Comments, 5th ed., Mineola/N.Y. 1987

Dernburg, Heinrich: Pandekten, Band II, 7. Aufl., Berlin 1902

Diamond, A.S.: Primitive Law, Past and Present, London 1971

Dietrich, Arthur: Die Auslobung, Leipzig 1904

Dole, Richard F.: Notice Requirements of Guaranty Contracts, 62 Michigan L.Rev. 57 ff. (1963)

Dölle, Hans: Kann der Vertrag in zwei einseitige Rechtsgeschäfte aufgelöst werden?, Berlin 1921

Downes, T. Antony: A Textbook on Contracts, 3rd ed., London 1993

Drake, The Deserted Village, 33 M.L.R. (1970)

Düll, Rudolf: Zur Lehre vom Widerruf, München/ Berlin 1934

Eberth, Der Standby Letter of Credit im Recht der Vereinigten Staaten von Amerika,
80 ZVglR 29 ff. (1981)

Eccius: Verbürgung für eine künftige Schuld und Kreditmandat, 64 Gruch. B. 55 ff. (1902)

Einem, Henning v.: Die Rechtsnatur der Option, Berlin 1974

Eisenberg, Melvin Aaron: The Bargain Principle and ist Limits, 95 Harvard L.Rev. 741 ff. (1982)

Eisenberg, Melvin Aaron: The Principles of Consideration, 67 Cornell L.Rev. 640 ff. (1982)

Ejzak, William M.: Plea Bargains and Nonprosecution Agreements: What Interests Should be Protected When Prosecutors Renege?, 1 U. Ill. L.Rev. 107 ff. (1991)

Ellinger, E.R.: Documentary Letters of Credit: A Comparative Study, Singapore 1970

Elster, Alexander: Die Lehre von der Auslobung nach Gem. Recht und B.G.B, 18 Archiv für Bürgerliches Recht, Bd. 18 (1900), S. 123 ff.

Endemann, Lehrbuch des bürgerlichen Rechts, 8. Aufl., Berlin 1903

Enneccerus, Ludwig/ Nipperdey, Hans Carl: Allgemeiner Teil des Bürgerlichen Rechts, 15. Aufl., Tübingen 1960

Epstein: In Defense of the Contract at Will, 51 Chicago L.Rev. 947 ff. (1984)

Esser, Josef/ Schmidt, Eike: Schuldrecht, Band I, Allgemeiner Teil, Teilband 1, 8. Aufl., Heidelberg 1995

Esser, Josef/ Weyers, Hans-Leo: Schuldrecht, Band II, Besonderer Teil, 7. Aufl., Heidelberg 1991

Ewart, John S.: What is the Law Merchant?, 3 Columbia L. Rev. 135 ff. (1903)

Exner: Zur Theorie der Auslobung, Kritische Vierteljahresschrift für Gesetzgebung und Rechtswissenschaft, Bd. 11, München 1869

Farnsworth, Allan E. : Farnsworth on Contract (& Supplement), Boston/ Toronto/ London 1990 (& 1996) (zitiert: Farnsworth on Contract (Suppl. 1996))

Farnsworth, Allan E.: The Past of Promise: A Historical Introduction to Contract, 69 Columbia L.Rev. 576 ff. (1969)

Farnsworth, Allan E.: United States Contract Law, Ardsley-on-Hudson/ N.Y. 1991

Feldman, Howard R.: Chances as Protected Interests: Recovery for the Loss of a Chance and Increased Risk, 17 U. Baltimore L.Rev. 139 ff. (1987)

Fifoot, C.: History and Sources of the Common Law: Tort and Contract, London 1949

Fikentscher, Wolfgang: Die Geschäftsgrundlage als Frage des Vertragsrisikos, München 1971

Finn: The Forging of Good Unilaterals out of Bad Bilaterals, 3 Brooklyn L.Rev. 6 ff. (1933)

Flume, Werner: Allgemeiner Teil des Bürgerlichen Rechts, 2. Band, Das Rechtsgeschäft, 4. unveränd. Aufl., Berlin/Heidelberg/New York 1992

Freedland, M.R.: The Contract of Employment, Oxford 1976

Friel, Raymond J.: The Law of Contract, Dublin/ Portland 1995

Fromholzer, Ferdinand: Consideration, Tübingen 1997

Fuller, Lon L. / Eisenberg, Melvin Aron: Basic Contract Law, 5th ed., St.Paul/ Minnesota 1990

Fuller, Lon L. / Perdue, William: The Reliance Interest in Contract Damages, 46 Yale L.J. 373 ff. (1937)

Furmston, M. R.: Cheshire, Fifoot and Furmston's Law of Contract, 14th ed. London/ Dublin/ Edinburgh 2001 (zitiert: Cheshire, Fifoot and Furmston's Law of Contract)

Gardner: An Inquiry into the Principles of the Law of Contracts, 46 Harvard L.Rev. 1 ff. (1932)

Georgiadis, Apostolos: Optionsvertrag und Optionsrecht, in: Festschr. f. Karl Larenz zum 70. Geburtstag, S. 409 ff., München 1973

Gierke, Der Entwurf eines bürgerlichen Gesetzbuchs und das deutsche Recht, Schmollers Jahrbuch für Gesetzgebung, Verwaltung und Volkswirtschaft, Bd. 13, 1889, S. 218 ff.

Glaser, Hugo /Warncke, Theodor: Das Maklerrecht in der Praxis, Berlin 1964

Goetz/ Scott: Enforcing Promises, 89 Yale L.J. 1261, 1266 (1980)

Goff, Lord of Chiveley/ Jones, Gareth: The Law of Restitution, 4th ed., London 1993

Goodhart, A. L.: A Short Replication, 69 L.Q.Rev. 106 ff. (1953)

Goodhart, A. L.: Notes: Unilateral Contracts, 67 L.Q.Rev. 456 ff. (1951)

Gordley, The Common Law in the Twentieth Century: Some Unfinished Business, 88 California L.Rev. 1815 ff. (2000)

Gordley, James: Contract in Pre-Commercial Societies and in Western History in: International Encyclopaedia of Laws, Tübingen/ Dordrecht/ Boston/ Lancaster 1997

Gordley, James: Enforcing Promises, 82 California L.Rev. 547 ff. (1995)

Gordley, James: The Philosophical Origins of Modern Contract Doctrine, Oxford 1991

Gordon, James D.: Consideration and the Commercial-Gift Dichotomy, 44 Vanderbilt L.Rev. 283 ff. (1991)

Gorla, Gino: Il cosidetto „unilateral contract" o contratto con executed consideration nella common law anglo-americana, Rivista del diritto commerciale e del diritto generale delle obligazioni, 1954, I, 271 ff.

Green, Samuel/ Long, John V.: Marriage and Family Law Agreements, Colorado 1984

Guest, A.G.: Anson's Law of Contract, 26th ed., Oxford 1984 (zitiert: Anson's Law of Contract)
Guest, A.G.: Chitty on Contracts, 26th ed., London 1989 (zitiert: Chitty on Contracts)
Gutteridge, H. C./ Megrah, Maurice: The Law of Bankers' Commercial Credits, 7th ed., London 1984
Hamburger, Philip A.: The Development of the 19th Century Consensus Theory of Contract, Law and History Rev. 242 ff. (1989)
Hamson, C. J.: The Reform of Consideration, 54 L.Q.Rev. 233 ff. (1938)
Hanau, Die Kürzung von Jahressonderzahlungen aufgrund fehlender Arbeitsleistung, DB 1992, 213 ff.
Harris: Comment, 17 Rutgers L.J. 715 ff. (1986)
Häsemeyer, Ludwig: Geschäftsgrundlage und Vertragsgerechtigkeit, in: Festschrift für Johannes Bärmann und Hermann Weitnauer, S. 67 ff., München 1990
Havighurst, Harold C. : Consideration, Ethics and Administration, 42 Columbia L.Rev. 1 ff. (1942)
Hay, Peter: Einführung in das amerikanische Recht, Darmstadt 1995
Haymann, Franz: Zur Grenzziehung zwischen Schenkung und entgeltlichem Geschäft, Jher.Jahrb. 56 (1910), S. 86 ff.
Helmholz, Richard H.: Assumpsit and Fidei Laesio, 91 L.Q.Rev. 406 ff. (1985)
Helmholz, Richard H.: Contracts and the Canon Law, in: Towards a general law of contract (Hrsg. John Barton) S. 49 ff., Berlin 1990
Henssler, Martin: Risiko als Vertragsgegenstand, Tübingen 1994
Heyck, Thomas William: The Peoples of the British Isles: A New History, Vol. 2, Belmont 1992
Hippel, Eike von: Die Kontrolle der Vertragsfreiheit nach anglo-amerikanischen Recht – Zugleich ein Beitrag zur Considerationlehre, Frankfurt a.M. 1963
Hoeflich, Savigny and His Anglo-American Disciples, 37 American Journal of Comparative Law, 17 ff. (1989)
Hofstetter, Außergerichtlicher Vergleich und Rücktritt, BB 1963, 1459
Horwitz, Morton J.: The Transformation of American Law 1780 - 1860, Cambridge (Mass.)/ London 1977
Hudson, A. H.: Gibbons v. Procter Revisited, 84 L.Q.Rev. 503 ff. (1968)
Ibbetson, David J.: Consideration and the Theory of Contract, in: John Barton (Hrsg.) Towards a General Law of Contract, S. 67 ff., Berlin 1990
Jackson, The Scope of the Term „Contract“, 53 L.Q.Rev. 525 ff. (1937)
Jacobi, L.: Versprechen und Vertrag, 35 Jher. Jahrb. (1896), 1 ff.
Jacobs: Court Sets Limits on Handbook Disclaimers, 138 N. J. L.J. 1086 (1994)
Jhering, Rudolph von: Der Zweck im Recht, 1. Band, 4. Aufl., Leipzig 1904
Jörs, Paul/ Kunkel, Wolfgang/ Wenger, Leopold: Römisches Recht, 4. Aufl., neubearbeitet von Honsell, Heinrich/ Mayer-Maly, Theo/ Selb, Walter, Berlin/ Heidelberg/ New York/ London/ Paris/ Tokyo 1987
Kennedy: Contract and Conditional Zoning: A Tool for Zoning Flexibility, 23 Hastings L.J. 825 (1972)

Kessler, Friedrich / Gilmore, Grant / Kronman, Anthony T.: Contracts – Cases and Materials, 3rd ed., Boston 1986

Kessler, Friedrich: Einige Betrachtungen zur Lehre von der Consideration, in: Festschrift für Ernst Rabel, Bd. I, S. 251 ff., Tübingen 1954

Kessler, Friedrich: Metamorphosen im Amerikanischen Vertragsrecht, JZ 1988, 109 ff.

Kluxen, Kurt: Geschichte Englands, 4. Aufl., Stuttgart 1991

Klingsporn, Burkhard: Zum Widerruf von Bürgschaftserklärungen bei Haustürgeschäften, NJW 1991, 2259

Knieper: Der Maklervertrag im System des BGB, NJW 1970, 1293 ff.

Knütel, R., Zur Frage der sog. Diligenzpflichten des Gläubigers gegenüger dem Bürgen in: Festschrift für Flume, Bd. I, Köln 1978, S. 559 ff.

Kötz, Hein/ Flessner, Axel: Europäisches Vertragsrecht - Bd.1 Abschluß, Gültigkeit und Inhalt des Vertrages, die Beteiligung Dritter am Vertrag, Tübingen 1996

Koller, Ingo: Die Risikozurechnung bei Vertragsstörungen in Austauschverträgen, München 1979

Köndgen, Johannes: Selbstbindung ohne Vertrag, Tübingen 1981

Kozolchyk, Boris : Letters of Credit, in: International Encyclopadia of Comparative Law, Vol. IX: Commercial Transactions and Institutions (Jacobs Ziegel, chief editor), Tübingen 1979

Kress, Hugo: Lehrbuch des Allgemeinen Schuldrechts, Ausgabe München 1929, Neudruck Aalen 1974

Kronke, Herbert : Regulierungen auf dem Arbeitsmarkt – Kernbereiche des Arbeitsrechts im internationalen Vergleich, Baden-Baden 1990

Kübler, Effizienz als Rechtsprinzip, in: Festschrift für Ernst Steindorff, Berlin/ New York 1990, 687 ff.

Landes/Posner: Salvors, Finders, Samaritans and Other Rescuers: An Economic Study of Law and Altruism, 7 Journal of Legal Studies 83 ff. (1978)

Langdell, Christopher: A Summary of the Law of Contract, 2nd ed., Boston 1880

Larenz, Karl: Lehrbuch des Schuldrechts, Bd. I, 14. Auflage, München 1987

Larenz, Karl: Lehrbuch des Schuldrechts, Bd. II, Besonderer Teil, 2. Halbband, 13. Aufl., München 1994

Larenz, Karl: Lehrbuch des Schuldrechts, Bd. II, Besonderer Teil, 1. Halbband, 13. Aufl., München 1986

Leenen, Detlef : Abschluß, Zustandekommen und Wirksamkeit des Vertrages, AcP 188 (1988), 381 ff.

Leible, Stefan: Gewinnbestätigung aus Luxemburg – Zur internationlen Zuständigkeit bei Gewinnmitteilungen aus dem Ausland, IPRax 2003, 28 ff.

Leible, Stefan: Bingo! – Gewinnbestätigung jetzt auch aus Karlsruhe, NJW 2003, 407 ff.

Leinemann, Wolfgang (Hrsg.): Kasseler Handbuch zum Arbeitsrecht - Bd.1I: Arbeitsverhältnis und Inhalt des Arbeitsverhältnisses, Neuwied/ Kriftel/ Berlin 1997

Leisau, Ulf: Die Rechtsbeziehungen zwischen Auftraggeber und Makler im Maklervertrag, Hamburg 1967

Liechtenstein: Die Auslobung, Danzig 1893
Liesecke: Die neuere Rechtsprechung, insbesondere des Bundesgerichtshofes zum Dokumentenakkreditiv, WM 1966, 467 ff.
Lipke, Gert-Albert/ Vogt, Norbert/ Steinmeyer, Horst: Sonderleistungen im Arbeitsverhältnis, 2. Aufl., Neuwied/ Kriftel/ Berlin 1995
Llewellyn, Karl N.: On the Good, Fine and Beautiful in Law, 9 Chicago L.Rev.224 ff. (1942)
Llewellyn, Karl N.: Our Case-Law of Contract: Offer and Acceptance, I., II., 48 Yale L.J. 1 ff., 779 ff., (1938/39)
Llewellyn, Karl N.: The Rule of Law in Our Case-Law of Contract, 47 Yale L.J. 1243 ff. (1937/38)
Llewellyn, Karl N.: What Price Contract? – An Essay in Perspective, 40 Yale L.J. 704 ff. (1931)
Lorenz, Werner: Entgeltliche und unentgeltliche Geschäfte – Eine rechtsvergleichende Betrachtung des deutschen und des anglo-amerikanischen Rechts, in: Festschrift für Max Rheinstein II, S. 547 ff., Tübingen 1969
Lorenz, Stephan: Urteilsanmerkung, IPRax 2002, 192 ff.
Lorenz, Stephan: Gewinnmitteilungen aus dem Ausland, NJW 2000, 3305 ff.
Lorenzen, Ernest G.: Causa and Consideration in the Law of Contract, 28 Yale L.J. 621 ff. (1919)
Lücke, H. K.: Slade's Case and the Origin of the Common Counts, 81 L.Q.Rev. 539 ff (1965)
Martini, Carolus Antionius de: Lehrbegriff des Natur-, Staats- und Völkerrechts, Wien 1783-84 (Nachdurck Aalen 1969) (zitiert: Martini, Lehrbegriff)
Mayer-Maly, Theo: Der Konsens als Grundlage des Vertrages, in: Festschrift für Erwin Seidl zum 70. Geburtstag, S. 118 ff., Köln 1974
Mayer-Maly, Theo: Die Bedeutung des Konsenses in privatrechtsgeschichtlicher Sicht, in: Rechtsgeltung und Konsens (Hrsg. Jakobs), S. 91 ff., Berlin 1976
McBryde, William W.: Promises in Scots Law, 42 Int.Comp.L.Q. 50 ff. (1993)
McCurdy: Commercial Letters of Credit, 35 Harvard L.Rev. 539, 574 (1921)
McGovney: Irrevocable Offers, 27 Harvard L.Rev. 644 ff. (1914)
McWilliams: Note, The Employment Handbook as a Contractual Limitation on the Employment At Will Doctrine, 31 Vill.L.Rev. 335 (1986)
Mehren v., Arthur Taylor / Gordley, James Russel: The Civil Law System – An Introduction to the Comparative Study of Law, 2nd ed., Boston 1977
Meyer, Donald A.: Consideration Necessary to Support a Contract of Suretyship, 31 Tulane L.Rev. 645 ff. (1957)
Milsom, S. F. C.: Not Doing Is No Trespass: A View on the Boundaries of Case, Cambridge L.J. 105, 108 (1954)
Milsom, S. F. C.: The Historical Foundations of the Common Law, London 1981
Milsom, S. F. C.: Trespass From Henry III to Edward III, 74 L.Q.Rev. 195 ff., 561ff. (1958)

Mitchell, William: An Essay on the Early History of the Law Merchant, Cambridge 1904

Mooney, Eugene F.: Old Kontrakt Principles andKarl's New Kode: An Essay on the Jurisprudence of our New Commercial Code, 11 Vill. L.Rev. 213 ff. (1966)

Mühl, Dorothee, Hadding, Walther/ Schneider, Uwe H.: Immobiliarsicherheiten und persönliche Sicherheiten in: Recht der Kreditsicherheiten in den Vereinigten Staaten von Amerika (Hrsg.: Hadding, Walther/ Schneider, Uwe H.), Berlin 1985

Müller-Freienfels, Wolfram: Die Vertretung beim Rechtsgeschäft, Tübingen 1955

Münchener Kommentar zum Bürgerlichen Gesetzbuch, Kurt Rebmann (Hrsg.), 3. Auflage, München §§ 1-240: 1993, §§ 241 – 432: 1994, §§ 433-606k: 1995, §§ 607-704: 1997, §§ 705-853: 1997 (zitiert MüKo-Bearbeiter)

Murray, John E.: Contracts: A New Design for the Agreement Process, 53 Cornell L.Rev. 785 ff. (1968)

Nanz, Peter: Die Entstehung des allgemeinen Vertragsbegriffs im 16. bis 18. Jahrhundert, München 1985

Navin, Walter D.: Some Comments on Unilateral Contracts and Restatement 90, 46 Marquette L.Rev. 162 ff. (1962)

Neuner, Robert: Einführende Bemerkungen zum Restatement of the Law of Contracts, 5 RabelsZ, S. 32 ff. (1931)

Nörr, Knut Wolfgang: The European Side of the English Law, in: Englische und kontinentale Rechtsgeschichte: ein Forschungsprojekt (Hrsg. Coing/ Nörr), S. 15 ff., Berlin 1985

Note: Acceptance of Unclear Offers, 60 Yale L.J. 1043 ff. (1951)

Note: Contracts – Conditions – Effect on Broker's Commission of Non-Occurrence of Stipulated Event, 41 Columbia L.Rev. 1108 (1941)

Note: Special Conditions in Real Estate Brokerage Contract, 32 Columbia L.Rev. 1194 ff. (1932)

Note: Unilateral Contract Law – An Analysis in Terms of Conditions, 33 Columbia L.Rev. 463 ff. (1933)

Nussbaum, Artur: Comparative Aspects of the Anglo-American Offer-and-Acceptance-Doctrine, 36 Columbia L.Rev. 921 ff. (1936)

Oldham, James: Reinterpreations of 18th-Century English Contract Theory: The View form Lord Mansfield's Trial Notes, 76 Georgetown L.J. 1949 ff. (1988)

Ostrowicz, Alexander: Arbeitsvertrag und Entgeltansprüche, 2. Aufl., Köln 1996

Owisa, Parviz : Formation of Contract – A Comparative Study under English, French, Islamic and Iranian Law, London/ Dordrecht/ Boston 1994

Paéz-Maletz, Der Schutz des Vertrauens auf das Zustandekommen von Verträgen im U.S.-amerikanischen Recht, Köln 1992

Palandt, Otto (Begründer): Kommentar zum Bürgerlichen Gesetzbuch, 63. Aufl., München 2004 (zitiert: Palandt-Bearbeiter)

Perillo, Joseph M. : Corbin on Contracts, Vol. I und II, revised ed., St. Paul, Minnesota 1993 (zitiert: Corbin on Contracts)

Pettit, Mark: Modern Unilateral Contract, 63 Boston U. L.Rev. 551 ff. (1983)

Pfeiffer, Thomas: Haustürwiderrufsgesetz und Bürgschaft, ZBB 1992, 1ff.

Philipp, Fritz: Risiko und Risikopolitik, Stuttgart 1967

Piekenbrock, Andreas/ Schulze, Götz: Internationale Zuständigkeit im Rechtsmittelverfahren und Gerichtsssstand der Gewinnzusage, IPRax 2003, 328

Plucknett, Theodore F. T.: A Concise History of the Common Law, 5th ed., Boston 1956

Pollock, Frederick: Book Review, 30 L.Q.Rev., 128 f. (1914)

Pollock, Frederick: Principles of Contract at Law and in Equity – a Treatise on the General Principles Concerning the Validity of Agreements in the Law of England and America, 3rd American from 7th English ed., 1906, reprinted Littleton, Colorado 1988

Port: The Office of Works and Builiding Contracts in Early Nineteenth Century England, 20 Economic History Review 94, 109 (1967)

Posner, Richard: Economic Analysis of Law, 6th ed., Boston 2003

Pratt: Comment, Unilateral Modification of Employment Handbooks: Further Encroachments on the Employment-at-Will Doctrine, 139 U. Pa. L.Rev. 197 ff. (1990)

Probst, M.: Anmerkung zu BGH Urteil vom 7.4.1989, JR 1990, 193 ff.

Puchta, Georg Friedrich: Pandekten, 12. Auflage, Leipzig 1877

Raiser, Ludwig: Vertragsfunktion und Vertragsfreiheit, Karlsruhe 1960

Rauch, Siegfried: Der Begriff der „Consideration" im anglo-amerikanischen Schuldrecht – zugleich ein Beitrag zur Lehre von der Kausa, Würzburg 1940

Regelsberger, Ferdinand: Civilrechtliche Erörterungen, 1. Heft, Weimar 1868

Reinmann, Mathias: Einführung in das US-amerikanische Privatrecht, München 1997

Reuter, Dieter: Das Maklerrecht als Sonderrecht der Maklertätigkeit, NJW 1990, 1321 ff.

Rheinstein, Max: Die Struktur des vertraglichen Schuldverhältnisses im anglo-amerikanischen Recht, Berlin, Leipzig 1932

Richardi, Reinhard/ Wlotzke, Olfried (Hrsg.): Münchener Handbuch zum Arbeitsrecht, Bd. I - Individualarbeitsrecht, München 1992 (zitiert MünchArbR-Bearbeiter)

Richardi, Reinhard: Eingriff in eine Arbeitsvertragsregelung durch Betriebsvereinbarung, RdA 1983, 201 ff.

Rosenblatt, Keith J.: New Jersey's Recent Employment Manual Decisions: Tradtional Contract Law Abandoned in Favor of an Employee's Unreasonable Expectations, 25 Seton Hall L.Rev. 496 ff. (1995)

Rothoeft, Dietrich: Faktoren der Risikoverteilung bei privatautonomem Handeln, AcP 170 (1970), S. 230 ff.

Rothoeft, Dietrich: System der Irrtumslehre als Methodenfrage der Rechtsvergleichung dargestellt am deutschen und englischen Vertragsrecht, Tübingen 1968

Rudolph: Employee Handbook Law, Labor & Legislative Report, 6/1/94

Sachs, Stephen Edward, The „Law Merchant" and the Fair Court of St. Ives, 1270 - 1324, Chambridge, Massachusetts 2002, veröffentlicht unter http://www.stevesachs.com/papers/
Salmond, John W.: The History of Contract, 10 L.Q.Rev. 166 ff. (1887)
Samuelson, Paul A. : Volkswirtschaftslehre, 6. Aufl., Köln 1975
Savigny, Karl Friedrich v.: System des heutigen Römischen Rechts, Berlin 1840
Schaber, Gordon D. / Rohwer, Claude D.: Contracts, 3rd ed., St. Paul, Minnesota 1990
Schäfer, Der Maklerwerkvertrag- ein ungeeigneter Vertragstyp, NJW 1989, 209 ff.
Schimansky, Herbert/ Bunte Hermann-Josef/ Lwowski, Hans-Jürgen (Hrsg.): Bankrechts-Handbuch, Bd. III, München 1997 (zitiert: Bankrecht-Bearbeiter)
Schlesinger, Rudolf B. (Hrsg.): Formation of Contracts - A Study of the Common Core of Legal Systems, Dobbs Ferry,N.Y./ London 1968 (zitiert: Schlesinger-Autor, Bd., Ziff., Report)
Schmidt-Hieber: Verständigung im Strafverfahren, München 1986
Schott: Zeitschrift für Rechtspflege und Verwaltung Bd. 31, S. 381 ff.
Schurig, Klaus: Europäisches Zivilrecht: Vielfalt oder Einerlei, in Festschr. für Bernhard Großfeld zum 65. Geburtstag, Hrsg. Ulrich Hübner und Werner F. Ebke, Heidelberg 1999, S. 1089 ff.
Schwerdtner, Peter: Aushandeln einer erfolgsunabhängigen Maklerprovision, NJW 1990, 369
Scott, R.E.: Enforcing Promises: An Examination of the Basis of Contract, 89 Yale L.J. 1261 ff. (1980)
Seckel, Emil: Die Gestaltungsrechte des bürgerlichen Rechts, Darmstadt 1954
Siegel, Heinrich: Das Versprechen als Verpflichtungsgrund im heutigen Recht, Neudruck der Ausgabe Berlin 1873, Aalen 1969
Simpson, A. W. B : The Place of Slade's Case in the History of Contract, 74 L.Q.Rev. 382 ff. (1958)
Simpson, A. W. B.: A History of the Common Law of Contract, Oxford 1975
Simpson, A. W. B.: Innovation in Nineteenth Century Contract Law, 91 L.Q.Rev. 247 ff. (1975)
Simpson, A. W. B.: Quackery and Contract Law: The Case of the Carbolic Smoke Ball, 11 Journal of Legal Studies 345 ff. (1985)
Simpson, A.W.B.: The Horwitz Thesis and the History of Contracts, 46 Chicago L.Rev. 533 ff. (1979)
Smith, John C.: The Law of Contract, 2nd ed., London 1993
Smith, John C.: Unilateral Contracts and Consideration, 69 L.Q.Rev. 99 ff. (1958)
Soergel: Kommentar zum Bürgerlichen Gesetzbuch, (zitiert Soergel-Bearbeiter § Rn.) 12. Aufl., Stuttgart/Berlin/Köln/Mainz §§ 1-240: 1988, §§ 241-432: 1990, §§ 516-651: 1997, §§ 651a-70: 1999 (zitiert: Soergel-Bearbeiter §, Rn.)
Sohm, Vertragsschluß unter Abwesenden und Vertragsschluß mit einer incerta Persona, Goldschmidts Zeitschrift, Bd. XVII, S. 17, 47 ff
Staudinger, Ansgar: Anmerkung, JZ 2003, 852 ff.

Staudinger: Kommentar zum Bürgerlichen Gesetzbuch, 13. Aufl., Berlin §§ 134 – 136: 1996, §§ 241-243: 1995, §§ 293-327: 1995, §§ 652-704: 1995, §§ 765-778: 1997, §§ 779-811: 1997, §§ 397-432:1999, (zitiert: Staudinger-Bearbeiter)

Stein, Melvin P.: Notes: The Restatement of Contracts Second and Offers to Enter into Unilateral Contracts, 29 U. Pitt. L.Rev. 546 ff. (1968)

Stein, Peter: The Character and Influence of the Roman Civil Law - Historical Essays, London 1988

Stein, Rolf : Arbeitsrecht in Großbritannien, München 1996

Stobbe, Otto: Reurecht und Vertragsschluß nach älterem deutschen Recht, Zeitschrift für Rechtsvergleichung, Bd. 13 (1878), S. 207 ff.

Stoljar, Samuel: The False Distinction Between Bilateral and Unilateral Contracts, 64 Yale L.J. 515 ff. (1955)

Teeven, Kevin M.: A History of the Anglo-American Common Law of Contract, Westport 1990

Thelen, Hubert: Entgeltliche Geschäfte ohne beiderseitige Leistungspflicht, Bonn/ Berlin 1934

Thiele, Wolfgang: Die Zustimmungen in der Lehre vom Rechtsgeschäft, Köln 1966

Tiersma, Peter Meijes: Reassessing Unilateral Contracts: The Role of Offer, Acceptance and Promise, 26 U.C. Davis L.Rev. 1 ff. (1992)

Tillotson, John: Contract Law in Perspective, 3rd revised ed., London 1995

Trakman, Leon E.: The Law Merchant: The Evolution of Commercial Law, Littleton, Colorado 1983

Treitel, G. H.: The Law of Contract, 8th ed., London 1991

Wassermann, Peter: Zur Anwenbarkeit des Haustürwiderrufsgesetzes auf Bürgschaftsverträge, JuS 1992, 908, 911

Weber: Bereicherungsansprüche wegen enttäuschter Erwartung?, JZ 1989, 25 ff.

Wegner: Moving Toward the Bargaining Table: Contract Zoning, Development Agreements, and the Theoretical Foundations of Government Land Use Deals, 65 N.C.L.Rev. 976 (1987)

Wennberg, Klaus: Die skandinavische Löftetheorie, Stuttgart 1966

Westen & Westen: A Constitutional Law of Remedies for Broken Plea Bargains, 66 U. California L.Rev. 471, 525 (1978)

Wheeler, Sally/ Shaw, Jo: Contract Law, Oxford 1994

Whitney, Frederick A.: Implying a Promise to Establish Mutuality, 11 St. John's L.Rev. 51 ff. (1936)

Whittier: The Restatement of Contracts and Mutual Assent, 17 California L.Rev. 441 ff. (1929)

Williston, Samuel: Consideration in Bilateral Contracts, 27 Harvard L.Rev. 503 ff. (1914)

Williston, Samuel: The Law of Contracts, 6th ed., New York 1990 (zitiert: Williston on Contracts)

Williston, Samuel: The Law of Contracts, revised ed., New York 1936 (zitiert: Williston on Contracts (rev. ed. 1936))

Willoweit, Dietmar: Schuldverhältnis und Gefälligkeit, JuS 1984, 909 ff.

Windscheid, Bernhard: Lehrbuch des Pandektenrechts, 8. Aufl., Frankfurt/ a.M. 1900

Winfield, P. H.: Some Aspects of Offer and Accpetance, 55 L.Q.Rev. 499 ff. (1939)

Wormser, Maurice I.: The True Concept of Unilateral Contracts, 26 Yale L.J. 136 ff. (1916)

Yankowitz, Bennett Jay: Acceptance by Performance When the Offeror Demands a Promise, 52 Southern California L.Rev. 1917 ff. (1979)

Yetter, John: Unilateral Contracts: An Examination of Traditional Concepts and the Proposed Solution of the ALI Restatement of Contracts, Second (tentative) Draft No. 1, 5 Duquesne U. L.Rev. 175 ff. (1966)

Zimmermann, Reinhard/ Hellwege, Phillip: Belohnungsversprechen: „pollicitatio“, „promise“ oder „offer“?, ZfRV 1998, 133 ff.

Zimmermann, Reinhard: Das römisch-kanonische ius commune als Grundlage europäischer Rechtseinheit, JZ 1992, 8 ff.

Zimmermann, Reinhard: The Law of Obligations - Roman Foundations of the Civilian Tradition, Cape Town/ Wetton/ Johannesburg 1990

Verzeichnis der im Haupttext zitierten englischen und US-amerikanischen Fälle

Abkürzungsverzeichnis

A.	Atlantic Reporter (1st series)
A.&E.	Adolphus & Ellis
A.2d	Atlantic Reporter (2nd series)
a.A.	andere Ansicht
a.a.O.	am angegebenen Ort
A.B.A.J.	American Bar Association Journal
A.C.	Appeal Cases
A.L.R.	American Law Reports
Abs.	Absatz
AcP	Archiv für civilistische Praxis
AGBG	Gesetz zur Regelung des Rechts der Allgemeinen Geschäftsbedingungen
Ala.	Alabama, Alabama Reports
ALI	American Law Institute
All E.R.	All England Law Reports
ALR	Allgemeines Landrecht für die Preußischen Staaten von 1794
Alt.	Alternative
Am. Dec.	American Decisions
Anm.	Anmerkung
Anon.	Anonymous
AP	Arbeitsrechtliche Praxis
App.Cas.	Appeal Cases (Reports 2nd series)
Art.	Artikel
Assn.	Association
Atl.	Atlantic
Aufl.	Auflage
B.&Ad.	Barnewall & Adolphus
B.&Ald.	Barnewell & Alderson
B.&C.	Barnewall & Cresswell
B.C.L.R.	British Columbia Law Reports
BAG	Bundesarbeitsgericht
BAGE	Entscheidungen des Bundesarbeitsgerichts
BB	Betriebsberater
Bd.	Band
BetrVG	Betriebsverfassungsgesetz
BFH	Bundesfinanzhof
BGB	Bürgerliches Gesetzbuch
BGHSt	Rechtsprechung des Bundesgerichtshofs in Strafsachen
BGHWarn	Rechtsprechung des Bundesgerichtshof in Zivilsachen
BGHZ	Bundesgerichtshof Entscheidungen in Zivilsachen
Bing.	Bingham (Reports)
Boston U.L.Rev.	Boston University Law Review
Brooklyn L.Rev.	Brooklyn Law Review

BT-Drucks.	Bundestags-Drucksache
BVerfG	Bundesverfassungsgericht
bzw.	beziehungsweise
C.&P.	Craig & Payne
C.B.	Common Bench
C.B. (N.S.)	Common Bench New Series
C.M.&R.	Cromton, Meeson & Roscoe
C.P.	Common Pleas
Cal.	California, California Reports
Cal.Rptr.	California Reporter
California L.Rev.	California Law Review
Cambridge L.J.	The Cambridge Law Journal
Camp.	Campbell (Reports)
Cap.	Capitel
Ch.	Chancery Division (3rd series)
Ch.D.	Chancery Division (2nd series)
Chicago L.Rev.	The University of Chicago Law Review
Co.	Company
Coke Rep.	Coke Reports
Col.	Colorado
Columbia L.Rev.	Columbia Law Review
Conn.	Connecticut, Connecticut Reports
Cornell L.Q.	The Cornell Law Quarterly
Cornell L.Rev.	Cornell Law Review
Cro.Jac.	Croke
d.	der, des
Dalison	Dalison's English Common Pleas Reports, bound with Benloe
d. h.	das heißt
DB	Der Betrieb
ders.	derselbe
Duquesne U.L.Rev.	Duquesne University Law Review
E.&E.	Ellis & Ellis
E.R.	English Reports
ed.	edition
Edw.	Edward (Reports)
ERISA	Employment Retirement Income Security Act
et al.	et alia
etc.	et cetera
Ex.	Exchequer
EzA	Entscheidungen zum Arbeitsrecht
f.	folgende
F.	Federal Reporter
F.2d	Federal Reporter (2nd series)
F.3d	Federal Reporter (3rd series)

F.Supp.	Federal Supplement
Festschr.	Festschrift
ff.	fortfolgende
Fn.	Fußnote
fo.	folio
Frankfurt a. M.	Frankfurt am Main
Gem. Recht	Gemeines Recht
Georgetown L.J.	Georgetown Law Journal
Gruch.B.	Gruchot Beiträge zur Erläuterung des deutschen Rechts
GS	Großer Senat
H.C.	House of Commons
Harvard L.Rev.	Harvard Law Review
Hastings L.J.	Hastings Law Journal
Hen.	Henry
HGB	Handelsgesetzbuch
Hob.	Hobart (Reports)
Hrsg.	Herausgeber
Inc.	Incorporated
Int.Comp.L.Q	International and Comparative Law Quarterly
J.	Justice
J.Leg.Ed.	Journal of Legal Education
Jher.Jahrb.	Jherings Jahrbücher der Dogmatik des bürgerlichen Rechts
JuS	Juristische Schulung
JW	Juristische Woche
JZ	Juristen-Zeitung
K.B.	King's Bench
Kap.	Kapitel
L.J.	Lord Justice
L.J.Ch.	Law Journal Reports Chancery
L.Q.Rev.	The Law Quarterly Review
L.R.	Law Reports
L.R.C.P.	Law Reports Common Pleas Cases
Law and History Rev.	Law and History Review
Leon.	Leonards (Reports)
Lev.	Levince Reports
LG	Landgericht
Lib.	Libri
Libb.Ass.	Liber Assisarum
Lloyds. L.R.	Lloyds Law Reports
Ltd.	Limited
M.L.R.	Modern Law Review
m.Anm.	mit Anmerkungen
m.w.Hinw.	mit weiteren Hinweisen
m. w. Nachw.	mit weiteren Nachweisen
Marquette L.Rev.	Marquette Law Review

Mass.	Massachusetts
Mass. (Cush.)	Cushing's Massachusetts Supreme Judicial Court Reports
MDR	Monatsschrift des deutschen Rechts
Mich.	Michaelmas
Michigan L.Rev.	Michigan Law Review
Minnesota L.Rev.	Minnesota Law Review
Mod.	Modern Reports
Mot.	Motive zum BGB
MüKo	Münchener Kommentar zum Bürgerlichen Gesetzbuch
MünchArbR	Münchener Handbuch zum Arbeitsrecht
N.C.L.Rev.	North Carolina Law Review
N.E.	North Eastern Reporter
N.E.2d	North Eastern Reporter (2nd series)
N.J.L.J.	New Jersey Law Journal
N.W.	North Western Reporter
N.W.2d	North Western Reporter (2nd series)
N.Y.	New York, New York Reports
N.Y.S.2d	New York Supplement (2nd series)
NJW-RR	NJW Rechtsprechungs-Report Zivilrecht
no.	number
Nr.	Nummer
NStZ	Neue Zeitschrift für Strafrecht
NZA	Neue Zeitschrift für Arbeitsrecht
Ohio App.	Ohio Appelate Reports
Ohio App.3d	Ohio Appelate Reports (3rd series)
OLG	Oberlandesgericht
p.	page (Seite)
P.	Pacific Reporter
P.2d	Pacific Reporter (2nd series)
P.D.	Probate Division
pl.	pleas
Plow.	Plowden's Commentaries
Q.B.	Queen's Bench
R.I.	Rhode Island
RabelsZ	Zeitschrift für ausländisches und internationales Privatrecht, begründet von Ernst Rabel
RdA	Recht der Arbeit
rev.	revised
RG	Reichsgericht
RGRK	Das Bürgerliche Gesetzbuch mit besonderer Berücksichtigung der Rechtssprechung des Reichsgerichts und des Bundesgerichtshofs, Kommentar
RGZ	Reichsgericht Entscheidungen in Zivilsachen
Riv. Dir. Comm.	Rivista del diritto commerciale e del diritto generale delle obligazioni

Rn.	Randnummer
Rolle Rep.	Rolle Reports
Rutgers L.J.	Rutgers Law Journal
Rz.	Randzeichen
S.	Seite, Seiten
SeuffA	Seufferts Archiv für Entscheidungen
S.E.	South Eastern Reporter
S.E.2d	South Eastern Reporter (2nd series)
s.o.	siehe oben
s.u.	siehe unten
S.W.	South Western Reporter
S.W.2d	South Western Reporter (2nd series)
sec.	section
Seton Hall L.Rev.	Seton Hall Law Review
SGB	Sozialgesetzbuch
So.	Southern Reporter
So.2nd	Southern Reporter (2nd series)
sog.	sogenannter, sogenannte
Southern Cal.L.Rev.	Southern California Law Review
St. John's L.Rev.	St. John's Law Review
Suppl.	Supplement
Term Rep.	Term Reports
Trin.	Trinity
Tulane L.Rev.	Tulane Law Review
U. Baltimore L.Rev.	University of Baltimore Law Review
U.C. Davis L.Rev.	University of California at Davis Law Review
U.Cin.L.Rev.	University of Cincinnati Law Review
U.Ill.L.Rev.	University of Illinois Law Review
U.Pitt.L.Rev.	University of Pittsburgh Law Review
U.S.	United States Reports
UCC	Uniform Commercial Code
US	United States
v.	versus, von, vom
V.C.	Vice Chancellor
Vanderbilt L.Rev.	Vanderbilt Law Review
Verf.	Verfasser(in)
vgl.	vergleiche
Vill.L.Rev.	Villanova Law Review
vol.	volume
Vorbem.	Vorbemerkung
W.L.R.	Weekly Law Review
Washington U.L.Q.	Washington University Law Quarterly
WM	Zeitschrift für Wirtschafts- und Bankrecht, Wertpapiermitteilungen
Y.B.	Year Books

Yale L.J.	Yale Law Journal
z. B.	zum Beispiel
z.T.	zum Teil
ZBB	Zeitschrift für Bankrecht und Bankwirtschaft
ZfA	Zeitschrift für Arbeitsrecht
ZfRV	Zeitschrift für Rechtsvergleichung
Ziff.	Ziffer
ZPO	Zivilprozeßordnung
ZVglR	Zeitschrift für vergleichende Rechtswissenschaft

Vorwort: Why Unearth the Decaying Corpse?[1]

„Der unilateral contract ist tot!"

Nachdem der unilateral contract Mitte dieses Jahrhunderts insbesondere von der US-amerikanischen Rechtswissenschaft in das vertragsrechtliche Kuriositätenkabinett[2] verwiesen wurde, fristete er dort noch einige Jahre ein einsames Dasein und versank schließlich in der Vergessenheit. Im US-amerikanischen Restatement of Contracts (Second) aus dem Jahre 1981 sucht man vergeblich nach letzten Lebenszeichen.[3]

Die Diagnose lautete: schwerer juristischer Schwachsinn, vielleicht ein Fall von Alterssenilität? Immerhin handelt es sich beim unilateral contract um eine sehr alte Vertragsform.[4] Fest steht, daß sich der unilateral contract mit einer Reihe äußerst abstruser Fälle befasste. Da ging es beispielsweise um den Kauf von Inhalationsgeräten zur Abwehr von Erkältungskrankheiten,[5] um Onkel, die ihre Neffen vom Alkohol fernhalten[6] oder nach Europa schicken wollten,[7] und um fiktive Personen, die aus nicht weiter nachvollziehbaren Gründen in die

---

1 Pettit, Modern Unilateral Contract, 63 Boston U.L.Rev. 551, 551 (1983).

2 „Freak tent": Llewellyn, Our Case-Law of Contract: Offer and Acceptance I, 48 Yale L.J. 1, 36 (1938/39).

3 Während das erste Restatement of Contracts (1932) in § 12 unilateral und bilateral contracts definiert, verzichtete das Restatement of Contracts (Second) aus dem Jahr 1981 ganz bewußt auf diese Bezeichnungen, und zwar wegen „doubts as to the utility of the distinction" (Zweifeln an der Nützlichkeit dieser Unterscheidung): Restatement Contracts (Second) Reporters Note § 1, S. 8; siehe hierzu näher unten I.A.4.1.3.

4 „Getauft" wurde der unilateral contract Ende des 19. Jahrhunderts von dem US-amerikanischen Rechtsgelehrten Professor Langdell: Langdell, A Summary of the Law of Contracts, § 183; vgl. auch Williston on Contracts (rev. ed. 1936), § 13, S. 19 Fn. 3. Sein Geburtsursprung liegt weit früher in der mittelalterlichen action of debt und der action of assumpsit: Dawson/ Harvey/ Henderson: Contracts, Cases and Comments, S. 378; von einem „atavistischen" unilateral contract berichtet Lorenz, Entgeltliche und unentgeltliche Geschäfte, 537, 552, Fn. 16. Zu weit geht Mooney, Old Kontract Principles and Karl's New Kode: An Essay on the Jurisprudence of Our New Commercial Law, 11 Vill.L.Rev. 213 (1966), der meint, die Steintafeln, die Moses auf dem Berg Sinai verfaßte, seien der erste unilateral contract zwischen Gott und den Kindern Israels: Gott verspricht bestimmte Dinge, wenn die Kinder Israels sich ihrerseits auf eine bestimmte Art und Weise verhalten. Näher zu den Wurzeln des unilateral contract im englischen Recht siehe unten I.A.5.

5 Carlill v. Carbolic Smoke Ball Co. [1893] 1 Q.B. 256, 269; dazu siehe unten II.A.1.

6 Hamer v. Sidway 27 N.E. 256 (1891); dazu siehe unten II.F.1.

7 Devecmon v. Shaw 14 A. 464 (1888).

englische Stadt York[8] oder über die Brooklyn Bridge[9] spazieren sollten, oder versuchten, eine Fahnenstange hinaufzuklettern,[10] um oben angekommen zweimal den „Yankee Doodle“ zu pfeifen.[11] Heute wandelt nur noch der Geist des unilateral contract ruhelos durch die Vertragslehrbücher des common law. Soweit die Rechtsliteratur seiner überhaupt noch gedenkt, beschränkt sie sich auf Gratulationen zu seiner Beisetzung.[12]

Ist diese Arbeit dann eine Art juristischer Autopsie? Suchen wir im deutschen Recht nach einem rechtlich vergleichbaren Zombie?

Nein, denn trotz seiner Totsagung ist der unilateral contract aus dem praktischen Leben, aus den von den Gerichten entschiedenen Fällen, nie verschwunden. Dies könnte allerdings auch auf eine besonders konservative Haltung und starrköpfige Traditionsverbundenheit einiger unbelehrbarer Richter und Anwälte zurückzuführen sein, die auch dann noch an einem überholten Rechtsinstitut festhalten, wenn dieses seine Existenzberechtigung schon lange verloren hat. Dagegen spricht allerdings, daß sich der unilateral contract über die „traditionellen“ Fallgruppen hinaus auch ganz neue Vertragsrechtsbereiche insbesondere im Arbeitsrecht erschließen konnte. Neuerdings wird er auch von

---

[8] So das in den Fällen Rogers v. Snow (1573), Dalison 94, verwendete und in Great Northern Railway Co. v. Witham (1873), 9 L.R.C.P. 16, 19, aufgegriffene Beispiel. Der Mann auf dem Weg nach York, Rom oder Winchester war eine bekannte mittelalterliche Figur; in modernen Zeiten geht er manchmal nach Paris. Warum er sich auf den Weg macht, wird jedoch nie verraten: Simpson, Innovation in Nineteenth Century Contract Law, 91 L.Q.Rev. 247, 262 Fn. 62 (1975).

[9] Dieser Beispielsfall stammt ursprünglich von Wormser, The True Conception of Unilateral Contracts, 26 Yale L.J. 136 ff. (1916). Er wurde in der US-amerikanischen Rechtsliteratur häufig aufgegriffen, z. B. Farnsworth on Contract, § 3.24, S. 292 ff.

[10] Der US-amerikanische Juraprofessor Llewellyn hat mit seinen Studenten zu Illustrationszwecken des öfteren unilateral contracts geschlossen, bei denen diese für $ 100 eine bestimmte Fahnenstange vor dem Klassenzimmer ersteigen sollten: Llewellyn, Our Case-Law of Contract: Offer and Acceptance II, 48 Yale L.J. 779, 787 Fn.9 (1938/39). Die $ 100 hat Llewellyn aber nie zahlen müssen, da er sein Zahlungsversprechen wirksam widerrufen konnte, kurz bevor ein Student die Spitze des Fahnenmastes erreichte. Zum Widerrufsrecht im einzelnen siehe unten I.A.4.

[11] Mit dieser musikalischen Variante ergänzte Murray, Contracts: A New Design for the Agreement Process, 53 Cornell L.Rev. 785 (1968) das bekannte Fahnenmastbeispiel. Außerdem trug der Fahnenmastbesteiger bei Murray eine Uncle-Sam-Kostümierung und der Fahnenmast war eingefettet.

[12] Calamari/ Perillo, The Law of Contracts (2nd ed.), S. 92 ff.; Mooney, Old Kontract Principles and Karl's New Kode, 11 Vill.L.Rev. 213, 234 f., 258 (1966) im Zusammenhang mit dem Uniform Commercial Code; Murray, Contracts: A New Design for the Agreement Process, 53 Cornell L.Rev. 785, 792 ff. (1968); Yankowitz, Acceptance by Performance When the Offeror Demands a Promise, 52 Southern Cal.L.Rev. 1917, 1926 ff. (1979).

der Rechtslehre wieder entdeckt (teilweise wird von einer „Wiedergeburt" gesprochen)[13] und durchaus interessiert und wohlwollend betrachtet.[14]

Der unilateral contract lebt also durchaus noch und ist lediglich Mitte des 20. Jahrhunderts vor allem in den Vereinigten Staaten das Opfer einer breit angelegten Verleumdungsaktion geworden. Er nimmt eine zugegebenermaßen kleine, aber dennoch unverzichtbare Funktion auf dem Gebiet des englischen und US-amerikanischen Vertragsrechts wahr. Gleichzeitig bereitet er aber auf rechtsdogmatischer Seite einiges Kopfzerbrechen, was den versuchten Rufmord der US-amerikanischen Rechtswissenschaft zumindest verständlich macht.

---

13 Dawson/ Harvey/ Henderson: Contracts, Cases and Comments, S. 379: „a rebirth of unilateral contract".

14 Pettit, Modern Unilateral Contract, 63 Boston U.L.Rev. 551, 552 (1983); Tiersma, Reassessing Unilateral Contracts, 26 U.C. Davis L.Rev. 1 ff. (1992).

Einleitung

Der unilateral contract ist ein spezielles Rechtsinstitut des englischen und US-amerikanischen common-law-Vertragsrechts. Die Besonderheit des unilateral contract liegt - allgemein gesprochen - darin, daß ein vertraglicher Leistungsaustausch nicht durch gegenseitige Leistungsverpflichtungen eingeleitet wird, sondern daß sich nur eine Partei verpflichtet eine Leistung zu erbringen, und zwar für den Fall, daß die andere Partei eine bestimmte Leistung erbringt, zu der diese aber nicht verpflichtet ist.

Im ersten Teil der Arbeit werden zunächst die dogmatischen Grundlagen des unilateral contract, die daraus resultierenden Folgen für das Zustandekommen eines Vertrages im common-law-Vertragsrecht und der grundsätzlich unterschiedliche Ansatz des deutschen Rechts, in dem ein entsprechendes Rechtsinstitut nicht existiert, untersucht. Dieser Vergleich, der auch die rechtshistorische Entwicklung aufzeigt, ermöglicht einen Einblick in die Werkstatt des common-law-Vertragsrechts und des deutschen Rechts. Dabei zeigen sich grundlegende Unterschiede, die in der Rechtsvergleichung, insbesondere wenn ihr Ziel die Rechtsvereinheitlichung ist, gerne übersehen werden.

Daran schließt sich im zweiten Teil der Arbeit eine vergleichende Darstellung des praktischen Anwendungsbereichs des unilateral contract anhand einiger typischer unilateral-contract-Fallgruppen (Auslobungen und Preisausschreiben, Maklerverträge, Bürgschaften und Akkreditive, Schulderlaß, Vergleichsvereinbarungen, bestimmte Vereinbarungen unter Familienangehörigen und arbeitsrechtliche Gratifikationszusagen) im englischen und US-amerikanischen Recht einerseits und im deutschen Recht andererseits an. Auch wenn beide Rechtssysteme aufgrund einer ähnlichen Interessenwertung zu weitgehend ähnlichen praktischen Ergebnissen kommen, bestehen jedenfalls in der dogmatischen Herleitung dieser Ergebnisse grundlegende Unterschiede.

Im dritten und letzten Teil der Arbeit wird die dem unilateral contract zugrunde liegende Interessenlage herausgearbeitet. Dabei zeigt es sich, daß der unilateral contract dem Bedürfnis der Parteien nach einer besonderen Form der vertraglichen Risikoverteilung entspricht.

Teil I. Das Rechtsinstitut

I.A. Der Unilateral Contract im englischen und US-amerikanischen Vertragsrecht

I.A.1. Der Vertragsbegriff

Der unilateral contract gehört zu der übergeordneten Gruppe der „contracts". Der Begriff „contract" wird allgemein als Vertrag übersetzt. Es wäre jedoch falsch, den contract auch inhaltlich mit dem deutschen Vertrag gleichzusetzen.[15]

Der Begriff contract im englischen Recht ist einerseits enger als der des deutschen Rechts, weil er sich nur auf schuldrechtliche Verbindlichkeiten bezieht.[16] Im deutschen Recht hingegen ist nach einer klassischen Definition Savignys der Vertrag „die Vereinigung mehrerer zu einer übereinstimmenden Willenserklärung, wodurch ihre Rechtsverhältnisse bestimmt werden".[17] Im deutschen Recht hat also jedes rechtlich erhebliche „Sicheinigsein" Vertragscharakter, auch wenn die Einigung sich nicht auf die Begründung eines Schuldverhältnisses, sondern beispielsweise auf dingliche Vorgänge wie die Übereignung oder familienrechtliche Vorgänge wie die Eheschließung bezieht.[18]

Der Begriff contract ist anderseits weiter als der deutsche Begriff Vertrag, denn der contract umfaßt jegliche rechtlich erhebliche, rechtsgeschäftlich begründete Verbindlichkeit. Im deutschen Recht werden nur solche schuldrechtlichen Verbindlichkeiten vom Vertragsbegriff erfaßt, die durch die erklärte Willensübereinstimmung zweier oder mehrerer Personen zustande gekommen sind (§ 311 BGB). Deshalb sind im englischen und US-amerikanischen Recht contracts auch einseitige, nicht annahmebedürftige Verpflichtungserklärungen

---

15 Rothoeft, System der Irrtumslehre, S. 120 ff.

16 Rauch, Der Begriff der „Consideration" im anglo-amerikanischen Schuldrecht, S. 5.

17 Savigny, System des heutigen römischen Rechts III, § 140, S. 309.

18 Bemerkenswert ist, daß das BGB hingegen nach einem entsprechenden Antrag in der II. Lesung im Sachenrecht nicht vom „Vertrag" sondern von der „Einigung" spricht (z. B. §§ 929, 873, 877 BGB), und zwar weil der Begriff Vertrag im sachenrechtlichen Zusammenhang nicht „dem Sprachgebrauch und den Anschauungen des Volkes" entspricht: Reatz, Zweite Lesung des Entwurfs eines BGB, S. 414 ff. Im modernen juristischen Sprachgebrauch wurde diese Entschließung der Verfasser des BGB aber wieder rückgängig gemacht, vgl. beispielsweise: Palandt-Bassenge, § 929 Rn. 2: „Die Einigung ist ein formfreier abstrakter dinglicher Vertrag."

im Rahmen einer gesiegelten Urkunde. Der Grundgedanke, daß eine vertragliche Verpflichtung zwar auf einem zweiseitigen Rechtsgeschäft beruhen kann, aber nicht notwendig muß, durchzieht das gesamte englische und US-amerikanische Schuldrecht.

I.A.2. Abgrenzung von Unilateral Contract und Bilateral Contract

Im englischen und US-amerikanischen Recht findet sowohl beim bilateral contract als auch beim unilateral contract ein Leistungsaustausch statt. Ziel beider Vertragsarten ist die Erbringung einer Leistung für eine Gegenleistung.

Der Unterschied zwischen den beiden Vertragsarten liegt in der Frage, ob sich im Rahmen des Leistungsaustauschs nur eine oder beide Parteien verpflichten, ihre jeweilige Leistung zu erbringen. Beim unilateral contract verpflichtet sich nur eine Partei, ihre Leistung zu einem zukünftigen Zeitpunkt zu erbringen. Beim bilateral contract verpflichten sich beide Seiten, eine Leistung zu erbringen, d. h. der Leistungsverpflichtung der einen Seite steht eine Leistungsverpflichtung der anderen gegenüber.[19]

Da beide Vertragsarten einen Leistungsaustausch zum Inhalt haben, bedeutet die einseitige Leistungsverpflichtung beim unilateral contract aber nicht, daß die Partei, die eine Leistung verspricht, für ihre Leistung von der anderen Partei keine Gegenleistung erhält. Die Gegenleistung wird ihr im Gegensatz zum bilateral contract lediglich nicht versprochen, weil die Gegenseite ein solches Versprechen nicht abgeben kann, soll oder will. Die Partei, die ihre Leistung verspricht, erbringt diese also nur dann, wenn die – nicht versprochene –

---

[19] Atiyah, An Introduction to the Law of Contract, S. 43: „... the essential distinction is that in a bilateral contract both parties are equally bound to the performance of their promises, whereas in unilateral contract one party only, that is the promisor, is bound to do anything." Ebenso: United Dominions Trust Ltd. v. Eagle Aircraft Services Ltd. [1968] 1 W.L.R. 74; Chitty on Contracts, Rn. 13. Teilweise wird bei der Definition auf das Versprechen, auf dem die einseitige Leistungsverpflichtung beruht, abgestellt, z. B. Restatement of Contracts (1932) § 12: „a unilateral contract is one in which no promisor received a promise as consideration."; Sixth Interim Report of the English Law Revision Committee (1937) § 23: „Common Law traditionally divides parol contracts into two classes, the bilateral contract of a promise for a promise and the unilateral contract of a promise for an act."; ebenso: Williston on Contracts, § 1:17, S. 41. Farnsworth on Contract, § 3.4, S. 165 vereint in seiner Definition sowohl den Aspekt der Verpflichtung und den des Versprechens: „Traditional analysis has it that in a bilateral contract there are promises on both sides and duties and rights on both sides. In a unilateral contract however there is a promise and duty only on one side (the offerors) and a right on only one side (the offerees, once he has performed)."

Gegenleistung von der Gegenseite tatsächlich erbracht wird. Im englischen Recht wurde der unilateral contract daher auch als „if“-contract bezeichnet.[20]

Inzwischen hat sich aber auch im englischen Recht der Begriff „unilateral contract“ durchgesetzt, der von dem US-amerikanischen Rechtswissenschaftler Langdell geprägt worden sein soll.[21]

Grundsätzlich kann jeder Vertrag, der einen Leistungsaustausch zum Gegenstand hat, sowohl als unilateral als auch als bilateral contract in Erscheinung treten.

Unilateral bedeutet also nicht etwa einseitig in dem Sinne, daß die Verpflichtung durch die Handlung nur einer Partei entsteht. Eine solche Verpflichtung bezeichnet das englische Recht als „unifactoral“ im Gegensatz zu „bifactoral“ Verträge. Formlose Verträge („simple contracts“) sind im englischen und US-amerikanischen Recht immer bifactoral. Unifactoral können allenfalls Verträge in Urkundsform („deeds“) sein, da es bei diesen für die Entstehung der Verpflichtung regelmäßig auf die Zustimmung des Versprechensempfängers nicht ankommt.[22] Gegenstand dieser Arbeit ist nur der formlose Vertrag. Verträge in Urkundsform leiten ihre Wirksamkeit in erster Linie aus der Einhaltung konstitutiv wirkender Formvorschriften ab. Die Unterscheidung zwischen unilateral und bilateral contract hat für die Entstehung vertraglicher Ansprüche aus solchen deeds keine Auswirkungen. Wenn also im folgenden vom Vertrag die Rede ist, so ist damit immer der simple contract gemeint.

Der Unterschied zwischen unilateral und bilateral contract liegt also zunächst nur darin, daß sich beim bilateral contract beide Parteien eines Leistungsaustauschs versprechen, ihre jeweiligen Leistungen zu einem zukünftigen Zeitpunkt zu erbringen, während beim unilateral contract nur eine Partei ein Leistungsversprechen abgibt. Aufgrund der Besonderheiten des englischen und US-amerikanischen Vertragsrechts, auf die unten[23] näher einzugehen sein wird, führt dies aber auch zu unterschiedlichen Voraussetzungen für das Zustande-

---

20 Lord Diplock in: Harvela Investments Ltd. v. Royal Trust Company of Canada (CI) Ltd. et al. [1985] 2 All E.R. 966, 969: „a unilateral or „if“ contract ...“ und in United Dominions Trust Ltd. v. Eagle Aircraft Services Ltd. [1968] 1 W.L.R. 74: „... contracts which are only unilateral - which I have elsewhere described as „if“-contracts ....“

21 Langdell, A Summary of the Law of Contract, § 183; Williston on Contracts (rev. ed. 1936), § 13, S. 19 Fn. 3 und Pollock, Principles of Contract at Law and in Equity, S. 35 in Fn. 40 weisen darauf hin, daß die Bezeichnung unilateral contract zuerst in US-amerikanischen Fällen verwendet wurde.

22 Williston on Contracts § 1:18, S. 48, § 2:10, S. 104.

23 siehe unten I.A.3.

kommen eines bindenden Vertrages überhaupt: Während beim bilateral contract bereits mit dem wechselseitigen Versprechen einer Leistung ein beide Parteien verpflichtender Vertrag zustande kommt, entsteht beim unilateral contract aufgrund des Leistungsversprechens einer Partei ein nur diese Partei verpflichtender Vertrag erst dann, wenn die andere Partei die verlangte Gegenleistung tatsächlich vollständig erbracht hat. Die Unterscheidung dient also nicht nur der Klassifizierung verschiedener Vertragstypen zu akademischen Zwecken, sondern hat weitreichende praktische Auswirkungen für die Entstehung von formlosen Verträgen.[24]

Das Prinzip läßt sich beispielhaft am Kauf eines Autos für $ 5.000, also dem Austausch des Eigentums an dem Auto gegen eine bestimmte Geldsumme, verdeutlichen:

Der Kauf ist ein bilateral contract, wenn der Verkäufer dem Käufer die Übereignung des Autos und der Käufer dem Verkäufer die Zahlung von $ 5.000 verspricht. Der Vertrag kommt mit der Abgabe der beiden Versprechen zustande und verpflichtet beide Parteien zu einer bestimmten Leistung.

Der Vertrag könnte aber auch als unilateral contract abgeschlossen werden. Dann verspricht der Verkäufer dem Käufer, ihm das Auto zu übereignen, wenn der Käufer die $ 5.000 vollständig an ihn gezahlt hat. Der Käufer andererseits verspricht aber nicht, die $ 5.000 zu zahlen. Ein nur noch den Verkäufer verpflichtender Vertrag - nämlich ein unilateral contract - kommt hier aus Sicht des englischen und US-amerikanischen Rechts zustande, wenn der Käufer die festgelegte Geldsumme tatsächlich vollständig bezahlt hat. Bevor dies geschehen ist, besteht kein Vertrag. Der Verkäufer ist also noch nicht vertraglich gebunden, d. h. er ist nicht verpflichtet zu leisten und er ist außerdem auch noch nicht an sein Leistungsversprechen gebunden, kann dieses also frei widerrufen.[25]

Im folgenden soll untersucht werden, wie das englische und das US-amerikanische Recht die unterschiedlichen Voraussetzungen für die Entstehung eines Vertrages beim bilateral und beim unilateral contract dogmatisch konstruiert und begründet.

---

24 Williston on Contracts, § 1:17, S. 42 bezeichnet die Unterscheidung als „fundamental".

25 Zu den Einschränkungen dieser Regel siehe unten I.A.4.

I.A.3. Das Zustandekommen eines Vertrages

Das wirksame Zustandekommen eines formlosen Vertrages, sei es nun eines unilateral oder eines bilateral contract, setzt im englischen und US-amerikanischen Recht zum einen voraus, daß für jedes Versprechen („promise") ein gültiges Gegenopfer („consideration") vorliegt, und zum andern, daß sich die Vertragsparteien geeinigt haben („agreement").[26] Es handelt sich dabei um zwei eigenständige Rechtskonzepte, die kumulativ erfüllt sein müssen, damit ein wirksamer, bindender Vertrag entsteht.

I.A.3.1. Versprechen mit Gegenopfer (Consideration for a Promise)

Nach der Vorstellung des englischen und US-amerikanischen Rechts folgt die vertragliche Leistungsverpflichtung einer Vertragspartei aus ihrem verbindlichen Leistungsversprechen.

Entsprechend lautet eine der gängigen Definitionen des Vertrages, die in § 1 der beiden US-amerikanischen Restatements of Contracts von 1932 und 1981[27] aufgegriffen wird, wie folgt:

> „A contract is a promise or a set of promises for the breach of which the law gives a remedy or the performance of which the law in some way recognises as a duty."[28]

---

[26] Schließlich müssen die beiden Parteien auch noch den Willen haben, eine rechtsverbindliche Abmachung zu treffen („intention to enter into legal relations"). Für die Unterscheidung zwischen dem unilateral und dem bilateral contract ist dieses Merkmal jedoch ohne Bedeutung. Generell hat die Frage des Rechtsbindungswillens im englischen und US-amerikanischen Vertragsrecht nur einen untergeordneten Stellenwert. Die Funktion dieses Vertragselements, unverbindliche Gefälligkeiten auszuscheiden, wird bereits zu weiten Teilen von der consideration wahrgenommen, denn wesentliches Merkmal einer unverbindlichen Gefälligkeit ist ihre Unentgeltlichkeit, unentgeltlichen Versprechen fehlt aber die consideration.

[27] Die Restatements of Law werden vom American Law Institute herausgegeben, das 1923 von einigen ausgewählten Praktikern, Richtern und Rechtswissenschaftlern gegründet wurde und das heute mehrere tausend Mitglieder hat. Es gibt zwei Restatements of Contract. Das erste wurde 1932 veröffentlicht. Der Rechtswissenschaftler Williston war als „reporter" zuständig für die Verfassung der Entwürfe und wurde unterstützt von Arthur L. Corbin als „special advisor". 1962 begannen die Arbeiten an dem zweiten Restatement of Contract, das schließlich 1981 veröffentlicht wurde. Die Restatements sollten ursprünglich nur eine deskriptive Funktion haben. Sie sollten die unüberschaubare Menge des case law auf eine Reihe einfach zugänglicher Regeln reduzieren, die durch Kommentierungen („comments") und Beispiele („illustrations") ergänzt wurden. Die Autoren des Restatement of Contracts (Second) waren dagegen der Auffassung, daß die Restatements auch eine präskriptive Funktion haben müßten, daß sie nicht nur feststellen sollten, wie das Recht ist, sondern auch wie es sein soll. Weiterführende Hinweise zur Entstehung der Restatements finden sich bei Farnsworth on Contract, § 1.8, S. 29 ff.

Ein Vertrag ist ein Versprechen oder eine Reihe von Versprechen, bei deren Verletzung das Recht eine rechtliche Sanktion gewährt oder deren Erfüllung das Recht in irgendeiner Art als Pflicht anerkennt.

Das Versprechen („promise“) ist dabei zunächst nur die unverbindliche Zusage, daß ein bestimmter Zustand besteht, oder daß etwas in der Zukunft geschehen wird oder nicht geschehen wird.

„A promise is an undertaking that a certain state of affairs exists, or that something shall happen or not happen in the future.“[29]

Ein Versprechen ist eine Zusicherung, daß ein bestimmter Zustand besteht, oder daß in der Zukunft etwas geschehen oder nicht geschehen soll.

Dieses formlose Versprechen allein bindet und verpflichtet den Versprechenden im common-law-Vertragsrecht nicht. Erst wenn er vom Versprechensempfänger für sein Versprechen ein „Gegenopfer“[30] erhalten hat, wird das Versprechen vertraglich verbindlich. Dieses Gegenopfer wird im common-law-Vertragsrecht als „consideration“ bezeichnet. Die consideration ist also Voraussetzung für die vertragliche Verbindlichkeit jedes formlosen Versprechens. Sie ist damit eine zentrale Rechtsfigur des common-law-Vertragsrechts.[31]

Die klassische Definition des Begriffs consideration wurde im Jahre 1875 in dem Fall Currie v. Misa[32] aufgestellt:

„A valuable consideration, in the sense of the law, may consist either in some right, interest, profit, or benefit accruing to the one part, or some forbearance, detriment, loss, or responsibility, given, suffered, or undertaken by the other.“

Eine werthaltige consideration im Rechtssinne kann entweder in einem Recht, Interesse, Vorteil oder Gewinn bestehen, die der einen Seite erwächst, oder in einem Verzicht,

---

28 Restatement of Contracts (1932) und Restatement of Contracts (Second) § 1; Williston on Contracts, § 1.1, S. 1; entsprechend für das englische Recht: Anson's Law of Contract, S. 2; Winfield, Some Aspects of Offer and Acceptance, 55 L.Q.Rev. 499 (1939); Chitty on Contracts, S. 1 Rn. 1.

29 Restatement of Contracts (1932) und Restatement of Contracts (Second) § 2 (1); Williston on Contracts, § 1:2, S. 8; Corbin on Contracts, § 1.13, S. 35; entsprechend für das englische Recht: Chitty on Contracts, S. 3 Rn. 3; Anson's Law of Contract, S. 2.

30 Der Begriff wurde geprägt von Becker, Gegenopfer und Opferverwehrung.

31 von Hippel, Die Kontrolle der Vertragsfreiheit nach anglo-amerikanischen Recht, S. 62: „und verleiht ihm sein eigentümliches Gepräge“; siehe entsprechende Stellungnahme bei Fromholzer, Consideration S. 8; Milsom, The Historical Foundations of the Common Law, S. 356: „the essence of the common law of contract“; Zimmermann, Das römisch-kanonische ius commune als Grundlage europäischer Rechtseinheit, JZ 1992, S. 16: „sonderbarste und charakteristischste Eigenheit des common law“.

32 (1875) L.R. 10 Ex. 153, 162.

einem Nachteil, einem Verlust oder einer Verpflichtung, den die andere Seite erleidet oder auf sich nimmt.

Die consideration besteht also in einem Vorteil für den Schuldner oder einem Nachteil für den Gläubiger. Dabei müssen Vor- und Nachteil aber nicht unbedingt zusammen auftreten. Das Opfer des Versprechensempfängers muß nicht gleichzeitig auch zu einem Gewinn des Versprechensgebers führen. Wesentlich und ausreichend ist nach der heute herrschenden Meinung der Nachteil des Versprechenden. Zu diesem Nachteil kann spiegelbildlich ein Gewinn des Versprechensempfängers hinzutreten, muß aber nicht.[33]

Entscheidend ist jedoch, daß der Nachteil vom Versprechensempfänger im Austausch für die übernommene Verpflichtung des Versprechensgebers übernommen wurde.[34] Die consideration ist das Entgelt für die Entstehung einer Forderung oder mit den Worten Sir Frederick Pollocks der Preis des Versprechens.

„... the price for which the promise of the other is bought, and the promise thus given for value is enforceable."[35]

... der Preis für den das Versprechen des anderen gekauft wird, und das Versprechen, das somit für einen Gegenwert gegeben wird, kann durchgesetzt werden.

Die Bezeichnung der consideration als Preis eines Versprechens beschreibt ein weiteres Element der consideration-Doktrin, nämlich das Erfordernis einer Reziprozität von Versprechen und consideration: Der Versprechende muß für ein Versprechen im Gegenzug vom Versprechensempfänger etwas bekommen bzw. der Versprechensempfänger im Gegenzug für das Versprechen einen Nachteil auf sich nehmen.[36] Das Versprechen muß also im Hinblick auf oder in Erwartung der Gegenleistung abgegeben worden sein. Dies ist in der Regel der Fall, wenn der Versprechende die Gegenleistung verlangt („requested") hat.[37] Zum anderen muß auch die Gegenleistung in Anbetracht oder Erwartung des Versprechens erbracht worden sein. Die Gegenleistung muß also durch das Versprechen hervorgerufen („induced") worden sein.

---

33 Kritisch zu der benefit/detriment-Formel, Atiyah, Essays on Contract: Consideration: A Restatement, S. 187 ff.

34 Rauch, Der Begriff der Consideration im anglo-amerikanischen Schuldrecht, S. 122.

35 Pollock on Contracts, S. 133; Dunlop Pneumatic Tyre Co. Ltd. v. Selfridge Ltd. [1915] A.C. 847, 855; entsprechend auch das Law Revision Committee, Sixth Interim Report, § 17; Cheshire, Fifoot and Furmston's Law of Contract, S. 82; Treitel, The Law of Contract, S. 54 f. kritisiert diese Definition als zu vage.

36 Rauch, Der Begriff der Consideration im anglo-amerikanischen Schuldrecht, S. 87 ff.

37 Kein „request" soll vorliegen, wenn der Versprechende die Gegenleistung oder das Gegenversprechen lediglich festlegt („merely specifies"). Kritisch zum Sinn dieser Abgrenzung: Atiyah, Essays on Contract: Consideration: A Restatement, S. 213 f.

Dieses Gegenseitigkeitsverhältnis läßt sich auch als Handel („bargain") bezeichnen:

> „An Englishman is liable, not because he has made a promise, but because he has made a bargain."[38]
>
> Ein Engländer haftet nicht, weil er ein Versprechen gemacht hat, sondern weil er einen Handel abgeschlossen hat.

Im Gegensatz zum englischen Recht, in dem auch ohne das Tatbestandsmerkmal eines Handels eine consideration vorliegen kann, wenn nur ein gegenseitiger Vor- und Nachteil gegeben ist, hat das US-amerikanischen Recht die consideration mit dem Begriff des „bargain" vollständig gleichgesetzt,[39] wie sich aus der Regelung in dem Restatement of Contracts (Second) ergibt:[40]

> § 71 Requirement of Exchange
>
> „To constitute consideration, a performance or a return promise must be bargained for. A performance or return promise is bargained for, if it is sought by the promisor in exchange for his promise and is given by the promisee in exchange for that promise."
>
> Um eine consideration darzustellen, muß eine Leistung oder ein Gegenversprechen ausgehandelt worden sein. Eine Leistung oder ein Gegenversprechen sind ausgehandelt worden, wenn der Versprechensgeber diese (bzw. dieses) im Austausch für sein Versprechen erlangen will oder vom Versprechensempfänger im Austausch für das Versprechen erbracht (bzw. gegeben) wird.

Die consideration ist dabei objektiver Natur, d. h. die consideration braucht weder der einzige noch der entscheidende Beweggrund für die Abgabe des Versprechens zu sein.

Ein Gegenopfer ist demnach grundsätzlich ausreichend („sufficient"), wenn es objektiv einen rechtlichen Wert hat („something of value in the eye of the

---

[38] Cheshire, Fifoot and Furmston's Law of Contract, S. 32.

[39] Zunächst mußte nur der Vor- bzw. der Nachteil ausgehandelt sein. Bereits im ersten Restatement of Contracts (1933) wurde die consideration dann ausschließlich unter Verwendung des Begriffs „bargain" und ohne Bezug auf einen Vor- bzw. Nachteil definiert. Siehe hierzu Farnsworth on Contract, § 2.2, S. 61 ff. m. w. Nachw. und Eisenberg, The Principles of Consideration, 67 Cornell L.Rev. 640 (1982); Das bargain-Konzept hat aber auch Eingang in das englische Vertragsrecht gefunden: Hamson, The Reform of Consideration, 54 L.Q.Rev. 233 ff. (1938); kritisch hierzu Atiyah, Essays on Contract: Consideration: A Restatement, S. 206 ff.

[40] Das Erfordernis des US-amerikanischen Rechts, daß eine consideration „ausgehandelt" sein muß, stellt eine zusätzliche Beschränkung der consideration dar, die in einigen Bereichen nicht unproblematisch ist: Eisenberg, The Bargain Principle and its Limits, 95 Harvard L.Rev. 741 ff. (1982); ders., The Principles of Consideration, 67 Cornell L.Rev. 640, 642 ff. und 652 ff. (1982).

law").[41] Der Versprechende muß also etwas erhalten haben, worauf er sonst keinen Anspruch gehabt hätte oder der Versprechensempfänger etwas getan oder unterlassen haben, wozu er rechtlich nicht verpflichtet gewesen wäre.

Dieses Tun oder Unterlassen kann entweder in einer vom Versprechensempfänger tatsächlich erbrachte Leistung („performance") oder aber in dem Versprechen einer Leistung („promise") bestehen. Im ersten Fall entsteht ein unilateral contract, im zweiten Fall ein bilateral contract.

I.A.3.1.1. Consideration im Unilateral Contract

Das „Gegenopfer" für ein Versprechen kann die tatsächlich erbrachte Gegenleistung („performance") in Form eines Tuns oder Unterlassens („act or forbearance") sein. Das Leistungsversprechen wird dann im Gegenzug für eine Leistung gegeben („a promise in return for an act").

Das Prinzip läßt sich anhand folgenden Beispiels verdeutlichen:[42]

> A sagt zu B: „Ich verspreche, dir $ 2,000 zu zahlen, wenn du mein Haus tatsächlich und vollständig gestrichen hast."

A ist der Versprechensgeber, B der Versprechensempfänger. Wenn B das Haus streicht, erleidet er einen rechtlichen Nachteil, denn er hat eine Handlung ausgeführt, zu der er nicht verpflichtet war.

Ausreichende consideration für das Zahlungsversprechen ist aber nur die tatsächlich und vollständig erbrachte Gegenleistung. Erst wenn B den letzten Pinselstrich vorgenommen hat, liegt also eine consideration für das Zahlungsversprechen des A vor. Erst dann entsteht ein Vertrag und ist A an sein

---

41 Thomas v. Thomas (1842) 2 Q.B. 851, 859 per Patterson J. In diesem Fall bestand die consideration für das Versprechen des Erblassers, seiner Ehefrau ein Haus zu übertragen, in dem Gegenversprechen der Witwe, jährlich £ 1 zu zahlen sowie notwendige Reparaturen durchzuführen.

42 Beispiel nach Calamari/ Perillo, The Law of Contracts, § 4-2, S. 169. Bereits an dieser Stelle ist jedoch darauf hinzuweisen, daß schon die Formulierung des Beispiels – insbesondere im Vergleich zu dem Beispiel eines bilateral contracts (siehe unten I.A.3.1.1.) – erkennen läßt, daß es schwierig ist, allein aus dem Wortlaut des Versprechens zu entnehmen, ob es sich um das Versprechen im Rahmen eines unilateral contract oder im Rahmen eines bilateral contract handelt. Die Auslegung des Versprechens ist eines der zentralen Probleme der Unterscheidung zwischen unilateral und bilateral contract, das in der Praxis teilweise dadurch bewältigt wird, daß sich bestimmte typische unilateral contract Fallgruppen herausgebildet haben, die im Rahmen dieser Arbeit dargestellt werden. Im übrigen lassen sich die Gerichte bei der Auslegung von Gerechtigkeitserwägungen des Einzelfalles leiten. In Teil III der Arbeit wird schließlich ein Aspekt dieser Gerechtigkeitserwägungen, nämlich die besondere vertragliche Risikoverteilung beim unilateral contract, näher untersucht.

Versprechen gebunden. Bis zu diesem Zeitpunkt ist der Versprechende aufgrund seines Versprechens nicht verpflichtet zu leisten. Er kann darüber hinaus auch sein Leistungsversprechen jederzeit widerrufen, und zwar selbst dann, wenn B durchaus willens ist, das ganze Haus zu streichen oder bereits die Hälfte des Hauses gestrichen hat.[43]

Andererseits ist aber auch B zu keinem Zeitpunkt verpflichtet, seine Leistung zu erbringen, denn ein entsprechendes Versprechen hat er nicht abgegeben. A hat gegen ihn keinerlei Ansprüche, wenn er das Haus nicht streicht, und selbst wenn B mit den Malerarbeiten begonnen hat, kann er diese jederzeit abbrechen.

Ein Vertrag kommt also erst zustande, wenn die als consideration verlangte Gegenleistung vollständig erbracht wurde. Dieser Vertrag enthält nur noch die Leistungsverpflichtung einer Vertragspartei und ist somit ein unilateral contract.[44]

> Restatement of Contracts (1932) § 12
>
> „A unilateral contract is one in which no promisor receives a promise as consideration for his promise. A bilateral contract is one in which there are mutual promises between two parties to the contract; each party being both a promisor and a promisee."
>
> Ein unilateral contract ist ein Vertrag, in dem kein Versprechensgeber ein Versprechen als consideration für sein Versprechen erhält. Ein bilateral contract ist ein Vertrag, in dem es beiderseitige Versprechen zwischen den Parteien des Vertrages gibt; jede Partei ist sowohl Versprechensgeber als auch Versprechensempfänger.

I.A.3.1.2. Consideration im Bilateral Contract

Consideration für ein Versprechen kann auch das Gegenversprechen des Versprechensempfängers sein, seinerseits eine bestimmte Leistung zu einem zukünftigen Zeitpunkt zu erbringen. Dann erhalten beide Parteien als „Gegenopfer" für ihr Versprechen wiederum ein Versprechen („a promise in return for a promise").

---

[43] Daß nach dieser Rechtslage ein Interessenkonflikt zwischen A und B, der unter Umständen bereits erhebliche Aufwendungen hatte, vorprogrammiert ist, liegt auf der Hand. Der Frage, ob und wie dieser Konflikt zu lösen ist, wird im einzelnen unten unter I.A.4. im Rahmen des Widerrufs ausführlich erörtert.

[44] Auf der Basis der consideration grenzt beispielsweise ab: Langdell, A Summary of the Law of Contract, § 183: „... a binding promise, the consideration of which is anything else than a promise, is a unilateral contract." Siehe auch Rauch, Der Begriff der „Consideration" im anglo-amerikanischen Schuldrecht, S. 30 ff. zum „einseitigen Vertrag".

Unter Abwandlung des oben verwendeten Beispiels läßt sich dieses Prinzip wie folgt verdeutlichen:

> A sagt zu B: „Ich verspreche, dir $ 2.000 zu zahlen, wenn du versprichst, mein Haus zu streichen."

Wenn B verspricht, die Malerarbeiten durchzuführen, ist A vertraglich an sein Zahlungsversprechen gebunden, denn das Versprechen des B ist consideration für das Zahlungsversprechen des A. Gleichzeitig ist das Zahlungsversprechen des A consideration für das Versprechen des B, das Haus zu streichen, so daß beide Parteien vertraglich gebunden und verpflichtet sind, die von ihnen versprochene Leistung zu erbringen.

Daß ein Gegenversprechen ausreichende consideration sein kann, ist ein anerkannter Grundsatz des common law of contract. Probleme bereitet es allerdings, das Gegenversprechen unter die Definition der consideration als Vorteil des Versprechensgebers und Nachteil des Versprechensempfängers zu subsumieren.

Es liegt auf der Hand, daß jedenfalls die bloße Mühe des Aussprechens der Worte: „Ich verspreche ... (z. B. das Haus zu streichen)" nicht der vom Angebotsempfänger „erlittene Nachteil" sein kann, dennoch wird dieses Argument in der Literatur durchaus ernsthaft erörtert.[45]

Entscheidend soll vielmehr sein, daß der Angebotsempfänger verbindlich verspricht, eine Leistung zu erbringen, die ausreichende consideration wäre.[46]

Dies führt allerdings zu einem Zirkelschluß, denn wenn ein Nachteil für den Angebotsempfänger erst das verbindliche Leistungsversprechen ist, so fragt es sich, wie dieses Versprechen selbst bindend wird. Die Antwort lautet: wenn consideration dafür vorliegt, wenn also auch das Versprechen des Anbieters bindend ist. Womit man wieder am Ausgangspunkt der Überlegungen angekommen ist.[47]

---

[45] Pollock, Principles of Contract, S. 191 f. Ein solcher Fall ließe sich allerdings in Ausnahmefällen konstruieren, etwa wenn der Versprechensempfänger aufgrund vergangener Mißstimmigkeiten mit dem Versprechenden nicht mehr spricht und dieser ihn zur Aufgabe seiner Schweigsamkeit bewegen will, siehe Calamari/ Perillo, The Law of Contracts § 4-12, S. 200.

[46] Thorp v. Thorp (1702) 12 Mod. 445, 449; Calamari/Perillo, The Law of Contracts, § 4-12, S. 200; Farnsworth on Contract § 2.4, S. 68.

[47] Anschaulich und kritisch hierzu: Gordon, Commercial-Gift Dichotomy, 44 Vanderbilt L.Rev. 283, 291 f. (1991); Fuller/ Eisenberg, Basic Contract Law, S. 78.

Die Lösung soll nach Ansicht des Juristen Holmes darin bestehen, den Zirkelschluß an einem beliebigen Punkt zu durchbrechen:

> „... it is a case of jumping in – call one binding and both are. It is more convenient to say both bind than that neither does therefore voilà vous êtes ... ."[48]

> ... es ist eine Frage des Hineinspringens – bezeichne eines als bindend und beide sind es. Es ist einfacher zu sagen, dass beide binden als keines, und schon haben Sie es ... .

Treitel wiederum meint, den Zirkelschluß dadurch vermeiden zu können, daß er bereits in dem rechtlich noch nicht bindenden Versprechen einen Nachteil erblickt, der als consideration ausreichend wäre. Der Nachteil soll darin bestehen, daß der Versprechende bereits durch die an das Versprechen anknüpfenden moralischen Erwartungen des Handelsverkehrs („expectations, based on commercial morality") belastet wird.[49]

Überzeugend erscheint auch dieser Erklärungsversuch nicht, denn die Erwartung des Handelsverkehrs, daß bestimmte Versprechen bindend sind, beruht gerade darauf, daß das Recht bestimmte Versprechen als bindend anerkennt. Die unstreitige Regel, daß ein Gegenversprechen ausreichende consideration für ein Versprechen ist, wird deshalb wohl nicht zu Unrecht als eine der geheimnisvollen Ungereimtheiten des common law bezeichnet.[50]

Im US-amerikanischen Recht versucht man sich schließlich damit zu behelfen, daß man auf der Grundlage des Austauschprinzips („bargain") eine eigene Definition für die consideration beim bilateral contract formuliert:

> „No briefer definition of sufficient consideration ... can be given than this: Mutual promises each of which assures some act or forbearance that will be, or apparently may be, detrimental to the promisor or beneficial to the promisee, and neither of which is rendered void by any rule of law other than that relating to consideration, are sufficient consideration for each other."[51]

---

48 Letter form Holmes to Pollock 18 Dec. 1910, in: Holmes-Pollock Letters, 2nd ed. M. Howe (Hrsg.) Cambridge, Massachusetts 1961, zitiert nach Gordley, The Philosophical Origins of Modern Contract Doctrine, S. 174; siehe auch Llewellyn, What Price Contract, 40 Yale L.J. 704, 742 (1931): „... as soon as the arbitrary but utterly necessary logical jump is made, of making mutual promises serve to support each other, the great bulk of business promises are comfortably cared for."

49 Treitel, The Law of Contract, S. 55.

50 „One of the secret paradoxes of the common law": Pollock, Book Review, 30 L.Q.Rev., 128, 129 (1914); Atiyah, Essays on Contract: Consideration: A Restatement, S. 192: „The truth seems to be that bilateral executory contracts are enforced for other reasons (or considerations) than the existence of benefit or detriment."

51 Williston, Consideration in Bilateral Contracts, 27 Harvard L.Rev. 503, 416 f. (1914).

Es kann keine kürzere Definition einer ausreichenden consideration als die folgende gegeben werden: Ausreichende wechselseitige consideration liegt vor bei gegenseitigen Versprechen, die jeweils ein Tun oder Unterlassen zusichern, das nachteilig für den Versprechenden und vorteilhaft für den Versprechensempfänger ist oder offensichtlich sein könnte, und von denen keines aufgrund anderer rechtlicher Bestimmungen unwirksam ist.

I.A.3.1.2.1. Gegenseitigkeit der Verpflichtungen

Aus der Erkenntnis, daß beim bilateral contract entweder beide oder keine der beiden Parteien vertraglich gebunden ist („both parties must be bound or neither is bound"), leitet das US-amerikanische Vertragsrecht den Grundsatz der Gegenseitigkeit der Verpflichtungen („mutuality of obligation") ab.

Da der bilateral contract die bei weitem häufigere Vertragsform ist, drohte sich dieser Grundsatz allerdings derart zu verselbständigen, daß in einigen Entscheidungen Gerichte einen Vertrag für unwirksam hielten, weil es an einer Gegenverpflichtung fehlte, ohne zu erörtern, ob eine tatsächlich erbrachte Gegenleistung vorlag und der Vertrag damit als unilateral contract wirksam zustande gekommen war.[52] Sie übersahen, daß es beim unilateral contract zwar keine gegenseitige Verpflichtung (mutuality of obligation) geben kann, weil es eben gerade Merkmal dieses Vertrages ist, daß sich eine Seite nicht verpflichtet. Dennoch fehlt es auch beim unilateral contract nicht an einer ausreichenden consideration. Der Grundsatz der „mutuality of obligation" muß also streng auf den bilateral contract beschränkt werden und darf keinesfalls auf den unilateral contract ausgedehnt werden.[53]

---

52 Siehe z. B. Petroleum Research Corp. v. Barnsdall Refining Corp., 105 P.2nd 1047, 1050 (1940).

53 Calamari/ Perillo, § 4-12, S. 200; Corbin on Contracts § 1.23, S. 96: „The distinction between unilateral and bilateral has not yet been very thoroughly grasped by some lawyers, a fact which has led to the erroneous statement that one cannot be bound unless the other is bound"; ebenso Corbin, Offer and Acceptance and Some of the Resulting Legal Relations, 26 Yale L.J. 169, 173 (1917) und Whitney, Implying a Promise to Establish Mutuality, 11 St. John's L.Rev. 51 ff. (1936). Nachsichtiger Williston on Contracts, § 1:17, S. 44: „Presumably, these statements refer to bilateral contracts, for there can be no mutuality of obligation in a purely unilateral contract setting." Siehe auch Teeven, A History of the Anglo-American Common Law of Contract, S. 237, der den mutuality-Grundsatz als ein „confused doctrine" bezeichnet. Ausführlich die Stellungnahme des Gerichts in der Entscheidung Langdon v. Saga Corporation, 569 P.2d 524, 527 (1976): Das Gericht lehnte die Ansicht der Beklagten ab, bestimmte Klauseln seien für sie nicht verpflichtend, weil der klagende Arbeitnehmer dafür keine Gegenverpflichtung übernommen habe. Ebenso in einem ähnlichen Fall Adams County Record v. GNDA, 564 N.W.2d 304 (1997). Zum unilateral contract im Arbeitsrecht siehe unten II.H.1.

I.A.3.1.2.2. Scheinversprechen

Ein Gegenversprechen kann nur dann ein ausreichendes Gegenopfer für ein Versprechen sein, wenn der Versprechende eine bestimmte Leistung verbindlich zusagt. An einer solchen verbindlichen Leistungszusage fehlt es, wenn die Leistungsverpflichtung unter einer Bedingung steht, deren Eintritt allein vom Willen des Versprechenden abhängt. Ein Versprechen, das eine ausreichende consideration sein kann, liegt demnach nur vor, wenn der Versprechende zusagt, er werde sich zu einem zukünftigen Zeitpunkt entsprechend dieser Zusage verhalten, und zwar unabhängig davon, ob er sich dann noch so verhalten will. Fehlt es an einer solchen Festlegung, so handelt es sich nur scheinbar um ein Versprechen („illusory promise"). Ein scheinbares Versprechen stellt aber keine ausreichende consideration dar.[54] Im wesentlichen kommen dabei zwei Situationen in Betracht: Entweder die Verpflichtung soll erst unter einer bestimmten, vom Willen des Versprechenden abhängenden Bedingung entstehen („if I feel like it") oder aber der Versprechende soll sich jederzeit von seinem Versprechen einseitig lösen können („unless I change my mind").[55]

Restatement of Contracts (Second)

§ 77 Illusory promises

„A promise or apparent promise is no consideration if by its terms the promisor or purported promisor reserves a choice of alternative performance unless each of the alternative performances would have been consideration if it alone had been bargained for; ..."

Ein Versprechen oder scheinbares Versprechen ist keine consideration, wenn sich der Versprechensgeber oder angebliche Versprechensgeber seinem Inhalt nach ein Wahlrecht hinsichtlich mehrer Erfüllungshandlung vorbehält, es sei denn jede der alternativen Erfüllungshandlungen wäre eine consideration, wenn sie allein ausgehandelt worden wäre; ...

---

[54] Calamari/ Perillo, The Law of Contracts § 4-12, S. 203; Corbin on Contracts, § 1.17, S. 47.

[55] Treitel, The Law of Contract, S. 67; ein anschauliches Beispiel gibt John Selden, ein Jurist aus dem 17. Jahrhundert: „Lady Kent articled with Sir Edward Herbert that he should come to her when she sent for him, and stay with her as long as she would have him, to which he set his hand; then he articled with her that he should go away when he pleased and stay away as long as he pleased, to which she set her hand." (zitiert nach Corbin on Contracts, § 117, S. 49). Die Versprechen beider Parteien sind „illusory", da beide Parteien frei sind, zu tun, was sie wollen.

Sofern der Versprechensempfänger sich also eine Wahlmöglichkeit vorbehält, muß jede dieser Wahlmöglichkeiten eine ausreichende consideration beinhalten. Die Wahlmöglichkeit keine Gegenleistung zu erbringen, ist nicht zulässig.

Deshalb kommt in folgender Abwandlung des Ausgangsfalles kein bilateral contract zustande:

> A sagt zu B: „Ich verspreche, dir $ 2,000 zu zahlen, wenn du versprichst, mein Haus zu streichen, falls du Lust dazu hast."

Denn wenn B verspricht, das Haus zu streichen, falls er Lust dazu hat, gibt er ein illusory promise ab, das keine ausreichende consideration für das Zahlungsversprechen des A ist. A ist daher an sein Versprechen nicht vertraglich gebunden.

Hintergrund für die Unzulässigkeit eines illusory promise ist die Gefahr, daß andernfalls eine Partei an ihr Leistungsversprechen gebunden wäre, während die andere Seite sich ihrer Leistungsverpflichtung jederzeit und zum Schaden der gebundenen Partei entziehen könnte. Die Rechtsfolge einer Unwirksamkeit des Versprechens bringt allerdings auch die Gefahr mit sich, daß sich der Versprechensgeber willkürlich von seinem Versprechen lösen kann, ein Ergebnis, das ebenfalls häufig nicht sachgerecht ist.

An dieser Stelle hilft der unilateral contract: Auch in den Fällen eines illusory promise entsteht eine vertragliche Bindung nämlich, sobald derjenige, der nur scheinbar die Gegenleistung versprochen hat (etwa weil er sich auch die Nichterbringung noch vorbehalten hat), diese Gegenleistung tatsächlich erbringt. Ein wirksamer bilateral contract kann zwar wegen fehlender consideration nicht zustande kommen, durch die tatsächliche Leistungserbringung entsteht aber ein verbindlicher unilateral contract („forging a good unilateral contract out of a bad bilateral contract").[56]

> Judd Realty Inc. v. Tedesco[57]
>
> Die alleinbeauftragte Maklerin klagte auf Zahlung ihrer Provision. Nachdem die Maklerin dem Auftraggeber entsprechend den Bestimmungen im Maklervertrag einen kaufbereiten Interessenten für dessen Grundstück vorgestellt hatte, lehnte der Auftraggeber den Verkauf seines Grundstücks ab und widerrief den Auftrag. Die Vorinstanz lehnte einen Anspruch ab, da ein wirksamer bilateral contract nicht zustande gekommen

---

[56] Calamari/ Perillo, The Law of Contracts, § 4-12, S. 210; Calamari, Forging a Good Unilateral or a Series of Good Contracts out of a Bad Bilateral Contract, Washington U.L. Q. 367 ff. (1961); Finn, The Forging of Good Unilaterals out of Bad Bilaterals, 3 Brooklyn L.Rev. 6 ff. (1933); Eisenberg, The Principles of Consideration, 67 Cornell L.Rev. 640, 649 ff. (1982); Corbin on Contracts, § 1.17, S. 49.

[57] 400 A.2d 952 (1979).

sei und begründete dies damit, daß ein Versprechen der Maklerin illusory gewesen sei: Die Maklerin habe sich vertraglich zu nichts verpflichtet. Das Gericht verwies den Fall zurück, weil die Vorinstanz nicht die Frage entschieden hatte, ob anstatt eines wegen eines illusory promise unwirksamen bilateral contract, zwischen den Parteien mit der Präsentation eines kaufbereiten Interessenten ein wirksamer und ab diesem Zeitpunkt unwiderruflicher unilateral contract entstanden ist.[58]

I.A.3.2. Einigung (Offer and Acceptance)

Für das Zustandekommen eines Vertrages ist im englischen und US-amerikanischen Recht zusätzlich zu einer ausreichenden consideration für jedes Versprechen erforderlich, daß sich die Parteien über den Abschluß eines Vertrages geeinigt haben. Der Vertrag wird daher auch wie folgt definiert:

> „A contract is an agreement giving rise to obligations which are enforced or recognised by the law.“[59]
>
> Ein Vertrag ist eine Einigung, durch die Verpflichtungen entstehen, die vom Recht durchgesetzt oder anerkannt werden.

Die Einigung („agreement“) ist die Bekundung beiderseitiger Zustimmung („mutual assent“).[60] Entscheidend für das Vorliegen einer Einigung ist nach der herrschenden Meinung sowohl im englischen als auch im US-amerikanischen Vertragsrecht nicht, daß der tatsächliche subjektive Willen der Parteien übereinstimmt („meeting of the minds“), sondern daß objektiv ein Verhalten vorliegt, aus dem sich eine Einigung ableiten läßt („objective acts manifesting assent“).[61]

---

[58] Näher zur Konstruktion des Maklervertrages als unilateral bzw. bilateral contract siehe unten II.B.1.

[59] Treitel, The Law of Contract, S. 1; Atiyah, An Introduction to the Law of Contract, S. 37.

[60] Restatement of Contracts (1932) § 3; Chitty on Contracts, Rn. 3; Williston on Contracts, § 1:3, S. 13, § 4:1, S. 236: „'Agreement' is an expression by two or more persons of assent in regard to some present or future performance by one or more of them.“

[61] Calamari/ Perillo, The Law of Contracts, § 2-2, S. 26; Williston on Contracts, § 4:2, S. 245. Corbin on Contracts, § 1.9, S. 25: „It may be that some day we may be able to observe a state of mind in the same way that we observe chemical processes and electrical discharges. At present, however, what we observe for judicial purposes is the conduct of the parties.“ Siehe auch § 1-201 (3) UCC, der „agreement“ definiert als „the bargain of the parties in fact as found in their language or by implication from other circumstances including course of dealing or usage of trade or of course of performance.“ Zum englischen Recht die Entscheidung 'The Hannah Blumenthal' [1983] 1 All E.R. 34; sowie: Cheshire, Fifoot and Furmston's Law of Contract, S. 33; Anson's Law of Contract, S. 5; Treitel, The Law of Contract, S. 1; Cooke/ Oughton, Common Law of Obligations, S. 116 ff.

Der Vorgang des Zustandekommens einer Einigung wird üblicherweise in zwei Schritte unterteilt, nämlich das Angebot einer Partei („offer"), das von der anderen Partei angenommen wird („acceptance").[62] Teilweise wird dieser Ansatz aber auch als zu schematisch und mit der Rechtswirklichkeit nicht übereinstimmend angegriffen.[63]

Das Angebot wird definiert als ein nach außen getretenes Verhalten des Anbieters, aus dem sich sein Wille ableiten läßt, ein bestimmtes Geschäft abzuschließen, und das bei einer anderen Person berechtigterweise die Erwartung weckt, daß ihre Zustimmung erwünscht ist und das Geschäft durch ihre Zustimmung zustande kommt.

> „An offer is a manifestation of willingness to enter into a bargain, so made as to justify another person in understanding that his assent to that bargain is invited and will conclude it."[64]
>
> Ein Angebot ist Ausdruck der Bereitschaft ein Geschäft abzuschließen, das für eine andere Person erkennbar dahingehend zu verstehen ist, daß sie aufgefordert wird, dem Geschäft zuzustimmen und daß mit ihrer Zustimmung das Geschäft zustande kommt.

Das Angebot kann ausdrücklich oder konkludent erklärt werden. Es muß ausreichend bestimmt sein und erkennen lassen, daß sich der Anbieter rechtlich binden lassen will. Andernfalls handelt es sich nur um eine Aufforderung an die andere Partei, ihrerseits ein Vertragsangebot zu machen („invitation to treat").

---

62 Williston on Contracts, § 4:3, S. 255 ff.; Farnsworth, United States Contract Law, S. 78 f.; ders., Farnsworth on Contracts, § 3.3, S. 163.

63 Cheshire, Fifoot and Furmston's Law of Contract, S. 40 warnt „... the phrase 'offer and acceptance' ... is not to be applied as a talisman, revealing by a species of esoteric art, the presence of a contract. It would be ludicrous to suppose that businessmen couch their communications in the form of a catechism ... The rules ... are only presumptions, drawn from experience, to be applied in so far as they serve the ultimate object of establishing the phenomena of agreement ... ." Ähnlich auch Farnsworth on Contract, § 3.5., S. 166. Alternativen wurden aber auch nicht gefunden, so daß es jedenfalls in der Regel bei der offer-acceptance-Analyse bleiben muß.

64 Restatement of Contracts (Second) § 24; Calamari/ Perillo, The Law of Contracts, § 2-5, S. 31; ähnlich Treitel, The Law of Contract, S. 8: „an expression of willingness to contract on certain terms, made with the intention that it shall become binding as soon as it is accepted by the person to whom it is addressed" und Cooke/ Oughton, Common Law of Obligations, S. 28: „an expression of willingness to contract on certain terms, made with the intention that a binding contract will exist once the offer is accepted."; Chitty on Contracts, S. 34, Rn. 42; Anson's Law of Contract, S. 25. Die englischen Gerichte versuchen es in ihren Entscheidungen bewußt zu vermeiden, sich auf eine Definition des Angebots festzulegen: „The Court is not concerned to define the word „offer" in isolation, without regard to its context and by reference to the widest possible meaning which can be called from the weightiest available dictionaries": Harvela Investments Ltd. v. Royal Trust Company of Canada (CI) Ltd. et al. [1986] 1 A.C. 207, 233 per Lord Templeman.

Die Annahme ist der Ausdruck endgültiger und unbedingter Zustimmung zu den Bedingungen des Angebots.

„[T]he final and unqualified expression of assent to the terms of an offer.“[65]

Der endgültige und unbedingte Ausdruck der Zustimmung zu den Bedingungen des Angebots.

Darüber hinaus setzt eine wirksame Annahme im englischen und US-amerikanischen Vertragsrecht aber voraus, daß sie entweder in der Form eines Gegenversprechens oder in der Form einer tatsächlichen Gegenleistung erfolgt, und zwar nach Wahl des Anbieters.

„Acceptance is the action (promise or performance) by the offeree that creates a contract.“[66]

Die Annahme ist die Handlung (Versprechen oder Leistung) des Angebotsempfängers, durch die ein Vertrag zustande kommt.

Eine Annahme durch Gegenversprechen („promise“) liegt vor bei einem nach außen erkennbaren Willen des Annehmenden, seinerseits eine vertragliche Verpflichtung einzugehen („an objective manifestation of willingness to enter into a contract“). Dieser Wille kann ausdrücklich erklärt werden oder sich aus den Umständen, insbesondere auch aus einem konkludenten Verhalten des Angebotsempfängers ergeben.[67] Es entsteht dann ein bilateral contract, in dem beide Seiten verpflichtet sind, die Leistung, die sie versprochen haben, zu erbringen. Das englische und US-amerikanische Recht bezeichnet solche Angebote folglich auch als Angebote zum Abschluß eines bilateral contract („offer to enter into a bilateral contract“).

Eine Annahme durch Ausführen einer Handlung („performance“) liegt hingegen vor, wenn der Angebotsempfänger tatsächlich alles getan hat, was der Anbieter in seinem Angebot verlangt hat, also die Gegenleistung für das Versprechen vollständig erbracht hat.[68] Der Vertrag, der durch diese Art der Annahme zustande kommt, enthält nur noch die Leistungsverpflichtung des Anbieters,

---

[65] Treitel, The Law of Contract, S. 16; Chitty on Contracts, Rn. 54; Cooke/Oughton, Common Law of Obligations, S. 30; ähnlich: Williston on Contracts, § 6.1, S. 7: „assent is necessary in order that the transaction shall be complete.“

[66] Farnsworth, United States Contract Law, S. 80: „... the offeree makes a promise in return as acceptance ... renders some performance as acceptance“.

[67] Brogden v. Metropolitan Railway Co. (1877) 2 App.Cas. 666; Restatement of Contracts (1932) § 52: „If a promise is requested, no contract exists,... until that promise is expressly or impliedly given.“

[68] Restatement of Contracts (1932) § 52: „... If anything except a promise is requested as consideration no contract exists until part of what is requested is performed or tendered.“

denn der Angebotsempfänger hat zur Annahme des Angebots die Gegenleistung bereits erbracht. Es entsteht ein unilateral contract.

Der Grund dafür, daß im common-law-Vertragsrecht nicht die bloße (konkludente oder ausdrückliche) Zustimmung zum Angebot ausreichend für eine wirksame Annahme ist und es auf eine Unterscheidung zwischen einer Annahme durch Gegenversprechen und einer Annahme durch Gegenleistung ankommt, liegt darin, daß im Merkmal der Annahme sowohl das Konzept eines Versprechens mit Gegenopfer („consideration for a promise") einerseits als auch das Einigungskonzept anderseits verknüpft ist und ein Vertrag erst zustande kommen kann, wenn den Voraussetzungen beider Konzepte genügt wurde.

Nach der Vorstellung des common-law-Vertragsrechts gibt der Anbieter nämlich bereits mit seinem Angebot ein Versprechen ab, daß er eine bestimmte Leistung zu einem zukünftigen Zeitpunkt erbringen wird. Dieses Versprechen ist aber noch nicht verbindlich. Der Anbieter will und kann (wegen des consideration-Prinzips) sich aber nur dann verpflichten, wenn er vom Angebotsempfänger eine Gegenleistung bekommt oder ihm eine solche zumindest verbindlich versprochen wird. Das Angebot ist also ein bedingtes Versprechen („an offer is a conditional promise").[69] Eine Zustimmung zum Angebot wäre dann lediglich eine Zustimmung dazu, daß der Anbieter sich verpflichtet, eine Leistung zu erbringen. Die bloße Zustimmungserklärung ist mangels consideration nicht ausreichend, um den Anbieter an sein Versprechen zu binden und so einen Vertrag zustande zu bringen. Vielmehr muß die Zustimmungserklärung (Annahme) zugleich auch die erforderliche consideration beinhalten, damit ein Vertrag zustande kommt.

Welche Art der consideration und damit welche Form der Annahme der Anbieter/ Versprechende erwartet, legt dieser in seinem Angebot/Versprechen fest. Das Angebot verlangt („calls for" oder „looks for") eine bestimmte Art der Annahme (consideration), nämlich entweder Gegenversprechen oder Gegenleistung.[70]

---

69 Williston on Contracts, § 4.3, 267, 277; Calamari/ Perillo, The Law of Contracts § 2-5, S. 32; Farnsworth, United States Contract Law, S. 79: „Offer is the name given to a promise that is conditional on some action by the promisee."; Atiyah, An Introduction to the Law of Contract, S. 61: „an offer is, in effect, a promise by the offeror to do or abstain from doing something, provided that the offeree will accept the offer and pay or promise to pay the price of the offer."

70 „Almost the first question to ask about an offer is: what particular kind of acceptance did this offer call for; and especially: was it for a promise or was it for an act?": Llewellyn, Our Case-Law of Contract: Offer and Acceptance II, 48 Yale L.J. 779, 780 (1938/39).

„An acceptance of an offer must be made in the manner prescribed or indicated by the offeror.“[71]

Die Annahme eines Angebots muß in der vom Angebotsgeber vorgeschrieben oder angedeuteten Weise erfolgen.

Die vom Anbieter vorgeschriebene Art der Annahme stellt die einzig mögliche Annahme seines Angebots dar. Verlangt der Anbieter eine Gegenleistung, so kann der Angebotsempfänger nicht durch ein Gegenversprechen annehmen. Der Anbieter ist der Herr seines Angebots, der „master of his offer“.[72]

A verspricht/bietet dem B $ 2.000 und verlangt dafür von B, daß dieser sein Haus streicht - und nicht nur verspricht, das Haus zu streichen. Eine Annahme liegt noch nicht vor, wenn B mit den Farbeimern eintrifft, auch nicht, wenn er verspricht, er werde jetzt das Haus streichen, noch nicht einmal, wenn er bereits das halbe Haus gestrichen hat, sondern erst, wenn B tatsächlich den letzten Pinselstrich gemacht hat. Erst dann hat B das Angebot des A angenommen und die erforderliche consideration für das Zahlungsversprechen erbracht. Erst in diesem Moment kommt ein Vertrag zwischen A und B zustande. Wohlgemerkt, nicht nur die Verpflichtung des A zu zahlen entsteht erst, wenn B seine Arbeit beendet hat, sondern eine vertragliche Beziehung, die neben vertraglichen Haftungsmaßstäben vor allem eine Bindung des A an sein Zahlungsversprechen begründet, kommt erst mit Abschluß der Arbeiten zustande.[73]

Ohne consideration fehlt es nicht nur an einem bindenden Versprechen, sondern auch an einer vertraglichen Einigung, denn ein Verhalten, das den Anforderungen der consideration-Doktrin nicht genügt, ist keine gültige Annahme.

---

[71] Winfield, Some Aspects of Offer and Acceptance, 55 L.Q.Rev. 499, 515 (1939); Anson's Law of Contracts, S. 25; Restatement of Contracts (1932) § 52; Art und Weise („manner“) bezieht sich also nicht auf die Form der Annahme im Sinne des verwendeten Kommunikationsträgers (wie etwa in dem klassischen englischen Fall Eliason v. Henshaw (1859) 4 Wheaton 225: „send an answer by wagon“), sondern auf eine der beiden möglichen Arten der consideration, nämlich Gegenversprechen oder tatsächliche erbrachte Gegenleistung.

[72] Farnsworth on Contract, § 3.12, S. 221; Williston § 4:11, S. 346 ff.; Schaber/Rohwer, Contracts, S. 34; Yankowitz, Acceptance by Performance When the Offeror Demands a Promise, 52 Southern Cal.L.Rev. 1917, 1922 (1979).

[73] Zu den Ausnahmen siehe unten I.A.4.

Die Annahme muß, damit sie wirksam ist, immer zweierlei gleichzeitig sein: Zustimmungserklärung und consideration.[74]

> „It is at this point then that the internal consistency of the working rules of the law of the formation of informal contracts intertwines two conceptual ideas, mutual assent and the requirement of consideration. ... the act of performance expresses both the willingness to be bound and also gives the promisor his consideration."[75]
>
> An diesem Punkt werden also aufgrund der inneren Folgerichtigkeit der Regeln des Rechts über das Zustandekommen von formlosen Verträgen zwei konzeptionelle Ideen, gegenseitige Zustimmung und das Erfordernis einer consideration, miteinander verknüpft ... Die Ausführung der Erfüllungshandlung ist Ausdruck des Willens, sich zu binden, und gibt außerdem dem Versprechenden seine consideration.

Oder bildhaft gesprochen mit den Worten Llewellyns:

> „Acceptance is the villain of the piece, double-dealing at every step, and masking it all beneath the neatly barbered black moustache of a single word."[76]
>
> Die Annahme ist der Bösewicht des Stückes, sie betrügt auf Schritt und Tritt und verbirgt dies alles unter dem sauber rasierten schwarzen Schnurrbart eines einzigen Wortes.

Die consideration ist also kein Merkmal, das zusätzlich zur Einigung zum wirksamen Vertragsschluß erforderlich ist, sondern sie ist bereits Bestandteil der Einigung.

Der Vertrag im common law kann daher auch nicht mit folgender von Friel entworfenen mathematischer Formel ausgedrückt werden:[77]

$$O + A = Ag$$
$$Ag + Co = EC$$

(wobei O = offer (Angebot), A = acceptance (Annahme), Ag = Agreement, Co = consideration und EC = enforceable contract (durchsetzbarer Vertrag) sein soll).[78]

---

[74] „It is the offeree's acceptance that furnishes the consideration for the promise embodied in the offer": Farnsworth on Contract, § 3.12, S. 221 f.; „Moreover the so-called acceptance of the offeree is frequently more than an acceptance, it is also a giving of the consideration requested by the offer by the same words or acts which indicate assent." Williston on Contracts, § 6:2, 10 ff. Zur Doppelfunktion der Annahme siehe auch Atiyah, An Introduction to the Law of Contract, S. 30.

[75] Navin, Some Comments on Contracts and Restatement 90, 46 Marquette L.Rev. 162, 164 (1962).

[76] Llewellyn, Our Case-Law of Contract: Offer and Acceptance, I, 48 Yale L.J. 1, 33 (1938/39).

[77] Friel, The Law of Contract, S. 17.

In den Darstellungen der juristischen Lehrbücher wird der Zusammenhang zwischen Einigung und consideration nur selten deutlich. Die beiden Merkmale werden regelmäßig getrennt erörtert, was folgende Anmerkung zu bestätigen scheint, die Thomas Reed Powell zugeschrieben wird:

> „If you can think of a thing that is inextricably attached to something else without thinking of that thing, then you have a legal mind."[79]
>
> Wenn du an eine Sache denken kannst, die untrennbar mit einer anderen Sache verbunden ist, ohne an diese andere Sache zu denken, dann hast du einen juristischen Verstand.

Beim bilateral contract tritt allerdings auch nicht deutlich hervor, daß es bei der Einigung nicht nur um einen Konsens, sondern gleichzeitig um das Gegenopfer für ein Versprechen geht: Sowohl Angebot und Annahme als auch Versprechen und Gegenversprechen sind Erklärungen der Vertragsparteien. Gegenversprechen und Annahmeerklärung fallen zwangsläufig zusammen.

Anders hingegen beim unilateral contract. Selbst wenn der Angebotsempfänger damit einverstanden ist, daß er zuerst leisten muß, bevor der Anbieter zur Leistung verpflichtet ist, erkennt das common law dies nicht als eine vertragliche Einigung an.

Llewellyn stellt hierzu mißbilligend fest:[80]

> „What looks like an agreement-in-fact by the offeree is not effective as agreement-in-law ... . It is conceivable that this may be a healthy condition of doctrine in any world where offerors bargain to get red flags hung out across the lake in heavy fogs, but in the world of American business dealings it is an embarrassing condition of doctrine."
>
> Was eigentlich wie ein Einverständnis des Angebotsempfänger aussieht, ist als Einverständnis rechtlich unwirksam...Es mag ja sein, daß dies in einer Welt, in der Anbieter Geschäfte darüber abschließen, daß rote Flaggen bei Nebel über den See gehängt werden, eine vernünftige rechtliche Regelung ist, aber in der amerikanischen Geschäfswelt ist dies eine peinliche Regelung.

Erst die consideration, die vollständig erbrachte Gegenleistung, bringt den Vertrag zustande. Dem Einigungskonzept wird beim unilateral contract ledig-

---

[78] Wenn schon der Vertrag als Formel ausgedrückt werden sollte, dann wäre die Folgende exakter: O(Prom)+A(Co(Prom/Perf)) = Ag und zugleich EC (wobei Prom = Promise und Perf = Performance sein soll).

[79] Berichtet von William H. Edwards of the Providence, R.I. bar, in einer Buchbesprechung in A.B.A.J. 852 (1962), zitiert nach: Navin, Some Comments on Contracts and Restatement 90, 46 Marquette L.Rev. 162, 164, Fn. 21.

[80] Llewellyn, Our Case-Law of Contract: Offer and Acceptance, II, 48 Yale L.J. 786 f. (1938/39).

lich dadurch Rechnung getragen, daß mit der consideration immer auch die Annahme und damit eine Einigung vorliegt.[81]

I.A.3.3. Zusammenfassung

Im englischen und US-amerikanischen Recht bildet nicht die vertragliche Einigung den eigentlichen Entstehungsgrund für das Schuldverhältnis, sondern das (die) Versprechen einer (oder beider) Parteien, für das die jeweils andere Partei eine Gegenleistung (consideration) erbracht hat.

Die Annahme markiert zwar das Zustandekommen einer vertraglichen Einigung, jedoch nur, wenn sie zugleich die notwendige consideration beinhaltet. Ohne consideration gibt es also im englischen und US-amerikanischen Recht keine Einigung.

Beim bilateral contract besteht diese consideration in einem Gegenversprechen. Die Einigung und ein beide Parteien gegenseitig verpflichtender Vertrag kommt also zustande, sobald das Gegenversprechen abgegeben und damit auch die Annahme erklärt wurde. Beim unilateral contract besteht die consideration dagegen in der tatsächlichen und vollständigen Erbringung der Gegenleistung. Eine Einigung und ein Vertrag, der dann nur noch den Anbieter verpflichtet, entsteht daher erst, wenn diese Gegenleistung tatsächlich und vollständig erbracht wurde, weil auch damit erst die Annahme erklärt wurde.

I.A.4. Der Widerruf des Angebots: Konsequenzen aus dem Vertragskonzept des Unilateral Contract

Die Regeln für das Zustandekommen von Verträgen durch Angebot und Annahme wurden aus unten[82] noch näher darzustellenden historischen Gründen mit Blick auf den Vertrag mit beiderseitigen Leistungspflichten (bilateral contract) entworfen. Auf den unilateral contract, bei dem Annahme nicht eine bloße Willenserklärung (Gegenversprechen), sondern erst die vollständig erbrachte Gegenleistung ist, passen diese Regeln häufig nicht.

Deshalb gibt es beim unilateral contract Ausnahmeregelungen, und zwar insbesondere für die Fragen, ob eine Kenntnis des Angebots vor der Annahme erforderlich ist und ob der Annehmende dem Anbieter seine Annahme mitteilen

---

[81] Cooke/ Oughton, Common Law of Obligations, S. 32; Llewellyn, Our Case-Law of Contract: Offer and Acceptance, II, 48 Yale L.J. 779, 786 ff. (1938/39); Atiyah, An Introduction to the Law of Contract, S. 47.

[82] siehe dazu unten I.A.5.3.

muß. Diese Ausnahmeregelungen werden im zweiten Teil im Rahmen der Fallgruppen behandelt, in denen sie von Bedeutung sind.[83]

Der Umstand, daß bilateral-contract-Regeln auf den unilateral contract nicht so recht passen, ist am auffälligsten und folgenschwersten bei dem Grundsatz der freien Widerrufbarkeit des Angebots bis zur Annahme/ Leistung der consideration. Die Anwendung dieses Grundsatzes auf den unilateral contract wird daher als ein „historic battle-field“[84] des Vertragsrechts bezeichnet:

Im englischen und US-amerikanischen Recht ist das Vertragsangebot bis zur Annahme jederzeit frei widerruflich. Der Anbieter ist also bis zur Annahme seines Vertragsangebots an sein Angebot nicht gebunden. Diese Regel ist seit der Entscheidung Payne v. Cave[85] fester Bestandteil des common-law-Vertragsrechts und wurde in den bekannten Entscheidungen Routledge v. Grant[86] und Dickinson v. Dodds[87] bestätigt.[88] Sie gilt selbst dann, wenn der Anbieter sein Angebot als „firm offer“ bezeichnet, also einen Zeitraum bestimmt hat, während der er sich an das Angebot gebunden betrachtet.[89] Die freie Widerrufbarkeit des Angebots ist eine notwendige Konsequenz der consideration-Doktrin, denn erst mit der Annahme leistet der Angebotsempfänger die erforderliche consideration

---

83 siehe unten im Rahmen der Auslobung: II.A.1.1 und II.A.1.2., im Rahmen der Bürgschaftsverträge: II.D.1.2 und im Rahmen der arbeitsrechtlichen Sonderleistungen: II.H.1.3.

84 Schlesinger-Macneil, Bd. I, American Report, A-10, Revocable and Irrevocable Offers, S. 75.

85 (1789) 3 Term Rep. 148.

86 (1828) 4 Bing. 653.

87 (1876) 2 Ch.D. 463.

88 Für das englische Recht: z. B. Cheshire, Fifoot and Furmston's Law of Contract, S. 62 ff. Für das US-amerikanische Recht: z. B. Williston on Contracts, § 5:8, S. 666; Corbin on Contracts, § 2.18, S. 216; Calamari/ Perillo, The Law of Contracts, § 2-20, S. 92; rechtsvergleichend: Nussbaum, Comparative Aspects of the Anglo-American Offer-and-Acceptance Doctrine, 36 Columbia L.Rev. 920 ff (1936). Allgemein hierzu: Rauch, Der Begriff der „Consideration“ im anglo-amerikanischen Schuldrecht, S. 28 ff.; Schlesinger (Hrsg.), Formation of Contracts - A Study of the Common Core of Legal Systems, General Report A-10 und Länderreporte zum US-amerikanischen Recht: S. 747 ff., zum englischen Recht: S. 766 ff.

89 In Dickinson v. Dodds (1876) 2 Ch.D. 463 konnte das Verkaufsangebot für ein Grundstück „to be left over until Friday“ am Donnerstag noch widerrufen werden. In dem US-amerikanischen Fall Boston & M.R. Co. v. Bartlett, 57 Mass. (3 Cush.) 224 (1849) hätte die Beklagte ihr schriftliches Angebot, an die Klägerin innerhalb der nächsten 30 Tage zu verkaufen, vor der Annahme jederzeit frei widerrufen können, da „the writing when it was made was without consideration.“ Siehe auch Treitel, The Law of Contract, S. 117 f.; Corbin on Contracts, § 2.18, S. 217.

für das ebenfalls im Angebot enthaltene Leistungsversprechen.[90] Gerade bei der Widerrufbarkeit zeigt sich die entscheidende Rolle der consideration auch für die Frage, ob eine Annahme und damit eine Einigung vorliegt. Teilweise wurde auch der Versuch unternommen, die Widerrufbarkeit des Angebots auf der Basis des Konsensprinzips damit zu begründen, daß eine Einigung über die Unwiderrufbarkeit nicht vorliegen kann, solange der Angebotsempfänger das Angebot noch nicht angenommen hat.[91]

Die Regel der freien Widerrufbarkeit bis zur Leistung der consideration gilt auch für den unilateral contract.

> „It is elementary that any offer to enter a unilateral contract may be withdrawn before the act requested to be done has been performed."[92]
>
> Es gilt der Grundsatz, daß jedes Angebot einen unilateral contract abzuschließen, widerrufen werden kann, bevor die Handlung, die verlangt wurde, vorgenommen worden ist.

Die Anwendung dieser Regel bereitet aber erhebliche Probleme:

Beim unilateral contract kann der Angebotsempfänger das Angebot nur annehmen, indem er die vom Anbieter verlangte Gegenleistung vollständig erbringt. Die vollständige Durchführung dieser Gegenleistung kann sich aber über einen längeren Zeitraum hinziehen, selbst wenn der Angebotsempfänger sofort mit ihr beginnt. Damit entsteht beim unilateral contract zwangsläufig ein längerer Zeitraum, in dem der Angebotsempfänger der Gefahr eines Widerrufs des Angebots ausgesetzt ist.

Ein Widerruf des Angebots bedeutet für den Angebotsempfänger also, daß etwaige Vor- oder Teilleistungen, die er auf dem Weg zur vollständigen Erfüllung schon erbracht hat, vergeblich waren. Selbst wenn er willens und in der

---

90 Kessler, Einige Betrachtungen zur Lehre von der Consideration, 251, 260 ff.; Nussbaum, Comparative Aspects of the Anglo-American Offer-and-Acceptance-Doctrine, 36 Columbia L.Rev. 921, 925 (1936). (zu dieser Argumentation: Pollock, S. 28; Cheshire/ Fifoot, S. 50). Dagegen kann jedoch eingewendet werden, daß die Unwiderrufbarkeit für den Angebotsempfänger nur vorteilhaft ist, seine Annahme also unterstellt werden kann und der Anbieter in diesen Fällen auf eine Mitteilung der Annahme verzichtet hat.

91 Zu dieser Argumentation: Pollock, S. 28; Cheshire/ Fifoot, S. 50). Dagegen kann jedoch eingewendet werden, daß die Unwiderrufbarkeit für den Angebotsempfänger stets vorteilhaft ist, seine Annahme also unterstellt werden kann und der Anbieter in diesen Fällen auf eine Mitteilung der Annahme verzichtet hat.

92 Petterson v. Pattberg, 161 N.E. 428, 429 (1928) per Kellog, J.; Wormser, The True Conception of Unilateral Contracts, 26 Yale L.J. 136 ff. (1916); für das englische Recht: Great Northern Railway Co. v. Witham (1873) 9 L.R.C.P. 16, 19; Sixth Interim Report of the English Law Revision Committee 39 (1937): „A promisor may ... withdraw his offer at any time before completion of the act, even though he knows that the promisee has already entered upon the performance and has nearly completed it."

Lage ist, die Gegenleistung vollständig zu erbringen, ja selbst wenn er diese tatsächlich noch erbringt, kann er die in dem Angebot versprochene Gegenleistung nicht mehr verdienen, wenn das Angebot widerrufen wurde.[93]

Wormser argumentierte in einem berühmten Artikel aus dem Jahr 1916, daß dieses Ergebnis sowohl der juristischen Logik als auch Billigkeitserwägungen entspräche.[94] Denn wenn der Versprechensempfänger nicht gebunden ist, die Gegenleistung zu erbringen, warum sollte es dann der Versprechende sein. Wenn der Versprechende keinen Schadensersatz verlangen kann, falls der Versprechensempfänger die Gegenleistung nicht erbringt, warum sollte dann der Versprechensempfänger einen Schadensersatzanspruch haben, wenn der Versprechende sein Leistungsversprechen widerruft. Zu dem von ihm entwickelten und oft zitierten unilateral-contract-Fall, in dem A dem B $ 100 verspricht, wenn er Brooklyn Bridge überquert, führt er deshalb aus:

> „If B is not bound to continue to cross the bridge, if B is will-free, why should not A also be will-free? Suppose that after B has crossed half the bridge he gets tired and tells A that he refuses to continue crossing. B, concededly, would be perfectly within his rights in so speaking and acting. A would have no cause of action against B for damages. If B has a locus poenitentiae, so has A."

> Wenn B nicht verpflichtet ist, die Brücke weiter zu überqueren, wenn B frei entscheiden kann, warum sollte dann nicht auch A frei sein? Angenommen B wird müde, nachdem er die Hälfte der Brücke überquert hat und sagt A, daß er es ablehnt, die Überquerung fortzusetzen. B würde sich mit einer solche Feststellung und Handlung vollkommen im Recht befinden. A könnte B nicht auf Schadensersatz verklagen. Wenn B ein Reurecht hat, dann auch A.

Wormser übersieht aber, daß es durchaus zu Härten führen kann, wenn der Angebotsempfänger bereits im Vertrauen auf das Angebot mit der Leistung begonnen und bereits erhebliche eigene Aufwendungen hatte, der Anbieter aber widerruft, bevor die Leistung vollendet ist. Nach seiner Auffassung würde dem Angebotsempfänger kein vertraglicher Erfüllungsanspruch zustehen. In Betracht käme allenfalls ein sogenannter quasi-contractual (quasi-vertraglicher) Anspruch auf Rückerstattung der wirtschaftlichen Vorteile, die der Anbieter durch die Tätigkeit des Angebotsempfängers bereits erlangt hat, der aber ins

---

93 Der Angebotsempfänger bei einem bilateral contract hat es immerhin in der Hand, durch eine möglichst schnelle Annahme in Form der Abgabe eines Gegenversprechens einen Vertrag zustandezubringen und so den Anbieter an sein Versprechen zu binden. Er kann also den Zeitraum, in dem ein Widerruf möglich ist, auf ein Minimum beschränken.

94 Wormser, The True Conception of Unilateral Contracts, 26 Yale L.J. 136 (1916): „It is logical in theory, simple in application, and just in result." Später änderte Wormser allerdings seine Meinung und widerrief seine These „clad in sackcloth": Wormser, J.Leg.Ed. 146 ff. (1950).

Leere geht, wenn der Angebotsempfänger zwar bereits eigene Aufwendungen hatte, diese aber keinen wirtschaftlichen Vorteil für den Anbieter begründen.[95]

Insbesondere in der Rechtsliteratur wird dieses Ergebnis als unbillig und unerträglich empfunden, entsprechend drastisch beschrieben und anhand anschaulicher - wenn auch häufig eher theoretischer - Beispiele belegt.[96] Einen Widerruf beim unilateral contract zuzulassen sei, als würde man einem Marathonläufer kurz vor dem Ziel sagen: „Tut mir leid, aber das Rennen wurde abgesagt."[97]

Nach Ansicht Llewellyns mußten verwirrte US-amerikanische Jurastudenten bei ihren Einführungsvorlesungen in das Vertragsrecht sogar lernen, Anfälle von Seekrankheit zu unterdrücken, wenn der Professor sein Angebot, demjenigen, der einen Fahnenmast hochklettert, $ 100 zu zahlen, widerrief, kurz bevor dieser die Spitze erreichte.

> „Puzzled, befogged, adrift in the strange words and technique of cases with only our sane feeling of what was decent for a compass, we felt the warm sun suddenly, we knew we were arriving, we knew we could „think like a lawyer": That was when we learned to down seasickness as A revoked when B was almost up the flagpole."[98]
>
> Verwirrt, benebelt, verloren in den fremden Worten und Methoden der Fälle, als Kompass nur das gesunde Gefühl dafür, was anständig ist, fühlten wir plötzlich die warme Sonne, wir wußten, wir würden es schaffen, wir wußten, daß wir „wie ein Anwalt denken" konnten: Das war, als wir lernten, unsere Seekrankheit zu unterdrücken, während A widerrief und B fast oben auf dem Fahnenmast angekommen war.

Im Ergebnis herrscht deshalb sowohl in der Rechtsprechung als auch in der Lehre Einigkeit, daß zumindest in bestimmten Fällen der Angebotsempfänger

---

95 Näher zum quantum meruit Anspruch siehe unten I.A.4.3.

96 „[T]his monstrous result, this reductio ad absurdum": Ballantine, Acceptance of Offers for Unilateral Contracts by Partial Performance of Service Requested, 5 Minnesota L.Rev. 94, 98 (1921); „results so obviously contrary to common sense and elementary decency": Dawson/ Harvey/ Henderson: Contracts, Cases and Comments, S. 378; „The harsh results ... are revolting to a natural sense of justice ...": Ashley, Offers Calling for Consideration Other Than a Counter Promise, 23 Harvard L.Rev. 159, 166 (1910); ebenso, wenn auch sprachlich zurückhaltender McGovney, Irrevocable Offers, 27 Harvard L.Rev., 644, 655 (1914): „to admit that the offer may be withdrawn of right after the act is begun, or the series of acts is partly done, would work a hardship on the offeree in many cases."; Calamari/ Perillo, The Law of Contracts, § 2-22, S. 105: „... logic is not justice."; Williston on Contracts § 5:13, S. 687 ff.: „great injustice may arise if the offeror's power of revocation continues so long."

97 State ex rel Roberts v. Public Finance, 651 P.2d 728 (1982) per Lord Rossman, der hierzu feststellt: „That is not only unfair, it does not square with the law."

98 Llewellyn, Our Case-Law of Contract: Offer and Acceptance, I., 48 Yale L.J. 1, 32 (1938/39).

geschützt werden muß, indem das freie Widerrufsrecht des Anbieters eingeschränkt wird.

I.A.4.1. Theorien zum Ausschluß des freien Widerrufsrechts

Der Streit um die dogmatische Begründung des Ausschlusses des freien Widerrufsrechts führt die Besonderheiten der englischen und US-amerikanischen Vertragskonstruktion im allgemeinen und des unilateral contract im besonderen deutlich vor Augen.

I.A.4.1.1. Entstehung eines Bilateral Contract durch Leistungsbeginn

Eine Unwiderrufbarkeit und damit ein Schutz des Angebotsempfängers ließe sich zunächst dadurch erreichen, daß man die Entstehung eines bilateral contract bejaht, sobald der Angebotsempfänger mit der Leistung beginnt. Diese Ansicht vertrat ein US-amerikanisches Gericht in folgendem Fall:

> Los Angeles Traction Co. v. Wilshire[99]
>
> Die Klägerin sollte für den Beklagten eine Eisenbahnstrecke ausbauen. Das Gericht ging davon aus, daß es sich um einen unilateral contract handelte, die Klägerin also kein Gegenversprechen hinsichtlich des Streckenausbaus abgegeben hatte. Nachdem die Klägerin mit den Bauarbeiten begonnen hatte, aber noch vor der Fertigstellung, erklärte der Beklagte, daß er nicht bereit sei, für die Strecke zu zahlen. Die Klägerin setzte jedoch ihre Arbeiten fort, stellte die Strecke fertig und klagte auf Zahlung. Das Gericht stellte fest, daß obwohl es sich um einen unilateral contract handelte, dieser sich durch die teilweise Erfüllung in einen bilateral contract verwandelt habe: „The promised consideration had then been partly performed, and the contract had taken on a bilateral character ...“ Von diesem konnte sich der Beklagte nicht einseitig lösen.

Zwar folgten noch einige weitere Gerichte dieser Entscheidung,[100] die dogmatische Begründung wurde jedoch zu Recht als unlogisch und im Ergebnis unbefriedigend kritisiert, zumal völlig unklar bleibt, durch welche Zauberei das Angebot in einen Vertrag verwandelt worden war („by what magic the offer had been turned into a contract“).[101]

---

[99] 135 Cal. 654, 658 (1902).

[100] Harris v. McPherson, et al., 97 Conn. 164 (1922); Hughes v. Bickley, So. 33 (1921).

[101] Ashley, Offers Calling for Consideration Other Than Counter Promise, 23 Harvard L.Rev. 159, 163 ff. (1910); Wormser, The True Conception of Unilateral Contracts, 26 Yale L.J. 136, 141 (1916): „most curious instance of reasoning“, „the proposition needs only to be stated to refute itself“; ebenso Calamari/ Perillo, The Law of Contracts, § 2-22, S. 105.

Eine ähnliche Richtung schlägt der folgende Ansatz ein, der auf Sir Frederick Pollock zurückgeht[102] und davon ausgeht, daß man zwischen der Annahme des Angebots und der consideration unterscheidet. Während der Leistungsbeginn die erforderliche Annahme des Angebots sein soll, die das Angebot unwiderruflich macht, soll erst mit der vollständigen Leistung die ebenfalls erforderliche consideration vorliegen. Sowohl die Art seiner Argumentation als auch sein ausdrücklicher Bezug legen es nahe, daß Pollock bei dieser These von den Vorstellungen des französischen Rechts beeinflußt wurde.[103] Auf das common-law-Vertragsrecht ist dieser Ansatz wegen der oben dargestellten untrennbaren Verknüpfung von Angebot und Versprechen einerseits und Annahme und consideration (sei es Gegenversprechen oder Gegenleistung) andererseits jedoch nicht anwendbar.

Gegen den Ansatz Pollocks ist ferner einzuwenden, daß ab dem Zeitpunkt des Leistungsbeginns auch der Angebotsempfänger verpflichtet wäre, die begonnene Leistung zu beenden.[104] Der Schutz des Angebotsempfängers würde also mit einer Verpflichtung des Angebotsempfängers erkauft, was unter Umständen weder der Anbieter noch der Angebotsempfänger wollten. Die Ausführungen von Treitel, der den Ansatz Pollocks favorisiert, zum Maklervertrag und zu den Belohnungsfällen machen dieses Problem eher deutlich, als daß sie eine Lösung bieten: Sowohl Makler- als auch Belohnungsfälle sind unten noch näher zu erörternde typische unilateral contract-Fallgruppen, bei denen eine Verpflichtung des Maklers oder desjenigen, der auf eine Auslobung hin tätig wird, dem Willen der Parteien regelmäßig nicht entspricht.[105] Um bei der Auslobung das Ergebnis zu vermeiden, daß der Versprechensempfänger, der mit der Ausführung der ausgelobten Handlung (z. B. der Suche nach einem verlorenen Hund) begonnen hat, nunmehr verpflichtet ist, diesen Hund auch zu finden, will Treitel diese Suche als bloße Vor-

---

102 Pollock, Principles of Contract at Law and in Equity, S. 19: „But surely the acceptance is complete as soon as B. [der Angebotsempfänger] has made an unequivocal beginning of the performance requested, a commencement d'exécution, to use the term familiar in French law.“; vgl. auch Pollock, Book Review, 28 L.Q.Rev.100 (1912). Diesem Ansatz folgen Chitty on Contracts, S. 83 Rn. 83; Treitel, The Law of Contract, S. 38 f.

103 McGovney, Irrevocable Offers, 27 Harvard L.Rev. 644, 657 f. (1914); Ceshire & Fifoot, 3rd ed. 1952, S. 46 bezeichnete Pollocks Vorschlag als "another example of the English tendency to sacrifice logic to convenience".

104 Williston on Contracts, § 5:13, S. 695: „What obligation the offeree assumes by beginning to perform is however not always considered.“; Downes, A Textbook on Contracts, S. 79; in der Praxis war die Frage, ob der Angebotsempfänger seinerseits dazu verpflichtet ist zu leisten, zwar noch nicht Gegenstand einer Entscheidung, eine entsprechende Bemerkung findet sich aber als dictum in Offord v. Davies, 12 C.B. 748, 753 (1862).

105 siehe unten zur Auslobung II.A.1.3. und zum Maklervertrag II.B.1.2.

bereitungshandlungen und nicht als Beginn der Leistungshandlung einordnen. Bloße Vorbereitungshandlungen seien aber keine Annahme.[106] In den Maklerfällen wiederum vermeidet Treitel eine Bindung des Auftraggebers, indem er unterstellt, dieser habe sich bei seinem Angebot ein Widerrufsrecht vorbehalten, selbst wenn der Makler durch Leistungsbeginn annimmt. Mit den daraus entstehenden Problemen, ob und wann eine Leistungsverpflichtung des Maklers entsteht und ob das in dem Angebot enthaltene Versprechen wegen des Widerrufsrechts nicht ein Scheinversprechen („illusory“) ist,[107] setzt Treitel sich jedoch ebenfalls nicht auseinander. Er beendet seine Untersuchung mit dem Hinweis, daß bei Maklerverträgen unabhängig von der unilateralen bzw. bilateralen Natur des Vertrages besondere Regeln gelten würden, so daß die Maklerfälle wenig oder überhaupt kein Licht auf die Frage der Annahme beim unilateral contract werfen könnten.[108] Da es sich bei den Maklerverträgen aber um eine der typischen unilateral contract Fallgruppen handelt, ist dieser Hinweis wenig befriedigend.

I.A.4.1.2. Consideration durch Leistungsbeginn

Dem zuvor dargestellten Ansatz ähnlich, aber unter Vermeidung des Problems der Leistungsverpflichtung des Versprechensempfängers, ist folgender Ansatz, der dem ersten Restatement of Contracts (1932) § 45 zugrunde liegt: Danach soll bei einem unilateral contract bereits der Leistungsbeginn oder eine teilweise Leistung („part performance“) eine ausreichende consideration für das Leistungsversprechen sein. Folge ist, daß bereits mit der teilweisen Leistung der unilateral contract zustande kommt.[109] Die Leistungsverpflichtung des Versprechenden soll dann aber nur unter der Bedingung entstehen, daß der Verspre-

---

106 Treitel, The Law of Contract, S.38. Diesem Abgrenzungsproblem werden wir später noch einmal begegnen: siehe unten I.A.4.1.3. Hier ist zunächst einzuwenden, daß die Abgrenzung bei der Frage, ob eine konkludente Annahme, also ein Einverständnis vorliegt, eigentlich keine Rolle spielen dürfte.

107 siehe oben I.A.3.1.2.2.

108 Treitel, The Law of Contract, S. 39 f.: „These rules apply irrespective of the unilateral or bilateral nature of the contract; so that the estate agency cases shed little, if any, light on the question of acceptance in unilateral contracts.“

109 Eine Interpretation, die eher der nächsten Konstruktion eines zusätzlichen Vertrages über die Unwiderruflichkeit entspricht, legt allerdings die Kommentierung dieser Regelung nahe: Restatement of Contracts (1932) § 45, comment b: „The main offer includes as a subsidiary promise, necessarily implied, that if part of the requested performance is given, the offeror will not revoke his offer, and that if tender is made it will be accepted.“ Auf diesen Widerspruch weist hin: Murray, Contracts: A new Design for the Agreement Process, 53 Cornell L.Rev. 785, 791f. (1968).

chensempfänger die Leistung vollständig erbringt. Der Versprechensempfänger hingegen ist zur Leistungserbringung nicht verpflichtet.

Restatement of Contracts (1932) § 45

„If an offer for a unilateral contract is made, and part of the consideration requested in the offer given or tendered by the offeree in response thereto, the offeror is bound by a contract, the duty of immediate performance of which is conditional on the full consideration being given or tendered within the time stated in the offer, or, if no time is stated therein within a reasonable time."

Wenn ein Angebot zum Abschluß eines unilateral contract gemacht wird und ein Teil der in dem Angebot verlangten consideration von dem Angebotsempfänger gegeben oder zugesagt wird, so ist der Anbieter vertraglich gebunden; seine Verpflichtung zur sofortigen Erfüllung ist jedoch dadurch bedingt, daß die volle consideration innerhalb der Frist gegeben oder zugesagt wird, die in dem Angebot festgelegt wurde, oder, wenn keine Frist festgelegt wurde, innerhalb einer angemessenen Frist.

Dieser Ansatz wird auch von Corbin und einigen anderen Rechtsgelehrten vertreten.[110] In rechtsvergleichender Hinsicht ist bemerkenswert, daß Corbin sich bei seinen Ausführungen ausdrücklich auf § 658 BGB bezieht, der seiner Ansicht nach eine entsprechende Regelung enthält. Die Regelung betrifft jedoch die Auslobung, die gerade eine Ausnahme vom Vertragsgrundsatz des § 311 BGB darstellt, außerdem war die dogmatische Begründung der freien Widerrufbarkeit bei der Auslobung hoch umstritten.[111]

In England wurde der Ansatz in einem obiter dictum von L.J. Goff in Daulia v. Four Millbank Nominees Ltd.[112] aufgegriffen:

„ ... whilst I think that the true view of a unilateral contract must in general be that the offeror is entitled to require full performance of the condition which he has imposed and short of that he is not bound, that must be subject to one important qualification, which stems from the fact that there must be an implied obligation on the part of the offeror

---

[110] Corbin, Offer and Acceptance and Some of the Resulting Legal Relations, 26 Yale L.J. 169, 195 (1917). Siehe auch Corbin, Comment: The Formation of a Unilateral Contract, 27 Yale L.J. 382 ff. (1918); Ballantine, Acceptance of Offers for Unilateral Contracts by Partial Performance of Service Requested, 5 Minnesota L.Rev., 94, 96 f. (1921); Atiyah, An Introduction to the Law of Contract, S. 78 f.

[111] Näher zur Auslobung siehe unten II.A.2.

[112] [1978] Ch. 231, 239 per L.J. Goff.

not to prevent the condition becoming satisfied, which obligation ... must arise as soon as the offeree starts to perform."[113]

... zwar meine ich, daß bei richtiger Betrachtung des unilateral contract grundsätzlich gilt, daß der Anbieter berechtigt ist, die volle Erfüllung der Bedingung zu verlangen, die er aufgestellt hat, und davor nicht gebunden ist, dies unterliegt aber einer wichtigen Einschränkung, die sich aus der Tatsache ergibt, daß es eine stillschweigende Verpflichtung seitens des Anbieters gibt, nicht zu verhindern, daß die Bedingung erfüllt wird, und diese Verpflichtung ... entsteht, sobald der Angebotsempfänger mit der Erfüllung beginnt.

Gegen diesen Ansatz spricht jedoch, daß der Anbieter als consideration für sein Versprechen eine vollständig erbrachte Gegenleistung und nicht eine Teilleistung verlangt hat. Die Konstruktion schützt daher zwar den Versprechensempfänger, kann aber an dem, was der Versprechende tatsächlich wollte, vorbeigehen.[114]

I.A.4.1.3. Stillschweigendes Versprechen, nicht zu widerrufen

Ein weiterer Lösungsvorschlag zur Widerrufsproblematik beim unilateral contract stammt schließlich von dem US-amerikanischen Juristen McGovney.[115] Danach soll das Angebot zu einem unilateral contract zwei Versprechen enthalten, nämlich zum einen das auf Abschluß des Hauptvertrages gerichtete Leistungsversprechen, zum anderen das stillschweigende („implied") Verspre-

---

[113] Dieser Gesichtspunkt war jedoch nicht streitentscheidend, weil das Gericht der Ansicht war, daß die Leistung bereits vollständig erbracht worden war, bevor der Widerruf erfolgte. Die Klage wurde letztlich aus anderen Gründen abgewiesen. Siehe aber auch Morrison Steamship Co. Ltd. v. The Crown (1924) 20 Lloyds L.R. 283, 287: „when work is done and expenses incurred on the faith of a conditional promise, the promisor comes under an obligation not to revoke his promise, and if he does so he may be sued for damages or a quantum meruit". Näher zum quantum meruit unten I.A.4.3.2.

[114] Yetter, Unilateral Contracts: An Examination of Traditional Concepts and the Proposed Solution of the ALI Restatement of Contracts, Second (Tentative) Draft No. 1, 5 Duquesne U.L.Rev. 175, 178 (1966/67); Whittier, The Restatement of Contracts and Mutual Assent, 17 Calif.L.Rev. 441, 450 (1929).

[115] McGovney, Irrevocable Offers, 27 Harvard L.Rev. 644, 658 ff. (1914); Cheshire, Fifoot and Furmston's Law of Contract, S. 64 weist darauf hin, daß dieser US-amerikanische Vorschlag bereits 1860 in dem Fall Abbot v. Lance ((1860) Legge's New South Wales Reports 1283) vom Supreme Court of New South Wales vorweggenommen wurde und den Überlegungen ähnelt, die auch in England bereits in dem Fall Warlow v. Harrison (1859) 1 E.&E. 309 (in dem es um einen Verkauf im Rahmen einer Auktion ging) angestellt wurden.

chen,[116] einen Nebenvertrag abzuschließen, mit dem Inhalt, das Angebot des Hauptvertrages lange genug offen zu halten, um die verlangte Leistung zu erbringen.

Während für das Zustandekommen des Hauptvertrages nur die vollständige Leistung ausreichende consideration und Annahme ist, genügt es für das Zustandekommen des Nebenvertrags, wenn der Versprechensempfänger für das Versprechen, das Angebot offenzuhalten, eine ausreichende consideration gibt und das Angebot annimmt.

Consideration und Annahme für das Nebenversprechen ist der tatsächliche Beginn der für ein Zustandekommen des Hauptvertrages vollständig verlangten Leistungshandlung. Auch der Nebenvertrag ist also ein unilateral contract. Der Versprechensempfänger soll nicht versprechen, mit der Handlung zu beginnen. Wenn er es aber tut, ist der Versprechende an sein Versprechen, nicht zu widerrufen, gebunden. Der Beginn der Leistungshandlung stellt dabei gleichzeitig die Annahme des Nebenversprechens dar; eine Mitteilung ist – wie grundsätzlich beim unilateral contract[117] – nicht erforderlich.

Diese Erklärung wirkt zwar konstruiert,[118] hat aber den Vorteil, dogmatisch einwandfrei zu sein. Vor allem erlaubt dieser Ansatz, den besonderen Umständen des Einzelfalls Rechnung zu tragen. Denn ob ein stillschweigendes Nebenversprechen, nicht zu widerrufen, vorliegt oder nicht, ist letztlich Auslegungsfrage. Dies hat zwar den Nachteil der Rechtsunsicherheit, dafür aber den Vorteil der Flexibilität bei der Begründung einer sachgerechten Lösung im konkreten Einzelfall.[119]

Ein Teil dieser Flexibilität wurde jedoch wieder aufgegeben, als dieser Lösungsansatz im Restatement of Contracts (Second) § 45 festgeschrieben

---

116 „Implied terms" sind Vertragsbedingungen, die die Parteien nicht ausdrücklich in dem Vertrag vereinbart haben, die aber - ähnlich der ergänzenden Vertragsauslegung im deutschen Recht - als stillschweigend vereinbart angesehen werden. Voraussetzung ist, daß die stillschweigende Vertragsbedingung notwendig („necessary") für die Durchführung des vereinbarten Geschäfts ist („business efficacy"). Anson's Law of Contract, S. 125 ff. Die Grundsätze wurden entwickelt in der englischen Entscheidung „The Moorcock" (1889) 14 P.D. 64.

117 siehe oben II.A.2.2.

118 Downes, A Textbook on Contracts S. 79; Treitel, The Law of Contract S. 38, der diesen Ansatz deswegen auch ablehnt; andere Ansicht Whittier, The Restatement of Contracts and Mutual Assent, 17 Calif.L.Rev. 441, 450 (1929).

119 Smith, The Law of Contract, S. 28; Atiyah, Essays on Contract: Consideration: A Restatement, S. 201 f.: „what this means is that the court may read in a subsidiary implied promise wherever it feels that the justice of the case demands it with sufficient force." Whittier, The Restatement of Contracts and Mutual Assent, 17 Calif.L.Rev. 441, 450 (1929).

wurde, indem dort geregelt wird, daß bei einem Angebot auf Abschluß eines unilateral contract, in jedem Fall ein entsprechender Nebenvertrag, der als Optionsvertrag („option contract") bezeichnet wird, entsteht.

Restatement of Contracts (Second) § 45

„(1) Where an offer invites an offeree to accept by rendering a performance and does not invite a promissory acceptance, an option contract is created when the offeree tenders or begins the invited performance or tenders a beginning of it. The offeror's duty of performance under any option contract so created is conditional on completion or tender of the invited performance in accordance with the terms of the offer."

(1) Wenn ein Angebot einen Angebotsempfänger auffordert, durch die Erbringung einer Leistung anzunehmen und ihn nicht zu einer Annahme durch Versprechen auffordert, so entsteht ein Optionsvertrag, wenn der Angebotsempfänger diese Leistung zusagt, oder wenn er beginnt die verlangte Leistung zu erbringen oder den Beginn der Leistung zusagt. Die Leistungsverpflichtung des Anbieters bei einem so entstandenen Optionsvertrag hängt davon ab, daß die Leistung vollständig erbracht oder in Übereinstimmung mit den Angebotsbedingungen zugesagt wird.

Diese pauschale Regelung berücksichtigt jedoch nicht, daß in bestimmten Fällen eine Widerrufsmöglichkeit des Anbieters durchaus gerechtfertigt sein kann. Denn die einseitige Bindung des Anbieters an sein Angebot kann eine ungerechtfertigte Bevorzugung des Angebotsempfängers mit sich bringen: Der Anbieter ist an sein Angebot gebunden, sobald ein Leistungsbeginn des Angebotsempfängers stattgefunden hat, ohne daß er sich sicher sein kann, daß der Angebotsempfänger diese Leistung auch vollenden wird.[120] Der Angebotsempfänger kann also auf Kosten des Anbieters spekulieren, wie folgendes Beispiel illustriert:[121]

Angenommen A bietet B die Zahlung von $ 100 an, wenn B ihm im Laufe der nächsten 7 Tage 100 Pfund Weizen liefert. Am ersten Tag liefert B einen 5-Pfund-Sack. B hat also mit seiner Leistung begonnen und A ist somit an sein Versprechen gebunden. B wartet nun bis zum 7. Tag, um zu entscheiden, ob es für ihn vorteilhaft ist, die Leistung zu vollenden, wobei er sicher sein kann, daß A sein Zahlungsversprechen nicht mehr widerrufen kann. Sinkt der Preis für Weizen, so wird B an A liefern, steigt der Preis, wird B den Weizen an einen anderen verkaufen.

---

[120] Stein, The Restatement of Contracts Second and Offers to Enter Into Unilateral Contracts, 29 U. Pitt.L.Rev. 546 (1968).

[121] Yetter, Unilateral Contracts: An Examination of Traditional Concepts and the Proposed Solution of the ALI Restatement of Contracts, Second (Tentative) Draft No. 1, 5 Duquesne U.L.Rev. 175, 180f. (1966/67).

Von vielen Autoren wird allerdings der Schutz des Anbieters gegenüber dem Vertrauensschutz des Angebotsempfängers als vernachlässigbar eingestuft.[122] Auf eine der wichtigsten Fallgruppen des unilateral contract, die Maklerverträge in Form eines general listing, soll das Restatement auf Contracts (Second) § 45 überhaupt nicht anwendbar sein.[123]

Andererseits wurden aber auch im Rahmen des Restatement of Contracts (Second) § 45 Mittel und Wege gefunden, ein Widerrufsrecht nur in den Fällen zu versagen, in denen dies den Interessen der Parteien entspricht und zwar durch die Abgrenzung zwischen dem eigentlichen Beginn der Leistung („beginning to perform"), nach der ein Widerruf nicht mehr möglich ist, und den bloßen Vorbereitungshandlungen („beginning preparations"), während derer ein Widerruf noch zulässig ist.[124] Die Abgrenzung ist nicht immer leicht zu ziehen.[125] Dies eröffnet den Gerichten einen Entscheidungsspielraum, führt aber dazu, daß die Entscheidungen widersprüchlich und letztlich unvorhersehbar werden, wie die folgenden beiden Fälle illustrieren:

> Ever-Tite Roofing Corp v. Green[126]
>
> Familie Green beauftragte am 10. Juni die Klägerin damit, das Dach ihres Hauses neu zu decken. Die Klägerin wollte sich nicht verpflichten, das Haus zu decken, weil sie zunächst Auskünfte über die Kreditwürdigkeit der Beklagten einholen wollte. Dies dauerte bis zum 18. Juni. Am folgenden Tag belud die Klägerin zwei Lkws mit Material und Arbeitskräften und fuhr zu dem Anwesen der Beklagten. Die Beklagten lehnten es aber ab, die Klägerin mit der Arbeit beginnen zu lassen, da sie inzwischen einen anderen Unternehmer beauftragt hatten. Die Frage war, ob die Beklagten ihr Angebot noch rechtzeitig widerrufen hatten. Die erste Instanz hielt den Widerruf der Beklagten für wirksam, das Beladen der Lkws sei bloße Vorbereitungshandlung gewesen. Die

---

[122] Corbin, Offer and Acceptance and Some of the Resulting Legal Relations, Yale L.J. 167, 196f. sieht grundsätzlich keine Ungerechtigkeit darin, den Anbieter an seinem Angebot festzuhalten, während der Angebotsempfänger frei ist in der Entscheidung, ob er leistet oder nicht: „it appears fair enough that the one who bears the risk to possess the privilege ..."; Murray, Contracts: A new Design for the Agreement Process, 53 Cornell L.Rev. 785, 795 (1968): „These unusual situations should not affect the workability of the new Restatement concept in normal circumstances."

[123] siehe unten II.B.1.2.1.

[124] Restatement of Contracts (Second) § 45, comment a.

[125] Calamari/ Perillo, The Law of Contracts, § 2-22, S. 106: „a somewhat tenuous distinction"; hierzu auch: Yetter, Unilateral Contracts: An Examination of Traditional Concepts and the Proposed Solution of the ALI Restatement of Contracts, Second (Tentative) Draft No. 1, 5 Duquesne U.L.Rev., 175, 184 f. (1966/67); Stein, The Restatement of Contracts Second and Offers to Enter into Unilateral Contracts, 29 U. Pitt. L.Rev. 546, 557 f.

[126] 83 So. 2d 449 (1955).

Berufungsinstanz hingegen entschied, daß das Beladen der Lkws ein Beginn der Leistungshandlung sei und entschied für die Klägerin.

Weniger erfolgreich war die Klage des Empfängers eines Angebots, das auf einen unilateral contract abzielte, in folgendem Fall:

Bretz v. Union Central Life Insurance Company[127]

Mr. Bretz klagte gegen die Union Central Life Insurance Company auf Vertragsdurchführung („specific performance"). Die Versicherungsgesellschaft hatte ihm angeboten $ 8,100 als endgültige Abgeltung seiner Schulden zu akzeptieren, wenn Bretz diese innerhalb von 90 Tagen zahlen würde. Bretz traf daraufhin Vorbereitungen, um einen Kredit in dieser Höhe zu beschaffen, wobei ihm u.a. für die Gutachten zur Schätzung des Wertes seines Grundstücks erhebliche Kosten entstanden. Das Gericht entschied, daß die Versicherung auch nach diesen Vorbereitungen ihr Angebot noch widerrufen konnte, da noch kein irgendwie gearteter Leistungsbeginn vorlag, sondern bloße (wenn auch langwierige und kostspielige) Vorbereitungshandlungen.

I.A.4.1.4. Auslegung als Bilateral Contract

Schließlich läßt sich die gesamte Widerrufsproblematik auch dadurch vermeiden, daß man ein Angebot, das nicht ausdrücklich auf den Abschluß eines unilateral contract abzielt, als ein Angebot gerichtet auf Abschluß eines bilateral contract auslegt[128] und - sofern auf der Seite des Angebots/ Versprechensempfängers ein ausdrückliches Gegenversprechen fehlt - ein solches mit

[127] 16 N.E.2d 272 (1938), in Hosmer v. Wilson, 7 Mich. 293, 74 Am. Dec. 716 (1859) versprach der beklagte Anbieter dem Kläger $ 5,000 zu zahlen, wenn dieser ihm ein Feuerwehrauto liefert. Für die Fertigung des Autos wandte der Kläger Arbeit und Material auf. Der Beklagte konnte dennoch widerrufen, da er nicht die Fertigung, sondern die Lieferung verlangt hatte, mit der Lieferung aber noch nicht begonnen worden war; siehe auch Lazarus v. American Motors Corporation 123 N. W. 2d 548 (1963) und Tetrick v. Soan 339 P.2d 613 (1959).

[128] Williston on Contracts, § 15.3, S. 688: „many courts as a matter of interpretation would interpret an offer as contemplating a bilateral contract rather than a unilateral contract, since a bilateral contract becomes binding from the time of the making of the mutual promises"; Corbin, Offer and Acceptance and Some of the Resulting Legal Relations, 26 Yale L.J. 167, 194 (1917) m. w. Nachw., Pollock, Book Review, 28 L.Q.Rev. 100 (1928): „... there are fewer unilateral contracts in the world than we supposed."; ebenso Farnsworth on Contract, § 3.24, S. 293 und National Dairymen Association v. Dean Milk Co., 183 F.2d 349, 352 f. (1950); Davis v. Jacoby, 34 P.2d 1026 (1934). Kritisch zu diesem Ansatz Yetter, Unilateral Contracts: An Examination of Traditional Concepts and the Proposed Solution of the ALI Restatement of Contracts, Second (Tentative) Draft No. 1, 5 Duquesne U.L.Rev., 175, 177 (1966/67) und Notes: Acceptance of unclear offers, 60 The Yale L.Rev. 1043 ff. (1951); Tiersma, Reassessing Unilateral Contracts, 26 U.C. Davis L.Rev. 1, 70 f. (1992) der sich hier auf die Auslegung eines Maklervertrages als Alleinauftrag und damit als bilateral contract bezieht. Näher zum Maklervertrag unten II.B.1.

Leistungsbeginn als stillschweigendes unterstellt.[129] Der Beginn der Leistung bedeutet dann zum einen die konkludente Annahme des Angebots und beinhaltet zum anderen das konkludente Gegenversprechen und damit die erforderliche consideration. Bereits mit Leistungsbeginn kommt so ein beide Parteien bindender bilateral contract zustande. Diesen Ansatz verfolgte das erste Restatement of Contracts (1932):

> Restatement of Contracts (1932), § 31
>
> „In case of doubt it is presumed that an offer invites the formation of a bilateral contract by an acceptance amounting in effect to a promise by the offeree to perform what the offer requests, rather than the formation of one or more unilateral contracts by actual performance on the part of the offeree."
>
> Im Zweifel gilt die Vermutung, daß ein Angebot zum Abschluß eines bilateral contract durch eine Annahmeerklärung auffordert, die in Wirklichkeit ein Versprechen des Angebotsempfängers darstellt, die verlangte Leistung zu erbringen, und nicht zum Abschluß eines oder mehrerer unilateral contract(s), durch tatsächliche Erfüllung seitens des Angebotsempfängers.

Noch über die Auslegungsregel des § 31 des Restatement of Contracts hinaus gingen zwei US-amerikanische Rechtswissenschaftler, Llewellyn und Stoljar, indem sie versuchten, die praktische Relevanz des unilateral contract generell in Frage zu stellen.[130]

Zuerst attackierte Ende der 30er Jahre Llewellyn die Unterscheidung zwischen unilateral und bilateral contract.[131] Anhaltspunkte dafür, daß Llewellyn dabei vom civil law[132] beeinflußt wurde, gibt es jedoch nicht. Er stellte vielmehr fest, daß die „Great Dichotomy" den tatsächlichen Lebensvorgängen beim Abschluß von Verträgen nicht entsprechen würde.

---

129 Whitney, Implying a Promise to Establish Mutuality, 11 St. John's L.Rev. 51 ff. (1936); Andrews, Decisions of the Court of Appeals in Recent Years, 12 Cornell L. Q. 433, 477 (1927): In a certain contract an express promise by one party may be lacking, yet when the agreement is viewed as a whole, it may be seen to be meaningless unless such promise is implied."

130 Beide Artikel fanden breite Zustimmung. Kessler/ Gilmore, Contracts. Cases and Materials, S. 290 ff.; Mooney, Old Kontract Principles and Karl's New Kode, 11 Vill.L.Rev. 213, 234 f., 258 (1966); Murray, Contracts: A New Design for the Agreement Process, 53 Cornell L.Rev. 785, 786, 802, 805f. (1968).

131 Llewellyn, Offer and Acceptance I, 48 Yale L.J. 1 ff. (1938/39), Our Case-Law of Contract: Offer and Acceptance II, 47 Yale L.J. 779 ff. (1938/39).

132 Unter civil law wird das Recht der Rechtsordnungen zusammengefaßt, deren Rechtssystem auf dem römischen Recht basiert. Dazu gehören insbesondere die kontinentaleuropäischen Rechtssysteme.

„The argument is that the classical bilateral-unilateral distinction dies as it approaches fact either of life or of case decision."[133]

Das Argument ist, daß die klassische bilateral-unilateral-Unterscheidung stirbt, sobald sie sich den Fakten entweder des Lebens oder der Gerichtsentscheidung nähert.

In der Regel sei es, so Llewellyn, dem Anbieter gleichgültig, ob er ein Gegenversprechen oder eine Gegenleistung erhalte, alles was ihn interessiere, sei zu wissen, ob „the deal is on". Dies ließe sich am besten anhand dessen bestimmen, was er als „bilateral situation" bezeichnet. Entscheidend dafür sei, daß eine Vereinbarung vorliege.[134] Jedenfalls sei nicht einzusehen, warum ein bilateral contract bindend sein soll, bevor der Anbieter nur ein Jota der tatsächlichen Leistung erhalten hat, während beim unilateral contract nur die vollständige Leistung („the uttermost jot") ausreichen soll.[135]

Llewellyn war daher für eine Abschaffung der Unterscheidung zwischen unilateral und bilateral contract. Diese Überzeugung brachte er auch in den Uniform Commercial Code und in das Restatement of Contracts (Second) ein, in denen „wegen Zweifeln an ihrer Nützlichkeit"[136] die Trennung von unilateral und bilateral contract aufgegeben wurde.

In den 50er Jahren analysierte Stoljar den unilateral contract im Hinblick auf die durch ihn geschützten Interessen. Dabei ging er von der Analyse von Fuller und Perdue aus, die die vertraglichen Beziehungen auf der Basis der durch sie berührten Interessen (restitution interest – Wiederherstellungsinteresse, reliance interest – Vertrauensinteresse und expectation interest – Erfüllungsinteresse) untersuchten.[137] Stoljar kam zu dem Ergebnis, daß die Theorie des unilateral contract nicht schlüssig sei, weil sie zwar das Erfüllungsinteresse, nicht aber das grundlegendere Vertrauensinteresse des Versprechensempfängers berücksich-

---

133 Llewellyn, Offer and Acceptance I, 48 Yale L.J. 1, 33, Fn. 61 (1938/39).

134 Llewellyn, Our Case-Law of Contract: Offer and Acceptance II, 47 Yale L.J. 779, 789 (1938/39): „The living facts are best approached by way of what we have come to call the bilateral situation, that of a deal envisaging postponed future performance on both sides and mutual obligation."; ebenda 794: „Businessmen do not think in terms of giving or getting counter-promises, as such. They think in terms of giving and getting agreement by an offeree. Agreement, or agreeing, includes assent: getting agreement includes also getting assurance, getting commitment for the future."; ebenda 796 „... the essential basis of contracting is agreement."

135 Llewellyn, Offer and Acceptance I, 48 Yale L.J. 1, 33 (1938/39).

136 „... because of doubts as to the utility of the distinction ..." Restatement Contracts (Second) Reporters Note § 1, S. 8.

137 Fuller/ Perdue, The Reliance Interest in Contract Damages, 46 Yale L.J. 52 ff. (1936/37).

tige.[138] Der Versprechensempfänger in einem unilateral contract kann nur die versprochene Gegenleistung verlangen, wenn er seinerseits geleistet hat. Er erhält aber gar nichts, nicht einmal sein Vertrauensinteresse, wenn er seinerseits nicht mehr vollständig leisten konnte, weil der Anbieter inzwischen sein Versprechen widerrufen hatte.

Sowohl Llewellyn als auch Stoljar haben vor allem und einseitig den Schutz des vermeintlich schutzwürdigen Versprechensempfängers beim unilateral contract vor Augen.[139] Sie sind der Meinung, daß sich durch eine Minimierung oder Beseitigung des Anwendungsbereichs des unilateral contract vermeiden ließe, daß sich Personen, die ein Versprechen abgegeben haben, zu Unrecht ihrer Verpflichtung entziehen. Beide übersehen jedoch, daß es Situationen gibt, in denen der Angebotsempfänger nicht schutzwürdig ist, insbesondere wenn sein Risiko, sich vergeblich zu bemühen, durch eine entsprechend höhere Vergütung im Erfolgsfall aufgewogen wird.[140]

Bei einem solchen Ansatz besteht allerdings die Gefahr, daß nicht alle Möglichkeiten der Auslegung ausgeschöpft werden, sondern allein vom Wortlaut des Angebots ausgehend das Angebot als unklar und damit als auf den Abschluß eines bilateral contract gerichtet deklariert wird.[141]

Das Restatement of Contracts (Second) verwendet schließlich die Bezeichnung unilateral und bilateral contract nicht mehr und wählt statt dessen die Bezeichnung „Angebote, die zu einer Annahme durch Leistung auffordern" („offers inviting an offeree to accept by rendering a performance") im Gegensatz zu „Angeboten, die zu einer Annahme durch Versprechen auffordern" („offers inviting a promissory acceptance").

Inhaltlich versucht das Restatement of Contracts (1932) ebenso wie das Restatement of Contracts (Second) die praktische Bedeutung des unilateral contract auszuschalten und zwar durch die kombinierte Regelung in § 32 und § 62 des Restatement of Contracts (Second).

---

138 Stoljar, The False Distinction Between Bilateral and Unilateral Contracts, 64 Yale L.J. 515, 534 (1955).

139 Yetter, Unilateral Contracts: An Examination of Traditional Concepts and the Proposed Solution of the ALI Restatement of Contracts, Second (Tentative) Draft No. 1, 5 Duquesne U.L.Rev. 175, 177 (1966/67); Pettit, Modern Unilateral Contract, 63 Boston U.L.Rev. 551, 552 f (1983).

140 Siehe dazu zunächst die Darstellung der einzelnen Fallgruppen in Teil II und schließlich die allgemeinen Überlegungen in Teil III.

141 Auf diese Gefahr mit Hinweisen auf zahlreiche Gerichtsentscheidungen wird auch in den Notes, Acceptance of Unclear Offers, 60 Yale L. J.1043, 1047 (1951) hingewiesen.

Restatement of Contracts (Second) § 32 - Invitation of Promise or Performance

„In case of doubt an offer is interpreted as inviting the offeree to accept either by promising to perform what the offer requests or by rendering the performance, as the offeree chooses."

Im Zweifel wird ein Angebot dahingehend ausgelegt, daß es den Angebotsempfänger auffordert, das Angebot nach seiner Wahl entweder dadurch anzunehmen, daß er verspricht, die in dem Angebot geforderte Leistung zu erbringen, oder dadurch, daß er die Leistung erbringt.

Restatement of Contracts (Second) § 62 - Effect Of Performance By Offeree Where Offer Invites Either Performance Or Promise

"(1) Where an offer invites an offeree to choose between acceptance by promise and acceptance by performance, the tender or beginning of the invited performance or a tender of a beginning of it is an acceptance by performance.
(2) Such an acceptance operates as a promise to render complete performance."

(1) Wenn der Angebotsempfänger durch das Angebot aufgefordert wird, dieses entweder durch ein Gegenversprechen oder durch die Vornahme der Leistung anzunehmen, stellt die Zusage oder der Beginn der verlangten Leistung oder die Zusage zu beginnen eine Annahme durch Leistung dar.
(2) Eine solche Annahme wirkt wie ein Versprechen, die vollständige Leistung zu erbringen.

Der unilateral contract, bei dem der Angebotsempfänger nicht verpflichtet ist, die vollständige Leistung zu erbringen, wird damit zum Ausnahmefall:

„The Second Restatement seems to say that judges who have not done so already should: 1) cease employing the terms „unilateral contract" and „bilateral contract"; 2) recognise that the one-sided-promise transaction is a rare species; and 3) hesitate to proclaim the discovery of one of these rarities."[142]

Das Second Restatement scheint zu sagen, daß Richter, die dies nicht bereits so handhaben, 1) damit aufhören sollten, die Begriffe „unilateral contract" und „bilateral contract" zu verwenden, 2) erkennen sollten, daß Geschäfte mit einseitigem Versprechen eine seltene Gattung ist und 3) zögern sollten, die Entdeckung einer dieser Seltenheiten zu verkünden.

In Praxis und Rechtslehre konnte sich aber weder die Änderung der Terminologie im Restatement of Contracts (Second) durchsetzen, noch verzichteten die Richter auf die Anwendung des unilateral contract in Situationen, in denen er

[142] Pettit, Modern Unilateral Contract, 63 Boston U.L.Rev. 551, 558 (1983).

nach ihrer Ansicht dem Willen und den Interessen der Parteien entsprach.[143] Die Änderung der Bezeichnung war also allenfalls eine symbolische Geste, eine „simple substitution of labels“, der eine grundlegende Änderung des Rechtsdenkens nicht entsprach.[144]

I.A.4.1.5. Isolierung des Versprechens

Tiersma schließlich will vor dem Hintergrund, daß sich das Rechtsinstitut des unilateral contract in der Praxis weder durch Auslegung oder Umbenennung eliminieren läßt, der Widerrufsproblematik beim unilateral contract dadurch gerecht werden, daß er den unilateral contract aus dem Angebot-Annahme-Schema herauszulösen versucht. Im Gegensatz zum Angebot soll die Leistungszusage beim unilateral contract kein kooperativer Sprachakt („cooperative speech act“) sein, welcher den Sprecher erst nach einer Annahme verpflichtet.[145] Vielmehr sei der unilateral contract ein bloßes Versprechen, welches den Versprechenden sofort verpflichtet.[146] Hier finden sich Parallelen zu der Auslobung, die im deutschen Recht einseitiges Rechtsgeschäft ist.[147]

Gegen diesen Ansatz von Tiersma ist jedoch einzuwenden, daß nach geltendem englischem und US-amerikanischem Vertragsrecht eine schuldrechtliche Verpflichtung formlos nur durch einen Vertrag entstehen kann und daß ein solcher Vertrag ein Angebot und eine Annahme voraussetzt. In dem Angebot liegt zwar gleichzeitig auch ein Versprechen. Es ist aber nicht möglich, dieses Versprechen aus diesem Gefüge von Angebot und Annahme zu isolieren.

---

[143] Dawson/ Harvey/ Henderson: Contracts, Cases and Comments, S. 379: „As might have been expected, this dropping of the term „unilateral contract“ does not appear to have attracted followers in the courts or in the literature of contract law.“; Braucher, Offer and Acceptance in the Second Restatement, 74 Yale L.J. 302, 303 (1964): „the main innovations in the revision may be described as stylistic rather than substantive.“

[144] Pettit, Modern Unilateral Contracts, 63 Boston U.L.Rev. 551, 556 (1983).

[145] Tiersma, Reassessing Unilateral Contracts, 26 U. C. Davis L.Rev. 1, 3, 13 ff. (1992).

[146] Tiersma, Reassessing Unilateral Contracts, 26 U. C. Davis L.Rev. 1, 4 (1992): „A unilateral contract is not an offer that commits the speaker only after acceptance, but is rather a promise that, like all others, need not be accepted at all.“

[147] siehe unten II.A.2. Auch das schottische Recht unterscheidet zwischen Versprechen (promise) einerseits und Vertrag (contract) andererseits: McBryde, Promises in Scots Law, 42 Int. Comp.L.Q. 48 ff (1993), siehe auch Zimmermann/ Hellwege, Belohnungsversprechen: „pollicitatio“, „promise“ oder „offer“?, ZfRV 1998, 133 ff.

I.A.4.1.6. Promissory Estoppel

Schließlich kommt eine Lösung der Widerrufsproblematik beim unilateral contract mit dem Rechtsinstitut des „promissory estoppel“ in Betracht.[148]

Der promissory estoppel wurde Anfang des 20. Jahrhunderts mit dem Ziel entwickelt, unbillige Ergebnisse zu vermeiden, wenn ein Versprechensempfänger im Vertrauen auf ein Versprechen zwar einen Nachteil erlitten hat, dieser Nachteil aber von dem Versprechenden nicht verlangt worden war. In diesen Fällen stellt der erlittene Nachteil keine consideration dar, ein Vertrag kommt daher nicht zustande.[149] Im Kern geht es beim promissory estoppel um den Schutz des Vertrauens des Versprechensempfängers. Ausgangspunkt der Entstehung des promissory estoppel war die Überlegung, daß im Rahmen bereits bestehender Vertragsbeziehungen derjenige, der verspricht, auf Rechte oder Ansprüche zu verzichten oder diese zu verändern, daran gehindert (estopped) sein sollte, sich auf eine fehlende consideration und damit eine fehlende Durchsetzbarkeit seines Versprechens zu berufen, wenn die andere Vertragspartei auf sein Versprechen vertraut hat. Promissory estoppel war zunächst also nur eine Einwendung, begründete aber keine Ansprüche. Dies entspricht auch noch heute der Rechtslage im englischen common law.[150] Das US-amerikanische common law hat sich dagegen weiterentwickelt und promissory estoppel kann dort anstelle einer consideration zu einem Anspruch aufgrund eines Versprechens führen:

> Restatement of Contracts (Second) § 90: Promise Reasonably Inducing Definite and Substantial Action:
>
> „A Promise which the promisor should reasonably expect to induce action or forbearance of a definite and substantial character on the part of the promisee and which does

---

148 Ein erster vorsichtiger Vorschlag in diese Richtung findet sich bei Ashley, Offers Calling for Consideration Other Than a Counter Promise, 23 Harvard L.Rev. 159, 166 ff. (1910); diesen aufgreifend: Murray, Contracts: A New Design for the Agreement Process, 53 Cornell L.Rev. 785, 805 f. (1968); Yetter, Unilateral Contracts: An Examination of Traditional Concepts and the Proposed Solution of the ALI Restatement of Contracts, Second (Tentative) Draft No. 1, Duquesne U.L.Rev. 175, 187 ff (1966/67); im englischen Recht: Downes, A Textbook on Contracts, S. 79 f.

149 Eine ausführliche Darstellung des Rechtsinstituts ist im Rahmen dieser Arbeit nicht möglich, die Literatur zu dem Thema ist äußerst umfangreich, eine aktuelle und umfassende rechtsvergleichende Darstellung mit vielen weiteren Nachweisen findet sich bei Páez-Maletz, Der Schutz des Vertrauens auf das Zustandekommen von Verträgen im U.S.-amerikanischen Recht.

150 Combe v. Combe [1951] 2 K.B. 215, 224: „a shield not a sword“; Anson's Law of Contract, S. 107 f.; Cheshire, Fifoot and Furmston's Law of Contract, S. 105 ff.; Downes, A Textbook on Contracts, S. 79 hält das Konzept aber auch im englischen Recht für entwicklungsfähig.

induce such action or forbearance is binding if injustice can be avoided only by enforcement of the promise."

Ein Versprechen, bei dem der Versprechende davon ausgehen muß, daß es seitens des Versprechensempfängers zu einem Tun oder Unterlassen von eindeutigem und erheblichen Gewicht führt, ist verbindlich, wenn nur bei Durchsetzung des Versprechens Ungerechtigkeiten vermieden werden können.

Zur Lösung des Rücktrittsproblems beim unilateral contract bot sich, jedenfalls im US-amerikanischen Recht, der promissory estoppel an, weil sich in dem Beginn der verlangten Gegenleistung zugleich ein Nachteil des Versprechensempfängers sehen läßt, so daß das Versprechen bindend ist, obwohl der Versprechensempfänger eine consideration noch nicht erbracht hat.[151] Allerdings kann der Versprechensempfänger, der sich auf den promissory estoppel beruft, in der Regel nicht den Ersatz seines Erfüllungsschadens, also des entgangenen Gewinns, verlangen. Die Rechtsprechung hierzu ist uneinheitlich und die Gerichte betonen, daß ein weites richterliches Ermessen besteht, um die Höhe der Entschädigung im Einzelfall festzusetzen.[152] Dies schafft zwar eine Flexibilität bei der Bemessung eines Ersatzanspruches. Für den Versprechensempfänger ist es aber grundsätzlich vorteilhafter, wenn er sich auf das Zustandekommen eines unilateral contract berufen kann, da er dann den Ersatz seines gesamten Erfüllungsschadens verlangen kann.[153]

In der Praxis wird, wann immer die Handlung des Versprechensempfängers sich als Beginn der durch das Versprechen unmittelbar verlangten Gegenleistung auffassen läßt, daher eher auf den unilateral contract zurückgegriffen, nicht zuletzt, weil die consideration der klassische Baustein für das Zustandekommen

---

[151] Drennan v. Star Paving Co. 333 P.2d 757 (1958); Navin, Some Comments on Unilateral Contracts and Restatement 90, 46 Marquette L.Rev. 162 ff. (1962); Cooke/ Oughton, Common Law of Obligations, S. 105: „Reliance is a key factor in the case of unilateral contracts ..."; Farnsworth on Contract, § 3.24, S. 290 Fn. 2; Restatement of Contracts (Second), comment b: „Moreover merely acting in justifiable reliance on an offer may in some cases serve as sufficient reason for making a promise binding (see § 90)."; Corbin on Contracts § 2.29, S. 253 ff. und § 2.31, S. 286 ff.; Atiyah, Essays on Contract, Consideration: A Restatement: S. 226 ff.; ausführlich Tiersma, Reassessing Unilateral Contracts, 26 U. C. Davis L.Rev. 1, 50 ff. (1992) mit zahlreichen weiteren Nachweisen.

[152] Páez-Maletz, Der Schutz des Vertrauens auf das Zustandekommen von Verträgen im U.S.-amerikanischen Recht, S. 158 ff., 167 ff., 171 m. w. Nachw.

[153] In diesem Sinne: Yetter, Unilateral Contracts: An Examination of Traditional Concepts and the Proposed Solution of the ALI Restatement of Contracts, Second (Tentative) Draft No. 1, Duquesne U.L.Rev. 175, 188 (1966/67).

eines Vertrages ist.[154] Damit kommt das Rechtsinstitut des promissory estoppel nur dann zum Zuge, wenn eine Handlung des Versprechensempfängers (noch) nicht als Leistungsbeginn qualifiziert werden kann.[155] Im englischen Recht kann ohnedies nur mit dem unilateral contract gearbeitet werden, da der promissory estoppel lediglich als Einwendung geltend gemacht werden kann.

I.A.4.2. Die Praxis zum Widerrufsrecht

Die Rechtsprechung schließlich erreicht – wie die bereits zitierten Fälle belegen – bei der Frage der Widerrufbarkeit mal mit der einen, mal mit der anderen dogmatischen Begründung unterschiedliche aber stets pragmatische Ergebnisse, und manchmal lassen die Entscheidungen auch gar keinen dogmatischen Lösungsansatz erkennen,[156] wie beispielsweise die Urteilsbegründung des berühmten Lord Denning im folgenden englischen Fall:

> Errington v. Errington[157]
>
> Ein Vater kaufte im eigenen Namen für seinen Sohn und seine Schwiegertochter ein Haus. Einen Teil des Kaufpreises zahlte er sofort in bar, für den Rest nahm er einen Kredit auf. Die Tilgungsraten sollten von dem Ehepaar gezahlt werden. Der Vater versprach ihnen, daß das Haus ihnen gehören sollte, sobald die letzte Rate gezahlt sei.

---

[154] Navin, Some Comments on Unilateral Contracts and Restatement 90, 46 Marquette L.Rev. 162 ff. (1962): „Whenever a court can reasonably find the presence of ordinary bargain in the fact situation, as evidenced by the traditional test of consideration, it should be extremely cautious about extending the cloak of Restatement 90 to cover its result." In dem Fall Siegel v. Codner, 265 S.E.2d 287 (1980) in dem es um die Rückzahlung einer verringerten Schuld vor Fälligkeit ging, nahm das Gericht einen bindenden unilateral contract mit einer teilweisen Erfüllung („part performance") an – dies, obwohl der Schuldner noch keinen Teilbetrag zurückgezahlt hatte, sondern nur im Vertrauen auf das Versprechen gehandelt hatte (weswegen nach der in Corbin on Contracts, § 2.29, S. 253 Fn.4 vertretenen Ansicht sogar nur eine „action in reliance" und nicht eine Beginn der Erfüllungshandlung die Widerrufbarkeit des Angebots verhinderte).

[155] Der Supreme Court of New Mexico stellte in dem Fall Strata Production Company v. Mercury Exploration Company, 916 P.2nd 822 (1996) fest: „The critical difference between these two theories is however, that with promissory estoppel the action or forbearance which renders the offer irrevocable need not be the initiation of performance under the contract."

[156] Das Problem, nach Leistungsbeginn zugunsten des Versprechensempfängers zu entscheiden „has not so much troubled the courts as the writers and commentators" in: Ruess v. Baron, 10 P.2d 518, 519 (1932). Und Llewellyn, Our Case-Law of Contract: Offer and Acceptance, I, 48 Yale L.J. 1, 17 (1938/39), stellte fest: „.... courts do commonly study the facts and react to them and strive to find some way of getting a just result .... in the main they *do* more wisely than they rationalize."; ebenso Gardner, An Inquiry into the Principles of the Law of Contracts, 46 Harvard L.Rev. 1, 3 (1932), der meint: „A good common law argument begins, and can often be very nearly ended by a penetrating exposition of the facts."

[157] (1952) 1 K.B. 290; 1 All E.R. 149.

> Bevor dies geschah, starb der Vater und die Witwe machte Besitzansprüche an dem Haus geltend. Der Court of Appeal gab ihrer Klage nicht statt.

In seiner Begründung stellte Denning L.J. schlicht fest: „Das Versprechen des Vaters war ein unilateral contract – ein Versprechen des Hauses gegen die Zahlung der Raten. Es konnte von ihm nicht widerrufen werden, nachdem das Paar mit der Leistung begonnen hatte. Schließlich sei nicht davon auszugehen, daß ein vernünftiges Ehepaar einem Angebot, daß es dem Vater ermöglicht hätte, noch kurz vor der letzten Ratenzahlung zu widerrufen, zugestimmt hätte."[158]

Anders hingegen in dem Fall Luxor (Eastbourne) Ltd. And Others v. Cooper,[159] der unten im Zusammenhang mit den Maklerverträgen im einzelnen dargestellt wird.[160] Hier kam das Gericht zu dem Ergebnis, daß ein Makler, der die Chance hatte, für einen relativ geringen Arbeitsaufwand von acht oder neun Tagen eine hohe Entlohnung von insgesamt £ 10.000 zu erlangen,[161] auch das Risiko auf sich nehmen muß, daß der Auftraggeber das Provisionsversprechen widerruft und er sich möglicherweise umsonst bemüht hat.

I.A.4.3. Der Umfang des Ersatzanspruchs bei Widerruf

I.A.4.3.1. Anspruch auf Ersatz des Erfüllungsschadens

Erkennt man - mit welcher Argumentation auch immer - eine vertragliche Bindung des Anbieters durch den Beginn der Leistungshandlung an, so stellt der Widerruf des Angebots einen Vertragsbruch dar.

Liegt ein Vertragsbruch vor, so hat nach klassischem englischem und US-amerikanischen Vertragsrecht die vertragsbrüchige Partei den vollen Erfüllungsschaden zu ersetzen oder in Ausnahmefällen Erfüllung (specific per-

---

[158] Allerdings glauben englische Rechtswissenschaftler aus dieser Feststellung die unterschiedlichsten dogmatischen Begründungen für die Bindung des Versprechenden herauslesen zu können, je nachdem welche Meinung sie selbst zum Widerruf beim unilateral contract vertreten. Downes, A Textbook on Contracts, S. 79 vermeint, einen Anklang des (von ihm favorisierten) promissory estoppel-Prinzips (siehe unten I.A.4.1.6.) zu vernehmen, ebenso Cooke/ Oughton, Common Law of Obligations, S. 105. Treitel, The Law of Contract, S.38 sieht in der Entscheidung eine Bestätigung des (von ihm vertretenen) Ansatzes der Annahme durch Leistungsbeginn. Der Wortlaut der Entscheidungen könnte aber durchaus auch für ein stillschweigendes Versprechen, nicht zu widerrufen, sprechen.

[159] [1941] A.C. 108; 1 All E.R. 33.

[160] siehe unten II.B.1.1.

[161] Eine Summe, die, wie das Gericht anmerkte, dem Jahreseinkommen des Lord Chancellors entspricht.

formance) zu leisten. Es gibt keinen Mittelweg, um dem Angebotsempfänger, der im Vertrauen auf das Angebot handelte, nur seinen Vertrauensschaden zu ersetzen, wenn ein Erfüllungsanspruch zu weitgehend wäre, etwa weil er seinerseits die vollständige Leistung nicht erbracht hat.[162]

Eine Einschränkung des Anspruchs auf Ersatz des vollen Erfüllungsschadens kann allenfalls dadurch erreicht werden, daß bei der Schadenshöhe die Ungewißheit berücksichtigt wird, ob der Angebotsempfänger tatsächlich die Leistung vollständig erbracht hätte. Diese Wahrscheinlichkeit wird der Bestimmung der Höhe des Schadensersatzanspruchs zugrundegelegt („chances as protected interests")[163] und führt gelegentlich zu kuriosen Ergebnissen:[164]

> Chaplin v. Hicks[165]
>
> Die Klägerin hatte sich für die Endrunde in einem Wettbewerb qualifiziert, in dem sich 50 Finalisten um 12 Preise bewarben, die jeweils in 3-Jahresverträgen als Schauspielerin mit einer Gage zwischen £ 3 und £ 5 pro Woche bestanden. Der Klägerin wurden jedoch Ort und Zeit der Endausscheidung nicht mitgeteilt, so daß sie an ihr nicht teilnehmen konnte. Das Gericht kam zu dem Ergebnis, daß bereits die bloße Chance der Klägerin, einen der Preise zu gewinnen, einen Anspruch auf Schadensersatz begründet. Gegen die Festlegung der Höhe des Schadensersatzes durch die Geschworenen in Höhe von £ 100 bestanden nach Ansicht des Berufungsgerichts keine Einwände, da keine Anhaltspunkte dafür vorlagen, daß die Geschworenen die Chancen der Klägerin, einen der Preise zu erlangen, nicht angemessen bewertet hätten.

Einen Ersatz des Vertrauensschaden würde allein der Rückgriff auf das Rechtsinstitut des promissory estoppel ermöglichen. Der eingeschränkte

---

[162] Für den Ersatz des Vertrauensschadens, insbesondere unter Berufung auf die culpa in contrahendo des deutschen Rechts: Fuller/ Perdue, The Reliance Interest in Contract Damages, 46 Yale L.J. 373, 410 (1937), Siehe auch: Páez-Maletz, Der Schutz des Vertrauens auf das Zustandekommen von Verträgen im U.S.-amerikanischen Recht; Yetter, Unilateral Contracts: An Examination of Traditional Concepts and the Proposed Solution of the ALI Restatement of Contracts, Second (Tentative) Draft No. 1, 5 Duquesne U.L.Rev. 175, 185 ff. (1966/67); Corbin, Comments: The Formation of a Unilateral Contract, 27 Yale L.J. 382, 385 f. (1918) im Zusammenhang mit dem Fall Brackenbury v. Hodgkin, 102 Atl. 106 (1917). Ohne weitere dogmatische Begründung gewährte Viscount Haldane LC nur einen Ersatzanspruch in Höhe des Vertrauensschadens in der englischen Entscheidung Morrison Steamship Co. Ltd. v. The Crown (1924) 20 Lloyds L.R. 283, 287: „when work is done and expenses incurred on the faith of a conditional promise, the promisor comes under an obligation not to revoke his promise, and if he does so he may be sued for damages or a quantum meruit."

[163] Tiersma, Reassessing Unilateral Contracts, U. C. Davis L.Rev. 1, 52 ff. (1992) mit weiteren Nachweisen aus Literatur und Rechtsprechung.

[164] Näher zum Schadensersatz bei einem Widerruf von Wettbewerben und Preisausschreiben siehe unten II.A.1.3.

[165] 2 K.B. 786 (1911).

Anwendungsbereich dieses Rechtsinstituts in unilateral-contract-Situationen wurde bereits oben dargestellt.[166]

I.A.4.3.2. Anspruch auf das Quantum Meruit

Kommt man dagegen - allen dargestellten Theorien und Argumenten für eine Unwiderrufbarkeit des Angebots im Einzelfall zum Trotz – zu dem Ergebnis, daß zum Zeitpunkt des Widerrufs nur ein Angebot auf Abschluß eines unilateral contract vorlag und ein Vertrag noch nicht zustande gekommen war, so kann der Anbieter frei widerrufen und der Angebotsempfänger kann vom Anbieter aufgrund eines quasi-vertraglichen Anspruchs allenfalls „das was ihm zusteht" („quantum meruit") für die bereits erbrachten Leistungen verlangen.

Der quasi-vertragliche Anspruch ist eine Art bereicherungsrechtlicher Rückerstattungsanspruch. Das Bereicherungsrecht ist im englischen wie auch im US-amerikanischen Recht Gegenstand einer kontroversen und noch nicht endgültig abgeschlossenen Diskussion.[167] Insbesondere sind die Bemühungen, ein einheitliches, systematisches Bereicherungsrecht zu schaffen, das eine neue Zuordnung alter common-law Kategorien, wie beispielsweise die des sogenannten quasi contract, ermöglicht, noch nicht abgeschlossen, so daß hier vieles unklar ist.[168] Der Begriff des quasi contract („quasi ex contractu") wurde von Lord Mansfield in der Entscheidung Moses v. Macferlan[169] in Anlehnung an das römische Recht geprägt und bezeichnet einen Anspruch „als ob ein Vertrag bestünde", als ob also eine Partei eine Leistung versprochen hätte. Aufgrund eines quasi-vertraglichen Anspruchs kann ein Kläger das was ihm zusteht („quantum meruit"), also eine angemessene Vergütung für von ihm erbrachten Leistungen, verlangen. Er muß aber nachweisen, daß der Beklagte diese Leistungen verlangt, jedenfalls aber freiwillig akzeptiert hat und ihm durch die Leistungen ein Vermögensvorteil entstanden ist.

Der quasi-vertragliche Anspruch des Angebotsempfängers eines unilateral contract geht somit ins Leere, wenn sich beim Anbieter kein Vermögensvorteil nachweisen läßt, so beispielsweise bei dem Gang nach York, selbst wenn der Angebotsempfänger bereits einen Nachteil erlitten hat.

---

[166] siehe oben I.A.4.1.6.

[167] Weiterführend beispielsweise Meier, Irrtum und Zweckverfehlung: die Rolle der Unjust-Gründe bei rechtsgrundlosen Leistungen im englischen Recht, 1999.

[168] Man könnte auch von einer nahezu hoffnungslosen begrifflichen und dogmatischen Verwirrung sprechen: Reinmann, Einführung in das US-amerikanische Privatrecht, S. 67 ff.

[169] (1760) 97 E.R. 676.

I.A.4.4. Zusammenfassung

Sowohl im US-amerikanischen als auch im englischen Recht ist anerkannt, daß das Angebot beim unilateral contract zumindest nicht in allen Fällen frei widerrufbar sein soll. Auch Wormser änderte fast 35 Jahre nach dem Erscheinen seines umstrittenen Aufsatzes zum unilateral contract „in Sack und Asche gekleidet" seine zuvor vertretene Meinung,[170] daß die freie Widerrufbarkeit eines unilateral-contract-Angebotes stets zu einem richtigen und gerechten Ergebnis führt.[171] Llewellyn „bedauerte" allerdings, daß er nunmehr seine Studenten nicht mehr auf den Fahnenmast vor seinem Klassenzimmer klettern lassen konnte, um dann zu widerrufen, kurz bevor sie die goldene Spitze erreichten.[172]

Allerdings: eine allgemeingültige Regel, wann ein Angebot beim unilateral contract widerrufbar ist, gibt es nicht.[173] Keiner der oben dargestellten dogmatischen Ansätze konnte sich in der Praxis als der allein gültige behaupten. Daß die wissenschaftliche Diskussion häufig mit hypothetischen Beispielen (wie dem Gang nach York oder über die Brooklyn Bridge oder das Ersteigen eines Fahnenmastes) arbeitet, verstellt eher den Blick auf die zugrundeliegenden Parteiinteressen in der Praxis. Die Frage der Widerrufbarkeit wird für die einzelnen unilateral-contract-Fallgruppen im zweiten Teil der Arbeit jeweils gesondert dargestellt. Im letzten Teil der Arbeit soll dann eine allgemein formulierte Antwort auf die Frage gesucht werden, welche Parteiinteressen in einer unilateral-contract-Situation vorliegen und bei welchen Interessenkonstellationen ein einseitiges Lösungsrechts des Versprechenden besteht.

---

170 siehe oben I.A.4.

171 3 J.Leg.Ed.146 (1950): „Since that time I have repented, so that now, clad in sackcloth, I state frankly that my point of view has changed. I agree, at this time, with the rule set forth in the Restatement of Contracts of the American Law Institute, sec. 45."

172 Llewellyn, Our Case-Law of Contract: Offer and Acceptance II, 48 Yale L.J. 779, 787 Fn.9 (1938/39): „There is a fine flagpole outside my classroom window, with a golden crown on top, and something very lovely went out of my life two years ago, when the cases finally compelled me to stop revoking with the student almost up to the crown."

173 Cheshire, Fifoot and Furmston's Law of Contract, S. 65: „It may be suggested that neither reason nor justice compels a choice between the stark alternatives of making such offer revocable until performance is complete or irrevocable once performance is commenced." Ebenso: Smith, The Law of Contract, S. 28.

I.A.5. Die historischen Wurzeln des unilateral contract

Die Darstellung des unilateral contract im englischen und US-amerikanischen Recht, insbesondere der Probleme bei der Frage der Widerrufbarkeit des Angebotes, hat gezeigt, daß sich der unilateral contract teilweise nur schwer in das Vertragsrecht des common law einfügen läßt. Dies erstaunt vor dem Hintergrund von Feststellungen, wonach der unilateral contract im Vergleich zum bilateral contract die angeblich ältere Vertragsform sein soll.[174] Man sollte denken, daß ihm damit ein bewährter Platz im Vertragsrechtssystem gebührt.

Tatsächlich reichen die Wurzeln des unilateral contract zwar weit in die Vertragsrechtsgeschichte des common law. Die Unterscheidung zwischen „unilateral contract“ und „bilateral contract“ mit den oben aufgezeigten Voraussetzungen und Konsequenzen und auch die Terminologie entstand aber erst im 19. Jahrhundert.[175] Die folgende rechtshistorische Betrachtung des unilateral contract zeigt, daß der unilateral contract das zwangsläufige, wenn auch etwas unglückliche Ergebnis einer Addition von Regeln des mittelalterlichen common law mit neueren Konzepten im Rahmen der Innovation des common-law-Vertragsrechts im 19. Jahrhundert ist.

I.A.5.1. Das Common Law der königlichen Gerichte

Die Geschichte des common law beginnt mit der Eroberung Englands durch die Normannen im Jahre 1066. Das common law ist das Recht, das von den königlichen Gerichten gesprochen wurde, die die Eroberer im Zuge des Aufbaus einer Zentralverwaltung einrichteten.[176] Allerdings übernahmen die Normannen damals ein „laufendes Unternehmen“ (going concern)[177] mit einer bestehenden Rechtspflege durch örtliche Gerichte. Diese örtlichen Gerichten wurden von den neuen Herrschern auch zunächst anerkannt und waren ein wichtiger Pfeiler der Rechtspflege in England. Erst im Laufe der folgenden Jahrhunderte verloren sie an Bedeutung und wurden weitestgehend von den königlichen Gerichten verdrängt.[178]

---

174 siehe dazu auch einleitend das Vorwort und beispielsweise Williston on Contracts, § 1.17, S. 42: „The recognition of unilateral contracts by the law antedated the recognition of bilateral contracts by about a century ...“

175 Der Begriff unilateral contract wurde Ende des 19. Jahrhunderts von dem US-amerikanischen Rechtsgelehrten Professor Langdell, A Summary of the Law of Contract, § 183, geprägt.

176 Siehe hierzu Teeven, A History of the Anglo-American Common Law of Contract, S. 2.

177 Milsom, Historical Foundations of the Common Law, S. 11.

178 siehe unten I.A.5.1.3.

Im Mittelpunkt der Rechtsprechung des Königs und seines Beraterstabs, des Kronrats (King's Council oder curia regis), standen anfänglich nur solche Fälle, die unmittelbar die Interessen des Königs berührten. Dazu gehörten neben fiskalischen Angelegenheiten der Friedensbruch (breach of the king's peace) sowie Auseinandersetzungen um Land und Lehnsachen.

Der Kronrat tagte immer dort, wo der König war. Da der König aber durch das Land reiste, erwies sich seine persönliche Beteiligung bald als umständlich und unpraktikabel. Es war für die Parteien, die in einen Streitfall verwickelt waren, teuer und umständlich, dem König hinterher zu reisen. Auch war der mögliche Umfang und Einfluß der königlichen Rechtsprechung dadurch sehr begrenzt. Heinrich II (1133 – 1189) ermächtigte daher sogenannte Reiserichter (Eyres), die jeweils in bestimmten Gebieten Recht sprachen. Sie befaßten sich sowohl mit der Durchsetzung finanzieller Ansprüche der Krone als auch mit Privatstreitigkeiten. Die Eyres bewährten sich jedoch nicht. Sie waren bei der Bevölkerung wegen ihrer fiskalischen Aufgaben gefürchtet und außerdem für die Beilegung von privaten Streitigkeiten zu unregelmäßig vor Ort.[179]

Es zeichnete sich das Bedürfnis nach einem fest an einem Ort eingerichteten Gerichtshof ab. Nachdem die Finanzverwaltung (Exchequer) bereits Anfang des 12. Jahrhunderts nicht mehr mit dem König reiste, sondern in Westminster blieb, wurde in der Magna Charta von 1215 schließlich die Einrichtung eines Gerichtshofes in der Westminster Hall beschlossen. In der Folgezeit entstanden dort drei eigenständige Zentralgerichte: Der Court of Exchequer war in erster Linie zuständig für Finanzstreitigkeiten und einige zivilrechtliche Auseinandersetzungen. Der Court of Common Pleas befasste sich vor allem mit bestimmten gewöhnlichen Streitigkeiten ohne feudalen Bezug zwischen Privatpersonen befaßte, während die in den Zuständigkeitsbereich der King's Bench das Strafrecht sowie deliktische Ansprüche fielen.

I.A.5.1.1. Das Writ-System der königlichen Gerichte

Um vor den königlichen Gerichten klagen zu können, benötigte der Rechtssuchende ein bestimmtes klageeinleitendes Schriftstück, den sogenannten „writ". Dies war ursprünglich eine schriftliche Anweisung des Königs an den örtlichen Sheriff, den Beklagten aufzufordern, aufgrund eines bestimmten in dem writ umrissenen Sachverhalts, etwas zu tun, oder vor den königlichen Gerichten zu erscheinen, um zu erklären, warum er dies nicht getan hatte. Den

[179] Baker, An Introduction to English Legal History, S. 16 f.

writ konnte der Kläger bei der königlichen Kanzlei (Chancery) beantragen, die ihn dann gegen eine Gebühr ausstellte.

Zur effektiven Abwicklung der immer zahlreicher werdenden Klagen wurden bereits ausgestellte writs in dem sogenannten „register of writs“ gesammelt und dienten als Vorlage für vergleichbare Klagen, die dann ohne individuelle Prüfung grundsätzlich zugelassen wurden. Gab es für das Begehren eines Klägers noch keinen passenden writ, so konnte der Kläger bei der Chancery die Einführung eines neuen writ beantragen, der dann in Abstimmung mit dem Kronrat und den Richtern erteilt werden konnte. Eine Zeit lang war die Anzahl der neu eingeführten writs unbegrenzt und es konnte so viele Vorlagen für writs geben, wie es Klagen gab.[180] Der Erfindungsreichtum des Chancellors wurde allerdings bald von den Lehnsherren („barons“) gebremst, die in der Ausdehnung der Jurisdiktion der königlichen Gerichte eine Aushöhlung ihrer feudalen Rechtsprechungsgewalt in den örtlichen Gerichten sahen.[181] Als Gegenleistung für die finanzielle Unterstützung der Kriege von Henry III setzten sie in den sogenannten Provisions of Oxford (1258) unter anderem eine Vorschrift durch, die es dem Chancellor untersagte, ohne Zustimmung des Kronrats neue writs einzuführen.

Von da an mußte jeder, der ein königliches Gericht anrufen wollte, sein Anliegen in Form eines bereits bestehenden writ vorbringen.[182] Dies führte jedoch zunehmend auch im Bereich des Vertragsrechts zu Lücken im Rechtsschutz, insbesondere mit dem Niedergang anderer Gerichte, die zunächst neben common law courts existierten.[183]

---

180 „There will be as many formulas for writs as there are kinds of actions.“ Bracton, On the Laws and Customs of England 286 (fo.413) zitiert nach Teeven, A History of the Anglo-American Common Law of Contract, S. 4.

181 Plucknett, 31 Columbia L.Rev. 778 ff (1931) ist dagegen der Ansicht, die Kanzlei sei gegen Ende des 13. Jahrhundert zu einer schwerfälligen, bürokratischen Behörde geworden, deren konservative Beamte sich nicht mehr hätten entschließen können, neue writs zu erlassen.

182 „The forms are given, the cause of action must be deduced therefrom“: Maitland, The Forms of Action at Common Law, S. 6; Teeven, A History of the Anglo-American Common Law of Contract, S. 4 f.; Rheinstein, Die Struktur des vertraglichen Schuldverhältnisses im anglo-amerikanischen Recht, S. 13 Fn. 12.

183 siehe oben I.A.5.1.3.

Erleichterung sollte das im Jahre 1285 verabschiedete Statute of Westminster II bringen, das es der Chancery erlaubte in Fällen, in denen es keinen passenden writ gab, die aber mit einem bereits bestehenden writ vergleichbar waren („in consimili casu") einen neuen writ auszustellen. Die Bedeutung die dieses Statute in der Praxis, insbesondere bei der Entstehung einer allgemeinen vertragsrechtlichen Klage, erlangte, ist jedoch zweifelhaft.[184]

Der writ eröffnete nicht nur den Zugang zu den königlichen Gerichten, sondern die Art des writ bestimmte auch die Art und Weise, in der der Prozeß (die action) zu führen war. Die verschiedenen Prozeßarten tragen daher dieselbe Bezeichnung, wie die ihnen zugrundeliegenden writs. Dabei ist es wichtig, sich vor Augen zu führen, daß die Verfahrensregeln, insbesondere die Beweisregeln, die aufgrund bestimmter writs anwendbar waren, nicht nur Regeln des Gerichtsverfahrens im Sinne des modernen Rechts waren, vielmehr waren diese Verfahrensregeln untrennbar mit dem materiellen Recht verknüpft. Die Regeln des modernen materiellen common law entstanden aus den und um die Verfahrensregeln, die in den common law Gerichten galten.[185] Bis zur Abschaffung der Prozeßarten im 19. Jahrhundert, stellte das writ-System damit den Ordnungsrahmen der zulässigen Klagen und damit des common law dar.[186]

Im modernen materiellen Recht wirkt das historische writ-System, wenn auch mit zunehmend schwächerem Einfluß, bis heute fort – wie auch die folgende Darstellung des common-law-Vertragsrechts zeigen wird. Maitland stellte in diesem Zusammenhang fest:

> „The forms of action we have buried, but they still rule us from their graves."[187]
>
> Zwar haben wir die Prozeßarten begraben, aber aus ihren Gräbern heraus beherrschen sie uns noch immer.

---

[184] Baker, An Introduction to English Legal History, S. 67, näher zum Untergang der lokalen Gerichte unten I.A.5.1.4.

[185] Baker, An Introduction to English Legal History, S. 67.

[186] Der Common Law Procedures Act 1852 bestimmt schließlich, daß die Prozessart in dem writ nicht mehr genannt werden muß, und die Prozessarten (forms of action) selbst abgeschafft werden.

[187] Maitland, Forms of Action, S. 2, zitiert nach Baker, An Introduction to English Legal History, S. 69.

I.A.5.1.2. Die Klagbarkeit von Verträgen vor den königlichen Gerichten

Die Festschreibung der Prozeßarten auf bereits bestehende writs durch die Provisions of Oxford (1258)[188] führte zu einer Beschränkung der Möglichkeiten, vor den common law courts Ansprüche einklagen zu können und zwar insbesondere Ansprüche aufgrund von Verträgen und Versprechen. Im wesentlichen standen einem Kläger hier zunächst nur zwei Klagearten offen: Die action of covenant und die action of debt oder detinue. Beide Klagearten waren jedoch mit erheblichen Einschränkungen und Nachteilen behaftet.

I.A.5.1.2.1. Die Action of Covenant

Mit der action of covenant konnte der Kläger Ansprüche aufgrund einer Vereinbarung (conventio) mit dem Beklagten geltend machen. Es handelte sich also um eine vertragsrechtliche Klageart, auch wenn der Kläger mit der Klage keine Erfüllung (specific performance), sondern nur Schadensersatz für die Nichterfüllung verlangen konnte.[189]

Anfang des 14. Jahrhunderts setzte sich dann allerdings die Verfahrensregel durch, daß die Vereinbarung in einer action of covenant durch eine gesiegelte Urkunde („deed") bewiesen werden mußte. Die action of covenant schuf daher keine Abhilfe mehr bei formlosen Verträgen, selbst wenn deren Zustandekommen etwa durch Zeugen bewiesen werden konnte. In einer Entscheidung im Jahre 1321, in der es um eine Vereinbarung über den Transport einer Ladung Heu von London nach Waltham ging, trug der Kläger, der mit der action of covenant klagte, zwar vor, daß es ja wohl nicht nötig sei, eine Urkunde für eine Fuhre Heu zu haben. Das Gericht antwortete jedoch, daß es nicht gewillt sei, das Recht „für eine Fuhre Heu" zu ändern („to undo the law for a cartload of hay"), und wies die Klage ab.[190]

I.A.5.1.2.2. Die Action of Debt und die Action of Detinue

Mit der action of debt konnte der Kläger vor den common law courts auf Erfüllung einer Gattungssschuld, insbesondere auf Zahlung einer bestimmten Geldsumme, und mit der action of detinue auf die Herausgabe einer konkreten

---

[188] siehe oben I.A.5.1.1.
[189] Milsom, Historical Foundations of the Common Law, S. 246 f.
[190] Anon. (1321) B.&M. 285, 286.

Sache klagen.[191] Die Verpflichtung des Beklagten beruhte bei beiden Klagearten jedoch nicht darauf, daß der Beklagte versprochen hatte, eine bestimmte Summe zu zahlen bzw. eine bestimmte Sache zu übereignen, sondern darauf, daß er aufgrund einer bestehenden Schuld sein Recht an dieser Sache bereits verloren hatte und gewissermaßen deren unrechtmäßiger Besitzer war.[192] Die action of debt und die action of detinue waren also eher sachenrechtliche als schuldrechtliche Klagen. Das Unrecht des Schuldners, der nicht zahlte, bestand weniger darin, daß er etwas nicht tat, von dem er gesagt hatte, daß er es tun würde, als darin, daß er etwas zurückbehielt, was dem Gläubiger zustand.[193]

Maitland spricht in diesem Zusammenhang treffend von

> „... the vast gulf ... which to our minds divides the 'Give me what I own' and 'Give me what I am owed'„[194]
>
> ... dem tiefen Graben ... der in unserer Vorstellung zwischen dem 'Gib mir, was mir gehört' und dem 'Gib mir, was du mir schuldest' liegt.

Beide Klagearten setzten voraus, daß der Kläger die Schuld des Beklagten beweisen konnte. Dies konnte er zunächst durch die Vorlage einer gesiegelten Urkunde („deed"). Diese Form der action of debt wird als „debt on speciality" oder „debt sur obligation" bezeichnet.

Eine Überschneidung mit der action of covenant wurde dadurch vermieden, daß bei der Geltendmachung einer bestimmten Summe ausschließlich die action of debt einschlägig war, während mit der action of covenant nur ein Schadens-

---

[191] Baker, An Introduction to Legal History, S. 321, wobei sich eine klare Trennung zwischen der action of debt und der action of detinue erst im Laufe der Zeit entwickelte: Milsom, Historical Foundations of the Common Law, 262 ff.

[192] Jackson, The Scope of the Term 'Contract', 53 L.Q.Rev. 525 (1937); „A simple contract debt, as well as a debt by specialty, was originally conceived of, not as a contract, in the modern sense, that is a promise, but as a grant.": Ames, Lectures on Legal History and Miscellaneous Legal Essays, S. 150.

[193] „The vice of the debtor who failed to pay up was not that he failed to do something which he had said he was going to do but rather that he was detaining or withholding something to which the creditor was entitled.": Simpson, A History of the Common Law of Contract, S. 80. Insofern finden sich in der debt-Klage noch Spuren der archaischen Vorstellung eines Eigentumsrechts (proprietary interest) des Klägers an einer Sache, die der Beklagte nur noch besitzt. Hierzu Milsom, The Historical Foundations of the Common Law, 260: „debt was based on a duty to pay for a property interest that had already passed; the defendant would in effect be ordered to yield up plaintiff's property." Allgemein zur Problematik der Verwendung moderner rechtstechnischer Begriffe in mittelalterlichen Rechtslagen, in denen die Grenzen zwischen Schuld- und Sachenrecht nicht so scharf gezogen waren: Simpson, A History of the Common Law of Contract, S. 75 ff.

[194] F.W. Maitland, The Forms of Action at Common Law, 38 (1936), zitiert nach Farnsworth, Promise in Contract, 69 Columbia L.Rev. 576, 586 (1969).

ersatzanspruch wegen Nichterfüllung geltend gemacht werden konnte, dessen Höhe von den Geschworenen festgelegt wurde.[195]

Eine besonders gebräuchliche Art der Urkunde war die Schuldverschreibung („bond"). Neben den sogenannten simple bonds, mit denen eine Darlehensschuld gesichert wurde, waren die sogenannten conditional bonds weit verbreitet.[196] Die conditional bonds waren auf der Rückseite mit einer Bedingung versehen und konnten dazu verwendet werden, die in der Bedingung genannte Leistung zu sichern. So konnte beispielsweise der Verkäufer eines Grundstücks ein conditional bond ausstellen, in dem er sich verpflichtete, eine bestimmte Geldsumme (den Wert des Grundstücks zuzüglich einer Strafe) zu zahlen, falls er nicht bis zu einem bestimmten Tag das Grundstück an den Erwerber übertragen hat. Damit stand dem Käufer im Falle der Nichterfüllung des Grundstückskaufvertrages ein Zahlungsanspruch aus der Schuldverschreibung zu, den er mit der action of debt einklagen konnte.

Fehlte es an einer Urkunde, so konnte der Kläger dennoch geltend machen, daß der Beklagte ihm etwas schuldete. Der Kläger mußte aber als Grundlage für diese Schuld nachweisen, daß er bereits etwas („quid") an den Beklagten geleistet hatte, wofür („pro quo")[197] der Beklagte nun seinerseits verpflichtet sein sollte, ihm das Verlangte zu geben. Diese Form der action of debt wird als „debt simple" oder „debt sur contract" bezeichnet. Die rechtstechnische Bezeichnung „contract" bedeutet jedoch nicht, daß es bei dieser Klage auf den Abschluß eines Vertrages im Sinne des modernen Vertragsrechts ankam. Entscheidend war allein, daß der Kläger nachweisen konnte, daß der Beklagte etwas von ihm erhalten hatte, für das er nun die Gegenleistung verlangte.

Eine Besonderheit galt allerdings beim Kauf – einem der wichtigsten Austauschgeschäfte. Auch hier hätte der Verkäufer, der auf Zahlung des Kaufpreises klagen wollte, zunächst die Lieferung der Kaufsache nachweisen müssen. Er konnte jedoch mit der action of debt bereits vor Lieferung klagen, indem man unterstellte, die Lieferung sei bereits erfolgt.[198] Den Bedürfnissen der Praxis und der Voraussetzung eines quid pro quo bei der action of debt war mit dieser Fiktion gedient. Die Entwicklung eines Anspruchs allein aufgrund

---

[195] Barbour, The History of Contract in Early English Equity, S. 19.

[196] Milsom, Historical Foundations of the Common Law, S. 250 ff.

[197] Zum doctrine of „quid pro quo" siehe Simpson, A History of the Common Law of Contract, S. 193 ff.

[198] Simpson, A History of the Common Law of Contract, S. 164 ff., Milsom, Historical Foundations of the Common Law, S. 261.

einer formlosen Vereinbarung im common law im Rahmen der action of debt wurde aber verhindert.[199]

Die action of debt hatte jedoch zahlreiche prozessuale Nachteile, was sie zu einer relativ unbeliebten Klageart machte. Zunächst mußte die geforderte Summe, die die Gegenleistung für das geleistete quid sein sollte, von den Parteien zum Zeitpunkt der Vereinbarung genau festgelegt worden sein. Mit der action of debt konnte also kein Schadensersatz eingeklagt werden. Und wenn der Kläger Zahlung von 20 £ verlangte, sich aber herausstellte, daß die Schuld nur 19 £ betrug, so wurde er abgewiesen, genau so wie ein Kläger, der die Herausgabe eines Pferdes verlangte, aber nur nachweisen konnte, daß ihm eine Kuh vorenthalten wurde.[200] Mit der action of debt konnte daher auch nicht bei einem Verkauf von Gegenständen geklagt werden, die zum Zeitpunkt des Verkaufs noch nicht existierten, wie beispielsweise bei dem Verkauf von Getreide, das noch nicht gewachsen war.[201] Außerdem konnte der Beklagte, wenn der Kläger die Schuld nicht mit einer Urkunde bewies, mit Hilfe von (normalerweise elf) Eideshelfern schwören, daß er nichts schulde („wager of law“), die Klage wurde dann abgewiesen. Schließlich konnte der Beklagte das Verfahren auch noch durch unzählige Entschuldigungen für seine Säumnis in die Länge ziehen, und nach seinem Tode schließlich wurde die Klage abgewiesen, weil nun ein „wager of law“ nicht mehr möglich war.

Immerhin: In dem quid pro quo der action of debt finden sich die ersten Spuren des unilateral contract: Aufgrund eines Versprechens konnte erst dann geklagt werde, wenn eine Seite bereits geleistet hatte.

I.A.5.1.3. Die Klagbarkeit von Verträgen vor anderen Gerichten außerhalb des Common Law

Die Einschränkungen und Defizite der Klagemöglichkeiten vor den königlichen Gerichten konnten hingenommen werden, weil es für den Rechtssuchenden die Möglichkeit gab, Rechte und Ansprüche aufgrund von Vereinbarungen und Versprechen vor anderen Gerichten außerhalb des common law durchzusetzen.

So hätte der Kläger in dem oben[202] umrissenen Fall eines Heutransports vor dem Mayor's Court in London wie vor anderen örtlichen Gerichten Erfolg gehabt.[203]

---

199 Siehe hierzu auch unten, I.A.5.1.4.4., die Ausführungen zu Slade 's Case.

200 Barbour, The History of Contract in Early English Equity, S. 39.

201 Baker, An Introduction to Legal History, S. 326.

202 siehe oben I.A.5.1.2.1.

203 Baker, An Introduction to Legal History, S. 320.

„... there are divers actions which a man can have within the City of London which he cannot have at the common law, such as an action of covenant without specialty“[204]

...es gibt zahlreiche prozessuale Möglichkeiten, die einer Person zwar in der Stadt London, nicht aber im common law zur Verfügung stehen, wie beispielsweise eine Klage aufgrund einer Vereinbarung ohne gesiegelte Urkunde.

I.A.5.1.3.1. Örtliche Gerichte

Zu den sonstigen Gerichten, die neben den common law courts bestanden, gehörten zunächst die örtlichen Gerichten, die alten county, hundred,[205] city, borough und manorial courts. Sie existierten bereits vor der Eroberung Englands durch die Normannen und spielten auch nach der Errichtung der königlichen Gerichte eine wichtige Rolle für die Rechtsprechung auf lokaler Ebene. Die örtlichen Gerichte trafen ihre Entscheidungen aufgrund lokaler Gepflogenheiten und Bräuche, die im Bereich des Vertragsrechts auch die Möglichkeit eröffneten, aufgrund von formlosen Vereinbarungen zu klagen. Denn während der Kläger in der action of covenant vor den königlichen Gerichten die Vereinbarung nur mittels einer gesiegelten Urkunde beweisen konnte, erkannten die örtlichen Gerichte auch andere Beweisarten, wie beispielsweise den Zeugenbeweis oder das Kerbholz („tally“) an. Aber auch die Beweisführung durch Eideshelfer oder Juries war vor den örtlichen Gerichten in einer engen örtlichen Gemeinschaft - anders als vor den zentralen königlichen Gerichten - eine durchaus nicht unzuverlässige Methode, um einen Sachverhalt zu ermitteln.[206]

Um die Zuständigkeit der örtlichen Gerichte und der common law courts voneinander abzugrenzen und ursprünglich um zu vermeiden, daß die common law courts mit Rechtsstreitigkeiten befasst wurden, an denen sie kein Interesse hatten, wurde in dem Statute of Gloucester von 1278 eine Streitwertgrenze von 40 Schilling festgelegt, unterhalb derer die common law courts nicht zuständig waren.

Im 16. Jahrhundert begann jedoch der Verfall der örtlichen Gerichte. Die 40-Schilling-Grenze des Statute of Gloucester, die zunächst jedenfalls für nicht deliktische Ansprüche nur eine Mindestgrenze für die Zuständigkeit der common law courts festlegte, entwickelte sich zu einer Streitwertgrenze, bei

---

[204] non. (1413), Y.B. 14 Hen.4, f.26, pl.33, zitiert nach Fifoot, History and Sources of the Common Law, S. 316.

[205] Die counties waren geographisch in sogenannten hundreds aufgeteilt.

[206] Milsom, Historical Foundations of the Common Law, S. 247 f.

deren Überschreitung nunmehr ausschließlich die common law courts zuständig waren.[207] Die Grenze wurde trotz des Wertverfalls des Schillings im 16. Jahrhundert nicht angehoben, so daß für immer mehr Streitigkeiten eine Zuständigkeit der örtlichen Gerichte entfiel. Hinzu kam, daß die Entscheidungen der örtlichen Gerichte nicht mehr abschließend waren, sondern vor den königlichen Gerichten mit dem Rechtsmittel des „writ of error" mit der Begründung angegriffen werden konnten, daß das Recht und die Gebräuche des Königreiches nicht beachtet worden seien. Von dieser Möglichkeit machten die Parteien, die vor den örtlichen Gerichten Parteilichkeit und Korruption befürchteten, auch zunehmend Gebrauch.

Nur in wenigen Städten überlebten die örtlichen Gerichte noch bis in das 19. Jahrhundert hinein. Erst durch den County Courts Act 1846 wurde wieder eine landesweite lokale Jurisdiktion in den Grafschaftsgerichten („county courts") eingerichtet, deren Bedeutung jedoch mit der der alten, eigenständigen örtlichen Gerichte nicht vergleichbar ist.

I.A.5.1.3.2. Courts of Piepowder

In den Städte, Märkte (fairs), Häfen, Marktstädte und Grafschaften (boroughs) gab es lokale Marktgerichte, die auch als Piepowder Courts[208] bezeichnet wurden. Zu der Entwicklung des common-law-Vertragsrechts dürften diese Gerichte jedoch wenig Eigenständiges beigetragen haben. Insbesondere ein Einfluß des sogenannten „law merchant", das von den lokalen Marktgerichten angewandt wurde, läßt sich nicht feststellen. Denn daß aufgrund formloser Vereinbarungen geklagt werden konnte, war keine Besonderheit der Handelsgerichte, sondern galt auch für das Verfahren vor anderen örtlichen Gerichten.[209] Es ist sogar zweifelhaft, ob das mittelalterliche law merchant überhaupt, wie häufig angenommen,[210] ein autonomes Rechtssystem, ähnlich dem

---

[207] Milsom, The Historical Foundations of the Common Law, S. 244 f.

[208] Die Bezeichnung ist eine Verballhornung von „pieds poudres", also staubige Füße. Die Verwendung dieses Begrifss für die Handelsgerichte, erklärte Sir Edward Cooke damit, daß Entscheidungen so schnell getroffen wurden, wie es dauerte, bis der Staub von den Füßen der Parteien gefallen war. Eine andere Erklärung war, daß die Parteien häufig reisende Kaufleute waren, die mit noch staubigen Füßen vor Gericht erschienen; es handelte sich aber um eine offizielle Bezeichnung dieser Gerichte: Holdsworth, A History of English Law, Vol. I, S. 586.

[209] siehe oben I.A.5.1.3.1.

[210] „The procedure of the court of piepowder resembles the procedure of the international law merchant as it was administered in all European tribunals": Gross, The Court of Piepowder, 20 The Quarterly Journal of Economics (1906), 231, 245; Mitchell, An Essay on the Early History of the Law Merchant, S. 10; Holdsworth, A History of English Law, Vol. I, S. 570; Zimmermann, Europäischer Charakter des englischen Rechts, ZEuP 1993, 30.

civil law oder dem kanonischen Recht, vielleicht mit römischrechtlichen Wurzeln,[211] oder als Bestandteil des Naturrechts oder des ius gentium eine Art internationales Recht[212] war.

In jüngerer Zeit stellte Baker jedenfalls fest, daß die Unterschiede zwischen den angeblich allgemeingültigen Handelsbräuchen des mittelalterlichen law merchant in England genauso zahlreich waren wie die Gemeinsamkeiten. Eine aktuelle, detaillierte Untersuchung einer der vollständigsten überlieferten Sammlungen der Dokumente des englischen Marktgerichtes von St. Ives für den Zeitraum 1270 - 1324 bestätigt diesen Befund.[213] Die Untersuchung belegt, daß die Piepowder Courts nicht autonom waren, sondern sich in der Hand des jeweiligen Feudalherren befanden, der den anwesenden Kaufleuten zwar gewisse Mitspracherechte bei der Entscheidungsfindung einräumte, abschließend entschied aber letztlich sein Gerichtsbeamter (steward).[214] Die Untersuchung ergibt weiter, daß das Gericht zwar auch Handelsbräuche berücksichtigte, diese jedoch weder ein umfassendes noch ein international oder zumindest landesweit einheitliches Rechtssystem bildeten. So wurde etwa die durchaus grundlegende vertragsrechtliche Frage, ob und unter welchen Voraussetzungen eine Partei eines formlosen Vertrages nach der Zahlung eines sogenannten „God's Penny" (Draufgeld) von dem Vertrag noch zurücktreten kann, an verschiedenen Stellen in England ganz unterschiedlich beurteilt.[215]

Baker gelangte in seiner Darstellung zu dem Ergebnis, daß ein einheitliches law merchant allenfalls bestimmte grundlegende Verfahrensregeln umfasste, die den besonderen Bedürfnissen der Kaufleute entsprachen.[216] Er bezieht sich dabei auf eine mittelalterliche Abhandlung,[217] die nur drei Unterschiede zwischen common law und law merchant identifizierte, nämlich die Schnelligkeit des Verfahrens, die mündliche Verhandlung und die Unzulässigkeit des Unschuldsbeweises durch Eideshelfer („wager of law"). Aber nicht einmal diese drei Regeln galten in der Praxis der Piepowder Courts. In dem Marktgericht von St.

---

211 Burdick, „What is the Law Merchant?" 2 Columbia L.Rev. (1902) 470 ff.

212 Dies war die herrschende Meinung im 17. Jahrhundert, die durch Berman/Kaufmann, The Law of International Commercial Transactions (Lex Mercatoria), 19 Harvard International Law Journal 221, 224-229 (1978) wiederbelebt wurde.

213 Sachs, The „Law Merchant" and the Fair Court of St. Ives, 1270 – 1324.

214 Sachs, The „Law Merchant" and the Fair Court of St. Ives, 1270 – 1324, Chapt. II., wobei es wohl nicht unüblich war, sich dessen Gunst durch Geldzahlungen zu sichern.

215 Sachs, The „Law Merchant" and the Fair Court of St. Ives, 1270 – 1324, Chap. III B.c.

216 Baker, The Legal Profession and the Common Law, S. 341 ff.

217 „Lex Mercatoria" abgedruckt in „The Little Red Book of Bristol", das vermutlich aus dem Jahre 1280 datiert: Baker, The Legal Profession and the Common Law, S. 346.

Ives wie auch in zahlreichen anderen Handelsgerichten waren beispielsweise Eideshelfer, deren Zahl auch noch schwankte, nicht nur zulässig, sondern sogar für eine Beweisführung erforderlich.[218] Wenn sich die Parteien in einem Verfahren vor dem Piepowder Court auf die Anwendbarkeit einer „lex mercatoria“ beriefen, was sie keineswegs in allen Verfahren vor den Piepowder Courts taten, so war dies offenbar nur eine allgemeine Bezeichnung für den jeweils einschlägigen lokalen Handelsbrauch.

Daß sich die Vorstellung eines mittelalterlichen, einheitlichen supra-nationalen Rechts der Kaufleute bis heute gehalten hat, dürfte rechtspolitische Gründe haben. So wurde die These eines einheitlichen law merchant in zahlreichen Abhandlungen im 16. und 17. Jahrhundert aufgestellt, um die Notwendigkeit eines eigenen Handelsgerichts, des Court of Admiralty, neben den common law courts zu begründen.[219] Ein erneutes Interesse wurde der mittelalterlichen lex mercatoria als Ausdruck eines gemeinsamen Willens der internationalen Gemeinschaft der Kaufleute in Deutschland durch die Lehre vom Volksgeist, insbesondere durch den Rechtsgelehrten Levin Goldschmidt zuteil.[220] Seit Ende des 20. Jahrhunderts wird eine angeblich einheitliche autonome Rechtsordnung der mittelalterlichen Kaufleute wiederum bei dem Versuch bemüht, eine uniforme Rechtsordnung für eine zunehmend globalisierte Wirtschaft zu entwickeln.[221]

Die Piepowder Courts verloren in England im Laufe des 15. Jahrhunderts an Bedeutung.[222] Die Gründe dafür sind noch nicht endgültig geklärt. Eine Rolle

---

[218] Sachs, The „Law Merchant" and the Fair Court of St. Ives, 1270 – 1324, Chap. II B. b. und c.: So verklagte etwa im Jahre 1275 ein Ralph Raven einen Alan Cobbler auf Zahlung einer Schuld in Höhe von 8 Schillingen. Cobbler konnte beeidigen („wage his law“), daß er nichts schuldete und wurde freigesprochen. Der Kläger wurde zur Zahlung von 6 Schillingen verurteilt, weil fälschlich Klage erhoben hatte.

[219] siehe unten I.A.5.1.3.4.

[220] Sachs, The „Law Merchant" and the Fair Court of St. Ives, 1270 – 1324, Chap. IV.

[221] Trakman, The Law Merchant: The Evolution of Commercial Law; Berman, Law and Revolution: The Formation of the Western Legal Tradition; Benson, The Enterprise of Law. Justice Without the State; Zimmermann, Der Europäische Charakter des englischen Rechts, 4, 29 ff. Zu den politischen Interessen im einzelnen: Sachs, The „Law Merchant" and the Fair Court of St. Ives, 1270 – 1324, Chap. IV. Kritisch zu dieser „Legitimationserstreckung“: Schurig, Europäisches Zivilrecht: Vielfalt oder Einerlei, in: Festschr. Großfeld, S. 1089, 1099.

[222] Offiziell abgeschafft wurden die Piepowder Courts erst durch den Administration of Justice Act 1977 (c.38), s.23, Sch.4. Die letzte Sitzung eines Piepowder Court soll in England in Hemel Hempstead, Hertfordshire im Jahre 1898 stattgefunden haben. Bemerkenswert ist, daß der United States Court of Appeal noch im Jahre 1999 bedauernd fesstellt, daß es nicht möglich gewesen sei, einen Piepowder Court einzusetzen, um zu einer schnellen Entscheidung des Rechtsstreits zu gelangen: Grupo Mexicano de Desarrollo, S.A., et al,v. Alliance Bond Fund, Inc., et al., 527 U.S. 308, 119 S. Ct. 1961 (1999).

spielte, daß diese Gerichte bei den Kaufleuten immer unbeliebter wurden, nachdem das Verfahren unter dem Vorsitz von Gerichtsbeamten zunehmend förmlich und teilweise wohl auch willkürlich und rechtsmissbräuchlich geworden war.[223] Hinzu kam, daß durch ein Gesetz aus dem Jahre 1477[224] die Jurisdiktion der Piepowder Courts auf solche Rechtsstreitigkeiten beschränkt wurde, die sich innerhalb der Grenzen des Marktes (fair) und während der Zeit, zu der ein Markt abgehalten wurde, ereigneten, und gleichzeitig die lokalen Markttage für den Handel eine zunehmend geringere Rolle spielten.[225] Die vertragsrechtliche Jurisdiktion der Piepowder Courts verlor schließlich mit der Erweiterung der Klagemöglichkeiten auch aufgrund formloser Vereinbarungen vor den königlichen Gerichten und schließlich mit der Absorption handelsrechtlicher Bräuche in das common law an Bedeutung.[226]

Der Einfluß der Rechtsprechung der Piepowder Courts auf die Entwicklung des modernen Handelsrechts dürfte letztlich wohl eher gering gewesen sein.

> „The impression which the published records of our fair courts leaves upon me is that they were courts which dealt for the most part with petty transactions, and that consequently, the law there administered had not much chance to develop. The forms of action, the procedure, and the rules of law possess the same primitive characteristics as marked the business in other local courts. Compurgation meets us at every turn. There is no clear line between tort and contract .... Neither in our fair nor our borough courts do we read much of the beginnings of those legal doctrines of our modern commercial law which were beginning to spread from Italy and southwestern Europe to the great fairs of France and the trading cities of the Netherlands."[227]

> Die veröffentlichten Berichte unserer Marktgerichte hinterlassen bei mir den Eindruck, daß es sich hier um Gerichte handelte, die vor allem mit geringfügigen Geschäften befasst waren, und daß infolgedessen das Recht, das sie anwendeten, wenig Möglichkeiten hatte, sich zu entwickeln. Die Klageformen, das Verfahren und das Recht haben dieselben primitiven Merkmale, wie die Geschäftstätigkeiten der anderen örtlichen Gerichten. Hinter jeder Ecke treffen wir auf Eideshelfer. Es gibt keine klare Trennung zwischen Delikt und Vertrag ... . Weder in unseren Markt- noch in unseren Grafschaftsgerichten lesen wir viel von den Anfängen der Rechtsregeln unseres modernen Handelsrechts, die sich von Italien und Südwest-Europa aus zu den großen Märkten Frankreichs und den Handelsstädten der Niederlande auszubreiten begannen.

---

223 Baker, The Legal Profession and the Common Law, S. 352 f.
224 17 Edward IV.c.2.
225 Holdsworth, A History of English Law, Vol. I, S. 560 ff.
226 siehe unten I.A.5.1.4.2.
227 Holdsworth, A History of English Law, Vol. V. S. 66.

I.A.5.1.3.3. Courts of Staple

Weitere wichtige Handelsgerichte waren die Courts of Staple. Diese Gerichte wurden aufgrund des Statute of Staple aus dem Jahre 1353 in solchen Städten (staple towns) eingerichtet, die ein gemeinsames Monopol für den Handel mit bestimmten wichtigen Handelsgütern, wie beispielsweise Wolle, Leder, Blei und Blech hatten. Das Gesetz gewährte den zuständigen Beamten eine ausschließliche Jurisdiktionsgewalt und bestimmte, daß in allen Fragen, die den Handel betrafen das law merchant („la lei merchant") und nicht das common law einschlägig sein sollte. Allerdings ist auch hier unklar, ob mit dem law merchant Bezug auf ein eigenes Rechtssystem genommen wird. Nach dem oben Ausgeführten[228] ist dies unwahrscheinlich.[229] Außer der Regelung, daß den Kaufleuten ein beschleunigtes Verfahren eröffnet werden sollte und ihnen nicht zuzumuten war, vor den common law courts zu klagen, enthielt das Gesetz keinen Hinweis darauf, was der materiellrechtliche Inhalt eines solchen law merchant sein sollte.

Der Untergang der Courts of Staple im 16. Jahrhundert geht einher mit einem Rückgang des internationalen Handelsaufkommens in den staple towns, insbesondere nachdem Wolle nicht mehr an flämische Weber verkauft, sondern in England weiterverarbeitet wurde.

I.A.5.1.3.4. Court of Admiralty

Der Court of Admiralty war ursprünglich nur für Piraterie und seerechtliche Auseinandersetzungen zuständig. Er traf seine Entscheidungen auf der Grundlage des römischen Rechts. Im Laufe des 15. Jahrhunderts gelang es dem Court of Admiralty seine Jurisdiktion auch auf allgemeine Handelsgeschäfte, einschließlich der Handelsverträge, auszudehnen.[230] Diese Ausdehnung wurde von Sir Edward Coke, einem überzeugten Verfechter des common law, der im Jahre 1606 Chief Justice des Court of Common Pleas wurde, entschieden angegriffen. Mit dem sog. „writ of prohibition" konnten die common law courts eine Vielzahl von Fällen wegen Unzuständigkeit des Court of Admiralty an sich ziehen. Die Begründungen, die sie dabei anführten, waren allerdings oft fragwürdig und beruhten teilweise auf Fiktionen. Im Zuge des Streits zwischen dem Court of Admiralty und den common law courts über die Zuständigkeit für

---

228 siehe oben I.A.5.1.3.2.

229 Siehe auch Sachs, The „Law Merchant" and the Fair Court of St. Ives, 1270 – 1324, Chap. III C mit weiterführenden Argumenten.

230 Holdsworth, A History of English Law, Vol. I. S. 544 ff.

handelsrechtliche Rechtsstreitigkeiten versuchten die Verfechter des Court of Admiralty auch zu argumentieren, daß die Kaufleute schon immer ein eigenes, internationales Rechtssystem, das law merchant, besessen hätten, weswegen ihre Rechtsstreitigkeiten richtigerweise auch vor einem eigenen Gericht, dem Court of Admiralty, verhandelt werden müssten,[231] und es erschienen in dieser Zeit zahlreiche Abhandlungen über ein autonomes law merchant.[232] Der Versuch schlug fehl. Bereits 1622 erklärte Chief Justice Hobert, daß der Brauch der Kaufleute Bestandteil des common law sei („the custom of merchants is part of the common law of this kingdom").[233] Die common law courts gewannen schließlich den Streit um die Zuständigkeit für Handelssachen.

In einer Entscheidung aus dem Jahre 1698 wird in diesem Zusammenhang festgestellt:

> „The common law is the overruling jurisdiction in this realm; and you ought to entitle yourselves well, to draw a thing out of the jurisdiction of it."

> Das common law hat die umfassende Jurisdiktion in diesem Königreich; und man sollte sich auf eine gute Rechtsgrundlage berufen können, um eine Angelegenheit dieser Jurisdiktion zu entziehen.

Die einzigen Zuständigkeitsbereiche, die dem Court of Admiralty schließlich noch verblieben, waren Delikte, die auf hoher See begangen worden waren, Verträge die dort geschlossen wurden und durchgeführt werden sollten, die Vollstreckung von Entscheidungen ausländischer Seegerichte sowie Streitigkeiten über den Lohn von Seeleuten.[234] Die common law courts konnten sich so die handelsrechtliche Jurisdiktion einer Nation sichern, deren Handel zwar bereits im 17. Jahrhundert an Bedeutung gewann, deren zukünftiges Handelsaufkommen aber alle Vorstellungen der damaligen Zeit noch bei weitem übertreffen sollte.

---

231 Ausführlich hierzu: Sachs, The „Law Merchant" and the Fair Court of St. Ives, 1270 – 1324, Chap. IV A. Der tatsächlichen Bedeutung eines law merchant entspricht dieses Argument freilich nicht: siehe oben I.A.5.1.3.2.

232 So beispielsweise die Werke von Davies, The Question Concerning Impositions (1656); Malynes, Consuetudo, vel Lex Mercatoria, Or, The Ancient Law-Merchant (1622), Prof. Welwod of St. Andrews, Abridgement of All the Sea Lawes (1613); John Marius, Advice concerning Bils [sic] of Exchange (1651); weiterführend hierzu: Sachs, The Law Merchant and the Fair Court of St. Ives, 1270 – 1324, Chap. IV. A.

233 Vanheath v. Turner (1622) zitiert nach Sachs, The Law Merchant and the Fair Court of St. Ives, 1270 – 1324, Chap. IV. A.

234 Holdsworth, A History of English Law, Vol. I, S. 557.

I.A.5.1.3.5. Kirchengerichte

Auch die katholischen Kirchengerichte, in denen kanonisches Recht gesprochen wurde, entschieden über formlose private Schuldversprechen. Die einschlägige fidei laesio-Klage basierte auf dem Rechtsgrundsatz, daß einen Eidesbruch (mendacium) auch der beging, der ein formloses Versprechen nicht hielt, das er nach Treu und Glauben („in faith and truth") gemacht hatte.[235] Buße für diese Sünde konnte der Beklagte aber nur tun, wenn er sein Versprechen erfüllte. Damit stand letztlich ein zivilrechtliches Rechtsmittel zur Verfügung, das zu einer Jurisdiktion der Kirchengerichte führte, die weit in den weltlichen Bereich hineinreichte.[236] Tatsächlich waren die Kirchengerichte im 15. Jahrhundert beliebte Gerichte, um private Schulden einzutreiben.[237] Das Verfahren vor den Kirchengerichten war zügig und teilweise mündlich; der Richter konnte das Verfahren durch Fragen aktiv vorantreiben. Nachdem die fidei laesio-Klage für private formlose Vereinbarungen um 1500 ihren Höhepunkt erreicht hatte, versanken die Kirchengerichte im Zuge der Reformation Mitte des 16. Jahrhunderts, jedenfalls soweit es um die Rechtsprechung in vertragsrechtlichen Streitigkeiten ging, praktisch vollständig in der Bedeutungslosigkeit.[238]

I.A.5.1.3.6. Court of Chancery

Der Court of Chancery entwickelte sich aus der königlichen Kanzlei (Chancery) unter dem Vorsitz des Chancellors, dessen Aufgabe ursprünglich lediglich darin bestand, Anliegen der Rechtssuchenden an die zuständigen Gerichte weiterzuleiten. Da der Chancellor aber die erste Anlaufstelle für Rechtssuchende war, die mit einem writ Zugang zu den königlichen Gerichten begehrten, war es naheliegend, daß sie ihn auch in den Fällen um Hilfe ersuchten, in denen ein

---

235 Helmholz, Contracts and the Canon Law in: Towards a General Law of Contract, S. 49, 56 ff.

236 Baker, An Introduction to English Legal History, S. 126 ff.

237 Helmholz, Contracts and the Canon Law in: Towards a General Law of Contract, S. 49, 57 f.

238 Mit dem Act of Supremacy im Jahr 1534 erklärte die englische Krone die Unabhängigkeit der englischen Staatskirche von Rom, das seit Jahrhunderten geltende Kirchenrecht in England wurde der englischen Krone untergeordnet. Ein Hauptstudienfach vieler Studenten an den Universitäten Oxford und Cambridge war das Kirchenrecht. Das Studienfach wurde 1535 abgeschafft: Teeven, A History of the Anglo-American Common Law of Contract, S. 4; Helmholz, Assumpsit and Fidei Laesio, 91 L.Q.Rev., 406 ff. Becker, Gegenopfer und Opferverwehrung, S. 22, 151, 170 führt die „Verweigerung des Konsensualvertrages in England" auf „spezifisch englische, kirchenpolitische und anti-klerikale Isolierungsgründe" zurück.

common law Verfahren aufgrund technischer Schwächen und Unzulänglichkeiten nicht erfolgversprechend war.[239] So konnte der Chancellor zunächst im Namen des Kronrates und später selbst im Rahmen des Court of Chancery Abhilfe schaffen, wenn der Rechtssuchende beispielsweise befürchten mußte, daß die Geschworenen in einem Verfahren vor den königlichen Gerichten eingeschüchtert oder bestochen würden oder er aufgrund der langen Verfahrensdauer vor den königlichen Gerichten kein Recht finden könne.[240] Außerdem war der Court of Chancery in Fällen zuständig, in denen das common law zwar einen Rechtsbehelf zur Verfügung stellte, dieser aber unzureichend war,[241] oder in denen nach der Festschreibung des common law auf bestehende writs für das Anliegen gar keine geeignete Klage zur Verfügung stand. Zur letzteren Kategorie gehörten insbesondere auch Klagen aufgrund von formlosen Vereinbarungen.[242]

Der Vorteil eines Verfahren vor dem Court of Chancery bestand darin, daß es informell war. Das Verfahren wurde durch ein einfaches Gesuch des Klägers eingeleitet, im Rahmen der Beweisaufnahme versuchte das Gericht durch Zeugenbefragung und Parteivernehmung den Sachverhalt möglichst umfassend zu ermitteln, die Entscheidung wurde vermutlich mündlich verkündet, jedenfalls gibt es keine Verfahrensprotokolle und auch die Entscheidungen wurden nicht schriftlich festgehalten.[243] Darin liegt im übrigen auch die Schwierigkeit, zuverlässige Aussagen über das Verfahren vor dem Court of Chancery zu machen.

Der Court of Chancery sprach Recht auf der Grundlage des „guten Gewissens" („conscience")[244] und der Billigkeit („equity"). Es ist wahrscheinlich, daß Verfahren und Entscheidungsfindung vor dem Court of Chancery schon aufgrund der zivilrechtlichen Vorbildung des Chancellors, der anfangs stets ein Geistlicher war, auch von den Prinzipien des römischen Rechts beeinflusst wurden.[245] Auf der anderen Seite ergänzte das Verfahren vor dem Court of Chancery die Verfahren vor den könglichen Gerichten, so daß der Chancellor

---

239 Milsom, Historical Foundations of the Common Law, S. 83, Barbour, The History of Contract in Early English History, S. 151.

240 Barbour, The History of Contract in Early English History, S. 74 f., 78 f.

241 Etwa wenn dem Kläger mit dem Ersatz seines Erfüllungsschadens nicht geholfen war und er stattdessen die Erfüllung der versprochenen Leistung selbst begehrte: Barbour, The History of Contract in Early English History, S. 74 f., 78 f.

242 Barbour, The History of Contract in Early English History, S. 151, 160 ff.

243 Barbour, The History of Contract in Early English History, S. 70 f., 144 ff.

244 Der Court of Chancery wurde daher auch als court of conscience bezeichnet.

245 Barbour, The History of Contract in Early English History, S. 167 f.

auch im common law kundig war und es bestand stets ein enger Kontakt mit den Richtern der common law courts, die regelmäßig die Chancery besuchten, um rechtlichen Rat zu geben. Schließlich mußten Chancellor, die ihre Abneigung gegen das common law äußerten oder versuchten das civil law in der Chancery einzuführen, mit scharfem Widerstand der common law Richter rechnen.

I.A.5.1.3.7. Zusammenfassung

Die zahlreichen anderen Gerichte, die zunächst neben den königlichen Gerichten bestanden, verloren im Laufe des Mittelalters zunehmend an Bedeutung. Das gilt insbesondere für ihre vertragsrechtlichen Zuständigkeiten. Inwieweit der Untergang der anderen Gerichte Folge oder Ursache der Ausdehnung der Zuständigkeit der common law courts war, läßt sich dabei schwer sagen. Neben allgemeinen wirtschaftlichen und gesellschaftlichen Entwicklungen dürfte auch eine zunehmend größere Professionalität und damit Attraktivität der königlichen Gerichte eine Rolle gespielt haben.[246] Schließlich darf auch nicht übersehen werden, daß ein Gericht, durch die Gebühren und Strafen, die die Parteien zu zahlen hatten, eine nicht unbedeutende Einnahmequelle war, es also für die königlichen Gerichte auch wirtschaftlich interessant war, ihren Zuständigkeitsbereich zu erweitern.

Fest steht jedenfalls, daß die königlichen Gerichte und damit das common law im Laufe des 15. und 16. Jahrhunderts für ganz England erheblich an Bedeutung gewannen, auch und vor allem im Bereich des Vertragsrechts.

I.A.5.1.4. Die Action of Assumpsit als allgemeine Vertragsklage

Aufgrund der prozessualen Beschränkungen und Hürden der action of covenant[247] und der action of debt[248] konnten die common law courts bei der Durchsetzung vertraglicher Ansprüche im mittelalterlichen England zunächst nur eine begrenzte Rolle spielen. Es fehlte eine allgemeine Vertragsklage, mit der auch aufgrund nicht gesiegelter, formloser Verträge geklagt werden konnte. Diese Unzulänglichkeiten des common law waren hinnehmbar, solange die Möglichkeit bestand, formlose Vereinbarungen vor anderen Gerichten einzuklagen. Mit dem Verfall der anderen Gerichte mußte dann aber die Erweiterung

---

[246] Teeven, A History of the Anglo-American Common Law of Contract, S. 27 f.; Baker, English Law and the Renaissance, 44 Cambridge L.J., 46 ff. (1985).
[247] I.A.5.1.2.1.
[248] I.A.5.1.2.2.

der Jurisdiktion der common law courts im Bereich der formlosen Versprechen und Verträge einhergehen. Die Art und Weise, in der diese Erweiterung erfolgte, prägt das common-law-Vertragsrecht bis heute.

Ausgangspunkt der Ausdehnung der Rechtssprechungszuständigkeit der königlichen Gerichte für Streitigkeiten aufgrund nicht gesiegelter, formloser Verträge mußte dabei eine der bereits bestehenden Klagearten sein, da die Einführung neuer Klageformeln nicht mehr möglich war.[249] Zwar gestattete das Statute of Westminster II (1285) der Chancery, sogenannte analoge writs auszustellen, wenn ein writ in einem vergleichbaren Fall (in consimile casu) bereits existierte. Ob dieses Statut tatsächlich die Grundlage für die Entstehung einer allgemeinen Vertragsklage war,[250] oder ob es sich bei dieser Entwicklung, die sich erst 80 Jahre nach dem Statut und dann relativ plötzlich vollzog, um eine richterliche Rechtsfortbildung handelt, wie neuere rechtshistorische Stimmen meinen,[251] ist umstritten. Fest steht, dass für eine solche Entwicklung nicht die alten Vertragsklagen der action of covenant oder der action of debt, für die der Court of Common Pleas zuständig war, sondern eine deliktische Klageform, die vor der King's Bench verhandelt wurde, die nötige Flexibilität boten: Aus der deliktischen action of trespass ließ sich die action on the case und schließlich als allgemeine vertragsrechtliche Klageform die action of assumpsit entwickeln.

I.A.5.1.4.1. Die Action of Trespass

Die action of trespass war eine deliktische Klage, mit der der Kläger den Ersatz eines Schadens verlangen konnte, den ihm der Beklagte zugefügt hatte. Die Klage war zunächst auf solche Fälle beschränkt, in denen der Schaden dadurch verursacht worden war, daß der Beklagte mit Gewalt und Waffen („vi et armis") gegen den Frieden des Königs (contra pacem) verstoßen hatte; für alle anderen Delikte waren die örtlichen Gerichte zuständig. Anfang des 14. Jahrhunderts wurden vor dem königlichen Gericht dann aber unter dem Tatbestandsmerkmal „mit Gewalt und Waffen" auch erfolgreich Handlungen vorgetragen, die bei genauer Betrachtung nichts damit zu tun hatten. So wurde beispielsweise in der

---

249 siehe oben I.A.5.1.1.

250 Holdsworth, Bd. II, S. 365; Plucknett, 31 Columbia L.Rev. 778 ff (1931); Rheinstein, S. 13.

251 Baker, An Introduction to English Legal History, S. 61 f., der auf eine allgemeine Veränderung der gesellschaftlichen und wirtschaftlichen Verhältnisse verweist, die (erst um 1350) einen Verzicht auf die vi et armis Fiktion ermöglichte.

Entscheidung Rattlesdene v. Grunestone[252] der Verkauf von vergiftetem Wein als „mit Gewalt und Waffen“ geltend gemacht.[253]

Schließlich konnte auf den Vortrag einer angeblichen Verletzung mit Gewalt und Waffen verzichtet werden: Der Humber Ferry Case[254] aus dem Jahre 1348 gilt als der erste Fall, in dem ein Anspruch auf Schadensersatz zugesprochen wurde, obwohl nicht vorgetragen worden war, daß der Schaden mit Gewalt und Waffen entstanden war: Der Beklagte war ein Fährmann, der das Pferd des Klägers über den Fluß Humber transportieren sollte. Weil er sein Boot überladen hatte, ertrank das Pferd. Die Besonderheit des writs of trespass ohne „vi et armis“ bestand darin, daß der Kläger den Sachverhalt in seinem speziellen Fall (special case) darlegen und bereits in dem writ recht genau beschreiben mußte.[255] Dieser writ wurde daher auch „trespass on the case“, die Klage „action on the case" genannt, wobei die Abspaltung der action on the case und ihre Wahrnehmung als eine eigene Klageart sich erst nach und nach entwickelte.[256] Die Flexibilität der Klage beruhte darauf, daß sie den besonderen Umständen des Einzelfalles angepaßt werden konnte und dies ermöglichte es schließlich, auch Schäden einzuklagen, die durch den Bruch eines Versprechens entstanden waren.

I.A.5.1.4.2. Die Entstehung der Action of Assumpsit

Für eine deliktische Haftung des Beklagten in der action on the case wegen des Bruchs eines Versprechens war es zunächst entscheidend, daß der Beklagte die Verrichtung einer Arbeit für den Kläger übernommen hatte („assumpsit“ oder

252 Y.B. 10 Edw.II pl. 37, p. 140-41 (1317).

253 Baker, An Introduction to English Legal History, S. 61; weitere Beispiele: Milsom, Trespass from Henry III to Edward III, 74 L.Q.Rev. 195, 220 f. (1958).

254 Bukton v. Tounesende Y.B.22 Lib.Ass. pl.41,f.94 (1348) (reprinted in Fifoot, History and Sources of the Common Law, S. 470). Der Humber Ferry Case wird eingehend besprochen bei Milsom, The Historical Foundations of the Common Law, S. 316 f. und Simpson, A History of the Common Law of Contract, S. 210 ff.; Ames, Express Assumpsit in: Lectures on Legal History and Miscellaneous Legal Essays, S. 130 f.; Zimmermann, Law of Obligations, S. 777 f.; von Hippel, Die Kontrolle der Vertragsfreiheit nach anglo-amerikanischen Recht, S. 64; Teeven, A History of the Anglo-American Common Law of Contract, S. 18.

255 „Each action depended on its facts; and that is also the short explanation of the name.“ Milsom, Trespass from Henry III to Edward III, 74 L.Q.Rev. 561, 587 (1968).

256 Baker, An Introduction to English Legal History, S. 63; Milsom, Historical Foundations of the Common Law, S. 305 f.

„took it in his hands"),[257] diese Arbeit aber in einer Art und Weise ausführte, durch die dem Kläger ein Schaden entstand.[258] Fehlte es an einer solchen Übernahme durch den Beklagten, so handelte der Kläger nämlich auf eigenes Risiko, wenn er sich oder seine Sachen den Einwirkungen des Beklagten aussetzte.

Die Übernahme einer Arbeit konnte sich zum einen aus der Zugehörigkeit des Beklagten zu einer bestimmten Berufsgruppe, den „common callings"[259] ergeben, zum anderen aber auch aus einem Versprechen des Beklagten. Das assumpsit mußte der Kläger als „special case" in seinem writ vortragen, und das Wort assumpsit wurde schließlich als Bezeichnung des writs („writ of assumpsit") und der Prozeßart („action of assumpsit") als Unterfall der action on the case verwendet.

Zunächst konnten mit der action of assumpsit jedoch nur Schäden eingeklagt werden, die durch eine Schlechterfüllung, also ein aktives Tun des Beklagten bei der Ausführung seiner Arbeit, entstanden waren („misfeasance"). In dem oben dargestellten Humber-Ferry-Fall hätte der Fährmann also nicht verklagt werden können, wenn er das Pferd am Ufer stehen gelassen hätte, also eine vertragliche Verpflichtung nicht erfüllt hätte. Dann wäre nämlich die action of covenant einschlägig gewesen, die mangels gesiegelter Urkunde aber keine Erfolg hätte haben können. Der Fährmann konnte aber mit der action of trespass[260] verklagt werden, weil er das Pferd transportiert und dadurch den Schaden verursacht hatte.

Die Einordnung von Ansprüchen auf Ersatz eines Schadens, der durch ein aktives Tun entstanden war, als deliktisch lag im übrigen auch deshalb nahe,

---

[257] Zur Entstehung und Bedeutung des Begriffs „assumpsit" aus dem französischen „empris" und dem lateinischen „manucepit": Simpson, A History of the Common Law of Contract, S. 215 ff.

[258] Zur Entwicklung der action of assumpsit aus der action on the case: Simpson, A History of the Common Law of Contract, S. 199 ff.; Ames, Trespass de Bonis Asportatis, in: Lectures in Legal History and Miscellaneous Essays, S. 56 ff.; Milsom, The Historical Foundations of the Common Law, S. 316 ff.; Ames, The History of Assumpsit, 2 Harvard L.Rev., S. 1ff, 53 ff (1888); Holdsworth, Bd. III, S. 428 ff.; ausführlich Milsom, Trespass from Henry III to Edward III, 74 L. Q. R, 195 ff., 561 ff. (1958); siehe auch Rheinstein, Die Struktur des vertraglichen Schuldverhältnisses im anglo-amerikanischen Recht, S. 23 ff.; Becker, Gegenopfer und Opferverwehrung, S. 162 ff.; Rothoeft, System der Irrtumslehre, S. 57 f. in Fn. 30.

[259] Zum Begriff „common calling", den zugehörigen Berufsgruppen und den Rechtsfolgen dieser Zugehörigkeit: Simpson, A History of the Common Law of Contract, S. 229 ff.

[260] Die Bezeichnung als action on the case/action of assumpsit hatte sich zu diesem Zeitpunkt, der den Anfang der action on the case markiert, noch nicht entwickelt; entscheidend war, daß eine trespass-Klage erhoben werden konnte, ohne „vi et armis" vorzutragen.

weil die schlechte Ausführung von Dienstleistungen neben dem Schadensersatzanspruch des Opfers auch als Verstoß gegen die öffentliche Ordnung eine Bestrafung des Täters nach sich ziehen konnte.[261]

I.A.5.1.4.3. Assumpsit und Covenant

Der nächste wichtige Schritt in der Entwicklung der action of assumpsit in eine allgemeine Vertragsklage war die Ausdehnung der action of assumpsit auf Fälle, in denen der Beklagte sein Versprechen nicht erfüllt hatte und der Kläger nunmehr Schadensersatz wegen Nichterfüllung („nonfeasance") verlangte. Einschlägige Klageart für nichterfüllte Leistungsversprechen war eigentlich die covenant-Klage. Daß der Kläger in der action of covenant sein Leistungsversprechen nur durch eine gesiegelte Urkunde („deed") beweisen konnte und die Klage deshalb bei formlosen Vereinbarungen nicht erfolgversprechend war,[262] spielte keine Rolle.

Dem Kläger, wenn er aufgrund einer nichterfüllten formlosen Vereinbarung mit der action of assumpsit klagte, der Einwand entgegengehalten:

> „This sounds in covenant, not doing is no trespass."[263]
>
> Das ist eine covenant-Klage, nichts zu tun ist kein ‚Delikt'.

Eine Ausnahme galt in Fällen, in denen der Kläger nicht nur Schadensersatz wegen des nichterfüllten Versprechens, sondern mittelbare Folgeschäden geltend machte, etwa weil das Dach einer Mühle nicht wie versprochen repariert worden war und dadurch das Gebälk des Hauses Schaden genommen hatte.[264] Dieser Argumentationsansatz wurde allerdings nicht weiter verfolgt.

Erst mit einer Entscheidung Mitte des 15. Jahrhunderts wurde der Anwendungsbereich der action of assumpsit in Richtung einer allgemeinen Vertragsklage

---

[261] Milsom, Historical Foundations of the Common Law, S. 318.

[262] siehe oben I.A.5.1.2.1.

[263] So lautete der Hinweis, mit dem zunächst alle Versuche, non-feasance-Fälle mit der trespass-Klage zu verfolgen, abgelehnt wurden. Weitsichtig war der Kommentar von Justice Martin in Watkin's Case (1425) Y.B. 3 Hen. 6, fo. 36, pl. 33, wonach aus einer Ausdehnung der trespass-Klage auf nichterfüllte Versprechen folgen würde, daß „for every broken covenant in the world a man shall have an action of trespass." Siehe hierzu ausführlich Milsom, Not Doing Is No Trespass: A View on the Boundaries of Case, Cambridge L.J. 105, 108 (1954).

[264] So die Argumentation der Mehrheit im Watkin's Case Y.B. Hil., 3 Hen.VI, pl.33, f.36v (1425) (reprinted in Fifoot, History and Sources of the Common Law, S. 341).

dann tatsächlich weiter eröffnet: In dem sogenannten Doige's Case[265] aus dem Jahre 1442 hatte der Kläger von der Beklagten Land gekauft und bereits bezahlt. Die Beklagte hatte das Land aber nicht vereinbarungsgemäß an ihn übereignet, sondern an einen Dritten verkauft und übereignet. Der Kläger machte geltend, die Beklagte habe betrügerisch gehandelt, indem sie erst den Kaufpreis entgegengenommen, dann aber das Grundstück an einen Dritten übereignet habe. Der Klage wurde stattgegeben, weil der behauptete Betrug den Anwendungsbereich einer deliktischen Klage und damit der action of assumpsit eröffnete.

Aber sowohl das Tatbestandsmerkmal des Betrugs, als auch die Beschränkung auf Fälle, in denen eine Erfüllung nicht mehr möglich war, wurden im Laufe der Zeit fallen gelassen.

Orwell v. Morthoft[266]

Der Kläger hatte vom Beklagten eine Ladung Gerste gekauft, der Beklagte hatte aber nicht geliefert. Da es sich um eine formlose Vereinbarung handelte, die action of covenant also nicht erfolgversprechend war, erhob der Kläger die action of assumpsit. Das Gericht entschied, daß der Beklagte Schadensersatz leisten müsse, unabhängig davon, ob Grund für die unterlassene Lieferung die unrechtmäßige Veräußerung der Gerste an einen Dritten sei oder nicht, und ließ die action of assumpsit wegen Nichterfüllung (nonfeasance) des formlosen Versprechens zu.[267]

Damit konnte mit der action of assumpsit nun auch auf Ersatz des Nichterfüllungsschadens bei Versprechen geklagt werden, die nicht mittels einer gesiegelten Urkunde nachgewiesen werden konnten.

In der Praxis spielte diese Klagemöglichkeit aber zunächst keine besonders große Rolle. Die action of assumpsit blieb bis Mitte des 16. Jahrhunderts eine Hintertür, die erst an Bedeutung gewann, als mit dem Wertverfall des Schillings immer mehr Klagen aufgrund von formlosen Vereinbarungen nicht mehr in die Jurisdiktion der örtlichen Gerichte fielen.

---

265 Shipton v. Dogge (1442) B.&M. 391; die Beklagte ist jedoch allgemein unter der Schreibweise Doige bekannt, die in den Year-Books verwendet wurde.

266 Y. B. Mich. 20 Hen.VII, f.8, pl.18 (C.P. 1505) (reprinted in Baker/ Milsom, Sources of English Legal History, S. 408).

267 Eine Überschneidung mit der action of debt verhinderte der Kläger, indem er behauptete, er sei bereits Eigentümer der Gerste, der Beklagte würde sie nur noch für ihn verwahren. Vgl. Teeven, A History of the Anglo-American Common Law of Contract, S. 53 Fn. 31.

I.A.5.1.4.4. Assumpsit und Debt

Bei vielen vertraglichen Vereinbarungen, begehrte der Kläger, nachdem er Waren geliefert oder Dienstleistungen erbracht hatte, vom Beklagten die Zahlung der vereinbarten Geldsumme. In diesen Fällen stand dem Kläger, der nur eine formlose Vereinbarung getroffen hatte, auch nach dem Verlust der Klagemöglichkeiten vor den örtlichen Gerichten mit der action of debt der Weg zu den königlichen Gerichten offen.

Allerdings konnte die action of debt nicht alle Fälle erfassen, in denen die örtlichen Gericht Abhilfe geschaffen hatten. So mußte der Kläger bei der action of debt beispielsweise stets ein quid pro quo nachweisen. Es gab aber vertragliche Vereinbarungen, wie beispielsweise Bürgschaftsvereinbarungen, in denen ein quid pro quo, also eine Leistung des Bürgen an den Kreditgeber, fehlte. Klagen auf Zahlung einer Geldsumme, in denen die action of debt nicht einschlägig war, bildeten daher die ersten Fälle, in denen die königlichen Gerichte eine action of assumpsit zuließen.[268]

Wegen der dargestellten prozessualen Nachteile der action of debt[269] versuchten Kläger im Laufe des 16. Jahrhundert zunehmend, auch in solchen Fällen Ansprüche mit der action of assumpsit zu verfolgen, in denen die action of debt durchaus offengestanden hätte. Eine unzulässige Überschneidung mit der debt-Klage versuchte man mit einem Kunstgriff zu vermeiden: Der Kläger behauptete, der Beklagte hätte, nachdem eine Schuld („debt") bereits bestand, zusätzlich eine Zahlungsverpflichtung übernommen („assumpsit"), also ein nachträgliches Versprechen („subsequent promise") abgegeben, die Schuld zu zahlen. Damit stand das eingeklagte Versprechen außerhalb der eigentlichen debt-Transaktion und konnte mit der action of assumpsit verfolgt werden, die auch als indebitatuts assumpsit bezeichnet wurde. Es lag auf der Hand, daß der Kläger ein solches nachträgliches Versprechen häufig nur behauptete, um den Anwendungsbereich der action of assumpsit zu eröffnen. In einem weiteren Schritt ging die King's Bench schließlich dazu über, auf den Nachweis des nachträglichen Versprechens zu verzichten, so daß der Kläger letztlich wie in der action of debt nur noch das Bestehen der Schuld beweisen mußte.

Gegen diese Praxis der King's Bench wehrte sich der für die action of debt zuständige Court of Common Pleas über 70 Jahre lang. Die Auseinandersetzung spitzte sich Ende des 16. Jahrhunderts weiter zu: Die im Jahre 1585 eingerichtete Exchequer Chamber, die mit Richtern des Court of Common Pleas

---

[268] Milsom, Historical Foundations of the Common Law, S. 346 f.

[269] siehe oben I.A.5.1.2.2.

und Lehnsherren des Court of Exchequer besetzt war, konnte Entscheidungen der King's Bench wegen Verfahrensfehlern aufheben. Sie machte von diesem Recht insbesondere dann Gebrauch, wenn die King's Bench einer action of assumpsit stattgegeben hatte, obwohl die Geschworenen festgestellt hatten, daß ein nachträgliches Versprechen nicht gemacht worden war. Zu dieser Feststellung konnten die Geschworenen gelangen, wenn sie von einem Richter des Court of Common Pleas befragt wurden. Dies konnte durchaus passieren, denn die Geschworenen wurden in der Regel nicht vor dem königlichen Gericht in Westminster, sondern von einem Richter eines der beiden königlichen Gerichte befragt, der gerade in den Bezirk reiste und der die Geschworenen sowohl zu Verfahren, die vor dem Court of Common Pleas anhängig waren, als auch zu Verfahren, die vor der King's Bench verhandelt wurden, befragte, und zwar unabhängig davon, welchem der beiden Gerichte er selbst angehörte.[270]

Der Streit zwischen den Gerichten wurde schließlich in dem berühmten Slade's Case von der Exchequer Chamber[271] zugunsten der King's Bench entschieden.

> Slade's Case (1602)[272]
>
> Der Kläger, John Slade, hatte dem Beklagten, Humphrey Morley, bestimmtes noch ungemähtes Getreide auf dem Feld verkauft, für das dieser 16 Pfund zahlen sollte. Der Beklagte weigerte sich zu zahlen.

Einschlägige Klageart für den ausstehenden Kaufpreis wäre eigentlich die debt-Klage gewesen, der Kläger hatte das quid pro quo durch die zeitliche Vorverla-

---

270 Das Verfahren nannte sich „nisi prius“, entsprechend dem Zusatz in der Ladung der Geschworenen nach Westminster: „wenn nicht zuvor (nisi prius) ein Richter eines königlichen Gerichts in den Bezirk kommt“. Im Einzelnen: Baker, An Introduction to English Legal History, S. 21 f.

271 Eine traditionelle formlose Konferenz, auf der sich die Richter der King's Bench, der Common Pleas und der Barons of the Exchequer in unregelmäßigen Abständen trafen, um streitige Themen zu diskutieren, vgl. Baker, New Light on Slade's Case, 29 Cambridge L.J. (1971), 213, 224 f.

272 Slade v. Morley 4 Co. Rep. 91a, 76 Eng.Rep. 1072 (1602); aus der umfangreichen Literatur zum Slade's Case siehe: Teeven, A History of the Anglo-American Common Law of Contract, S. 45 ff, 66 ff.; Simpson, A History of the Common Law of Contract, S. 281 ff., 307 ff. ; Simpson, Slade's Case in the History of Contract, 74 L.Q.Rev. (1958), S. 381 ff.; Milsom, The Historical Foundations of the Common Law, S. 339 ff., insbesondere S. 351 ff.; Plucknett, A Concise History of the Common Law, S. 645 f.

gerung des Eigentumsübergangs beim Kauf bereits geleistet.[273] Hinzu kam, daß die Geschworenen festgestellt hatten, daß ein nachträgliches Versprechen nicht vorlag. Der action of assumpsit wurde nach einer sechs Jahre dauernden Beratung stattgegeben. Gleichzeitig wurde festgestellt, daß es nicht mehr nötig sei, ein – häufig zu einer bloßen Fiktion degeneriertes – nachträgliches Leistungsversprechen des Beklagten vorzutragen, um eine action of assumpsit zu begründen, denn „every contract executory carries in itself an assumpsit".

Damit wurde die action of assumpsit endgültig zur allgemeinen Klage für formlose Versprechen und zwar in der Form der indebitatus assumpsit, wenn zuvor die action of debt einschlägig gewesen wäre und in den Fällen eines Versprechens oder einer sonstigen Übernahme einer Verpflichtung in der Form der special assumpsit.

I.A.5.1.5. Die Entstehung der Consideration-Doktrin

Mit der Ausdehnung der action of assumpsit, stellte sich die Frage nach den Grenzen und damit nach den Voraussetzungen dieser Klageart. Denn allein der Bruch eines jeden formlosen Versprechens war weder in der Vergangenheit ausreichend gewesen, eine Klage zu begründen, noch sollte er es sein, nachdem sich die action of assumpsit gegenüber den älteren Klagearten (der action of covenant und der action of debt) durchgesetzt hatte.

Es mußte vielmehr darauf ankommen, in welchem Zusammenhang und unter welchen Umständen das Versprechen gemacht wurde. Diese Umstände wurden seit der ersten Hälfte des 16. Jahrhunderts mit den Worten „in consideratione" in dem writ beschrieben.

Beispielsweise lautete der writ im Slade's Case:

> „ ... the said Humphrey ... *in consideration that* the said John (Slade) then and there at the special instance and request of the said Humphrey had bargained and sold unto the said Humphrey to the use and behoof of the said Humphrey all the ears of wheat and corn which then did grow upon the said close called Rack Park *did assume and then and there faithfully promised ...*"(Hervorhebungen d. Verf.)[274]

---

[273] siehe oben I.A.5.1.2.2. Es ging in diesem Fall also nicht etwa um die Durchsetzbarkeit eines noch von keiner Seite erfüllten Vertrages. Verwirrend ist allerdings die Terminologie: In der Entscheidung wird die Vereinbarung als „contract executory" bezeichnet. Executory bezieht sich hier allerdings nur auf den debt, bedeutet also, daß der Beklagte noch nicht geleistet hat und deshalb ein debt vorliegt. Siehe Simpson, Slade's Case in the History of Contract, 74 L.Q.Rev. (1958) S. 381, 391 f.; Teeven, A History of the Anglo-American Common Law of Contract, S. 47 f.

[274] Zitiert nach Simpson, A History of the Common Law of Contract, S. 320.

... der besagte Humphry hat dafür, daß der besagte John (Slade) dort und dann in dem konkreten Fall und auf Verlangen des besagten Humphry dem besagten Humphry zu dessen Nutzung und Gebrauch alle Ähren Weizen und Korn, die zu dieser Zeit auf der besagten Einfriedung genannt Rack Park wuchsen, verkauft hat, es übernommen und fest versprochen ...

Kurz vor dem Ende des 16. Jahrhundert entsprach es dann dem üblichen Sprachgebrauch, die vielfältigen Umstände, unter denen eine action of assumpsit erhoben werden konnte, unter dem Ausdruck „consideration" zusammenzufassen. Die Voraussetzungen der action of assumpsit waren damit folgende:

„In every action upon the case upon a promise, there are three things considerable: consideration, promise and breach of promise."[275]

In jeder action upon the case upon a promise sind drei Dinge zu berücksichtigen: Consideration, Versprechen und Versprechensbruch.

Consideration war also zunächst ganz allgemein ein besonderer Umstand, unter dem das Versprechen abgegeben wurde.

Eine umfassende Definition, was consideration war und was nicht, gab es nicht.[276] Dies schien zunächst auch niemanden sonderlich zu stören.[277] Schließlich war die Frage, ob eine ausreichende consideration vorlag, von den Geschworenen als Tatsachenfrage von Fall zu Fall zu entscheiden.[278] Ob sie sich dabei von allgemeinen, übergreifenden Grundsätzen leiten ließen (und wenn ja, von welchen), läßt sich nicht mehr nachvollziehen. Denn die Gerichtsdokumente (reports) enthalten lediglich das Ergebnis der Entscheidung der Geschworenen und auch die Formulierung der Klage spiegelt weniger den tatsächlichen Sachverhalt wider, als den Versuch des Klägers, seinen Sachverhalt soweit wie möglich in eine Darstellung zu zwängen, die sich bei früheren Klagen bewährt hatte.[279]

Vor diesem Hintergrund ist es nicht verwunderlich, daß der Ursprung der „consideration-Doktrin", soweit man sie zunächst überhaupt als eine solche

---

275 Golding's Case 2 Leon. 72 (1586).

276 Baker, Origins of the „Doctrine" of Consideration, 1535 - 1585 in: On the Laws and Customs of England: Essays in Honor of Samuel E. Thorne, M. Arnold ed. 1981) S. 336 ff.; „.... it would not be right to look to single pre-existing entities ..." Milsom, The Historical Foundations of the Common Law, S. 357; Simpson, Innovation in Nineteenth Century Contract Law, 91 L.Q.Rev. 247, 252 (1975).

277 Gordley, Enforcing Promises, 82 California L.Rev. 547, 560 (1995).

278 Siehe auch unten I.A.5.3.2.

279 Baker, An Introduction to English Legal History, S. 250.

bezeichnen konnte, unklar und unter den Rechtshistorikern bis heute höchst umstritten ist.[280]

Teilweise wird die consideration auf die römisch-rechtliche causa-Lehre zurückgeführt, die über den Court of Chancery Eingang in die action of assumpsit gefunden haben soll. Bereits rund 100 Jahre bevor die consideration in der action of assumpsit auftauchte, arbeitete der Court of Chancery im law of uses[281] mit dem Begriff einer consideration.[282] Die consideration oder causa diente hier dazu, abzugrenzen, ob bei einer Grundstücksübertragung der Empfänger nur ein treuhänderisch Begünstigter oder Eigentümer des Grundstücks werden sollte. Nur wenn ein vernünftiger Grund und ein Motiv („reason and motive") als consideration für den Erwerb des Volleigentums vorlag, hatte die Vermögensverschiebung endgültig Bestand und handelte es sich nicht lediglich um eine treuhänderische Begünstigung. Auch finden sich in den historischen Gerichtsdokumenten nicht selten Hinweise darauf, daß consideration mit dem Begriff causa verbunden[283] und die consideration sozusagen als eine Art lokale Version der causa-Doktrin verstanden wurde.[284].

Es bestehen aber erhebliche Zweifel daran, ob das common law über die bloße Bezeichnung hinaus auch das dahinterstehende Rechtskonzept aus dem kanonischen Recht übernommen hat. Vieles spricht im Gegenteil dafür, daß der Begriff „causa" eher als untechnischen lateinischen Begriff in verschiedenen Zusammenhängen verwendet wurde, und zwar als Bezeichnung sowohl für den Grund aus dem ein Versprechen gemacht wurde, als für den Grund für eine erfolgreiche Klage.[285] Gegen eine Übernahme des Konzeptes aus dem law of

---

280 Simpson, A History of the Common Law of Contract, Chapters 4 - 7.

281 Der „use" basiert auf der Rechtsfigur des Usufructus und ist ein Vorläufer des modernen Trust. Er begründet ein Recht des Treuhandbegünstigten (cestui que use) gegen den Treuhänder (feoffe to use), das allerdings nur in Equity vor dem Court of Chancery und nicht vor den Common Law Gerichten anerkannt wurde. Hauptanwendungsfall war der Verkauf eines Grundstücks „to the use of" eines Dritten oder aber auch des Verkäufers selbst. Die Trennung von Besitz und (treuhänderisch gebundenem) Eigentum an einem Grundstück war in bestimmten Situationen von Vorteil. Siehe hierzu Rheinstein, Die Struktur des vertraglichen Schuldverhältnisses im anglo-amerikanischen Recht, S. 74 f.; Rothoeft, System der Irrtumslehre, S. 139 f.

282 Simpson, A History of the Common Law of Contract, S. 316-322; Helmholz, Contracts and the Canon Law in: Towards a General Law of Contract, S. 49, 61 ff.; Salmond, The History of Contract, 3 L.Q.Rev. 166, 172 ff (1887); Zimmermann, Das römisch-kanonische ius commune als Grundlage europäischer Rechtseinheit, JZ 1992, 8, 16 ff.

283 Zimmermann, Das römisch-kanonische ius commune als Grundlage europäischer Rechtseinheit, JZ 1992, 8, 17.

284 Simpson, Innovation in Nineteenth Century Contract Law, 91 L.Q.Rev. 247, 262 (1975).

285 Baker, The Legal Profession and the Common Law, S. 385 f.

uses spricht ferner die grundlegende sachliche Verschiedenheit der Ordnungsaufgaben des law of uses und der action of assumpsit (Entscheidungskriterium über den Bestand einer Vermögensverschiebung einerseits und Voraussetzung für das Zustandekommen einer rechtsgeschäftlichen Vereinbarung andererseits).[286]

Andere sehen darum die Ursprünge der consideration in der dargestellten Entwicklung des mittelalterlichen englischen Rechts und verweisen dabei zunächst auf das quid-pro-quo der action of debt. Consideration sollte danach die erbrachte Leistung des Klägers sein, das quid, für das (pro quo) der Beklagte ein Versprechen abgegeben hatte.[287] Schließlich soll sich in der consideration der Gedanke des Schadens, der ursprünglich deliktischen action of assumpsit widerspiegeln, denn eine ausreichende consideration lag auch vor, wenn der Kläger infolge des Versprechens einen Schaden oder sonstigen Nachteil erlitten hatte.[288] Allerdings handelte es sich auch hier nicht um abschließende und dogmatisch bereits ausgefeilte Konzepte. Immerhin boten sie dem common-law-Juristen einen vertrauten Ausgangspunkt für die Frage, was eine ausreichende consideration in der action of assumpsit sein könnte.

I.A.5.1.6. Gegenleistung oder Gegenversprechen als Consideration und die zentrale Rolle des teilweise durchgeführten Vertrages

Die Klagbarkeit eines gebrochenen Versprechens, für das der Kläger vortrug, keine Gegenleistung, sondern nur ein Gegenversprechen als consideration gegeben zu haben, wurde Mitte des 16. Jahrhunderts ausführlich erörtert.[289] Das Gegenversprechen des Klägers wurde dabei zunächst in mehreren Fällen als consideration abgelehnt, und zwar weil es seinerseits unter der Bedingung

---

[286] Rothoeft, System der Irrtumslehre, S. 140.

[287] Siehe auch der oben zitierte Wortlaut der Klage in Slade's Case. Zu diesem Ansatz: Baker, Origins of the „Doctrine" of Consideration, S. 352 ff.: „Notion of bargain, or quid pro quo would ultimately oust the vaguer notion of causa"; Becker, Gegenopfer und Opferverwehrung, S. 329 ff., 341: „Dem totalen Sachverhalt der causa civilis steht - kurz gesagt - der konzentrierte Sachverhalt der Consideration gegenüber." und S. 168 f. „consideration (a generalisation of the quid pro quo) stellt nunmehr das fundamentale Tatbestandsmerkmal des formfreien Assumpsit-Versprechens, damit des formfreien englischen Kontrakts dar."

[288] Atiyah, The Rise and Fall of Freedom of Contract, S. 184 ff.; Ames, Lectures on Legal History and Miscellaneous Legal Essays, S. 129 f.; 142 ff.; Plucknett, A Concise History of the English Common Law, 650 f.; Milsom, Historical Foundations of the Common Law, S. 244 ff.

[289] Hierzu ausführlich Baker, Origins of the „Doctrine" of Consideration 1535 - 1585, S. 346 ff.; siehe auch Simpson, A History of the Common Law of Contract, S. 459 ff.

abgegeben worden war, daß der Beklagte sein Versprechen erfüllt. Es fehlte somit an der Gegenseitigkeit, dem quid pro quo, wie es in den Entscheidungen ausdrücklich genannt wird.

Erst in der Entscheidung Strangborough v. Warner im Jahre 1589 wurde ein Gegenversprechen als ausreichende consideration mit der recht lakonischen Feststellung bejaht:

> „Note, that a promise against a promise will maintain an action upon the case, as in consideration that you give to me 10 pounds on such day, I promise to give you 10 pounds such a day after."[290]
>
> Merke, daß ein Versprechen für ein Versprechen eine action upon the case gewährt, denn als consideration dafür, daß du mir 10 Pfund an einem Tag gibst, verspreche ich, dir 10 Pfund an einem späteren Tag zu geben.

Es ist jedoch verfrüht, in dieser Aussage bereits den Beginn des modernen common-law-Vertragsrechts und die Eröffnung der allgemeinen Klagemöglichkeit aufgrund eines gegenseitig verpflichtenden Vertrages zu sehen. Denn der Vortrag gegenseitiger Versprechen und das Unterschlagen der bereits erbrachten eigenen Leistung war zunächst auch ein rein prozeßtaktisches Hilfsmittel, daß es dem Kläger ermöglichte zu vermeiden, daß seine assumpsit-Klage mit dem Einwand abgewiesen wurde, es läge ein quid pro quo vor und daher sei die action of debt einschlägig.

Einer Entscheidung aus dem Jahre 1615 läßt sich darüber hinaus eine wesentliche Einschränkung der oben genannten Aussage entnehmen: Beide Versprechen müssen gleichzeitig abgegeben worden sein.[291] Denn für ein zeitlich nachfolgendes Versprechen wäre das zeitlich davor liegende Versprechen ebensowenig wie die zeitlich davor erbrachte Leistung keine ausreichende consideration mehr gewesen. Durch die Gleichzeitigkeit konnte der oben beschriebene Zirkelschluß[292] des modernen common-law-Vertragsrechts vermieden werden. Auch wenn ein Gegenversprechen als consideration theoretisch anerkannt wurde, waren Klagen in diesen Fällen eher selten.[293]

Grund dafür mag auch gewesen sein, daß ein Kläger befürchten mußte, daß die Geschworenen, die über die Frage des Schadensersatzes zu entscheiden hatten,

---

290 Strangborough v. Warner (1589) 4 Leon. 3.

291 Nichols v. Rainbred (1615) Hob. 88; dazu Simpson, Innovation in Nineteenth Century Contract Law, 91 L.Q.Rev. 247, 261 (1975).

292 siehe oben I.A.3.1.2.

293 Lücke, Slade's Case and the Origin of the Common Counts, 81 L.Q.Rev. 540 (1965), Atiyah, The Rise and Fall of Freedom of Contract, S. 194.

nur selten einen vom Beklagten zu ersetzenden Schaden zu erkennen vermochten, wenn der Kläger selbst noch nichts geleistet oder anderweitig im Vertrauen auf das Versprechen gehandelt hatte. Mangels einer tatsächlich nachteiligen Handlung konnte ein Schaden des Klägers nur in einem durch das Geschäft erwarteten und durch das Scheitern entgangenen Gewinn liegen. Dann aber mußte der Kläger geltend machen, daß die von ihm versprochene Leistung weniger wert war als die vom Beklagten versprochene Gegenleistung, und zwar entweder von Anfang an oder aufgrund einer Veränderung des Wertverhältnisses in einem Zeitraum zwischen dem Austausch der Versprechen und der Durchführung des Vertrages.

In beiden Fällen waren die Aussichten des Klägers vor Gericht noch bis in das 18. Jahrhundert hinein nicht besonders gut: Nach der damals herrschenden Vorstellung kauften Menschen Waren zum eigenen Verbrauch und sollten dafür einen angemessenen Preis zahlen. Wer behauptete, er habe unter dem Marktpreis gekauft, war nicht schutzwürdig, sondern wurde eher als eine Art Betrüger betrachtet, der seinen Vertragspartner hereingelegt und dabei vielleicht sogar dessen Unkenntnis, Unerfahrenheit oder Zwangslage ausgenutzt hatte. Jedenfalls konnte er nicht verlangen, daß ihn die Gerichte bei solchen Machenschaften auch noch unterstützten.

> „His prima facie position, far from being ... an injured and innocent contracting party who had suffered a loss through the other's failure to perform ... would on the contrary have been that of an extortioner whose nefarious scheme had been foiled by the defendant's breach."[294]

> Prima facie war seine Position keineswegs ... die einer verletzten und unschuldigen Vertragspartei, die einen Verlust dadurch erlitten hatte, daß die Gegenseite nicht erfüllt hatte, ... sondern im Gegenteil die eines Wucherers, dessen schändlicher Plan infolge des Vertragsbruchs des Beklagten durchkreuzt wurde.

Die zweite Möglichkeit, die zu einer Differenz zwischen dem Wert von Leistung und Gegenleistung führen konnte, war eine nachträgliche Veränderung des Marktpreises in dem Zeitraum zwischen dem Austausch der Versprechen und der Durchführung des Vertrages. Dem Kläger unter diesen Umständen einen Ersatzanspruch zu gewähren, setzte allerdings voraus, daß der Vertrag auch dazu dienen sollte, das Risiko zukünftiger Veränderungen zu verteilen. Gerade darin wurde aber noch bis in das 18. Jahrhundert hinein nicht der Zweck eines Vertrages gesehen, vielleicht weil das Risikobewußtsein für Preisveränderungen fehlte. Denn die Zeit zwischen 1714 und 1760 war eine Epoche der Stabilität auch hinsichtlich der Preise. Versprechen über zukünftige

---

294 Atiyah, The Rise and Fall of Freedom of Contract, S. 201.

Leistungen wurden aus Gründen der Praktikabilität ausgetauscht, nicht aber um das Risiko einer Veränderung des Marktpreises zu verteilen.

Im Gegensatz zum modernen Vertragsrecht, wie es sich im 19. Jahrhundert entwickelte, hatte die Unterscheidung zwischen einem Gegenversprechen oder einer Gegenleistung als consideration für ein Versprechen schließlich auch keine Bedeutung für die im modernen common-law-Vertragsrecht zentrale Frage, zu welchem Zeitpunkt ein Vertrag zustande kommt und damit eine vertragliche Bindung an ein Versprechen entsteht.[295] Die Frage der Bindung - oder anders formuliert, der freien Widerrufbarkeit eines Versprechens - war ein Sonderproblem („distinct issue"); die Art der consideration spielte bei ihrer Beantwortung keine Rolle.

> „... the voluminous case law on the subject, from the mid-sixteenth century until the nineteenth, is primarily concerned with establishing when a plaintiff can sue, rather than when a person may unilaterally withdraw from a promise before breach. In the earliest cases in which the latter issue was aired, it was regarded – however surprising we may find this – as a distinct issue."[296]

> ... das umfangreiche Fallrecht zu diesem Thema, befasst sich von der Mitte des 16. bis zum 19. Jahrhundert in erster Linie damit festzustellen, wann ein Kläger klagen kann, und nicht damit, wann eine Person ein Versprechen vor dessen Bruch einseitig zurücknehmen kann. In den frühesten Fällen, in denen die letztere Frage behandelt wird, wurde dies – auch wenn wir es überraschend finden mögen – als ein Sonderproblem betrachtet.

Zu Beginn des 17. Jahrhunderts ergingen dann zwei Entscheidungen, in denen sich das Gericht grundsätzlich gegen die Widerrufbarkeit eines Versprechens aussprach.[297]

---

[295] So ausdrücklich Simpson, A History of the Common Law of Contract, S. 466 ff., 470: Consideration war „simply a requirement of actionability", die Vorstellung, daß „the presence of consideration should be the test of whether a promise is binding" entstand erst später im Zusammenhang mit der Lehre von Angebot und Annahme. Anderer Ansicht ist anscheinend Teeven, A History of the Anglo-American Common Law of Contract, S. 43, der bereits aus der Entscheidung Strangborough v. Warner folgert: „The bargain now was irrevocable from the moment mutual promises were exchanged in consideration for each other", obwohl sich diese Entscheidung mit der Widerrufsproblematik gar nicht befaßte. Auch in der alten action of debt war das quid pro quo nicht entscheidend für die Frage, ob ein Vertrag bindend war: „... in none of the cases in which quid pro quo is mentioned is the court concerned to fix the moment when the parties are unable to withdraw from the agreement unilaterally ... it must be emphasized that medieval lawyers do not seem to have been as interested as we are in fixing the moment when contracts were binding; ...": Simpson, A History of the Common Law of Contract, S.177.

[296] Simpson, Horwitz and the History of Contracts, 46 Chi.L.Rev. 533, 544 f.(1979).

[297] Hurford v. Pile (1616) Cro.Jac. 83 und Winter v. Foweracres (1618) 2 Rolle Rep. 19, 39.

Hurford v. Pile[298]

> Der Kläger sollte die Freilassung eines gewissen J.S. veranlassen, der sich in Schuldhaft („in execution")[299] befand, weil er dem Kläger £ 40 schuldete. Der Beklagte versprach dem Kläger, ihm die dadurch entstandenen Kosten zu ersetzen. Nachdem der Kläger getan hatte, was der Beklagte verlangt hatte, zahlte der Beklagte nicht.
>
> Der Kläger klagte auf Zahlung. Der Beklagte wendete ein, er habe nach Abgabe des Zahlungsversprechens, aber noch bevor der Kläger in dieser Angelegenheit tätig geworden war, dem Kläger verboten, sich einzumischen, und ihm mitgeteilt, daß er sich an sein Versprechen nicht halten werde.[300] Der Einwand wurde für nicht relevant erachtet. Das Gericht entschied, daß ein Versprechen unwiderruflich ist, selbst wenn der Versprechensempfänger noch nicht im Vertrauen auf das Versprechen tätig geworden war: „a man may discharge a promise made to himself, but he cannot discharge an assumpsit made by himself."[301]

Dieses Ergebnis wurde zwei Jahre später in der im Sachverhalt ähnlichen Entscheidung Winter v. Foweracres[302] bestätigt.

Aber noch Ende des selben Jahrhunderts änderte sich die richterliche Meinung,[303] und das Gericht war sich in dem Fall The Mayor, Aldermen and Burgess of Scarborough v. Butler (1685) einig, daß ein Versprechen, das beide Seiten noch nicht erfüllt hatten, formlos widerrufen werden konnte:

> „ ... on a promise merely executory of both parts, ..., any thing may be discharged by parole; as if I promise you 5s if you go to Pauls, before you go I may discharge you from the going, and thereby the other shall be discharged from paying the 5s."[304]

---

298 (1616) Cro.Jac. 483.

299 Eine anschauliche Beschreibung der Schuldhaft gibt Edmund Plowen in Dive v. Maningham, 1 Plowd. 60, 68 (C.P. 1550), mit geringfügigen Änderungen wiedergegeben in 75 E.R. 108 f.: „For if one be in Execution he ought to live of his own, and neither the Plaintiff nor the Sheriff is bound to give him Meat or Drink ... .[A]nd if he has no Goods, he shall live of the Charity of others, and if others will give him nothing, let him die in the Name of God, if he will, and impute the Cause of it to his own Foult, for his Presumption and ill Behafiour brought him to that Imprisonment."

300 „After the assumpsit, and before the plaintiff had done anything in that business, he forbade him to meddle therein, and that he would not stand to his promise."

301 Houghton Justice in Hurford v. Pile (1616) Cro.Jac. 483. Anderer Ansicht war in dieser Entscheidung allerdings Richter Dodderidge, der argumentierte „If I promise to I.S. that if he build an house upon my land before Michaelmas, I will pay him a hundred pounds, and I countermand it before he hath done anything concerning the house, it is a good countermand."

302 (1618) 2 Rolle Rep. 19, 39.

303 Ibbetson, Consideration and the Theory of Contract, S. 67, 102 ff stützt seine These, daß bindende Verpflichtungen entstanden, sobald sich die Parteien geeinigt hatten, allein auf die oben dargestellte Entscheidung Hurford v. Pile. Auf die beiden anderen zitierten Entscheidungen (Scarborough v. Butler und Howe v. Beeche) geht er jedoch nicht ein.

304 The Mayor, Aldermen and Burgess of Scarborough v. Butler (1685) 3 Lev. 237.

... bei einem Versprechen, das von beiden Seiten noch nicht erfüllt ist, kann alles durch ein Wort beseitigt werden; etwa wenn ich dir 5s verspreche, wenn du nach Pauls gehst, so kann ich dich von dem Gang befreien, wodurch der andere von der Zahlung der 5s befreit wird."

Auch wenn der Gang zu einem bestimmten Ziel (sei es nach York oder über die Brooklyn Bridge) im modernen Vertragsrecht häufig als Beispiel für den unilateral contract („promise for an act") herhalten muß, liegt diesem Beispiel offensichtlich eine Transaktion zugrunde, in der zwei Versprechen abgegeben wurden („promise for a promise"): der Gang nach Pauls war eine Leistungspflicht, von der die andere Seite befreit wurde („discharge from going").

Erst wenn der Versprechensempfänger im Vertrauen auf das Versprechen gehandelt hat, sollte dieses unwiderruflich werden. Dabei kam es nicht darauf an, ob er aufgrund des Versprechens erst klagen konnte, nachdem er die Handlung vollständig erbracht hatte, da auf jeden Fall bereits vor vollständiger Handlung Unwiderrufbarkeit eintrat. Dies war das Ergebnis in dem Fall Howe v. Beeche,[305] in dem der Beklagte dem Kläger £ 100 versprach, wenn sich der Kläger für den Beklagten um ein Geschäft mit einem gewissen Gillingham bemühte und dieses zum Abschluß brächte. Der Kläger begann seine Bemühungen, hatte das Geschäft aber noch nicht abgeschlossen, als der Beklagte sein Versprechen widerrief. Dieser Widerruf war unzulässig:

„... if after part of the business done the defendant countermands it, the plaintiff shall have his action for the whole."[306]

... wenn der Beklagte widerruft, nachdem ein Teil des Geschäfts durchgeführt wurde, so hat der Kläger Anspruch auf das Ganze.

I.A.5.2. Zusammenfassung

Ein systematisches common-law-Vertragsrecht sucht man in England vor Beginn des 19. Jahrhunderts vergeblich.

Erst im Laufe des 15. Jahrhunderts war mit der Entwicklung der action of assumpsit überhaupt eine allgemeine Klage für formlose Versprechen vor den common law courts entstanden. Zuvor waren die Kläger vor den common law Gerichten entweder auf die action of covenant oder auf die action of debt verwiesen, die aber jeweils nur unter engen prozessualen Voraussetzungen zulässig waren und damit jeweils nur Teilbereiche der Klagen aufgrund von Versprechen abdecken konnten. Daneben stand dem Kläger der Weg zu

---

[305] (1685) 3 Lev. 244.

[306] Howe v. Beeche (1685) 3 Lev. 244.

verschiedenen anderen Gerichten außerhalb des common law offen. Über den Erfolg einer Klage entschieden diese Gerichte auf der Grundlage der unterschiedlichsten Rechtsgrundsätze (örtliche Gepflogenheiten, Handelsbräuche, civil law, Billigkeitsrecht oder kanonisches Recht).

Auch die drei Voraussetzungen der action of assumpsit (Versprechen, Consideration und Versprechensbruch) ergaben noch kein systematisches Vertragsrecht, zumal die Kernfrage, wann eine ausreichende consideration vorlag, als Tatsachenfrage von Fall zu Fall von den Geschworenen zu entscheiden war.[307]

Dennoch lassen sich erste Wurzeln des unilateral contract identifizieren:

Bereits in der action of debt war Klagevoraussetzung, daß der Kläger seine Leistung, für die er nun die ausstehende Gegenleistung verlangte, erbracht hatte (quid pro quo). Dieser Gedanke setzte sich in der action of assumpsit fort: Der Kläger mußte nachweisen, daß er eine consideration für das Versprechen erbracht hatte, für dessen Bruch er jetzt Schadensersatz verlangte. Die tatsächlich erbrachte Gegenleistung war noch vor dem bloßen Gegenversprechen als ausreichende consideration anerkannt. Es spricht viel dafür, daß im Vertragsrecht vor dem 19. Jahrhundert der teilweise durchgeführte Vertrag („half-executed contract"), in dem der Kläger seine Leistung für ein Versprechen des Beklagten bereits erbracht hatte, die Hauptrolle spielte.[308]

Aber: Auch wenn man bereits Ende des 16. Jahrhunderts von einem unilateral contract, bei dem consideration die tatsächlich erbrachte Gegenleistung ist, und einem bilateral contract, bei dem consideration ein gleichzeitig gegebenes Gegenversprechen ist, sprechen könnte, so hatte eine solche Unterscheidung nicht die Folgen, die das moderne Vertragsrecht damit verbindet. Insbesondere spielte sie keine Rolle für die Frage, wann die Parteien an ihr jeweiliges Versprechen gebunden waren.[309] Die Unterscheidung von bilateral und unilateral contract war „a sophistication which had yet to be dreamt up"[310] und

---

307 Simpson, Horwitz and the History of Contracts, 46 Chi.L.Rev. 533, 550 f. (1979).

308 „Eighteenth-century law of contract was fundamentally a law of executed and part-executed contract": Atiyah, The Rise and Fall of Freedom of Contract, S. 194.

309 Der Ansicht von Williston on Contracts, § 1:17, S. 43: „The distinction between the two types of contracts was fully recognized at the turn of the 17th century, but lack of appropriate terminology caused the distinction and its consequences to be frequently overlooked in the later history of law" kann daher nicht zugestimmt werden.

310 Simpson, A History of the Common Law of Contract, S. 469.

so war auch die Terminologie „unilateral/bilateral contract" bis in das 19. Jahrhundert hinein nicht gebräuchlich.

I.A.5.3. Die Entstehung des modernen Vertragsrechts im 19. Jahrhundert

Erst im 19. Jahrhundert entwickelten sich die allgemeinen Prinzipien und Strukturen des modernen common-law-Vertragsrechts, und der gegenseitig verpflichtende Vertrag wurde zum Paradigma im Vertragsrecht. Man kann diese Entwicklung durchaus als eine „Innovation des Vertragsrechts" bezeichnen.[311] Denn in ihrem Bemühen um eine systematische Darstellung des common law beschränkten sich die englischen Juristen nicht auf die Auswertung vergangener Gerichtsentscheidungen aus immerhin 300 Jahren Vertragsrechtsprechung, sondern sie führten auch vollkommen neue Rechtsregeln und Grundsätze in das Vertragsrecht ein. Beeinflußt und vorangetrieben wurde die Innovation des Vertragsrechts durch eine Reihe von Voraussetzungen und Einflüssen.

I.A.5.3.1. Wirtschaftliche und gesellschaftliche Veränderungen

Die Entstehung des modernen Vertragsrechts ging einher mit einer fundamentalen Veränderung der wirtschaftlichen und gesellschaftlichen Verhältnisse in England Mitte/ Ende des 18. Jahrhunderts, deren drei Hauptfaktoren (Agrarrevolution, Bevölkerungswachstum und industrielle Revolution) im folgenden nur kurz angedeutet werden können.

Mit der Agrarrevolution führte der seit 1760 zunehmende Einsatz progressiver landwirtschaftlicher Methoden sowie die Neuverteilung und Einhegung („enclosure") des Bodens zu einer stetigen Verbesserung der Erträge.[312] Die steigende Produktivität wiederum hatte zur Folge, daß der Bedarf an Arbeitskräften in der Landwirtschaft sank. Hinzu kam, daß sich die Bevölkerung in England von 1750 bis 1850 um 145 % erhöhte: Allein von 1750 bis

---

[311] So lautet auch der Titel, den Simpson für seinen Aufsatz zu diesem Thema wählte: „Innovation in Nineteenth Century Contract Law", 91 L.Q.Rev. 247 ff. (1975).

[312] Heyck, The Peoples of the British Isles: A New History, Vol. 2, S. 199 f. Die Neuverteilung diente zum einen dazu, zusammenhängende landwirtschaftliche Flächen zu schaffen, die sich leichter und effizienter bewirtschaften ließen, und zum anderen dazu, Gemein- oder Brachland zu kultivieren. Sofern die Eigentümer keine einvernehmliche Lösung fanden, erfolgte die Neuverteilung durch parlamentarischen Beschluß (sogenannter Enclosure Act). Der Höhepunkt dieser Enclosure Acts lag in den Jahren 1760 bis 1780 mit rund 50 Beschlüssen pro Jahr. Näher hierzu: Heyck, The Peoples of the British Isles: A New History, Vol. 2, S.199 ff; Kluxen, Geschichte Englands, S. 478.

1801 wuchs die Bevölkerung von 6 Millionen auf 9,1 Millionen an. Der Höhepunkt der Geburtenrate lag zwischen 1780 und 1820.[313]

Andererseits bestand in den Fabriken ein großer Bedarf an Arbeitskräften. Die industrielle Revolution hatte zu einer Verdrängung des Handwerks durch zunehmend mechanisierte Arbeitsprozesse geführt. Gleichzeitig entstand durch das Bevölkerungswachstum ein großer Absatzmarkt für die in den Fabriken hergestellten Produkte.[314] Die Industrialisierung vollzog sich dabei zunächst in den drei Schlüsselindustrien Eisen- und Stahlerzeugung, Bergbau und Textil, dehnte sich aber bald auch auf andere Wirtschaftsbereiche aus. Zwischen 1750 und 1800 verdoppelte sich die Kohleproduktion. Die Eisenproduktion erhöhte sich zwischen 1788 und 1830 um 600 %; die Baumwollspinnereien steigerten ihre Produktion zwischen 1760 und 1820 um 6.000 %.[315]

Binnen kürzester Zeit enstand so ein komplexes Wirtschafsleben in dem – nicht zuletzt aufgrund der zunehmenden Arbeitsteilung und differenzierter Produktionsprozesse – der Güteraustausch und die Planung des Einsatzes von Ressourcen ganz entscheidend an Bedeutung gewannen.

Diese technologischen und gesellschaftlichen Entwicklungen wurden begleitet und unterstützt von fundamentalen geistigen Veränderungen: Der Utilitarismus, dessen Hauptvertreter Jeremy Bentham (1748 – 1832) war, übersteigerte die bereits seit Beginn des 18. Jahrhunderts herrschenden Gedanken der Aufklärung mit ihren Hauptthemen „Natur" und „Vernunft". Für Bentham war das rein materialistisch verstandene Hauptprinzip der Nutzen: Jeder Mensch verhält sich so, daß er Freude sucht und Schmerzen meidet.[316] Bentham griff damit die Idee des laisser-faire von Adam Smith auf, der mit seinem berühmten Werk „The Wealth of Nations" aus dem Jahre 1776 für die wirtschaftliche Freiheit als Menschenrecht eintrat. Bentham und Smith stimmten darin überein, daß der Einfluß von staatlichen Regelungen so gering wie möglich sein sollte, da alle Regelungen das menschliche Verhalten beschränkten und damit zwangsläufig Schmerzen verursachten.[317] Dies bedeutete für Bentham jedoch nicht, daß sich der Staat jeglicher Einflußnahme enthalten sollte. Im Gegenteil sollte es Aufgabe des Staates sein, durch Gesetze einen Rahmen zu schaffen, der eine

---

313 Heyck, The People of the British Isles: A New History, Vol. 2, S. 205 f.; Kluxen, Geschichte Englands, S. 477.

314 Kluxen, Geschichte Englands, S. 479.

315 Heyck, The People of the British Isles: A New History, Vol. 2, S. 208 ff.

316 Heyck, The People of the British Isles: A New History, Vol. 2, S. 248 ff.: „a clanking ideology for the new industrial captains."

317 Heyck, The People of the British Isles: A New History, Vol. 2, S. 250.

Interessenharmonie zwischen dem individuellen Handeln und dem öffentlichen Wohl herstellte. Bentham wird daher als der Vater der Rechtsreform und des modernen Verwaltungsapparates bezeichnet.[318] Was das Vertragsrecht betrifft, ging er von der Prämisse aus, daß Gesetze die Durchsetzung von Verträgen ebenso wie das Eigentumsrecht gewährleisten müssen.[319] Laisser faire und Gesetzgebung waren also keine Widersprüche, sondern sollten sich im Gegenteil ergänzen.

Der Vertrag wurde damit zu einem zentralen Element der neuen wirtschaftlichen Selbstbestimmung des Individuums. Der Richter sollte nicht mehr über das wertende Konzept der consideration in das Verhältnis der Parteien eingreifen, vielmehr sollten die Parteien ihr Rechtsverhältnis ausschließlich selbst festlegen. Dies sicherzustellen war Aufgabe des Vertragsrechts. Dieser Aspekt wird vor allem von Atiyah[320] für das englische Recht und von Horwitz[321] für das US-amerikanische Recht herausgestellt.[322] Nach Ansicht Atiyahs ist das Vertragsrecht in seiner neuen Form

> „... an amalgam of classical economics, of Benthamite radicalism, of liberal political ideals, and of the law, itself created and molded in the shadow of these movements."

> ... eine Vermengung von klassischer Ökonomie, benthamitischem Radikalismus und liberalen politischen Idealen und dem Recht, das selbst im Schatten dieser Bewegungen geschaffen und geformt wurde.

I.A.5.3.2. Der Vertrag als Rechtsfrage

Noch im 18. Jahrhundert wurde im common law sowohl die Frage, was eine ausreichende consideration darstellte, als auch die Höhe des Schadensersatzes als Tatsachenfrage („question of fact") von Geschworenen nach Billigkeitsgesichtspunkten von Fall zu Fall entschieden.[323] Da aber im common law noch

---

318 Atiyah, The Rise and Fall of Freedom of Contract, S. 324.

319 Atiyah, The Rise and Fall of Freedom of Contract, S. 330.

320 The Rise and Fall of Freedom of Contract; besprochen von Baker, Book Review, 43 M.L.R. 467 (1980).

321 The Transformation of American Law 1780-1860. Ein Kapitel aus diesem Buch: „Historical Foundations of Modern Contract", das auch unter dem gleichnamigen Titel als Aufsatz in 87 Harvard L.Rev. 917 (1974) veröffentlicht wurde, bespricht Simpson, The Horwitz Thesis and the History of Contracts, 46 Chicago L.Rev. 533 (1979).

322 Ebenso auch Cohen, The Basis of Contract, 46 Harv. L.Rev. 553, 558 ff. (1933).

323 Horwitz, The Transformation of American Law 1780 - 1860, S. 166 f.; Atiyah, The Rise and Fall of Freedom of Contract, S. 148 f., 169 ff.; Gordley, The Philosophical Origins of Modern Contract Doctrine, S. 137; Kessler, Metamorphosen im Amerikanischen Vertragsrecht, JZ 1988, S. 109, 110.

heute vor allem die gerichtliche Entscheidung der Motor für die Entwicklung und Verbreitung von Rechtsgrundsätzen ist,[324] gab es, wie Baker treffend feststellt, zunächst gar keine Maschinerie für die Produktion allgemeiner vertragsrechtlicher Regeln:

> „... there was very little law of contract at all before the last century, because there was no machinery for producing it and most of the questions were left to the juries as questions of fact."[325]
>
> ... es gab überhaupt nur sehr wenig Vertragsrecht vor dem letzten Jahrhundert, weil es keine Maschinerie gab, um es zu produzieren, und die meisten Fragen als Tatsachenfragen den Geschworenen überlassen wurden.

Allerdings arbeiteten die Geschworenen sehr langsam, während gleichzeitig die Anzahl der Rechtsstreitigkeiten sowohl durch das Bevölkerungswachstum als auch durch eine wachsende kommerzielle Aktivität ständig zunahm, so daß das Rechtssystem fast vollständig zusammenzubrechen drohte.[326] Auch wurden Zweifel an der Kompetenz der Geschworenen insbesondere bei der Entscheidung über zunehmend komplexe kommerzielle Transaktionen laut. So stellten die common law commissioners noch 1852-53 fest:

> „... we are not at all blind to the fact that in many instances juries are not so constituted as to ensure such an average amount of intelligence as might be desired."[327]
>
> ... wir sind uns sehr wohl der Tatsache bewußt, daß in vielen Fällen die Jury nicht so zusammengesetzt sind, daß der wünschenswerte durchschnittliche Grad an Intelligenz gewährleistet ist.

Hinzu kam, daß die Entscheidungen der Geschworenen unvorhersehbar waren. Vor allem Händler und Fabrikanten waren aber bei der Abwicklung ihrer Geschäfte auf eine Kalkulierbarkeit geschäftlicher Risiken und damit auf ein gewisses Maß an Rechtssicherheit angewiesen.

Ein zufriedenstellendes Funktionieren der Judikative in dieser Situation konnte nur dadurch sichergestellt werden, daß die Frage, ob und in welcher Höhe ein vertraglicher Anspruch gegeben war, nicht mehr als Tatsachenfrage, sondern als

---

324 „In the common law system litigation is the vehicle for the development and transmission of doctrine.": Simpson, Innovation in Nineteenth Century Contract Law, 91 L.Q.Rev. 247, 251 (1975).

325 Baker, Book Review, 43 M.L.R. 467, 469 (1980).

326 837 waren 300 Fälle bei der Queen's Bench und 859 Fälle bei dem Court of Chancery anhängig: Atiyah, The Rise and Fall of Freedom of Contract, S. 390. Bis zur Einrichtung der County Courts im Jahre 1846 (die auch dann nur für geringe Streitwerte zuständig waren) gab es in ganz England nur fünfzehn common law - Richter.

327 (1852 - 3) H.C. Parliamentary Papers, xl. 701, 708 zitiert nach Atiyah, The Rise and Fall of Freedom of Contract, S. 390.

Rechtsfrage formuliert und so dem Zuständigkeitsbereich der Geschworenen entzogen wurde. Dadurch bot sich den Richtern die Möglichkeit, in ihren Entscheidungen allgemeine Vertragsfragen zu erörtern und allgemeingültige Rechtsregeln zu entwickeln.[328] Damit bestanden erstmals die institutionellen Voraussetzungen für die Schaffung allgemeiner Regeln für die Frage, unter welchen Voraussetzungen ein vertraglicher Anspruch entsteht und welchen Umfang der vertragliche Ersatzanspruch hat.[329]

I.A.5.3.3. Die Verbesserung der juristischen Ausbildung und Aufkommen der Vertragslehrbücher (Treatises)

Unterstützt wurde die Entwicklung des modernen Vertragsrechts von akademischer Seite. Im 19. Jahrhundert begann man, die seit 200 Jahren desolate Ausbildung für angehende Juristen zu verbessern.[330] Angehende Juristen wurden ursprünglich an den inns of court im common law unterrichtet. Hier existierte ursprünglich ein gut ausgearbeitetes System von Vorlesungen und Übungen („moots"), das mit zu dem Ansehen und der Ausdehnung des common law im 15. und 16. Jahrhundert beigetragen haben mag. Der Bürgerkrieg Mitte des 17. Jahrhundert führte dann aber zu einer Unterbrechung der Aktivitäten der Inns und zu einem Ende ihrer Ausbildungstätigkeit. Danach lernte der angehende Jurist nur noch als Lehrling bei einem niedergelassenen Rechtspraktiker und wurde nach Ablauf von 2 oder 3 Jahren ohne einen weiteren Test oder eine Prüfung zur Ausübung des so erlernten Berufes zugelassen. Ein einheitlicher Ausbildungsstandard bestand damit nicht mehr. An den Universitäten in Oxford und Cambridge wurde zwar schon immer römisches und – bis zur Reformation – kanonisches Recht gelehrt, das Studium war aber keineswegs Voraussetzung für die praktische Tätigkeit als Jurist. Erst im 18. Jahrhundert wurden Versuche unternommen, einen systematischen Unterricht des common law an den Universitäten einzuführen, die jedoch letztlich alle scheiterten. Das im Jahre 1846 eingesetzte Select Committee on Legal Education enthüllte denn auch einen beklagenswerten Ausbildungsstand, wobei das Hauptproblem darin gesehen wurde, daß geeignetes Unterrichtsmaterial und ein systematischer Unterricht fehlten. Die Universitäten

[328] Atiyah, The Rise and Fall of Freedom of Contract, S. 390 f.

[329] Cook/ Oughton, Common Law of Obligations, S. 17.

[330] Zum folgenden ausführlich: Stein, Legal Theory and the Reform of Legal Education in Mid-Nineteenth Century England, in: The Character and Influence of the Roman Civil Law, S. 231 ff.; Kessler, Metamorphosen im Amerikanischen Vertragsrecht, JZ 1988, 109 ff.

in Cambridge, Oxford und London reagierten relativ schnell auf die Empfehlungen des Committees und richteten neue Lehrstühle ein.[331]

Im Laufe des 19. Jahrhundert erschienen dann die ersten Vertragsrechtslehrbücher, die sogenannten „Treatises“, in denen Simpson den entscheidenden Faktor für die Innovation des common-law-Vertragsrechts im 19. Jahrhundert sieht.[332] In über 300 Jahren Vertragsrechtsprechung hatte sich in England in den Law Reports eine Unmenge an Fallmaterial angesammelt, das bis zum Ende des 18. Jahrhundert nur in sogenannten „abridgements“ ohne System zusammengestellt worden war. Noch in der Abhandlung von William Blackstone Ende des 18. Jahrhundert nahm das Vertragsrecht nur einige wenige Seiten eines insgesamt vier Bände umfassenden Werkes, den Commentaries on the Laws of England, ein. Was fehlte, war eine systematische Darstellung allgemeiner Prinzipien des Vertragsrechts in einer abstrakten Form, unter die man einen konkreten Lebenssachverhalt subsumieren konnte, um so zu einem Ergebnis für den jeweils vorliegenden Fall zu gelangen. Im 19. Jahrhundert widmeten sich die common law Juristen der Aufgabe, aus der chaotischen Ansammlung von case law ein einheitliches und systematisches Vertragsrecht herauszuarbeiten. 1826 erschien das erste Vertragslehrbuch von Chitty, 1847 von Addison, 1867 von Leake, 1875 von Pollock und 1879 von Anson.

Es erstaunt nicht, daß sich die Verfasser bei ihrer Arbeit an den kontinentaleuropäischen Rechtssystemen, dem civil law,[333] orientierten, die bereits seit Jahrhunderten mit den systematischen Kategorien des römischen Rechts arbeiteten.[334] So schrieb beispielsweise John Austin, der 1826 zum ersten Juraprofessor des University College in London ernannt wurde:

---

331 Stein, Legal Theory and the Reform of Legal Education in Mid-Nineteenth Century England, in: The Character and Influence of the Roman Civil Law, S. 234 ff.

332 Simpson, Innovation in Nineteenth Century Contract Law, 91 L.Q.Rev. 247, 277 (1975): „It is to the rise of the treatise that we must attribute the change in the character and structure of basic contract law.“

333 Unter civil law wird das Recht der Rechtsordnungen zusammengefaßt, deren Rechtssystem auf dem römischen Recht basiert. Dazu gehören insbesondere die kontinentaleuropäischen Rechtssysteme.

334 „When the late eighteenth and early nineteenth century writers on contract set about the task of systematic exposition of the abstract principles of contract law, they were engaged upon an enterprise which was new to the common law (...) but old to civilian tradition; they were trying to do what the civilians, the canonists and the natural lawyers had been doing for centuries.“: Simpson, Innovation in Nineteenth Century Contract Law, 91 L.Q.Rev. 247, 254 (1975). Ebenso: Stein, Legal Theory and the Reform of Legal Education in Mid-Nineteenth Century England; sowie Continental Influences on English Legal Thought in: The Character and Influence of the Roman Civil Law, S. 241 f. und 223 ff.; Zimmermann, The Law of Obligations, S. 569 ff.; Atiyah, The Rise and Fall of Freedom of Contract, S. 407.

„Turning from the study of the English to the study of the Roman law, you escape from the empire of chaos and darkness to a world which seems by comparison, the region of order and light."[335]

Wendet man sich vom Studium des englischen dem Studium des römischen Rechts zu, so kommt man aus einem Reich des Chaos und der Dunkelheit in eine Welt, die einem im Vergleich dazu als eine Region voller Ordnung und Licht erscheint.

Der Einfluß des civil law wurde auch dadurch begünstigt, daß viele deutsche und französische Lehrbücher im Laufe des 19. Jahrhundert in englischer Übersetzung erschienen. Zu den bekanntesten gehörte Pothier, dessen „Traité des obligations" aus dem Jahre 1770 den englischen Juristen im Jahre 1806 durch die Übersetzung von W.D. Evans zugänglich gemacht wurde,[336] und Savigny, dessen erster Band seines Werkes „System des heutigen römischen Rechts" 1867 in englischer Sprache erschien.[337]

Die common law Juristen orientierten sich aber nicht nur an der Systematik, sondern übernahmen auch inhaltlich Rechtskonzepte des civil law,[338] ein Prozeß, den Gordley als ein „selective borrowing"[339] beschreibt: Indem das common law Rechtskonzepte entlieh, veränderte es diese auch, da es nur Teilbereiche übernahm.

„... in the process of borrowing, however, they had changed the meaning of what they borrowed because of what they had not borrowed."

... mit dem Prozess der Übernahme veränderten sie jedoch die Bedeutung von dem, was sie übernahmen, durch das, was sie nicht übernahmen.

---

335 Zitiert nach Stein, Legal Theory and the Reform of Legal Education in Mid-Nineteenth Century England, in: The Character and Influence of the Roman Civil Law, S. 239).

336 Zum Einfluß Pothiers siehe Zimmermann, The Law of Obligations, S. 570; Rheinstein, Die Struktur des vertraglichen Schuldverhältnisses im anglo-amerikanischen Recht, S. 175, 186.

337 Stein, Legal Theory and the Reform of Legal Education in Mid-Nineteenth Century England; sowie Continental Influences on English Legal Thought in: The Character and Influence of the Roman Civil Law, S. 241 f., 223 ff.; Atiyah, The Rise and Fall of Freedom of Contract, S. 407; in der Entscheidung Haynes v. Haynes (1869) 62 ER 442, 445 beschreibt Kindersley V.C. den Vertrag mit Worten, die eine auffallende Ähnlichkeit mit den Worten Savigny's aufweisen: „When both parties will the same thing and each communicates his will to the other, with a mutual agreement to carry it into effect, then an engagement or contract between the two is constituted."; siehe auch Hoeflich, Savigny and His Anglo-American Disciples, 37 American Journal of Comparative Law, 17 ff. (1989).

338 Cheshire, Fifoot and Furmston's Law of Contract, S. 12: „Appearing as it did at a critical period, the new literature led to a partial reception of ideas derived from the civil law of continental Europe, many of which, adapted through the case law, remain as contractual categories, as chapter headings in the books today."

339 Gordley, Natural Law Origins of the Common Law of Contract, S. 367, 368.

Im Bereich des Vertragsrechts übernahm das common law die Regeln über das Zustandekommen einer Vereinbarung. Gleichzeitig erhob es die Vereinbarung zur Grundlage für das Zustandekommen eines Vertrages.

I.A.5.4. Die Bedeutung der Innovation des Vertragsrechts im 19. Jahrhundert für das Zustandekommen von Verträgen

Bis zum Anfang des 19. Jahrhundert wurde der Frage, wann ein Vertrag zustande kam, im common law kaum Bedeutung beigemessen. Im Zentrum des Interesses stand die Frage, ob eine Partei wegen eines gebrochenen Versprechens klagen konnte, und Voraussetzung dafür war, daß sie eine consideration geleistet hatte.

Diese consideration leistete sie aber in der Regel nicht im Zeitpunkt des Versprechens, sondern zu einem späteren Zeitpunkt, beispielsweise indem sie eine Erfüllungshandlung erbrachte. Zwischen Versprechen und Zustandekommen eines Vertrages konnte also eine beträchtliche Zeitspanne liegen. Maßgeblich war allein, daß zum Zeitpunkt der Klageerhebung eine consideration geleistet worden und somit ein vertraglicher Anspruch begründet war. Eine mit dem Versprechen zeitgleiche consideration in Form eines Gegenleistungsversprechens war zwar ausreichend, praktisch aber wurde eine Klage eher selten darauf gestützt.

Erst recht keine Notwendigkeit bestand für die Erörterung der Frage, ob sich die Parteien über die Entstehung einer vertraglichen Verpflichtung geeinigt, also einen Konsens erzielt hatten. Natürlich dürften sich die Prozeßbeteiligten bereits vor dem 19. Jahrhundert darüber im klaren gewesen sein, daß das Versprechen in der action of assumpsit Teil einer Einigung zwischen den Parteien war, und sich beispielsweise der Käufer und der Verkäufer in irgendeiner Form über den Verkauf der Waren verständigt haben mußten.[340] Neuere rechtshistorische Untersuchungen belegen auch, daß die Konsenstheorie den englischen Juristen schon vor Ende des 18. Jahrhundert durchaus bekannt war.[341]

---

[340] Diesen Aspekt stellen insbesondere die neueren rechtshistorischen Betrachtungen von Hamburger und Baker heraus: Hamburger, The Development of Consensus Theory, 7 Law and History Review 241, (1989) zu dem Einfluß des Civil Law auf die englischen Juristen des 16. und 17. Jahrhundert.

[341] Hamburger, The Development of Consensus Theory, 7 Law and History Review 241 (1989).

Entscheidend für den Erfolg der Klage war die Einigung der Parteien aber nicht.[342]

Ende des 18. Jahrhundert begannen dann aber die Gerichte mit Hilfe der Rechtsgrundsätze von Angebot und Annahme den Zeitpunkt des Zustandekommens eines Vertrages zu bestimmen.

Die Terminologie wird erstmals in der Entscheidung Payne v. Cave[343] aus dem Jahre 1789 verwendet. In diesem Fall entschied das Gericht, daß ein Bieter auf einer Auktion sein Gebot widerrufen konnte, bevor der Hammer fiel, weil jedes Gebot nicht mehr als ein Angebot einer Seite ist, an das keine Seite gebunden ist, bis es angenommen ist („every bidding is nothing more than an offer on one side, which is not binding on either side till it is assented to"). Simpson ist allerdings der Ansicht, daß die Begriffe „offer" und „assent" in diesem Fall noch nicht die Anwendung eines spezifischen Rechtkonzepts enthalten, sondern nur zur untechnischen Beschreibung eines tatsächlichen Lebenssachverhalts verwendet werden („merely unspecialised, descriptive terms").[344]

Endgültig anerkannt wurde das Konzept von Angebot und Annahme in folgender englischer Entscheidung aus dem Jahre 1818.

Adams v. Lindsell[345]

Die Beklagten waren Wollhändler. Sie boten mit Schreiben vom 2. September 1817 den Klägern eine bestimmte Menge Wolle an und fügten hinzu, daß sie eine Antwort per Post erwarteten. Bei ordnungsgemäßer Zustellung hätte der Brief mit diesem Angebot den Klägern am 5. September zugehen müssen, tatsächlich erreichte er die Kläger aber erst am 7. September. Das von den Klägern noch am selben Tag zur Post gegebene Annahmeschreiben ging den Beklagten am 9. September zu. Am 8. September hatten diese die Wolle aber bereits anderweitig verkauft. Die Frage, ob

---

342 Jackson, The Scope of the Term 'Contract', 53 L.Q.Rev. 525, 528 (1937): „I do not know of any seventeenth century law report where an argument is based on the proposition that contract rests upon agreement." Ebenso Oldham, Reinterpretation of 18th Century English Contract Theory: The View from Lord Mansfield's Trial Notes, 76 Georgetown L.J., 1949, 1950: „Thus, even if the basics of consensual contract theory existed earlier, these theoretical underpinnings were not fully articulated until after Lord Mansfield's term as Chief Justice [1756 - 1788]." Siehe auch Simpson, A History of the Common Law of Contract, S. 466: „This doctrine [of offer and acceptance] was entirely unknown in the sixteenth and seventeenth century."; Ebenso: Gordley, The Philosophical Origins of Modern Contract Doctrine, S. 139.

343 3 Term Rep. 148, 100 E.R. 502 (1789).

344 Simpson, Innovation in 19th Century Contract Law, 91 L.Q.Rev. 247, 260 f. (1975); a.A. Hamburger, The Development of Consensus Theory, 7 Law and History Review 241, 326 Fn. 240 (1989).

345 (1818) 1 B.&Ald. 681.

ein bindender Vertrag zustande gekommen war, wurde unter dem Gesichtspunkt von Angebot und Annahme erörtert. Das Hauptproblem des Falles lag darin, zu welchem Zeitpunkt eine wirksame Annahme vorlag: bereits mit dem Absenden oder erst mit dem Zugang des Antwortschreibens. Das Gericht entschied sich für den Absendezeitpunkt und begründete damit die sogenannte Postal Rule des common-law-Vertragsrechts.

Es ist wahrscheinlich, daß das Konzept von Angebot und Annahme aus dem kontinentaleuropäischen Vertragslehre übernommen wurde.[346] Die englische Rechtsliteratur erhob schließlich das Konzept von Angebot und Annahme zu einem der grundlegenden Prinzipien des Vertragsrechts: Jeder Vertrag kommt durch ein Angebot und eine Annahme zustande.[347]

Aber was waren die Gründe für das Bedürfnis, allgemeingültige Regeln für den Zeitpunkt des Zustandekommen eines bindenden Vertrages zu formulieren?

Häufig findet sich der Hinweis, daß Regeln über das Zustandekommen eines Vertrages mit der Entwicklung eines zuverlässigen Postwesens notwendig geworden seien.[348] Da Vereinbarungen nicht mehr bei Anwesenheit beider Parteien getroffen wurden, waren Regeln erforderlich, die es ermöglichten, den Zeitpunkt für das Zustandekommen einer Vereinbarung zwischen Abwesenden zu bestimmen. Die consideration-Regeln seien dafür nicht geeignet gewesen, weil in der Rechtsprechung des 16. und 17. Jahrhundert der Grundsatz aufgestellt worden war, daß ein Gegenversprechen nur dann ausreichende consideration für ein Versprechen sein konnte, wenn beide Versprechen im selben Zeitpunkt abgegeben worden waren.[349]

Ganz einleuchtend ist diese Erklärung nicht, denn auch mit den Regeln über Angebot und Annahme mußte schließlich der Grundsatz der Gleichzeitigkeit für die consideration aufgegeben werden. Das Ergebnis hätte sich also auch ohne die Hinzunahme des Angebot/Annahmekonzeptes erreichen lassen.

Überzeugender scheint die Erklärung, daß sich im 19. Jahrhundert die Funktion des Vertrages veränderte.

---

346 „Had the common law judges not been familiar with the rule from that source, it is hard to believe they would suddenly have started to invoke it.“: Gordley, The Philosophical Origins of Modern Contract Doctrine, S. 139.

347 Simpson, Innovation in Nineteenth Century Contract Law, 91 L.Q.Rev. 247, 258 f. (1975); Gordley, The Philosophical Origins of Modern Contract Doctrine, S. 140.

348 Simpson, Innovation in Nineteenth Century Contract Law, 91 L.Q.Rev. 247, 258 (1975); Teeven, A History of the Anglo-American Common Law of Contract, 177 f.

349 Cooke v. Oxley (1790), 100 Eng.Rep. 785.

Auf den Zeitpunkt des Vertragsschlusses kommt es erst an, wenn der formlose Vertrag die Funktion eines Instruments zur privaten Planung übernimmt, und dies geschah im common-law-Vertragsrecht erst gegen Ende des 18. Jahrhunderts. Erst ab dann diente der common law Vertrag dazu, das erzielte Ergebnis einer Planung der Parteien festzuschreiben und gegenüber zukünftigen Entwicklungen abzusichern. Damit erlangte die Frage nach dem Zeitpunkt der Bindung der Parteien an ihre gemeinsame Planung und damit die Frage nach dem Zustandekommen einer vertraglichen Bindung erstmals eine eigenständige Bedeutung.

Atiyah illustriert diese Entwicklung anhand der Verträge über den Bau öffentlicher Gebäude:[350] Bis 1830 war es üblich, daß die Regierung Bauaufträge für öffentliche Gebäude vergab, ohne dafür einen Preis zu vereinbaren. Das Bauunternehmen verlangte vielmehr für jede Arbeitsleistung den üblichen („customary") Preis, und wenn die Regierung diesen nicht akzeptierte, wurde der Streitpunkt von einem Gericht oder einem Schiedsrichter entschieden. Aufgrund von Schätzungen verschiedener professioneller Zeugen traf der Richter dann eine Entscheidung. Wo erst nach Ausführung der Arbeit die üblichen Preise festgelegt werden, kommt es auf eine vertragliche Vereinbarung nicht an. Diese Vorgehensweise hatte natürlich erhebliche Nachteile, und um 1830 ging die Regierung dazu über, die Preise für ihre Bauprojekte im voraus festzulegen, was vor allem für die öffentlichen Auftraggeber den Vorteil mit sich brachte, nun von vornherein zu wissen, welche Kosten auf sie zukamen.[351] Auf der anderen Seite entstanden große Bauunternehmen, die in der Lage waren, ihre Preise besser zu kalkulieren und sowohl das Risiko eines Gewinnes als auch eines Verlustes zu tragen.

Im 19. Jahrhundert verschob sich also der Fokus des common-law-Vertragsrechts:

Bis in das 19. Jahrhundert hinein blickte das Vertragsrecht vom Schaden zurück auf seine Verursachung durch ein gebrochenes vertragliches Versprechen. Erst im 19. Jahrhundert rückte der Vertrag als ein selbständiges Ereignis, das zu einem bestimmten Zeitpunkt stattfindet und von da an die Rechte der Parteien verändert, in den Mittelpunkt.

---

350 Atiyah, The Rise and Fall of Freedom of Contract, S. 421.

351 „To the Victorian middle class patron, the idea of knowing in advance how much one would have to lay out must have appealed strongly.": Port, The Office of Works and Building Contracts in Early Nineteenth Century England, 20 Economic History Review 94, 109 (1967) zitiert nach Atiyah, The Rise and Fall of Freedom of Contract, S. 421.

„To derive a law of contract from remedies in tort involved more than the change of remedy. Tort actions look backwards from damage to its causation. A contract is an event in itself, happening at a particular moment and altering rights from that moment onwards; and that idea probably did not arise until the nineteenth century."[352]

Ein Vertragsrecht aus deliktsrechtlichen Regeln abzuleiten beinhaltet mehr als die bloße Veränderung von Regeln. Deliktische Klagen schauen vom Schaden aus zurück zu seiner Verursachung. Ein Vertrag ist ein Ereignis an sich, das zu einem bestimmten Zeitpunkt stattfindet und von diesem Zeitpunkt an Rechte verändert; und diese Sichtweise entwickelte sich wahrscheinlich nicht vor dem 19. Jahrhundert."

I.A.5.5. Angebot, Annahme und Consideration

Wie verhielt sich das neue Einigungskonzept von Angebot und Annahme zu dem alten consideration-Konzept?

Wie bereits dargestellt, war es bis in das 19. Jahrhundert hinein gar nicht Aufgabe der consideration festzulegen, unter welchen Voraussetzungen ein Vertrag zustande kam, sondern ob der Bruch eines Versprechens zum Zeitpunkt der Klageerhebung sanktioniert werden sollte.[353] Es hätte nahe gelegen, die Frage des Zustandekommens einer bindenden vertraglichen Vereinbarung allein den neuen Regeln von Angebot und Annahme zu überlassen.

Lord Mansfield, der von 1756 bis 1788 Chief Justice of the Court of King's Bench war, versuchte auch allein den Parteiwillen als konstitutives Merkmal einer vertraglichen Verpflichtung zu etablieren, indem er in dem Fall Pillans v. van Mierop die consideration als bloßes Beweismittel einstufte.

Pillans v. van Mierop (1765)[354]

Ein irischer Kaufmann namens White wünschte auf die Klägerin, das Haus Pillans und Rose zu Rotterdam, einen Wechsel zu ziehen. Die Klägerin war bereit, den Wechsel einzulösen, wenn sie durch eine Kreditzusage eines Londoner Finanzhauses abgesichert würde. White benannte das Haus Van Mierop and Company. Daraufhin lösten die Kläger den Wechsel ein. Erst dann schrieben die Kläger die Beklagten an und erkundigten sich, ob sie den Wechsel des Kaufmanns decken würde. Die Beklagten sagten dies schriftlich zu. Kurz darauf wurde der Kaufmann zahlungsunfähig, aber auch die Beklagten weigerte sich zu zahlen. Er verteidigte sich mit dem Argument, für sein

---

352 Milsom, Historical Foundations of the Common Law, S. 355. Zustimmend Atiyah, The Rise and Fall of Freedom of Contract, S. 420: „The focal point of contract law shifted from the performance ... to the „making" of the contract."

353 siehe oben I.A.5.1.6.

354 97 E.R. 1035; ausführlich besprochen bei Simpson, A History of the Common Law of Contract, S. 617 ff.

Versprechen habe jegliche consideration gefehlt, da der Wechsel bereits eingelöst worden sei, bevor er das Versprechen abgegeben hatten. Der Klage wurde stattgegeben.

Lord Mansfield begründete die Entscheidung damit, daß im Handelsverkehr eine consideration nicht erforderlich sei, wenn das Versprechen anderweitig, beispielsweise durch ein Schriftstück, bewiesen werden konnte. Den anderen Richtern gelang es allerdings, in diesem Fall auch das Vorliegen einer consideration zu begründen: der Nachteil, der der Klägerin infolge des Versprechens entstanden sei, läge darin, daß sie es unterlassen hätte, unmittelbar gegen den Kaufmann mit der entsprechenden Sorgfalt vorzugehen.

13 Jahre später wurde der Ansatz von Lord Mansfield, die consideration lediglich als ein Beweismittel einzustufen, in dem Fall Rann v. Hughes (1778)[355] verworfen.

Lord Mansfield versuchte daraufhin die consideration mit einer moralischen Verpflichtung gleichzusetzen.[356] Dies wäre letztlich einer Abschaffung der consideration-Doktrin gleichgekommen, denn wer ein Versprechen macht ist immer moralisch verpflichtet, sein Versprechen auch zu erfüllen. Mit der folgenden Entscheidung aus dem Jahre 1840 wurde aber auch dieser Ansatz endgültig verworfen.

Eastwood v. Kenyon[357]

Der Kläger hatte von einem Dritten Geld geliehen, um die Ausbildung seines Mündels, eines Mädchens namens Sarah Sutcliffe, bezahlen zu können. Als diese volljährig wurde, versprach sie, das Darlehen zurückzuzahlen und der Beklagte, den sie später heiratete, machte ein ähnliches Versprechen. Der Kläger klagte auf Rückzahlung des Darlehens. Die Klage wurde abgewiesen, weil der Beklagte keine consideration von dem Kläger erhalten hatte und allenfalls moralisch verpflichtet war zu zahlen. Lord Denman verwarf in seiner Begründung die moral obligation-Theorie als eine unglückliche Erfindung von Lord Mansfield.

---

355 7 T.R. 350, 101 ER 1014 (1778), in der Chief Justice Skynner feststellte: „All contracts are, by the laws of England, distinguished into agreements by specialty and agreements by parol; nor is there any such third class as some of the counsel have endeavoured to maintain, as contracts in writing. If they be merely written and not specialties, they are parol, and a consideration must be proved." Zu dieser Entscheidung Atiyah, The Rise and Fall of Freedom of Contract, S. 215 f.

356 In der Entscheidung Hawkes v Saunders (1782) 1 Coup 289 stellte er fest: „Where a man is under a moral obligation which no Court of Law or equity can enforce, and promises, the honesty and rectitude of the thing is a consideration ... the ties of conscience on an upright man are a sufficient consideration."

357 (1840) 11 A.&E. 438.

Dazu stellt Simpson fest:

> „There is something to be said for throwing out old doctrine when importing new, and the opportunity to do this was lost in Eastwood v. Kenyon."[358]
>
> Es spricht einiges dafür, eine alte Doktrin aufzugeben, wenn eine neue übernommen wird. Die Gelegenheit hierzu wurde in Eastwood v. Kenyon vertan.

Die alte einseitige Konzeption eines Versprechens wurde also nicht etwa durch die neue zweiseitige Konzeption eines Vertrages ersetzt.[359] Vielmehr existierten seit Anfang des 19. Jahrhundert im common law zwei Konzepte zur Beantwortung ein und derselben Frage, nämlich unter welchen Voraussetzungen und zu welchem Zeitpunkt ein Vertrag entsteht. Beide Konzepte – so unterschiedlich ihr Ursprung und ihr Ansatz sein mochte – sollten aber gleichwohl zu dem gleichen Ergebnis führen. Anpassungsprobleme und Unstimmigkeiten waren damit vorprogrammiert.

> „The existence of two major sources of concepts made the common law unusually rich, perhaps too wealthy for its own coherence, for the concepts overlapped, provoking some confusion and inconsistency."[360]
>
> Die Existenz zweier wesentlicher konzeptioneller Ursprungspunkte hat das common law ungewöhnlich reich gemacht, vielleicht zu reich für ein eigenes geschlossenes System, denn die Konzepte überschnitten sich und führten so zu Verwirrung und Widersprüchen.

Dies fällt in den Fällen nicht weiter auf, in denen Annahme und consideration (in der Form des Gegenversprechens) zwanglos zusammenfallen, nämlich beim bilateral contract, der seit dem 19. Jahrhundert üblichen und häufigsten Vertragsform.

Probleme bereitete dagegen die Analyse von Transaktionen, bei denen nicht das Versprechen, sondern erst die tatsächlich erbrachte Leistung ausreichende consideration für ein Versprechen war: Die consideration sollte nicht mehr bloße Klagevoraussetzung sein, sondern darüber hinaus auch den Zeitpunkt der Entstehung der vertraglichen Verpflichtung bestimmen. Damit lag der Schluß nahe, daß in den Fällen, in denen consideration eine Gegenleistung war, eine vertragliche Verpflichtung erst dann bestand, wenn diese Gegenleistung vollständig erbracht worden war.

---

358 Simpson, Innovation in Nineteenth Century Contract Law, 91 L.Q.Rev. 247, 263 (1975).

359 So aber Zimmermann/ Hellwege, Belohnungsversprechen: „pollicitatio", „promise" oder „offer"? ZfRV 1998, 133, 135.

360 Owisa, Formation of Contract, S. 145.

Daraus folgt wiederum, daß auch eine Annahme erst mit der vollständigen Leistung vorliegen kann; die consideration impliziert die Annahme („consideration implies acceptance").[361] Mit der Begründung einer Willensübereinstimmung mit dem Angebot hat diese Annahme allerdings dann nur noch wenig zu tun.[362] Letztlich ist das Erfordernis der Annahme nur noch ein bloßer „Lippendienst am Vertragsmonopol" im Sinne eines Konsensualvertrages.[363]

Trotz dieser Widersprüche wurde die Beurteilung von unilateral contracts mit Hilfe der Begriffe von Angebot und Annahme erstmals in Williams v. Carwadine (1833)[364] vorgeschlagen und in dem Fall Carlill v. Carbolic Smoke Ball Co. (1893)[365] allgemein anerkannt.

I.A.6. Zusammenfassung

Erst im 19. Jahrhundert entstand ein systematisches common-law-Vertragsrecht und mit ihm die Kategorien des unilateral und bilateral contract. Dieses moderne Vertragsrecht basierte aber nur teilweise auf dem common law, wie es sich in den vorhergehenden 300 Jahren entwickelt hatte. Denn bei dem Versuch, das alte common law zu systematisieren und den Anforderungen einer modernen Industrie- und Handelsnation anzupassen, bedienten sich Richter und vor allem Rechtsgelehrte nicht nur der Kategorien des civil law, sie entliehen auch Rechtskonzepte des civil law und veränderten die Regeln des alten common law. Das Ergebnis war

> „... an amalgam of inherited rules, civil law borrowings, and the rationalizations of 19th and early 20th century jurists. It is neither traditional nor rational. It is a compromise between the desire of these jurists to be sensible and coherent, and their need to present their work as a mere explanation of the law they inherited."[366]

> ... ein Gemenge aus ererbten Regeln, aus dem civil law Entliehenem und der vernunftmäßigen Sicht der Juristen des 19. und 20. Jahrhunderts. Es ist weder althergebracht noch rational. Es ist ein Kompromiß zwischen dem Bestreben der Juristen, vernünftig und folgerichtig zu sein, und der Notwendigkeit, ihre Arbeit als bloße Erläuterung des Rechts zu präsentieren, das sie geerbt hatten.

---

[361] Becker, Gegenopfer und Opferverwehrung, S. 23.

[362] Teeven, A History of the Anglo-American Common Law of Contract, S. 259: „tortured logic has been used to declare there was an offer for a unilateral contract calling for acceptance."

[363] Becker, Gegenopfer und Opferverwehrung, S. 22.

[364] 4 B.&Ad. 621, siehe unten II.A.1.1.

[365] 1 Q.B. 256. siehe unten II.A.1.

[366] Gordley, The Common Law in the Twentieth Century: Some Unfinished Business, 88 California L.Rev. 1815 ff. (2000).

Im Vertragsrecht übernahm das common law aus dem civil law das Konzept der Einigung durch Angebot und Annahme als Voraussetzung eines Vertrages und zur Festlegung des Zeitpunktes, zu dem ein Vertrag zustande gekommen war. Die consideration als Voraussetzung für die Klagbarkeit eines Versprechens wurde zu einer weiteren Voraussetzung für das Zustandekommen eines Vertrages erhoben. Consideration und Annahme mußten also zusammenfallen. Gleichzeitig wurde das ursprünglich unscharfe und weite Konzept der consideration auf die Rolle eines „Gegenopfers“ beschränkt.

Da aber bereits im alten Vertragsrecht Gegenleistung und Gegenversprechen als ausreichende consideration anerkannt waren, mußte dies auch für das neue Vertragsrecht gelten. So entstand ein System, in dem es einen unilateral contract gab, der erst zustande kam, wenn die verlangte Gegenleistung vollständig erbracht war, und einen bilateral contract, der zustande kam, wenn das Gegenversprechen abgegeben worden war.

Aber hat diese Systematik auch einen praktischen Wert? Llewellyn, ein erklärter Gegner des unilateral contract,[367] bezweifelt dies:

> „Nothing could be more simply stated, more rigorously thought, more tightly integrated, more fascinatingly absurd to teach, more easy to „apply”... magnificent in conception, impeccable in workmanship, it yet would not function; … "[368]
>
> Nichts ließ sich einfacher feststellen, präziser durchdenken, enger integrieren, mit faszinierenderer Absurdität lehren, einfacher anwenden … großartig in der Konzeption, handwerklich einwandfrei wollte es dennoch nicht funktionierten; ...

Gegen diese pessimistische Einschätzung spricht, daß einige Fallgruppen, die im zweiten Teil dieser Arbeit noch näher untersucht werden sollen, im englischen und US-amerikanischen Recht nur mit Hilfe des unilateral contract gelöst werden können, der unilateral contract also durchaus nicht nur eine Kategorie des common-law-Vertragsrechts ist, sondern auch eine Funktion wahrnimmt. Die Regel, daß ein Vertrag erst nach Leistung der consideration, sei es als Gegenversprechen beim bilateral contract oder als Gegenleistung beim unilateral contract, zustande kommt, bereitet jedoch in der Praxis Probleme, wie die Diskussion des freien Widerrufsrechts des Anbieters/Versprechenden beim unilateral contract gezeigt hat.[369] Hier wurden zwar in der Rechtslehre und in der Rechtsprechung praktische Lösungen für den Ausschluß eines Widerrufs-

---

[367] siehe oben I.A.4.1.4.

[368] Llewellyn, On the Good, Fine and Beautiful in Law, 9 Chicago L.Rev. 224, 228, 229 (1942).

[369] siehe oben I.A.4.

rechts gefunden, eine zufriedenstellende dogmatische Lösung in der Systematik des modernen common-law-Vertragsrechts gibt es jedoch nicht. Es ist zu vermuten, daß dieses Problem bei der Formulierung der Voraussetzungen eines Vertrages im 19. Jahrhundert und der Bildung der Kategorien unilateral und bilateral contract schlicht nicht erkannt wurde, zumal es sich beim bilateral contract, dem gegenseitig verpflichtenden Vertrag und Paradigma des modernen Vertragsrechts, nicht stellt.

Wie sich in einem Rechtssystem, dem die historische Vorbelastung des common law fehlt, Austauschverträge mit einseitiger Leistungsverpflichtung gestalten lassen, soll für das deutsche Recht im folgenden Teil der Arbeit untersucht werden.

I.B. Gegenstücke zum Unilateral Contract im deutschen Recht

I.B.1. Fehlen einer dem Unilateral Contract entsprechenden Kategorie

Eine dem unilateral contract unmittelbar entsprechende Vertragskategorie fehlt im deutschen Recht.

Das deutsche Recht teilt die Verträge zwar in die Gruppen der einseitig, unvollkommen zweiseitig und zweiseitig verpflichtenden Verträge ein: Der einseitig verpflichtende Vertrag begründet nur für eine Vertragspartei eine Leistungspflicht. Beim unvollkommen zweiseitigen Vertrag trifft eine Partei die den Vertragstyp bestimmende Leistungspflicht, und selbst wenn die andere Partei ebenfalls eine Leistung erbringt, stehen diese Leistungen jedenfalls nicht im Gegenseitigkeitsverhältnis. Beim zweiseitigen Vertrag stehen schließlich die beiderseitigen Verpflichtungen in einem Abhängigkeitsverhältnis zueinander.

Allerdings geht es bei diesen Kategorien weniger um die Frage der gegenseitigen Verpflichtung zur Leistung, als um die Frage des Leistungsaustauschs. Primärer Zweck der Kategorien des deutschen Rechts ist die Isolierung des zweiseitig verpflichtenden Vertrages,[370] auf den dann die besonderen Rechtsregeln der §§ 320 ff. BGB anzuwenden sind.[371] Allein weil gegenseitige Verträge typischerweise Austauschverträge sind, spricht man vom gegenseitig verpflichtenden Vertrag.[372] Auch der unilateral contract ist aber ein Austauschvertrag, also ein Vertrag bei dem ein gegenseitiger Leistungsaustausch stattfindet. Mit der Kategorie des einseitig verpflichtenden Vertrages des deutschen Rechts läßt er sich daher nicht erfassen. Weil die Parteien aber auch keine gegenseitigen Leistungspflichten begründet haben, sondern nur eine Partei sich verpflichtet, eine Leistung zu erbringen, fällt er aber auch nicht in die Kategorie des gegenseitig verpflichtenden Vertrages.[373] Bei der Abgrenzung zwischen unilateral contract und bilateral contract geht es dem englischen und US-amerikanischen Recht im Gegensatz zu den Kategorien des deutschen Rechts

---

[370] Becker, Gegenopfer und Opferverwehrung, S. 27.

[371] Dies gilt auch, wenn die Parteien den Vertrag ausnahmsweise nicht als gegenseitig verpflichtenden Vertrag ausgestalten: Thelen, Entgeltliche Geschäfte ohne beiderseitige Leistungspflicht.

[372] Entsprechendes gilt für die contratti unilaterali des italienischen Rechts: Gorla, Il cosidetto „unilateral contract" o contratto con executed consideration nella common law anglo-americana, Riv.Dir.Comm., I, S. 271, 275 f. (1954).

[373] Daher sollte auch im englischen Recht nicht dem Beispiel von Lord Diplock gefolgt werden, der in Anlehnung an die Terminologie des französischen Rechts (Art. 1102, 1103 des Code Civil) die Bezeichnungen „unilateral" und „synallagmatisch" verwendet: New Zealand Shipping Co. Ltd v. A. M. Satterthwaite & Co. Ltd. [1975] A.C. 154, 167-168, 171, 177.

nicht um die Beschreibung typischer Forderungsbeziehungen, sondern um die Ausgestaltung eines Leistungsaustauschs im konkreten Fall.

Schließlich gibt die Einteilung des deutschen Rechts auch keine Antwort auf die für den unilateral contract entscheidende Frage, zu welchem Zeitpunkt ein bindender Vertrag zwischen den Parteien entsteht. Diese Frage beurteilt sich allein nach den Regeln über das Zustandekommen eines Vertrages, die sich von denen des englischen und US-amerikanischen Rechts grundlegend unterscheiden.

I.B.2. Der Vertrag als zweiseitiges Rechtsgeschäft

Im deutschen Vertragsrecht folgt die rechtsgeschäftliche Verpflichtung der Parteien aus dem durch Willenseinigung zustande gekommenen Vertrag. Eine consideration als Voraussetzung für das Zustandekommen einer vertraglichen Verpflichtung ist dem deutschen Vertragsrecht fremd.

Die Entstehung einer rechtsgeschäftlichen Verpflichtung setzt im deutschen Recht gemäß § 311 BGB grundsätzlich einen Vertrag voraus.[374] Eine Definition des Vertrages enthält das BGB nicht. Gesetzlich geregelt ist nur der Vertragsschluß in den §§ 145 ff. BGB. Die entscheidende Voraussetzung der Einigkeit der Vertragswilligen läßt sich nur im Gegenschluß aus den §§ 154, 155 BGB entnehmen. § 77 des ersten Entwurfes zum BGB sah noch die folgende ausdrückliche Regelung vor:

> „Zur Schließung eines Vertrages wird erfordert, daß die Vertragschließenden ihren übereinstimmenden Willen sich gegenseitig erklären."[375]

Die Einigung ist im deutschen Recht das entscheidende Merkmal des Vertrages und die Grundlage der vertraglich gewollten Rechtsfolge.

> „Vertrag ist die Vereinigung mehrerer zu einer übereinstimmenden Willenserklärung, wodurch ihre Rechtsverhältnisse bestimmt werden."[376]

---

[374] Einzige gesetzlich anerkannte Ausnahme ist die Auslobung (§ 657). Sie ist ein einseitiges Rechtsgeschäft, mit dem im Wege der öffentlichen Bekanntmachung eine Belohnung für eine Handlung, meist die Herbeiführung eines Erfolgs ausgesetzt wird. Die Auslobung ist im Hinblick auf den unilateral contract von besonderer Bedeutung, da sie aber im deutschen Vertragsrecht eine Sonderstellung einnimmt, soll sie erst an späterer Stelle ausführlich erörtert werden, siehe unten II.A.

[375] Mugdan I, 441. In der zweiten Lesung wurde allerdings die Streichung der Vorschrift beschlossen: Mugdan I, 688, da die Kommission die Bezeichnung der begrifflichen Merkmale der Vertragsschließung für nicht erforderlich hielt.

[376] Savigny, System des heutigen Römischen Rechts III, § 140, S. 309.

Im Gegensatz zum common-law-Vertragsrecht folgt die Verpflichtung der Parteien im deutschen Recht also nicht aus ihren in Angebot und Annahme enthaltenen Versprechen, sondern erst aus dem durch Angebot und Annahme zustande gekommenen Vertrag als zweiseitigem Rechtsgeschäft.

I.B.2.1. Das Zustandekommen des Vertrages

Die Einigung setzt in der Regel voraus, daß die Parteien zwei korrespondierende Willenserklärungen, Angebot und Annahme, abgegeben haben.

Das Angebot ist die einseitige empfangsbedürftige Willenserklärung, mit der der Anbieter einem anderen die Begründung eines Vertrages in einer Weise vorschlägt, daß das Zustandekommen dieses Vertrages nur noch vom Einverständnis des anderen ohne Änderungen und Zusätze abhängt.[377]

Die Annahme ist die vorbehaltlose Zustimmung zum Vertragsschluß gemäß dem Angebot.[378] Sie erfolgt grundsätzlich durch eine Annahmeerklärung, die sich entweder aus einer entsprechenden ausdrücklichen Äußerung oder aus einem entsprechenden konkludenten Verhalten des Annehmenden, z. B. Beginn der Ausführung des Vertrages, ergeben kann. In welcher Form und auf welche Art und Weise die Annahme erfolgt, ist unerheblich. Entscheidend ist allein, daß sich aus ihr die Zustimmung zum Angebot ergibt.

Ziel der Erklärung von Angebot und Annahme ist es, eine Einigung zu erreichen. Die den §§ 145 ff. BGB zugrundeliegende Mechanik vereinfacht und beschleunigt diesen Vorgang, indem sie die vollständige inhaltliche Ausarbeitung des Vertrages beim Anbieter konzentriert und den Entscheidungsprozeß des Angebotsempfängers auf eine einfache Ja/Nein-Alternative beschränkt.[379] Der Angebotsempfänger kann den Vertrag nur so annehmen und zustandebringen, wie er ihm angeboten wurde.

Weder das Angebot noch die Annahme stellen jedoch für sich ein Rechtsgeschäft dar. Beide sind nur Teil des Rechtsgeschäfts „Vertrag“, das sie zustandebringen.[380] Die vertraglichen Rechtsfolgen, insbesondere also die

---

[377] Staudinger-Bork § 145 Rn. 1; Soergel-Wolf § 145 Rn. 2.

[378] Staudinger-Bork, § 146 Rn. 1.

[379] Leenen, Abschluß, Zustandekommen und Wirksamkeit des Vertrages, AcP 188 (1988), 381, 397.

[380] Soergel-Wolf § 145 Rn. 2; Staudinger-Bork § 145 Rn. 1; MüKo-Kramer, § 145 Rn. 3; Flume, Allgemeiner Teil des Bürgerlichen Rechts, 2. Band, § 35 I 1, S. 635; OLG Hamm, NJW 1982, 2076.

Bindung an den Vertrag und Verpflichtung einer oder mehrerer Parteien zur Leistung, werden erst durch den Vertragstatbestand ausgelöst.

I.B.2.2. Historischer Hintergrund

Das Vertragsprinzip fand mit der Rezeption des römischen Rechts Eingang in das deutsche Recht. Im römischen Recht, das zwar nicht mit einem allgemeinen Vertragsrecht, sondern mit einer Vielzahl konkreter Vertragstypen arbeitete, war als Entstehungsgrund eines rechtsgeschäftlichen Schuldverhältnisses grundsätzlich nur der Vertrag anerkannt.[381] Das deutsche Recht übernahm diesen Grundsatz, aber nicht in der äußeren Gestalt der förmlichen Stipulation, sondern als formlosen Konsensualvertrag.

Die Entstehung einer konsensualen Vertragsordnung in Deutschland vollzog sich dabei jedoch über den Umweg des einseitigen Versprechens.[382] Grund dafür war, daß bei allen an der Entwicklung des Vertragsrechts beteiligten Kräften (der kanonischen Lehre, dem gemeinen Recht und dem Naturrecht) zunächst die Anerkennung der bindenden und verpflichtenden Kraft des formlosen Versprechens im Mittelpunkt stand. Erst nachdem dieser Schritt vollzogen war, konnte sich im deutschen Recht die vertragliche Willensübereinstimmung als Grundlage schuldrechtlicher Verpflichtung entwickeln.

Die kanonische Lehre basiert auf dem Versprechen (promissio). Wer sein formloses Versprechen nicht hielt, beging danach ebenso wie derjenige, der gegen einen förmlich abgegebenen Eid (iuramentum) verstieß, einen Eidesbruch (medacium).

> „Promissio simplex obligat sicut et iuramentum. Nec inter haec Deus facit differentiam, cum uterque contraveniendo peccet mortaliter."[383]
>
> Das einfache Versprechen verpflichtet ebenso wie der Eid. Gott hat zwischen diesen keinen Unterschied gemacht, so daß bei einem Verstoß gegen beide die Sterblichen sündigen.

Auch im gemeinen Recht stand das Versprechen im Mittelpunkt. Verpflichtungsform im altgermanischen Recht war noch der Vertrag, d. h. die Mitwirkung des Versprechensempfängers, die in bestimmten Formen oder symbolischen

---

381 Ausnahme war die pollicitatio, ein gemeinnützliges Versprechen, das nur gegenüber dem Staat oder den Gemeinden abgegeben werden konnte.

382 Eine „peculiar detour": Zimmermann, The Law of Obligations, S. 567.

383 Albericus des Rosate in seinem Dictionarium iuris tam civilis quam cononici, ed. Venedig 1523, zitiert nach Mayer-Maly, Die Bedeutung des Konsenses in privatrechtsgeschichtlicher Sicht, S. 101.

Handlungen erfolgen mußte, war Voraussetzung für die Entstehung einer Verpflichtung. In der weiteren Entwicklung ging die Form und damit das Erfordernis der Mitwirkung verloren, die Bindung an das Versprechen wurde aber beibehalten.[384]

Freiburger Stadtrecht von 1520 (fol. 39)

„Welcher dem anderen etwas mit bedachtlichkeit zusagt, es sig mit blossen worten, oder andere zusagungen, die wort syent wie sy wöllen, so sol der ihen zugesagt hat, sin zusagen halten, und mag mit recht dazu gezwungen werden, dann es gepürt sich menschlicher erbarkeit, das man glauben halte, es wer dann das zusagen umb unerlich sachen."[385]

Im Naturrecht begann die Entwicklung der Vertragstheorie mit Grotius. Ausgangspunkt war ebenfalls das einseitige Versprechen.[386] Grotius erarbeitete zwar das erste wesentliche Element auf dem Weg zum Konsensualvertrag, nämlich daß der geäußerte Wille des Verpflichteten auch ein formloses Versprechen klagbar machen kann, wenn dieses Versprechen (promissum) vom Versprechensempfänger angenommen wurde (acceptio). Der Konsens als Willensübereinstimmung ist aber bei Grotius dennoch nicht konstitutiver Bestandteil des Vertrags. Ihm ging es primär um die Bindungs- und Verpflichtungswirkung des formlosen Versprechens.[387]

Pufendorf übernahm die Versprechenslehre von Grotius. Er erweiterte sie um den Gedanken, daß die Verpflichtung aufgrund eines Versprechens die Einwilligung des Verpflichteten in die Entstehung der Verpflichtung und die Einwilligung des Berechtigten in den Erwerb des Rechts voraussetzt. Jede dieser beiden Zustimmungen bezeichnete Pufendorf als Konsens.[388] Dies ist allerdings kein vertraglicher Konsens im Sinne der modernen Terminologie.[389]

---

[384] Wennberg, Die skandinavische Löftetheorie, S. 16 ff.

[385] Zitiert nach Nanz, Die Entstehung des allgemeinen Vertragsbegriffs im 16. bis 18. Jahrhundert, S. 82, der gleichzeitig darauf hinweist, daß in der Praxis ein Versprechen aber erst bindend war, wenn zusätzlich Elemente (Form, Leistungserbringung) hinzutraten.

[386] Grotius, De jure belli ac pacis, libri tres, Amsterdam 1631, Lib. II, Cap. VI, § 15. Dazu Nanz, Die Entstehung des allgemeinen Vertragsbegriffs im 16. bis 18. Jahrhundert, S. 145; Zimmermann, The Law of Obligations, S. 568; Zimmermann/ Hellwege, Belohnungsversprechen: „pollicitatio", „promise" oder „offer"? ZfRV 1998, 133 ff.

[387] Nanz, Die Entstehung des allgemeinen Vertragsbegriffs im 16. bis 18. Jahrhundert, S. 146.

[388] Mayer-Maly, Die Bedeutung des Konsenses in privatrechtsgeschichtlicher Sicht, S. 91, 96; Nanz, Die Entstehung des allgemeinen Vertragsbegriffs im 16. bis 18. Jahrhundert, S. 153.

[389] Nanz, Die Entstehung des allgemeinen Vertragsbegriffs im 16. bis 18. Jahrhundert, S. 153.

Der Ansatz Pufendorfs spiegelt sich beispielsweise in § 25 des Entwurfes des Codex Theresianus (1753-1766) wider:[390]

> „Sobald beide Contrahenten ihre Einwilligung gegeben haben, so hat der Vertrag alsofort seine vollkommene Bündigkeit, und kein Theil kann ohne des anderen Einwilligung davon abweichen ... ."[391]

Festzuhalten ist, daß auch in Pufendorfs Vertragssystem das Versprechen die zentrale Figur war.[392]

Der Übergang vom einseitigen Versprechen zum vereinbarten Vertrag gelang schließlich Thomasius[393] und Wolff.[394] Erstmals im Naturrecht wurde bei Thomasius der Vertrag als aus Angebot und Annahme bestehend definiert. Die Denkrichtung von Thomasius geht vom Vertrag und vom Konsens auf seine Teile (Angebot und Annahme) und nicht umgekehrt von den isolierten Teilen (Versprechen) zum Vertrag.[395] Der Konsens war die Willensübereinstimmung, wie beim heutigen Vertrag und nicht mehr die bloße einseitige Einwilligung in einen Rechtsverlust oder Rechtserwerb. Damit knüpfte Thomasius an den Konsensbegriff des römischen Rechts an.[396] Vertrag und Konsens wurden so aus der isolierten Betrachtung herausgeführt, die der promissio-Lehre von Grotius und Pufendorf zugrundgelegen hatte.[397] Wolff verfestigte die Erkenntnisse von

---

390 Der Codex Theresianus wurde 1753-1766 entworfen und ist nie in Kraft getreten. Zu den Hintergründen siehe Nanz, Die Entstehung des allgemeinen Vertragsbegriffs im 16. bis 18. Jahrhundert, S. 176 m. w. Nachw.

391 Entwurf Horten 3, 1, § 25, zitiert nach Nanz, Die Entstehung des allgemeinen Vertragsbegriffs im 16. bis 18. Jahrhundert, S. 177.

392 Nanz, Die Entstehung des allgemeinen Vertragsbegriffs im 16. bis 18. Jahrhundert, S. 155 f.

393 Institutiones Jurisprudentiae Divinae, II, VI, 1, S. 136, 7. Aufl. Halle 1730.

394 De jure naturae et gentium libri octo, Francofurti ad Moenum 1694, Lib. III, Cap. IV; Nanz, Die Entstehung des allgemeinen Vertragsbegriffs im 16. bis 18. Jahrhundert, S. 156, Mayer-Maly, Die Bedeutung des Konsenses in privatrechtsgeschichtlicher Sicht, S. 91, 96; Zimmermann/ Hellwege, Belohnungsversprechen: „pollicitatio, „promise" oder „offer"?, ZfRV 1998, 133, 136.

395 Nanz, Die Entstehung des allgemeinen Vertragsbegriffs im 16. bis 18. Jahrhundert, Die Entstehung des allgemeinen Vertragsbegriffs, S. 160 ff.; Mayer-Maly, Die Bedeutung des Konsenses in privatrechtsgeschichtlicher Sicht, S. 91, 103.

396 Nanz, Die Entstehung des allgemeinen Vertragsbegriffs im 16. bis 18. Jahrhundert, S. 160 in Fn. 190.

397 Mayer-Maly, Die Bedeutung des Konsenses in privatrechtsgeschichtlicher Sicht, S. 91, 96; Nanz, Die Entstehung des allgemeinen Vertragsbegriffs im 16. bis 18. Jahrhundert, S. 160.

Thomasius und verfaßte erstmals auch eine Abhandlung in deutscher Sprache, in der er den Vertrag wie folgt definierte:[398]

> „Wenn zwey oder mehrere zusammen in ein Versprechen oder in mehrere einwilligen, heißt es ein Vertrag."[399]

Die Einwilligung ist hier im Gegensatz zu Pufendorf nicht einseitig zu verstehen, sondern sie bezeichnet die Willensübereinstimmung der beiden Parteien. Allerdings war bei Thomasius und Wolff das Verhältnis von Vertrag und Willenserklärung noch nicht scharf genug entwickelt und das Verhältnis von Versprechen, Willenserklärung und Konsens noch nicht eindeutig geklärt. Die „promissio" war gleichzeitig Versprechen und Willenserklärung, und auch die Annahme erzeugte nicht nur ein wirksames Versprechen, sondern gleichzeitig als Willenserklärung auch die vertragliche Einigung.[400]

Auch in den frühen Kodifikationen ist diese Trennung noch nicht endgültig vollzogen.

Dem österreichischen ABGB lag die Vertragsrechtslehre Karl Anton Freiherr von Martinis zugrunde, dem Vorsitzenden der Gesetzgebungskommission. Dieser definierte den Vertrag wie folgt:

> „Versprechen heißt, einem andern seinen Willen erklären, daß man etwas leisten, das ist, geben, thun oder nicht thun wolle. Annehmen aber, seinen Willen erklären, die versprochene Sache, als das Seinige erkennen zu wollen. Ein angenommenes Versprechen heißt ein Vertrag. Folglich ist in einem Vertrage die Übereinstimmung oder Gleichförmigkeit zweener Willen auf das Nämliche."[401]

> „Hieraus ist zu folgern daß zu einem Vertrage erfordert werde, I. daß zween oder mehrere sich erklären das Nämlich zu wollen, das ist, daß sie übereinstimmen, II. daß die Leistung möglich sey."[402]

> „In einem Vertrag verspricht entweder nur einer, und einer nimmt nur an; oder es versprechen beyde etwas, und auch beyde nehmen an. Der erstere Vertrag ist einseitig, der andere zweyseitig."[403]

---

[398] Nanz, Die Entstehung des allgemeinen Vertragsbegriffs im 16. bis 18. Jahrhundert, S. 164 ff. mit weiteren Nachweisen; Mayer-Maly, Die Bedeutung des Konsenses in privatrechtsgeschichtlicher Sicht, S. 91, 96 f.

[399] Wolff; Grundsätze des Natur- und Völkerrechts, Halle 1754, § 438, S. 269 zitiert nach Nanz, Die Entstehung des allgemeinen Vertragsbegriffs im 16. bis 18. Jahrhundert, S. 166.

[400] Siehe auch Mayer-Maly, Die Bedeutung des Konsenses in privatrechtsgeschichtlicher Sicht, S. 91, 97.

[401] Martini, Lehrbegriff, § 148, S. 78.

[402] Martini, Lehrbegriff, § 149, S. 78 f.

[403] Martini, Lehrbegriff, § 152, S. 80.

Das österreichische ABGB von 1812 enthält heute folgende Regelung:

§ 861 ABGB

„Wer sich erklärt, daß er jemandem sein Recht übertragen, daß heißt, daß er ihm etwas gestatten etwas geben, daß er für ihn etwas tun, oder seinetwegen etwas unterlassen wolle, macht ein Versprechen."

Auffällig ist, daß diese Formulierung nur auf das Leistungsangebot des Anbieters sieht, ohne die vom Anbieter angestrebte Gegenleistung des Angebotsempfängers zu berücksichtigen.

Im Vordergrund der Regelung steht die Voraussetzung der Annahme für die Verpflichtung des Versprechenden. Die Begründung der Pflicht zur Gegenleistung hingegen läßt sich nur mühsam in die Annahme des Versprechens hineinlegen.[404]

Auch im preußischen Allgemeinen Landrecht findet sich noch eine ähnliche Desintegration des zweiseitigen Rechtsgeschäfts Vertrag:

ALR I 5, § 2

§ 1: „Wechselseitige Einwilligung zur Erwerbung oder Veräußerung eines Rechts wird Vertrag genannt."

§ 2: „Die Erklärung, einem anderen ein Recht zu übertragen, oder eine Verbindlichkeit gegen denselben übernehmen zu wollen, heißt Versprechen."

§ 75: Durch die Annahme eines gültigen Versprechens wird der Vertrag geschlossen.

Auch hier zeigt sich noch der Ansatz der promissio von Grotius: Gedanklich werden nicht vom Vertrag aus seine Teile betrachtet, sondern der Vertrag wird aus Versprechen und Annahme zusammengesetzt.[405] Der Vertrag wird nicht als ein Akt der beiden Kontrahenten, sondern als das Resultat der Annahme eines Angebots, als Konsequenz der Übereinstimmung nacheinander abgegebener Erklärungen gesehen.

Erst das Sächsische BGB von 1865 überwindet diese Trennung. Hier wird der Vertrag allein als das Resultat der Übereinstimmung abgegebener Erklärungen angesehen und der Vertrag in § 782 wie folgt definiert:

„Durch Vertrag entstehen Forderungen, wenn der übereinstimmende und gegenseitig erklärte Wille mehrerer auf Begründung einer Forderung gerichtet ist."

---

404 Mayer-Maly, Der Konsens als Grundlage des Vertrages, S. 118, 123.

405 Nanz, Die Entstehung des allgemeinen Vertragsbegriffs im 16. bis 18. Jahrhundert, S. 184.

Diese Konzeption lag schließlich auch dem bereits oben zitierten Vertragsbegriff des § 77 des ersten Entwurfs eines Bürgerlichen Gesetzbuches und dem heute geltenden BGB zugrunde.

Mit dem Versprechensbegriff arbeitet das BGB nur noch am Rande.[406] Diesen Verzicht auf das Versprechen als zentralen Punkt des Schuldrechts hat während der Entwicklung des BGB Jacobi[407] unter Berufung auf das „deutsche Volks- und Rechtsbewußtsein"[408] scharf kritisiert. Seine Ausführungen sind vor allem deshalb interessant, weil sie Parallelen zum promise-Konzept des common-law-Vertragsrecht aufzeigen.[409]

Der Vertrag soll nach Jacobi durch einen Vertragsantrag und eine Vertragsannahme zustande kommen. Der Vertragsantrag ist „ein für einen gewissen Fall (Gegenversprechen oder Gegenleistung) gegebenes Versprechen".[410] Vertragsannahme ist das Gegenversprechen[411] oder die Gegenleistung, wenn der Antragende seine Verpflichtung von sofortiger Leistung abhängig gemacht hat.[412]

---

406 „Das Versprechen wird mit Stillschweigen übergangen": Jacobi, Versprechen und Vertrag, 35 Jher.Jahrb. (1896),1 , 45. Der Begriff „Versprechen" kommt heute im BGB nur in folgenden Vorschriften vor:

§§ 328- 335 BGB: Versprechen der Leistung an einen Dritten.

§§ 339 ff BGB: Strafversprechen (Versprechen einer Vertragsstrafe).

§ 518 BGB: Form des Schenkungsversprechens: Zur Gültigkeit eines Vertrages durch den eine Leistung schenkweise versprochen wird, ist die notarielle Beurkundung des Versprechens erforderlich.

§ 780: Schuldversprechen: „Zur Gültigkeit eines Vertrages durch den eine Leistung in der Weise versprochen wird, daß das Versprechen die Verpflichtung selbständig begründen soll (Schuldversprechen) ist,...., die schriftliche Erteilung des Versprechens erforderlich."

Bei den Formvorschriften bezeichnet der Begriff Versprechen lediglich die auf Abschluß eines Vertrages gerichtete Willenserklärung derjenigen Partei, die die aufgrund des Vertrages verpflichtet werden soll. (In Abgrenzung zu den Fällen, in denen für den ganzen Vertrag die Form vorgeschrieben ist [z. B. §§ 313, 2033] und bei denen also die Erklärung beider Vertragspartners der Form entsprechen müssen.) Keinesfalls folgt aber die Verpflichtung bereits unmittelbar aus dem Versprechen der Partei. Im Dresdner Entwurf von 1866 wurde der Begriff ganz vermieden.

407 Jacobi, Versprechen und Vertrag, 35 Jher.Jahrb. (1896), 1 ff.

408 Jacobi, Versprechen und Vertrag, 35 Jher.Jahrb. (1896),1, S. 44 ff. unter Hinweis auf zahlreiche Rechtssprichwörter, in denen das Versprechen eine zentrale Rolle spielt.

409 Es ist daher auch kaum verwunderlich, daß v. Mehren, The Civil Law System, unter der Überschrift Contours of Contractual Obligation, S. 468, 470 sich ausgerechnet auf diesen Aufsatz bezieht.

410 Jacobi, Versprechen und Vertrag, 35 Jher.Jahrb. (1896),1, 51, Fn. 61.

411 Jacobi, Versprechen und Vertrag, 35 Jher.Jahrb. (1896),1, 62.

412 Jacobi, Versprechen und Vertrag, 35 Jher.Jahrb. (1896),1, 62 f., Fn. 70.

Die Parallelen zum common law sind deutlich. Der Vertrag ist ein Unterfall des Versprechens und liegt nur dort vor, wo ein Leistungsaustausch stattfinden soll. Der entscheidende Unterschied zum common-law-Vertragsrecht liegt freilich darin, daß nach dem Ansatz Jacobis nicht nur formlose Versprechen, für die eine consideration (Gegenversprechen oder Gegenleistung) gegeben wurde, also der Vertrag, bindend und verpflichtend sein können, sondern auch einseitige Versprechen.[413]

Auch wenn sich diese Auffassung nicht durchsetzen konnte, wurde sie während der Entstehung des BGB vielfach erörtert. So stellte auch Siegel in seiner grundlegenden Schrift aus dem Jahre 1873 das einseitige Versprechen in den Mittelpunkt.[414] Ihm folgend vertrat Blomeyer dann zur Begründung der Bindung des Antragenden an sein Angebot die These, daß jeder Antrag den ganzen Vertragsinhalt als durch die Annahmeerklärungen bedingten zusammenfasse und, soweit der Antragende in seiner Erklärung bindende Verpflichtungen übernehme, diese unter der Bedingung der Annahme des Vertrages entstehen.[415]

Dölle ging der Frage, ob der Vertrag in zwei einseitige Rechtsgeschäfte aufgelöst werden kann, in einer 1921 unter diesem Titel veröffentlichten Abhandlung nach und beantwortete diese Frage mit einem klaren Nein.[416] Heute befindet sich Köndgen[417] mit seinem Verständnis vom gegenseitigen Vertrag als Verknüpfung zweier einseitig gedachter Versprechen in der Mindermeinung, und auch Wennberg erkennt an, daß seine Klassifizierung des Angebots als „echte einseitige Verpflichtung", auflösend bedingt durch die Zustimmung und gegebenenfalls Gegenverpflichtung des Angebotsempfängers, sich mit dem Vertragskonzept des BGB kaum vereinbaren läßt.[418]

Bemerkenswert ist in diesem Zusammenhang schließlich, daß dem französischen Recht bereits Ende des 17. Jahrhunderts der Durchbruch zum modernen konsensualen Vertragsbegriff ohne den Umweg über das einseitige Versprechen gelang. Zu verdanken war diese Entwicklung dem Juristen Domat, der sein Vertragssystem auf dem römischen Recht aufbaute. Domats Haupt-

---

413 Jacobi, Versprechen und Vertrag, 35 Jher.Jahrb. (1896),1, 61: einseitiges Versprechen ist „[D]as Versprechen, durch welches sich der Erklärende zu einer Leistung verpflichtet, ohne seine Verpflichtung von einem Gegenversprechen oder einer Gegenleistung des anderen Theils abhängig zu machen."

414 Siegel, Das Versprechen als Verpflichtungsgrund im heutigen Recht.

415 Blomeyer, Studien zur Bedingungslehre, S. 67 ff., insbesondere S. 72.

416 Dölle, Kann der Vertrag in zwei einseitige Rechtsgeschäfte aufgelöst werden?

417 Köndgen, Selbstbindung ohne Vertrag, S. 156 ff.

418 Wennberg, Die skandinavische Löftetheorie, S. 76 ff.

werk, die „Loix civiles dans leur ordre naturel", erschien 1689/97. Sein naturrechtliches Vertragssystem baute er auf Definitionen und Rechtsregeln aus den Digesten auf. Pothier, dessen Werk die Hauptgrundlage des Code Civil bildete, hat die Gedanken Domats aufgegriffen und vervollkommnet.[419]

> „Une Convention ou un pacte (car ce sont termes synonymes) est le consentement de deux ou plusieurs personnes, ou pour former entr'elles quelque engagement, ou pour en résoudre un précédent, ou pour le modifier .... L'espèce de convention que a pour objet quelque engagement est celle qu'on appelle contrat."[420]
>
> Deutsch :
> Ein Übereinkommen oder ein Pakt (denn es handelt sich um synonyme Begriffe), ist die Einigung von zwei oder mehreren Personen, entweder um zwischen ihnen irgendeine Verpflichtung zu begründen oder um eine vorhergehende zu lösen oder zu ändern ... ein solches Übereinkommen, das zum Gegenstand eine Verpflichtung hat, nennt man Vertrag.

Seinen Niederschlag haben diese Erkenntnisse schließlich in Art. 1134 des französischen Code Civil aus dem Jahre 1904 gefunden:

> „Les conventions légalement formées tiennent lieu de loi à ceux qui les ont faites. Elles ne peuvent être révoquées que de leur consentement mutuel, ou pour les causes que la loi autorise. Elles doivent être exécutées de bonne foi."
>
> Deutsch :
> Ein wirksam zustande gekommenes Übereinkommen steht für die, die es gemacht haben, an Stelle eines Gesetzes. Es kann von ihnen nur im beiderseitigen Einverständnis oder aus Gründen, die das Gesetz gestattet, widerrufen werden. Es muß in gutem Glauben durchgeführt werden.

I.B.3. Gestaltung der Rechtsbeziehung der Parteien entsprechend dem Unilateral Contract

Wie können nun die Parteien im deutschen Recht ihre Rechtsbeziehung so gestalten, daß eine Partei verpflichtet ist, eine Leistung zu erbringen, jedoch erst dann, wenn die andere Partei eine Gegenleistung tatsächlich und vollständig erbracht hat, wobei die andere Partei jedoch nicht verpflichtet sein soll, diese Gegenleistung zu erbringen? Und wie läßt sich umsetzen, daß die zur Leistung verpflichtete Partei berechtigt ist, ihr Angebot/Leistungsversprechen einseitig zu widerrufen, solange die andere Partei noch nicht vollständig geleistet hat?

---

[419] Siehe hierzu ausführlich Nanz, Die Entstehung des allgemeinen Vertragsbegriffs im 16. bis 18. Jahrhundert, S. 187 m. w. Nachw.

[420] Pothier, Traité des obligations, Traité Nr. 3, S. 5 f., zitiert nach Nanz, Die Entstehung des allgemeinen Vertragsbegriffs im 16. bis 18. Jahrhundert, S. 190.

Die Gestaltungsmöglichkeiten im deutschen Recht sind vielfältiger als die eine Möglichkeit, die das englische und US-amerikanische Recht in der Form des unilateral contract zur Verfügung stellt. Grund dafür ist, daß das deutsche Recht das Zustandekommen eines Vertrages durch Angebot und Annahme von der Verpflichtung zur Leistung im Rahmen eines (bestehenden) Vertrages trennen kann und zwar zum einen, weil sich die Pflichten einer Partei im deutschen Recht nicht aus ihrem einseitigen Versprechen, sondern aus dem gemeinsamen Vertrag ergeben, zum anderen, weil das deutsche Recht für die Entstehung einer Leistungsverpflichtung einer Partei keine Gegenleistung(sverpflichtung) in Form einer consideration der anderen Partei verlangt.

I.B.3.1. Bedingtes Angebot

Die Konstruktion des unilateral contract kann im deutschen Recht grundsätzlich durch ein bedingtes Angebot nachgebildet werden. Das erscheint wegen der vermeintlichen Parallele zur Konstruktion im common-law-Vertragsrecht zunächst auch naheliegend: Der Anbieter bietet den Abschluß eines Vertrages an, in dem er (und nur er) sich verpflichtet, eine bestimmte Leistung zu erbringen. Das Angebot soll aber vom Angebotsempfänger nur unter der Bedingung angenommen werden können, daß der Angebotsempfänger eine bestimmte Leistung tatsächlich und vollständig erbracht hat. Der Angebotsempfänger wiederum ist nicht verpflichtet, die Bedingung zu erfüllen, die zur Annahmefähigkeit des Angebots führt.

Die Konstruktion des unilateral contract als bedingtes Angebot läßt sich also mit folgendem Beispiel verdeutlichen:

> A sagt zu B: „Ich biete dir den Abschluß eines Vertrages an, in dem ich mich verpflichte, dir € 1.000 zu zahlen. Dieses Angebot mache ich aber unter der Bedingung, daß du mein Haus vollständig streichst."

Damit ist im Ergebnis A erst verpflichtet die € 1.000 zu zahlen, wenn B das Haus vollständig gestrichen und (dadurch) das Angebot angenommen hat.

Allerdings kann für das deutsche Recht zumindest bezweifelt werden, ob die Konstruktion einer Entsprechung des unilateral contract durch ein bedingtes Angebot überhaupt möglich ist. Denn dies würde voraussetzen, daß ein Angebot unter eine Bedingung gestellt werden kann. Die Möglichkeit, ein bedingtes Angebot abzugeben, wird in der Literatur, sofern sie überhaupt Erwähnung findet, ohne weiteres bejaht.[421] Ganz so einfach liegt es allerdings

---

[421] Soergel-Wolf, § 145, Rn. 3: „Der Antrag kann auch bedingt sein."

nicht. Denn im deutschen Recht kann gemäß dem Wortlaut von § 158 BGB nur die Wirkung eines Rechtsgeschäfts durch das Setzen einer Bedingung beschränkt werden. Ein Angebot müßte also ein Rechtsgeschäft sein.

Das Rechtsgeschäft ist nach der Definition im ersten Entwurf eines Bürgerlichen Gesetzbuches:

> „... eine Privatwillenserklärung, gerichtet auf die Hervorbringung eines rechtlichen Erfolges, der nach der Rechtsordnung deswegen eintritt, weil er gewollt ist. Das Wesen eines Rechtgeschäfts wird darin gefunden, daß ein auf die Hervorbringung eines rechtlichen Erfolgs gerichteter Wille sich betätigt, und daß der Spruch der Rechtsordnung in Anerkennung dieses Willens die gewollte rechtliche Gestaltung in der Rechtswelt verwirklicht."[422]

So ist etwa der Vertrag ein (zweiseitiges) Rechtsgeschäft. Fraglich ist aber, ob auch das Angebot, das erst zu einem Vertrag hinführt, einen „rechtlichen Erfolg" hat, der dann wiederum aufschiebend bedingt werden kann.

Ein Angebot hat zunächst zwei Rechtsfolgen: Es bindet den Anbietenden (sofern die Bindungswirkung nicht ausdrücklich ausgeschlossen wurde) und es ermöglicht dem Angebotsempfänger durch Annahmeerklärung einen Vertrag zustande zu bringen. Damit wäre bei unbefangener Betrachtung das Angebot ein Rechtsgeschäft und könnte unter einer Bedingung abgegeben werden.

Es wird aber allgemein vertreten, daß das Angebot kein (einseitiges) Rechtsgeschäft, sondern lediglich eine empfangsbedürftige Willenserklärung und Teil des zweiseitigen Rechtsgeschäfts „Vertrag" sein soll, das durch die Annahme des Angebots zustande kommt.[423] Allenfalls soll das Angebot den Charakter eines „Hilfsrechtsgeschäfts" tragen, das letztlich hinter dem Gesamttatbestand Vertrag zurücktritt, da die vertragliche Beziehung immer erst Folge des zweiseitigen Rechtsgeschäfts Vertrag ist.[424]

Der Grund für die allgemeine Ablehnung der Einordnung des Angebots als (einseitiges) Rechtsgeschäft liegt im Minderjährigenrecht. Gemäß § 111 BGB

---

422 Motive, Bd. I, S. 126.

423 Bötticher, Gestaltungsrecht und Unterwerfung im Privatrecht, S. 14; Thiele, Die Zustimmungen in der Lehre vom Rechtsgeschäft, S. 21 betrachtet die Position des Antragsempfängers lediglich als eine durch die Sozialordnung generell abstrakt vorgegebene Zuständigkeit, für die das Angebot nicht rechtsgeschäftliche Ursache ist. Flume, Allgemeiner Teil des Bürgerlichen Rechts, 2. Band, § 35, S. 635 stellt in Fn. 1 fest: „Entscheidend ist, daß die Offerte wie die Annahme keine einseitigen Rechtsgeschäfte im Sinne der Bestimmungen des BGB sind, und das kann nicht in Frage gestellt werden."; ebenso: Soergel-Wolf § 145 Rn. 2; MüKo-Kramer §145 Rn. 2; OLG Hamm NJW 1983, 2076.

424 v. Einem, Die Rechtsnatur der Option, S. 35 ff; ähnlich Müller-Freienfels, Vertretung, S. 40.

ist nämlich ein einseitiges Rechtsgeschäft, das der Minderjährige ohne die erforderliche Einwilligung (also vorherige Zustimmung gemäß § 180 BGB) vornimmt, unwirksam. Andererseits soll der Vertrag, den der Minderjährige ohne die erforderliche Einwilligung des gesetzlichen Vertreters abschließt, genehmigungsfähig sein (§ 108 BGB). Wenn das Angebot aber ein einseitiges Rechtsgeschäft ist, so wäre es ohne Einwilligung unwirksam, so daß die Genehmigungsmöglichkeit des § 108 BGB nie zum Zuge käme.[425]

Allerdings: selbst wenn man das Angebot nicht als Rechtsgeschäft und damit die Folgen des Angebots nicht als Rechtsfolgen einordnet, ist § 158 BGB zwar nicht dem Wortlaut nach aber zumindest analog auf das Angebot anwendbar, denn das Angebot hat bestimmte Folgen (Annahmemöglichkeit des Angebotsempfängers und – sofern nicht ausgeschlossen – Bindung des Anbieters), die von dem Eintritt eines bestimmten Ereignisses abhängig gemacht werden können. Gründe für eine Bedingungsfeindlichkeit des Angebots sind nicht ersichtlich. Die Ungewißheit, die durch eine Bedingung für den Angebotsempfänger entsteht, ist keine andere, als wenn der Anbieter sich den Widerruf des Angebots vorbehält.

Die Ausführungen zu dem bedingten Angebot mögen spitzfindig erscheinen. Sie verdeutlichen aber, daß es bei dem Angebot im deutschen Recht um etwas anderes geht als im common-law-Vertragsrecht. Dort enthält nämlich bereits das Angebot in Form eines Versprechens die Leistungsverpflichtung des Anbieters, die aber unter der „Bedingung“ im untechnischen Sinn steht, daß die consideration für das Versprechen erbracht wird. Im deutschen Recht hingegen hat das Angebot allein nur die Folge, eine Annahmemöglichkeit des Angebotsempfängers zu begründen und gegebenenfalls den Anbieter zu binden. Eine Leistungsverpflichtung folgt aber stets erst aus dem Vertrag, der durch die Annahme zustandekommt.

Mit dem eingangs dargestellten Beispiel eines Angebots ließe sich also das erste Merkmal des unilateral contract grundsätzlich erreichen: eine Leistungspflicht der einen Seite entsteht erst nachdem die andere Seite vollständig geleistet hat, ohne daß diese zur Leistung verpflichtet gewesen wäre.

Zweites Merkmal des unilateral contract ist, daß das Angebot/Versprechen bis zur vollständigen Leistungserbringung grundsätzlich frei widerrufbar ist. Im deutschen Recht ist das Angebot – im Gegensatz zum Angebot im englischen und US-amerikanischen Recht – aber grundsätzlich unwiderrufbar

---

[425] Bötticher, Besinnung auf das Gestaltungsrecht und das Gestaltungsklagerecht in: Festschr. für Dölle, Bd. 1, S. 52 ff.

(§ 145 BGB). Sofern der Anbieter also nur die Annahmefähigkeit seines Angebots und nicht die Bindung von einer Bedingung abhängig macht, ist er an sein Angebot gebunden, der Angebotsempfänger kann also (nach vollständiger Leistung) durch Annahme des Angebots einen Vertrag zustande kommen lassen, an den der Anbieter dann ebenfalls gebunden wäre. Im deutschen Recht müßte der Anbieter im Gegensatz zum englischen und US-amerikanischen Recht also eine freie Widerrufbarkeit des Angebots ausdrücklich oder jedenfalls konkludent festlegen, um ein dem unilateral contract vergleichbares Ergebnisses zu erlangen.

Danach ist die Konstruktion eines unilateral contracts im deutschen Recht durch ein bedingtes Angebot zumindest theoretisch möglich.

Eine Frage der Auslegung ist es allerdings, ob eine solche Konstruktion im konkreten Fall den Vorstellungen und dem Willen der Parteien entspricht. Dies dürfte nur selten der Fall sein. Denn dann müßten die Parteien die Vorstellung haben, daß die Leistung des Angebotsempfängers lediglich als „Gegenleistung“ für die Möglichkeit erbracht werden soll, das Angebot anzunehmen. Die Leistung des Anbieters wiederum würde dann ohne Gegenleistung aufgrund eines einseitig verpflichtenden Vertrages erbracht werden. Sofern eine freie Widerrufbarkeit gewollt ist, müßte der Anbieter dies außerdem zumindest konkludent zum Ausdruck bringen. Und schließlich müßte der Angebotsempfänger, nachdem er die Leistung erbracht hat, die zunächst nur Bedingung für die Annahmefähigkeit des Angebots ist, das Angebot auch noch annehmen. All dies erscheint sehr konstruiert. Gewöhnlich werden die Parteien eines Leistungsaustauschs die Vorstellung haben, daß ihre Leistungen (und nicht eine Annahmefähigkeit des Angebots) in einem Gegenseitigkeitsverhältnis stehen.

Den Vorstellungen der Parteien dürfte es in der Regel eher entsprechen, daß sie einen Vertrag über einen Leistungsaustausch abschließen und lediglich die Fragen (a) unter welchen Bedingungen die jeweilige Leistungspflicht entsteht und (b) ob eine Partei, deren Leistungspflicht noch nicht entstanden ist, sich von der Leistungspflicht einseitig lösen kann, dann im Rahmen eines solchen Vertrages durch eine entsprechende Gestaltung des vertraglichen Leistungsaustauschs gesondert regeln.

I.B.3.2. Gestaltung des vertraglichen Leistungsaustauschs

Im Gegensatz zum englischen und US-amerikanischen Recht, können die Parteien im deutschen Recht eine Gestaltung ihres Leistungsaustauschs entsprechend einem unilateral contract auch im Rahmen eines Vertrages vereinbaren.

I.B.3.2.1. Vorleistungspflicht

Die Vereinbarung einer Vorleistungspflicht entspricht dem unilateral contract allerdings nicht. Sie führt zwar dazu, daß eine Partei erst dann verpflichtet ist, ihre Leistung zu erbringen, wenn die andere Partei ihre Leistung tatsächlich vollständig erbracht hat. Gesetzlich vorgesehen ist eine Vorleistungspflicht des Unternehmers, Dienstverpflichteten und Mieters beim Werk,- Dienst- und Mietvertrag (§§ 641, 614, 556b Abs. 1 BGB). Die Vorleistungspflicht hat allerdings lediglich zur Folge, daß der Vorleistungsverpflichtete seine Leistung nicht verweigern kann, weil die Gegenleistung noch nicht bewirkt ist (§ 320 BGB). Der Vorleistungspflichtige bleibt also (anders als der Angebotsempfänger beim unilateral contract) zur Leistung verpflichtet. Auch bei der Vorleistungspflicht besteht aber ein gegenseitig verpflichtender Vertrag.

I.B.3.2.2. Alternative Leistungsverknüpfungen

Auch wenn im deutschen Recht Austauschverträge typischerweise gegenseitig verpflichtende Verträge mit Leistungspflichten beider Parteien sind,[426] bedeutet dies nicht, daß alle Austauschverträge gegenseitige Verträge sein müssen. Neben dem gegenseitig verpflichtenden Vertrag kennt das deutsche Recht andere Möglichkeiten, einen entgeltlichen Leistungsaustausch zu gestalten. In Betracht kommt eine reale, eine kausale oder eine konditionale Verknüpfung von Leistung und Gegenleistung,[427] die im folgenden dargestellt werden.

I.B.3.2.2.1. Reale Verknüpfung

Eine Möglichkeit der Verknüpfung von Leistung und Gegenleistung ist die reale Verknüpfung. Bei dieser erbringen beide oder eine der Parteien eine reale Leistung, d. h. ohne zuvor zur Leistung verpflichtet zu sein. Durch die Realleistung entsteht dann ein Vertrag, in dem keine oder nur noch eine der beiden Parteien zu einer Leistung verpflichtet ist.[428]

Die reale Verknüpfung von Leistung und Gegenleistung hat mit der inzwischen historischen Debatte über die Einordnung bestimmter Vertragsarten (Darlehen,

---

426 Siehe nur Medicus, Bürgerliches Recht, S. 157 Rn. 214: „Gegenseitige Verträge sind stets Kauf, Tausch, Miete, Pacht, Dienstvertrag, Werkvertrag", wobei das „stets" allerdings im Rahmen dieser Arbeit in Frage gestellt werden soll.

427 Thelen, Entgeltliche Geschäfte ohne beiderseitige Leistungspflicht, S. 20 ff.

428 Zum Realvertrag als entgeltlichem einseitig verpflichtendem Vertrag: Thelen, Entgeltliche Geschäfte ohne beiderseitige Leistungspflicht, S. 21; Rauch, Der Begriff der „Consideration" im anglo-amerikanischen Schuldrecht, S. 133.

Leihe, Verwahrung) als Real- oder Konsensualverträge nichts zu tun. Hintergrund dieser Streitfrage war die Einteilung der Verträge im römischen Recht. Im römischen Recht waren nur bestimmte Vertragsarten aufgrund einer bloßen Vereinbarung klagbar. Zu diesen sogenannte Konsensualkontrakten gehörten der Kauf (emptio venditio), die Miete (locatio conductio, mit Einschluß der Pacht sowie des Dienst- und Werkvertrags), die Gesellschaft (societas) und der Auftrag (mandatum). Bei anderen Vertragsarten war eine Sachhingabe Voraussetzung für die Entstehung eines klagbaren Rechts. In diese Gruppe der Realkontrakte gehörte das Darlehen (mutuum), die Leihe (commodatum), die Verwahrung (depositum) und die Verpfändung (pignus).

Später entwickelten sich die sogenannten Innominatrealkontrakte, die nicht auf bestimmte Vertragstypen beschränkt waren. Die Klage aufgrund eines Innominatrealvertrages, die sogenannte actio praescriptis verbis, setzte voraus, daß zusätzlich zur Einigung der Vertragsparteien eine Seite ihre vertragliche Leistung bereits erbracht hatte. Diese Realleistung bestand im Gegensatz zu den benannten Realverträgen nicht notwendig in einer Sachhingabe, und der Anspruch ging auch nicht auf Rückgabe der erlangten Sache.

Die Leistung im Rahmen eines unbenannten Realvertrages war vielmehr eine Erfüllungshandlung, die im Hinblick auf die vereinbarte Gegenleistung erbracht wurde. Ähnlich wie beim unilateral contract setzte der Anspruch auf Erbringung der versprochenen Gegenleistung des Vertragspartners also die tatsächlich erbrachte Vorleistung einer Vertragspartei voraus. Auf diese Parallele zwischen den Innominatrealkontrakten im römischen Recht und dem unilateral contract (contract on executed consideration) weist Buckland hin:[429]

> „At a later date but at what steps and when are disputed questions, a civil action was introduced for such facts, an action which came to be called the actio prescriptis verbis. Here we have a perfectly general kind of contract with no formalities, but with the important limitation that the actio is available only where one has performed: it is essentially a contract on executed consideration. It is like assumpsit before it was extended to cover an executory consideration.“

---

[429] Buckland, Roman Law and Common Law, S. 311.

> Zu einem späteren Zeitpunkt, wobei das Wie und Wann umstritten ist, wurde eine zivilrechtliche Klage für solche Sachverhalte eingeführt, eine Klage, die später actio prescriptis verbis genannt wurde. Damit gab es einen ganz allgemeinen Vertrag ohne Formalitäten aber mit der wichtigen Einschränkung, daß die Klage nur dann verfügbar war, wenn einer geleistet hat: Im Grunde handelt es sich um einen Vertrag mit geleisteter consideration. Er ist wie assumpsit bevor diese auf die noch zu leistende consideration ausgedehnt wurde.

Trotz gewisser Parallelen dürfen aber die grundlegenden Unterschiede zwischen dem römisch-rechtlichen Innominatrealvertrag und dem unilateral contract, auf die auch Gorla hinweist,[430] nicht übersehen werden: Die Innominatrealkontrakte schlossen nur eine Lücke im klassischen römischen System für solche Verträge, die unter keine der bestehenden Kontraktarten fielen[431]: Im Gegensatz zum förmlichen römischen Recht, ist es im englischen Recht allein vom Parteiwillen abhängig, ob ein Vertrag erst mit der Leistung einer Partei zustande kommt oder bereits durch den bloßen Austausch von Leistungsversprechen. In der Entwicklung des englischen Vertragsrechts war der unilateral contract Durchgangsstufe zur Anerkennung formloser Verträge ohne Vorleistung,[432] während im römischen Recht, das bereits bestimmte Verträge als reine Konsensualverträge anerkannte, der Innominatrealvertrag eher einen Rückschritt bedeutete.[433]

Ob die benannten Realverträge des römischen Rechts im deutschen Recht auch als konsensuale Versprechensverträge geschlossen werden können, war lange Zeit ein in höchstem Maße umstrittenes Rechtsproblem. Im Hinblick auf die Typenfreiheit ist diese Frage aber eindeutig zu bejahen, und dies ist heute auch die herrschende Ansicht.[434]

Eine andere Frage, die gerade im Hinblick auf die Gestaltung der unilateral contract von Interesse ist, geriet bei dieser Diskussion allerdings aus dem Blick, nämlich die Frage, ob umgekehrt auch konsensuale Versprechensverträge als Realverträge geschlossen werden können.

---

430 Gorla, Il cosidetto „unilateral contract" o contratto con executed consideration nella common law anglo-americana, Riv.Dir.Comm., I, S. 271, 275 (1954). Ein entsprechender Hinweis findet sich auch bei Lorenz, Entgeltliche und unentgeltliche Geschäfte, S. 547, 563.

431 Jörs/ Kunkel/ Wenger, Römisches Recht, S. 344.

432 siehe oben I.A.5.1.6.

433 Jörs/ Kunkel/ Wenger, Römisches Recht, S. 343, Fn. 15.

434 Soergel-Wolf § 305 Rn. 8.

Grundsätzlich muß auch diese Frage im Hinblick auf die Typenfreiheit bejaht werden.[435]

Der praktische Anwendungsbereich des Realvertrages im deutschen Recht ist allerdings begrenzt. Ein Realvertrag liegt nach heutigem Verständnis nur dann vor, wenn eine Leistung nicht versprochen wurde und die reale Leistung unmittelbar mit einer auf Herbeiführung einer vertraglichen Einigung abzielenden Willenserklärung zusammenfällt (Handgeschäft).[436] Als eines der seltenen praktischen Beispiele für einen Realvertrag wird im deutschen Recht der Handkauf genannt.[437] Wenn der Käufer das Geld auf den Verkaufstresen legt und der Verkäufer ihm daraufhin die Ware übergibt, entsteht zwischen Käufer und Verkäufer zu keinem Zeitpunkt ein Leistungsanspruch.

Sobald die Parteien eine vertragliche Einigung über den Leistungsaustausch erzielen, bevor eine Leistung tatsächlich erbracht wurde, kommt ein Konsensualvertrag zustande. Es ist dann eine Frage der inhaltlichen Ausgestaltung dieses Vertrages, ob beide Seiten leistungsverpflichtet sind oder ob nur eine Partei zu einer Leistung verpflichtet ist für den Fall, daß die andere Partei leistet, ohne daß diese sich zuvor zu einer Leistung verpflichtet hat.

Sobald ein Konsens vorliegt, liegt also kein Realvertrag mehr vor.[438] Ein Konsens wiederum kann auch ohne ausdrückliche Willenserklärung zustande

---

435 Blomeyer, Allgemeines Schuldrecht, § 20 III, S. 95 f.: „Wenn auch der Schuldvertrag auf die Begründung von Leistungspflichten gerichtet ist (Versprechensgeschäft), so schließt das doch nicht aus, daß die Parteien eine oder gar beide Leistungen schon bei Vertragsschluß erbringen (Handgeschäft)"; siehe auch Kress, § 7, 2.a), S. 88 f.; Ehrmann, Die Gesamtschuld, S. 135 f.: „Die Güter können ... unmittelbar bewegt, übertragen, insbesondere ausgetauscht werden (sogenannte Handgeschäfte); die Bewegung der Güter kann aber auch durch Versprechensverträge vorbereitet werden, in welchen Verpflichtungen (Ansprüche) ... begründet werden. Diese Vertragsarten können auch gemischt werden (sogenannte gemischte Realverträge); Willoweit, Schuldverhältnis und Gefälligkeit, JuS 1984, 909, 915: „Daß die Form des Verpflichtungsgeschäfts modernen Bedürfnissen besonders entspricht, schließt das Vorkommen von Realverträgen nicht aus."

436 Blomeyer, Allgemeines Schuldrecht, § 20 III, S. 96; Willoweit, Schuldverhältnis und Gefälligkeit, JuS 1984, 909, 915.

437 Blomeyer, Allgemeines Schuldrecht, § 20 III, S. 98. Eine Gegenmeinung sieht im Handgeschäft einen von vornherein erfüllten Verpflichtungsvertrag, z. B. Larenz, Schuldrecht, Bd. II, § 39 II a: „Den Willen, sich zur Eigentumsverschaffung zu verpflichten, rechnet ihm [dem Verkäufer beim Handkauf] ... die Rechtsordnung zu." Dies wird zu Recht als eine „gekünstelte und mit dem Prinzip der Privatautonomie unvereinbare Auffassung" bezeichnet: Willoweit, Schuldverhältnis und Gefälligkeit, JuS 1984, 909, 912 in Fn. 38.

438 Bereits im römischen Recht war bei Realverträgen, bei denen mit der Vorleistung der Anspruch auf die Gegenleistung entsteht, unklar, ob die Sachhingabe (res) Form, Bedingung, Anlaß zur Obligation oder Leistung in Erfüllung eines unverbindlichen consensus war. Siehe hierzu: Glaub, Gibt es heute noch Realkontrakte?, S. 7.

kommen, nämlich insbesondere durch den (realen) Leistungsbeginn als konkludentes Angebot oder konkludente Annahme.[439] Dabei kommt es unter den Voraussetzungen des § 151 BGB noch nicht einmal auf den Zugang dieser konkludenten Willenserklärung beim Anbieter an.

Aufgrund des eingeschränkten Anwendungsbereichs des Realvertrages im deutschen Recht scheidet auch die reale Verknüpfung als Konstruktionsmöglichkeit für den unilateral contract regelmäßig aus.

I.B.3.2.2.2. Kausale Verknüpfung

Weiterhin kommt beim Leistungsaustausch auch eine kausale Verknüpfung von Leistung und Gegenleistung im Rahmen einer Zweckvereinbarung der Parteien in Betracht.[440] Dann wird die Leistung mit der Gegenleistung in der Weise verbunden, daß die Gegenleistung als rechtlicher Grund der Leistung im Sinne von § 812 Abs. 1 S. 2, 2. Alt. BGB erscheint.

Es geht also bei der kausalen Verknüpfung darum, daß eine Vertragspartei bereits tatsächlich geleistet hat und der Leistungsempfänger zur Erbringung einer Gegenleistung zwar nicht verpflichtet ist, die Gegenleistung aber Zweck der bereits erbrachten Leistung ist. Die Leistung dient also dazu, die andere Partei zu einem bestimmten freiwilligen Verhalten zu veranlassen. Erbringt er die Leistung nicht, so ist der bezweckte Erfolg nicht eingetreten und der nicht Leistungsverpflichtende kann seine Leistung mit der condictio ob rem (§ 812 Abs. 1 S. 2, 2. Alt. BGB) zurückfordern.[441]

Die Besonderheit der kausalen Leistungsverknüpfung liegt darin, daß die Vertragspartei, die in der unilateral-contract-Situation nur Versprechensgeber ist, hier bereits Leistungsgeber ist. Auf der Seite des nicht Gegenleistungsverpflichteten geht es also nicht um die Frage, unter welchen Voraussetzungen ein Forderungsrecht entsteht, sondern um die Frage, wann eine Rückgabepflicht entsteht. Insofern ist die kausale Verknüpfung mit dem unilateral contract nicht vergleichbar. Insbesondere bei Vereinbarungen unter Familienangehörigen und Freunden kommt diese Konstruktion im deutschen Recht aber in Fällen zur

---

439 In diesem Sinne auch Schlesinger-Lorenz, Bd. II, B-6, Austrian-German-Swiss Report, S. 1256 f. unter der Überschrift „Acceptance by performance“ unter der in dieser Veröffentlichung der unilateral contract erörtert wird. Zu einem Vergleich der anderen Civil Law Systems (die hier im wesentlichen mit der deutschen Sicht übereinstimmen) mit dem Common Law: Schlesinger-Schlesinger, Bd. I, B-6, General Report, S. 141 ff.

440 MüKo-Kollhosser § 516 Rn. 16; Staudinger-Cremer § 516 Rn. 27.

441 Ausführlich zur condictio ob rem und den Veranlassungsfällen: Weber, Bereicherungsansprüche wegen enttäuschter Erwartung?, JZ 1989, 25 ff.

Anwendung, die das common law ähnlich mit dem Rechtsinstitut des unilateral contract löst und die im zweiten Teil der Arbeit noch näher darzustellen sind.[442]

I.B.3.2.2.3. Konditionale Verknüpfung

Bei der konditionalen Verknüpfung ist die Leistung der einen Partei die Bedingung für die Leistungsverpflichtung der anderen Partei.[443] Die Gegenleistung, die nicht beansprucht werden kann, will oder soll, wird also zur Wirksamkeitsbedingung für die eigene Leistungspflicht gemacht.[444] Entscheidend ist das Vorliegen einer finalen Bindung wie beim Synallagma,[445] also einer Entgeltlichkeit, d. h. eine Vertragspartei erbringt ihre Leistung, um die Gegenleistung der anderen Vertragspartei zu erlangen. Das Reichsgericht drückt dies wie folgt aus:

> „Der Erwerb ist nur dann entgeltlich, wenn er kraft Gesetzes oder kraft rechtsgeschäftlicher Bestimmung rechtlich abhängig ist von einer als Ausgleichung aufgefaßten eigenen Zuwendung in dem Sinne, daß er nur zusammen mit dieser endgültig sein soll."

Die Konstruktion der konditionalen Verknüpfung entspricht dem unilateral contract, weil durch die Bedingung die Entstehung der Leistungspflicht einer Partei von dem Eintritt oder Nichteintritt bestimmter Umstände abhängig gemacht wird, nämlich von der tatsächlichen und vollständigen Bewirkung einer Gegenleistung, die zu erbringen sich die Vertragspartei aber zuvor nicht verpflichtet hat. Das Ergebnis, welches das englische Recht mit der consideration erreicht, erzielt das deutsche Recht also mit der Bedingungskonstruktion.[446]

Die Wirkungsweise der konditionalen Verknüpfung illustriert Haymann mit dem etwas kuriosen Beispiel eines Mandanten, der seinem Anwalt einen Ring

---

442 siehe unten II.F.2.

443 MüKo-Kollhosser § 516 Rn. 15; Staudinger-Cremer § 516 Rn. 27; Haymann, Grenzziehung zwischen Schenkung und entgeltlichem Geschäft, Jher.Jahrb. 56 (1910) 86, 95, 130.

444 MüKo-Kollhosser, § 516, Rn. 15.

445 MüKo-Kollhosser § 516 Rn. 15.

446 Den Begriff Bedingung („condizione") verwendet auch Gorla, Il cosidetto „unilateral contract" o contratto con executed consideration nella common law anglo-americana, Riv.Dir.Comm., I, S. 271, 277 (1954) bei der Darstellung des unilateral contract. Siehe auch Becker, Gegenopfer und Opferverwehrung, S. 25: „In diesem Zusammenhang ist darauf hinzuweisen, daß die Bedingungsmechanik, unter der die Wirksamkeit oder Unwirksamkeit eines Versprechens vom Eintritt oder Nichteintritt einer Willkürbedingung abhängt, vom AR [Common Law] überwiegend in die Considerationsmechanik überführt wird."; zustimmend von Hippel, Die Kontrolle der Vertragsfreiheit nach anglo-amerikanischen Recht, S. 83.

verspricht unter der aufschiebenden Bedingung, daß er seinen Prozeß führt.[447] Thelen stützt seine Ausführungen zu entgeltlichen Geschäften ohne beiderseitige Leistungspflicht auf einen Ausgangsfall, in dem der A dem B RM 1.000 verspricht, unter der Bedingung, daß dieser ihm ein Pferd übereignet, weil der B sich nicht binden will und A durch das bedingte Zahlungsversprechen für den B einen Anreiz setzen will, für seine Interessen tätig zu werden.[448]

Mit einem realen Fall an der Grenze zwischen einer Schenkung und einer konditionalen Leistungsverknüpfung hatte sich das OLG München in einer Entscheidung vom 11.11.1982 auseinanderzusetzen.[449] Der Entscheidung lag folgender Sachverhalt zugrunde:

> Auf der Generalversammlung eines Eissportvereins versprach ein Eishockey-Fan der 1. Eishockeymannschaft seines Vereins DM 20.000, wenn es ihr in der kommenden Saison gelingen sollte, sich in der Bundesliga – Spielklasse zu halten, und händigte einem Vertreter der Eishockeymannschaft einen Scheck von über DM 20.000 aus. Nachdem am Ende der Saison der Klassenerhalt gesichert war, wollte der Verein den Scheck einlösen. Der Fan hatte den Scheck jedoch zwischenzeitlich sperren lassen. Die Eishockeymannschaft verlangte mit der Klage von ihrem Fan die Zahlung der versprochenen DM 20.000.

Ein gegenseitig verpflichtender Vertrag lag nicht vor, denn die Eishockeymannschaft hatte sich gegenüber dem Fan nicht verpflichtet, den Klassenerhalt zu sichern. Das OLG ordnete das Versprechen, DM 20.000 zu zahlen, als unentgeltliches Zuwendungsversprechen ein, das formlos nicht verpflichtend war (§ 518 BGB) und wies die Klage ab.[450] Die Argumente des OLG überzeugen allerdings nicht. Es spricht im Gegenteil viel dafür, in der Sicherung des Klassenerhalts eine Leistung der Eishockeymannschaft zu sehen, die Bedingung für die Leistungsverpflichtung des Fans (Zahlung der DM 20.000) war.[451] Dann hätte ein entgeltlicher Leistungsaustausch mit einer

---

[447] Haymann, Grenzziehung zwischen Schenkung und entgeltlichem Geschäft, Jher.Jahrb. 56 (1910) 86, 95 f.

[448] Thelen, Entgeltliche Geschäfte ohne beiderseitige Leistungspflicht, S. 25 f.

[449] NJW 1983, 759 f.

[450] Ein US-amerikanisches Gericht lehnte in dem vergleichbaren Fall McDevitt v. Stokes, 192 S.W. 681 (1917), in dem es um das Versprechen von $ 1.000 an den Jockey eines Pferdes ging, für den Fall, daß er ein bestimmtes Rennen gewänne, ebenfalls eine Zahlungsverpflichtung nach Bedingungseintritt ab.

[451] Ebenso MüKo-Kollhosser § 516 Rn. 15. Ebenso Wacke, „Fünfzig Farbfernsehgeräte umsonst für Italiens Fußballsieg“, MDR 1983, 4, 5 auf der Grundlage deutschen Rechts für das Versprechen eines italienischen Elektrogeräteherstellers nahe Mailand, unter anderem jedem Spieler der italienischen Nationalmannschaft einen Fernseher zu schenken, falls diese die Fußballweltmeisterschaft gewinnt.

konditionalen Leistungsverknüpfung vorgelegen. Mit der Erfüllung der Bedingung – Klassenerhalt - wäre der Fan also zur Zahlung verpflichtet gewesen.

Im einzelnen: Das OLG ging zunächst davon aus, daß die DM 20.000 eine belohnende Schenkung für den Klassenerhalt seien. Gegen diese Qualifizierung ist einzuwenden, daß eine belohnende Schenkung nur dann vorliegt, wenn der Schenker dem Beschenkten für eine von diesem bereits erbrachte Leistung nachträglich eine rechtlich nicht geschuldete Belohnung verspricht.[452] Hier wurde die Belohnung aber vor der Leistungserbringung versprochen.

Das OLG bezweifelte weiter, daß es sich bei der Sicherung des Klassenerhalts um eine Leistung handelte. Abgesehen davon, daß dann auch keine belohnende Schenkung vorliegen kann, die das OLG aber bejahte, ist der Klassenerhalt aber eine Leistung.

Der Definition der Leistung im Rahmen des Bereicherungsrechts (§ 812 Abs. 1 BGB) als eine bewußte und zweckgerichtete Vermehrung fremden Vermögens ist nämlich zu eng, da diese Definition vor dem Hintergrund der Funktion des Bereicherungsrechts, also des Ausgleichs von ungerechtfertigten Verschiebungen von Vermögensgütern, zu sehen ist. Im Rahmen des § 241 Abs. 1 BGB ist Leistung dagegen umfassender jedes Verhalten, das in einem Tun oder Unterlassen bestehen kann. Entscheidend ist lediglich, daß durch die Leistung nach dem Willen des Leistenden ein wirklicher oder vermeintlicher Vorteil verschafft werden soll. Haymann hat daher die Leistung zutreffend definiert als jede willentliche Förderung fremder Interessen.[453]

Im vorliegenden Fall sind beide Kriterien erfüllt. Der Klassenerhalt beruht auf einem willensgesteuerten Verhalten der Mannschaft. Die Tatsache, daß der Klassenerhalt auch vom Ausgang der Spiele anderer Mannschaften, an denen

[452] MüKo-Kollhosser § 516 Rn. 19.; Staudinger-Cremer § 516 Rn. 30. Das Zahlungsversprechen des Fans lag aber zeitlich vor der Leistung der Mannschaft, und in dieser Situation gilt „wer ... für eine noch vorzunehmende Handlung eine Vergütung zusagt, gibt kein Schenkungsversprechen ab, sondern schließt einen entgeltlichen Vertrag“: BGH NJW 1982, 436.

[453] Haymann, Grenzziehung zwischen Schenkung und entgeltlichem Geschäft, Jher.Jahrb. 56 (1910), 86, 92.

die Mannschaft selbst nicht beteiligt war, abhing, ändert daran nichts.[454] An einer Leistung der Mannschaft hätte es nur gefehlt, wenn der Fan beispielsweise die DM 20.000 für den Fall versprochen hätte, daß es beim nächsten Spiel regnet.[455] Die Sicherung des Klassenerhalts diente auch der Förderung fremder Interessen, nämlich der Interessen des Eishockeyfans, dem der Klassenerhalt eine besondere Freude und Genugtuung bereitete. Daß diese Interessenförderung keinen Marktwert hat, steht der Annahme einer Leistung nicht entgegen.[456]

Ferner lehnt das OLG eine finale Bindung zwischen Leistung und Gegenleistung ab und argumentiert, daß die Mannschaft den Spieleinsatz aufgrund von Spielerverträgen ohnehin dem Verein schulde. Außerdem würden Zuwendungen häufig von mehreren Anhängern versprochen, die Spielleistung sei aber nicht aufteilbar. Das OLG übersieht dabei aber, daß es Handlungen gibt, durch

---

[454] Auch der Blick auf den gesetzlich geregelten Fall eines einseitig verpflichtenden Vertrages mit bedingter Leistungspflicht, nämlich den Maklervertrag (§§ 652 ff. BGB), zeigt, daß es für die konditionale Verknüpfung nicht darauf ankommt, daß das zur Bedingung erhobene Ereignis allein von der Leistung des Vertragspartners abhängt. Beim Maklervertrag ist der Auftraggeber nur verpflichtet, die Provision zu zahlen, wenn infolge des Nachweises oder infolge der Vermittlung des Maklers ein Vertrag zustandekommt (§ 652 Abs. 1 BGB). Ob ein solcher Vertrag zustandekommt, hängt von zahlreichen Unwägbarkeiten ab, die mit dem Einsatz des Maklers selbst nichts zu tun haben, nämlich zum einen davon, ob der Makler z. B. einen geeigneten Vertragspartner finden kann, ob dieser bereit ist, an den Auftraggeber zu verkaufen, und schließlich davon, ob die angebotene Gelegenheit dem Auftraggeber zusagt.

[455] Deshalb war auch in dem für den unilateral contract immer wieder zitierte Fall Carlill v. Carbolic Smoke Ball Co. [1893] 1 Q. B. 256 die Erkrankung lediglich eine Bedingung, während die 2-wöchige Benutzung des Inhalationsgeräts die consideration für das Versprechen darstellte (zutreffend: Treitel, The Law of Contract, S. 69).

[456] Staudinger-Cremer § 516 Rn. 28: „Die Gegenleistung braucht keine geldliche zu sein; auch nicht geldwerte Leistungen können in diesem Zusammenhang genügen“; Haymann, Grenzziehung zwischen Schenkung und entgeltlichem Geschäft, Jher.Jahrb. 56 (1910), 86, 89: „Der Bereich der Leistung ist ebenso mannigfaltig und unbegrenzt, wie das Gebiet menschlicher Bedürfnisse überhaupt.“ Ausführlich auch Thelen, Entgeltliche Geschäfte ohne beiderseitige Leistungspflicht, S. 1 ff., der diesen umfassenden Leistungsbegriff aus der Kombination der Leistungsbegriffe des § 812 BGB (bewußte und zweckgerichtete Vermögensvermehrung) und des § 241 BGB (Gegenstand eines Schuldverhältnisses) ableitet: Aus § 241 BGB ergibt sich, daß eine Leistung nicht geldeswert sein muß, aus § 812 BGB ergibt sich, daß ein Mensch nicht Schuldner sein muß, damit man sein Verhalten als „Leistung“ bezeichnen kann.

deren einmalige Ausführung die Bedürfnisse mehrerer befriedigt werden können, durch dasselbe Tun oder Unterlassen also an mehrere geleistet wird.[457]

Schließlich meint das OLG eine Entgeltlichkeit fehle, weil der Spielerfolg eingetreten sei, und zwar unabhängig von der Zuwendung des Fans, und stützt sich dabei auf folgende Definition der Unentgeltlichkeit des Reichsgerichts:

> „Der Erwerb ist nur dann entgeltlich, wenn er kraft Gesetzes oder kraft rechtsgeschäftlicher Bestimmung rechtlich abhängig ist von einer als Ausgleichung aufgefaßten eigenen Zuwendung in dem Sinne, daß er nur zusammen mit dieser endgültig sein soll."[458]

Das OLG geht offenbar davon aus, daß der Spielerfolg, da er nicht mehr rückgängig zu machen ist, endgültig im Sinne dieser Definition ist, und daß dieser Zustand der Endgültigkeit unabhängig von der Zuwendung der DM 20.000,00 eingetreten ist. Dies ist aber nicht Inhalt der Aussage des Reichsgerichts.

Entscheidend ist allein die Frage, ob die Eishockeymannschaft die Sicherung des Klassenerhalts als einen Ausgleich für das Zahlungsversprechen auffaßte in dem Sinne, daß die Zahlung nur zusammen mit dem Klassenerhalt endgültig sein sollte. Eben diese Frage stellt sich im übrigen auch im common-law-Vertragsrecht, das aber als Entscheidungsmaßstab nicht auf den Parteiwillen abstellt, sondern einen objektivierten Maßstab anlegt. Die Frage des common law lautet also, ob

> „... a reasonable man would or would not understand that performance of the condition was requested as the price of the promise."[459]

> ... ein vernünftiger Mensch davon ausgehen würde oder ob er nicht davon ausgehen würde, daß die Erfüllung der Bedingung als Preis für das Versprechen verlangt worden war.

Für die Beantwortung dieser Auslegungsfrage gibt der Sachverhalt zu wenig her und mit dieser Frage hat sich das OLG auch nicht befaßt. Rechtspolitisch spricht für das Ergebnis des OLG, daß Sportanhänger, die von einer momentanen sportlichen Begeisterung hingerissen sind, vor übereilten verbind-

---

[457] Beispielsweise wenn der Hausherr mehreren Mietern verspricht, für die Beleuchtung des Hauseingangs Sorge zu tragen, oder wenn der Mieter mehreren Hausgenossen zusagt, zu nächtlicher Stunde das Klavierspiel zu unterlassen: Haymann, Zur Grenzziehung zwischen Schenkung und entgeltlichem Geschäft, Jher.Jahrb. 56 (1910) 86, 90. Im Common Law wird diese Problematik unter der Fragestellung erörtert, ob eine Leistung, die der Versprechensempfänger bereits einem Dritten gegenüber auszuführen versprochen hat, eine ausreichende consideration für ein Versprechen sein kann. Dabei soll es darauf ankommen, ob der Versprechensgeber die Leistung zu seinem eigenen Vorteil und nicht zu dem des Dritten verlangt: Williston on Contracts § 102a, S. 199.

[458] RGZ 163, 3348, 356.

[459] Williston on Contracts (rev. ed. 1936), § 112, S. 232 f.

lichen Zusagen geschützt werden sollten,[460] dies um so mehr, als für die Gegenleistung (z. B. den Klassenerhalt) kein Markt existiert. Im Gegensatz zum übereilt bestellten Porsche kann die persönliche Freude oder Genugtuung an einer sportlichen Leistung nicht veräußert werden. Eine dogmatisch einwandfreie Begründung im Grenzbereich zwischen konditionaler Verknüpfung und bedingter Schenkung blieb das OLG aber schuldig.

I.B.3.3. Gestaltung der vertraglichen Bindung

Beim unilateral contract im englischen und US-amerikanischen Recht ist der Anbieter grundsätzlich erst dann an sein Angebot/Leistungsversprechen gebunden, wenn die nicht leistungsverpflichtete Partei ihre Gegenleistung tatsächlich und vollständig erbracht hat. Aufgrund des consideration-Konzepts kann ein Vertrag auch nicht zu einem früheren Zeitpunkt zustande kommen. Erst zu diesem Zeitpunkt wird das Angebot unwiderruflich und es entsteht ein Vertrag, von dem sich der Anbieter/Versprechende nicht mehr einseitig lösen kann.[461]

Im deutschen Recht ist hingegen die Frage nach der Bindung der Parteien, bevor die Gegenleistung vollständig erbracht wurde, keine Frage des Zustandekommens eines Vertrages. Der Vertrag ist bereits durch die Einigung zustandgekommen. Im deutschen Recht kommt es also darauf an, ob und unter welchen Voraussetzungen sich eine Partei von dem Vertrag einseitig lösen kann.

Grundsätzlich sind die Parteien eines Vertrages an das vertraglich Vereinbarte, insbesondere an ihre Leistungspflicht gebunden („pacta sunt servanda“). Da nach deutschem Recht bereits mit der Einigung ein Vertrag zustande kommt, gilt dies auch für die bedingt leistungsverpflichtete Partei bei einem Austauschvertrag mit konditionaler Leistungsverknüpfung, unabhängig davon, ob die Bedingung für ihre Leistungspflicht bereits eingetreten ist oder nicht. Dieser Bindung kann sie sich nicht mehr einseitig entledigen, es sei denn, ihr steht ein vertraglich vereinbartes oder gesetzliches Recht zu, sich von dem Vertrag zu lösen. In Betracht kommt ein Widerrufsrecht, eine Fristsetzung gemäß §§ 146, 148 BGB analog sowie ein Rücktritts- oder Kündigungsrecht.

---

460 Fromholzer, Consideration, S. 165.

461 Zu den (zahlreichen) Ausnahmen und deren Konstruktion siehe oben I.A.4.

I.B.3.3.1. Widerrufsrecht

Das deutsche Schuldrecht gewährt vereinzelt einseitige Widerrufsrechte, die allerdings auf spezielle Interessenlagen zugeschnitten sind und daher auch nicht über ihren jeweiligen Anwendungsbereich hinaus allgemein auf Verträge mit konditionaler Leistungsverknüpfung angewandt werden können.

So kann etwa der Auslobende sein Belohnungsversprechen gemäß einer besonderen gesetzlichen Regelung frei widerrufen, so lange die verlangte Handlung noch nicht vorgenommen worden ist (§ 658 Abs. 1 BGB).[462] Allerdings ist die Auslobung im deutschen Recht ein einseitiges Rechtsgeschäft und kein Vertrag. Daher kann diese spezielle Widerrufsregelung der Auslobung nicht auf Verträge angewandt werden, auch nicht entsprechend.

Auch der Maklervertrag kann vom Auftraggeber grundsätzlich frei widerrufen werden, jedoch folgt dieses Widerrufsrecht aus der Abschlußfreiheit des Auftraggebers hinsichtlich des Geschäftes, das der Makler vermitteln soll. Das Widerrufsrecht ergibt sich also aus den Besonderheiten des Maklervertrages und kann nicht entsprechend auf andere Verträge angewandt werden.

Ein weiteres Widerrufsrecht regelt das deutsche Recht in § 671 BGB für den Auftrag, der bis zu seiner Ausführung jederzeit widerrufen werden kann. Grund für diese Regelung ist, daß der Auftrag ein Gefälligkeitsvertrag ist, der beim Auftraggeber ein besonderes Vertrauen voraussetzt und für den Beauftragten unentgeltlich und fremdnützig ist. Auf einen entgeltlichen Vertrag ist die Regelung daher nicht übertragbar.

I.B.3.3.2. Fristsetzung analog §§ 146, 148 BGB

Wenn die bedingt leistungsverpflichtete Partei sich von dem Vertrag lösen will, weil mit dem Eintritt der Bedingung während eines vernünftigen Zeitraums und damit mit der Durchführung des geplanten Leistungsaustauschs nicht mehr zu rechnen ist, könnte ihr nach der Rechtsprechung des Bundesgerichtshofs ein einseitiges Lösungsrecht nach Fristsetzung analog §§ 146, 148 BGB zustehen:

---

[462] Ausführlich zur Auslobung als typischer unilateral-contract-Fallgruppe siehe unten II.A.

Bundesgerichtshof, Urteil vom 26.11.1984[463]

Die Beklagte hatte bei der Klägerin am 29.11.1978 eine EDV-Anlage bestellt, allerdings unter der Voraussetzung, daß eine Leasingfirma ihre Finanzierungsbereitschaft zusichert. Die Klägerin bestätigte die Bestellung. Nach Ansicht des BGH war damit ein Kaufvertrag unter einer Bedingung (§ 158 BGB) zustande gekommen. Die Zusage der Leasinggesellschaft wurde weder gegeben, noch wurde sie endgültig verweigert. Durch den bedingten Vertragsabschluß entstand ein Schwebezustand. Fraglich war, wie lange dieser von der Klägerin hinzunehmen war und wie er von ihr – ohne daß sie sich selbst vertragsbrüchig machte – beendet werden konnte. Nach Ansicht des BGH war die Klägerin berechtigt „der Beklagten zur Klärung des Eintritts oder Nichteintritts der vereinbarten Bedingung in analoger Anwendung der §§ 146, 148 BGB eine Frist zu setzen, nach deren fruchtlosen Ablauf die Bedingung als ausgefallen gilt."

Der bedingt Verpflichtete muß also den Schwebezustand nicht unbegrenzt hinnehmen. Hängt – wie in einer unilateral-contract-Situation - der Eintritt der Bedingung von einer Handlung eines Vertragspartners ab, so kann der andere Teil berechtigterweise von ihm verlangen, die Handlung innerhalb einer angemessenen Frist vorzunehmen. Er hat an der Handlung seines Partners das gleiche Interesse wie derjenige, der einem anderen den Abschluß eines Vertrages anträgt und für die Annahmeerklärung eine Frist setzen kann, nach deren Ablauf seine Bindung an den Antrag erlischt. Eine solche Frist hat die Klägerin in dem oben dargestellten Fall gesetzt. Mit Ablauf dieser Frist war die Bedingung endgültig ausgefallen, der Vertrag also unwirksam geworden und die Klägerin daher zur Erfüllung nicht mehr verpflichtet.

Allerdings: ein grundsätzliches freies Widerrufsrecht wie im englischen und US-amerikanischen Recht gewähren auch §§ 146, 148 BGB analog nicht, denn der bedingt Leistungsverpflichtete muß zunächst abwarten, ob die andere Seite die Bedingung durch Leistung binnen angemessener Frist nicht doch noch herbeiführt.

I.B.3.3.3. Rücktrittsrecht gemäß § 323 BGB analog

Der bedingt leistungsverpflichteten Partei kann weiter ein Rücktrittsrecht gemäß § 323 BGB analog zustehen. Die Vorschrift gilt zwar nach ihrem Wortlaut und ihrer Stellung in der Systematik des Gesetzes nur für gegenseitig verpflichtende Verträge, also Verträge mit gegenseitigen Leistungspflichten, während bei der konditionalen Verknüpfung als Entsprechung zum unilateral contract Leistungspflichten gerade nicht auf beiden, sondern nur auf einer Seite vorliegen. Außerdem setzt § 323 BGB eine fällige Leistung voraus. Eine

[463] BGH NJW 1985, 1556 ff.

Leistung kann nur fällig sein, wenn eine Leistungspflicht besteht. Eine unmittelbare Anwendung von § 323 BGB scheidet deswegen aus.

§ 323 BGB kann aber auf Fälle einer konditionalen Leistungsverknüpfung analog angewendet werden. Sinn und Zweck des § 323 BGB ist es, es einer Partei zu ermöglichen, sich von einem Vertrag zu lösen, wenn durch die Säumigkeit der anderen Partei der Austauscheffekt insgesamt in Frage gestellt oder übermäßig hinausgeschoben wird. Diese Gefahr besteht auch bei einer konditionalen Leistungsverknüpfung, wie folgendes Beispiel deutlich macht:

> A verspricht B € 50 unter der Bedingung, daß dieser den Rasen von A mäht. Nach 2 Wochen macht B immer noch keine Anstalten, den Rasen zu mähen und das Gras wuchert knöchelhoch. A möchte nun selbst zum Rasenmäher greifen.

Schwierig kann allerdings die Bestimmung des Zeitraums sein, nach dessen Ablauf der bedingt leistungsverpflichteten Partei nicht mehr zugemutet werden kann, sich weiterhin an dem Vertrag festhalten zu lassen. Haben die Parteien eine Frist bestimmt, binnen derer die Leistung zu erbringen ist, so käme es auf ein Rücktrittsrecht gar nicht mehr an, denn der Fristablauf würde zu einem endgültigen Ausfall der Bedingung führen. Fehlt es an einer ausdrücklichen Fristsetzung, so muß der Zeitpunkt, zu dem nach den Vorstellungen der Parteien eine Leistungserbringung zu erwarten ist, durch Auslegung ermittelt werden. Bei dieser Auslegung ist einerseits das vertraglich eingeräumte Recht des nicht Leistungsverpflichteten, durch tatsächliche Leistung eine Forderung zu erwerben, zu beachten. Auf der anderen Seite werden aber auch die Grenzen der dem bedingt Leistungsverpflichteten noch zumutbaren Bindung zu berücksichtigen sein. Auch muß der bedingt Leistungsverpflichtete dem Vertragspartner erfolglos eine angemessene Frist zur Leistung bestimmt haben, bevor er vom Vertrag zurücktreten kann (§ 323 Abs. 1 BGB), es sei denn, die Fristsetzung ist gemäß § 323 Abs. 2 BGB ausnahmsweise entbehrlich. Eine Fristsetzung kann dabei insbesondere entbehrlich sein, weil die bedingt leistungsverpflichtete Partei die Leistung ernsthaft und endgültig verweigert oder wenn besondere Umstände vorliegen, die einen sofortigen Rücktritt rechtfertigen.

Bezogen auf den oben dargestellten Beispielsfall bedeutet dies: Sofern keine besonderen Umstände vorliegen, mußten beide Parteien davon ausgehen, daß der Rasen gemäht werden sollte, bevor er zu hoch wächst, um noch mit dem Rasenmäher bearbeitet werden zu können. A kann daher dem B analog § 323 Abs. 1 BGB eine angemessene Frist setzen, den Rasen zu mähen und nach erfolglosem Ablauf der Frist selbst tätig werden.

Ebenso wie bei einem Lösungsrecht gemäß §§ 146, 148 BGB analog muß der bedingt Leistungsverpflichtete aber auch bei einem Rücktritt gemäß § 323 BGB abwarten, ob nicht die andere Partei in der Lage ist, ihre Leistung zu erbringen.

I.B.3.3.4. Kündigungsrecht

Ein weiterer Ansatz für ein einseitiges Lösungsrecht des bedingt Leistungsverpflichteten läßt sich dem Rechtsgedanken des § 649 BGB entnehmen, der dem Besteller eines Werkes bis zu dessen Vollendung das Recht gibt, den Vertrag jederzeit zu kündigen.

Die Regeln für den Werkvertrag können jedoch nicht direkt auf die konditionale Leistungsverknüpfung angewendet werden, denn der Werkvertrag ist gemäß § 631 Abs. 1 BGB ein gegenseitig verpflichtender Vertrag, die Werkleistung wird also geschuldet, während sie bei der konditionalen Leistungsverknüpfung nur Bedingung für die Vergütungspflicht ist.

Grundsätzlich bestehen keine Bedenken gegen eine entsprechende Anwendung des § 649 BGB auf Fälle der konditionalen Leistungsverknüpfung. Wenn der Besteller schon ein freies Kündigungsrecht hat, wenn der Unternehmer zur Herstellung verpflichtet ist, muß dies für den bedingt Leistungsverpflichteten erst recht gelten, wenn die andere Vertragspartei in ihrer Entscheidung, ob sie die Leistung erbringen will oder nicht, frei bleibt.

Allerdings bleibt nach § 649 BGB der Besteller verpflichtet, die vereinbarte Vergütung zu erbringen, lediglich die ersparten Aufwendungen des Unternehmers sind in Abzug zu bringen. Die Bestimmung der Höhe von Anrechnungspositionen bereitet aber Probleme. Zum einen kann die Vergütung gerade bei einer konditionalen Leistungsverknüpfung besonders hoch sein, weil sich in ihr das Risiko widerspiegelt, daß sich der gewünschte Leistungserfolg möglicherweise nicht erzielen läßt. Zum anderen lassen sich die ersparten Aufwendungen des bedingt Leistungsverpflichteten kaum bestimmen, da ungewiß ist, ob sich der gewünschte Leistungserfolg mit einem geringen oder nur mit einem großen Aufwand - oder vielleicht auch gar nicht - hätte herbeiführen lassen. Soll also derjenige, der dem Nachbarsjungen € 20 versprochen hat, wenn dieser seinen entlaufenen Hund wiederfindet, verpflichtet sein, dem Jungen diesen Betrag (abzüglich welchen Aufwandes?) zu zahlen, wenn er nach zwei Tagen feststellt, daß er ohne Hund viel besser zurechtkommt und daher kein Interesse mehr daran hat, daß der Junge den Hund findet?[464]

Auch wenn ein Kündigungsrecht analog § 649 BGB also grundsätzlich in Betracht kommt, bestehen Zweifel an der Praktikabilität und muß sorgfältig geprüft werden, ob dies den Interessen beider Parteien, insbesondere auch den Interessen des bedingt Leistungsverpflichteten, bei Vertragsabschluß im Einzelfall tatsächlich entspricht.

I.B.3.3.5. Vertraglich vereinbartes Rücktrittsrecht

Ein Rücktrittsvorbehalt kann auch vertraglich vereinbart werden. Die Vereinbarung kann ausdrücklich, aber auch stillschweigend erfolgen. An die Vereinbarung eines vertraglichen Rücktrittsrechts ist insbesondere dann zu denken, wenn die bedingt leistungsverpflichtete Partei bereits bei Vertragsabschluß mit der Möglichkeit rechnet, daß ihr Interesse an der Leistung nicht bis zu deren regulärer Bewirkung bestehen bleibt. Ob ein solches Rücktrittsrecht im Einzelfall zwischen den Parteien tatsächlich vereinbart wurde, ist eine Frage der (gegebenenfalls ergänzenden) Vertragsauslegung.

Der Zeitraum, in dem ein solches Rücktrittsrecht zulässig sein soll, kann ebenfalls von den Parteien vereinbart werden. Die Parteien können also festlegen, daß ein Rücktrittsrecht nur so lange bestehen soll, wie die nicht leistungsverpflichtete Partei die bestimmte Leistung noch nicht vollständig erbracht hat.

Die vollständige Ausführung der zur Bedingung gemachten Handlung durch die nicht leistungsverpflichtete Partei bewirkt dann zweierlei: Die Leistungsverpflichtung der anderen Partei entsteht, während ihr Rücktrittsrecht (so es denn vereinbart wurde) endet.

> A bietet B folgendes an: Ich verpflichte mich, dir € 2.000 zu zahlen, wenn du mein Haus streichst, aber solange das Haus nicht komplett fertig gestrichen ist, kann es sein, daß ich es mir auch anders überlege und dir mitteile, daß ich die € 2.000 nicht zahlen werde.

Wenn B diesem Angebot zustimmt, kommt ein Vertrag zustande. Der Vertrag enthält eine einseitige Leistungsverpflichtung des A, € 2.000 zu zahlen, allerdings nur unter der Bedingung, daß B das gesamte Haus streicht. Bevor B nicht das gesamte Haus gestrichen hat, kann A jederzeit von dem Vertrag zurücktreten, mit dem Ergebnis, daß seine Leistungspflicht erlischt. B ist nicht

---

[464] § 658 BGB hilft hier nicht weiter: Es handelt sich nicht um eine Auslobung, weil das Belohnungsversprechen nicht öffentlich bekannt gemacht wurde, sondern nur an den Nachbarsjungen gerichtet war. Näher zur Auslobung unten II.A.2.

verpflichtet das Haus zu streichen. Er kann sich nun überlegen, ob er es riskiert, das Haus zu streichen, ohne daß A zurücktritt, um sich so die € 2.000 zu verdienen.[465]

I.B.3.3.6. Rücktrittsrecht wegen Störung der Geschäftsgrundlage gemäß § 313 BGB

Ein Rücktrittsrecht des bedingt Leistungsverpflichteten kann schließlich, insbesondere wenn eine (vorrangige)[466] ergänzende Vertragsauslegung nicht zum Ziel führt, wegen einer Störung der Geschäftsgrundlage gemäß § 313 BGB in Betracht kommen. Diese Regelung gilt für alle schuldrechtlichen Verträge, nicht nur für gegenseitig verpflichtende Verträge. Geschäftsgrundlage sind die nicht zum eigentlichen Vertragsinhalt erhobenen, aber beim Vertragsschluß zutage getretenen, dem Geschäftspartner erkennbaren und von ihm nicht beanstandeten Vorstellungen des einen Vertragsteils oder die gemeinsame Vorstellungen beider Teile vom Vorhandensein oder künftigen Eintritt gewisser Umstände, sofern der Geschäftswille auf diesen Vorstellungen aufbaut. Fällt diese Geschäftsgrundlage weg, etwa weil die Leistung, die zur Bedingung erhoben wurde, aufgrund veränderter Umstände nicht mehr erbracht werden kann oder für die andere Seite kein Interesse mehr hat, und wird dadurch für den bedingt Leistungsverpflichteten ein Festhalten am dem Vertrag unzumutbar, so kann er eine Anpassung des Vertrages fordern oder sogar von dem Vertrag zurücktreten. Insbesondere im Bereich der sogenannten Altenteilsleistungen, die im englischen und US-amerikanischen Recht eine typische unilateral-contract-Fallgruppe sind, arbeitet das deutsche Recht mit diesem ursprünglich von Literatur und Rechtsprechung entwickelten Rechtsinstitut, obwohl es diese Fallgruppen nicht über eine konditionale Leistungsverknüpfung, sondern über eine gegenseitige Leistungsverpflichtung löst.[467]

I.B.4. Zusammenfassung und vergleichende Betrachtung

Im deutschen Recht ergeben sich die Leistungspflichten der Parteien aus dem Vertrag als zweiseitigem Rechtsgeschäft. Der Vertrag kommt durch eine Einigung der Parteien zustande. Eine Einigung liegt in der Regel vor, wenn eine

---

[465] Falls A zurücktritt, nachdem B bereits das halbe Haus gestrichen hat, kann B Ansprüche wegen ungerechtfertigter Bereicherung geltend machen, soweit und in der Höhe in der A durch seine Leistungen bereits bereichert ist.

[466] Palandt-Heinrichs, § 313 Rn. 23.

[467] siehe unten II.F.2.2.

Partei ein Angebot der anderen angenommen hat. Angebot und Annahme sind also lediglich Teil des zweiseitigen Rechtsgeschäfts Vertrag. Das deutsche Recht hat dieses Ergebnis zwar historisch über den Umweg des Versprechens als Grundlage der vertraglichen Verpflichtung erreicht; an dieser Stelle bestand also eine gewisse Nähe zum common-law-Vertragsrecht. Es hat diesen Weg aber nicht weiterverfolgt.

Auf den ersten Blick scheinen sich das englische und US-amerikanische Vertragsrecht vom deutschen Recht gar nicht so sehr zu unterscheiden. Auch hier ist die Einigung durch Angebot und Annahme Voraussetzung für das Zustandekommen eines Vertrages. Die Ähnlichkeit ist kein Zufall: die Regeln von Angebot und Annahme als Grundlage des Vertrages importierten die common law Juristen Anfang des 19. Jahrhunderts aus dem civil law.

Hinzu tritt dann aber im common-law-Vertragsrecht eine weitere Voraussetzung des Vertrages, nämlich das Erfordernis eines „Gegenopfers" (consideration) für ein Versprechen. Dieses Konzept, das sich in das mittelalterliche common law zurückverfolgen läßt, zerstört den oberflächlichen Eindruck einer Ähnlichkeit. Beim gegenseitig verpflichtenden Vertrag, dem bilateral contract, fällt das Ausmaß der Zerstörung zunächst nicht auf. Hier fallen Angebot und Annahme und Versprechen und consideration (in der Form des Gegenversprechens) zwanglos zusammen. Erst der unilateral contract offenbart, die Vorherrschaft des consideration-Prinzips: Denn der unilateral contract ist ein Vertrag, bei dem nur eine Partei verspricht, eine Leistung zu erbringen, und zwar dann, wenn die andere Partei eine bestimmte Gegenleistung erbracht hat. Die andere Partei ist jedoch nicht verpflichtet, die Gegenleistung zu erbringen. Die Gegenleistung ist consideration für das Leistungsversprechen. Ein Vertrag kommt erst zustande, wenn die consideration erbracht wurde. Ohne consideration, ohne vollständig erbrachte Gegenleistung, gibt es im common-law-Vertragsrecht keine Annahme eines Angebots und damit keine Einigung. Auch eine Einigung liegt demnach beim unilateral contract erst vor, wenn die Gegenleistung vollständig erbracht wurde.

Da dem deutschen Recht das consideration-Konzept fehlt, erstaunt es nicht, daß es hier auch keine dem unilateral contract unmittelbar vergleichbare Kategorie gibt. Und weil das consideration-Konzept fehlt, stehen den Parteien, die Leistungen austauschen wollen, im deutschen Recht auch andere und vielfältigere Gestaltungsmöglichkeiten zur Verfügung, wenn sich entsprechend dem unilateral contract allein eine Partei verpflichtet, ihre Leistung zu erbringen, jedoch nur falls die andere Partei die Gegenleistung erbringt, wozu sie sich aber nicht verpflichtet.

Relativ nah an der Konstruktion des unilateral contract im common law ist im deutschen Recht die Konstruktion eines bedingten Angebots, die allerdings nur in Ausnahmefällen den Vorstellungen der Parteien entsprechen dürfte. Im deutschen Recht läßt sich aber die Gestaltung des Leistungsaustauschs mit einer konditionalen Leistungsverknüpfung auch in den Vertrag verlagern. Im common law ist dies nicht möglich. Wenn sich eine Partei nicht verpflichtet, eine Gegenleistung zu erbringen, also kein Gegenversprechen abgibt, fehlt es an einer consideration und es kann kein Vertrag zustande kommen. Zu beachten ist aber, daß bei der Gestaltung im deutschen Recht zwar bereits durch die Einigung ein Vertrag, also ein zweiseitiges Rechtsgeschäft zustande kommt, daß dieser Vertrag aber kein bilateral contract im Sinne des englischen und US-amerikanischen Rechts ist, da keine gegenseitigen Leistungspflichten der Parteien entstehen.

Ein weiteres Element des unilateral contract ist die freie Widerrufbarkeit des Angebots/ Versprechens im englischen und US-amerikanischen Recht bis zur vollständigen Leistungserbringung der Gegenseite. Allerdings hat die Untersuchung des englischen und US-amerikanischen Rechts gezeigt, daß der Grundsatz der freien Widerrufbarkeit zwar dogmatisch folgerichtig ist. Er führt jedoch in vielen Fällen zu unbefriedigenden Ergebnissen, so daß die freie Widerrufbarkeit in vielen Fällen mit den unterschiedlichsten Begründungen verneint oder eingeschränkt wurde.

Im deutschen Recht kann der Anbieter bzw. die bedingt leistungsverpflichtete Vertragspartei ihr Angebot bzw. den grundsätzlich nicht einseitig frei widerrufen. Im deutschen Recht müssen also umgekehrt in Ausnahmefällen Möglichkeiten gefunden werden, die es dem Anbieter/ der bedingt leistungsverpflichteten Partei ermöglichen, sich von dem Vertrag zu lösen. Hier stehen verschiedene Möglichkeiten zur Verfügung, die im einzelnen aufgezeigt wurden.

Das Problem, wann eine bedingt leistungsverpflichtete Partei an ihrem Leistungsversprechen festgehalten werden soll, ist also im englischen und US-amerikanischen Recht dasselbe, allein der Ausgangspunkt der beiden Rechtssysteme ist entgegengesetzt.

Teil II. Die Fallgruppen

Im folgenden Teil der Arbeit werden einige typische unilateral contract Fallgruppen des englischen und US-amerikanischen Vertragsrechts dargestellt und der Lösung dieser Fallgruppen im deutschen Recht vergleichend gegenübergestellt.

Dabei zeigt sich zum einen der unterschiedliche dogmatische Ansatz, der in Teil I vorgestellt wurde, wobei allerdings das deutsche Recht in einigen wichtigen Fällen mit spezialgesetzlichen Regelungen vom allgemeinen Vertragsrecht abweicht. Zum anderen ergeben sich aber auch in weiten Bereichen ähnliche praktische Ergebnisse. Dies deutet darauf hin, daß trotz der grundlegend unterschiedlichen vertragsrechtlichen Ansätze die Interessen der Parteien im englischen und US-amerikanischen Recht einerseits und im deutschen Recht andererseits ähnlich bewertet werden.

II.A. Die Auslobung

II.A.1. Englisches und US-amerikanisches Recht

Die Auslobung ist eine der klassischen unilateral contract Fallgruppen im englischen und US-amerikanischen Recht.

Die Auslobung beinhaltet das einseitige Angebot und Versprechen einer Belohnung („reward"), dafür, daß der Bewerber eine bestimmte Handlung vornimmt (z. B. einen verlorenen Gegenstand findet und dem Auslobenden zurückgibt). Dabei ist es im englischen und US-amerikanischen Recht unerheblich, ob das Auslobungsangebot öffentlich oder einem individuell bestimmten Personenkreis gemacht wird.[468]

Ein Gegenversprechen des Bewerbers scheidet bei der Auslobung regelmäßig aus. Der Bewerber kann oder will kein Versprechen abgeben, die verlangte Handlung vorzunehmen, da er sich nicht sicher sein kann, ob er dazu überhaupt in der Lage ist. Er soll auch kein Versprechen abgeben, da ein Versprechen für den Auslobenden, der primär daran interessiert ist, daß die verlangte Handlung

---

[468] Der deutsche Begriff der Auslobung ist also enger als der einer reward im englischen und US-amerikanischen Recht, weil die Auslobung im deutschen Recht ausschließlich Belohnungsversprechen gegenüber der Öffentlichkeit erfasst, siehe auch unten II.A.2. Unter dieser Einschränkung wird aber auch bei der Darstellung des englischen und US-amerikanischen Rechts die deutsche Auslobungsterminologie verwendet.

vorgenommen und gegebenenfalls ein bestimmter Leistungserfolg erzielt wird, in der Regel wertlos wäre. Der Auslobende will sich daher nicht an einen einzigen Bewerber binden.

Da der Bewerber sich zu keinem Augenblick verpflichtet, die verlangte Handlung vorzunehmen, ist erst die tatsächlich vorgenommene Handlung consideration für das Auslobungsversprechen und Annahme des Auslobungsangebots. Ein Vertrag kommt als unilateral contract also erst mit Vollendung der verlangten Handlung zustande.

Diese Grundsätze wurden in dem berühmten Auslobungsfall Carlill v. Carbolic Smoke Ball Co. aus dem Jahr 1893 entwickelt und „seitdem werden Jurastudenten in die Geheimnisse des unilateral contract mit Hilfe von Carlill v. Carbolic Smoke Ball Co. eingeführt und es wird ihnen beigebracht, die magische Beschwörungsformel des Vertragsrechts nachzusprechen, daß im Falle eines unilateral contract die Ausführung der im Angebot festgelegten Handlung eine Annahme darstellt."[469]

Carlill v. Carbolic Smoke Ball Co.[470]

Die Carbolic Smoke Ball Co. hatte eine Art Inhalationsgerät – den Carbolic Smoke Ball – entwickelt, das zur Abwehr von „Grippe, Katarrh, Asthma, Bronchitis, Heuschnupfen, Heiserkeit, Stimmverlust, Keuchhusten, Krupphusten, Husten und anderen Beschwerden, die im Zusammenhang mit Erkältungskrankheiten auftreten können" dienen sollte. Im November 1891 startete die Firma eine Werbekampagne und veröffentlichte in verschiedenen Zeitungen eine Anzeige, in der sie die Vorzüge ihres Inhalationsgerätes anpries und demjenigen eine Belohnung von £ 100 versprach, der an einer Grippe erkrankte, nachdem er zwei Wochen lang 3 x täglich das Gerät entsprechend der Gebrauchsanweisung benutzt hatte. Mrs. Carlill kaufte sich einen Carbolic Smoke Ball, benutzte ihn 2 Wochen lang weisungsgemäß und erkrankte kurz danach an einer Grippe. Sie verlangte von der Carbolic Smoke Ball Co. Zahlung der versprochenen £ 100. Der Klage wurde stattgegeben.

---

469 Simpson, Quackery and Contract Law: The Case of the Carbolic Smoke Ball, 11 Journal of Legal Studies 345 ff. (1985): „And since 1893, law students have been introduced to the mysteries of the unilateral contract through the vehicle of *Carlill v. Carbolic Smoke Ball Co.* and taught to repeat, as a sort of magical incantation of contract law that in the case of unilateral contracts, performance of the act specified in the offer constitutes acceptance. Für das US-amerikanische Recht siehe beispielsweise Chenard v. Marcel Motors, 387 A.2d 596 (1978) in dem ein Automobil ausgelobt wurde für denjenigen Golfspieler, dem bei einem Wettkampf auf dem Fairlawn Country Club in Poland, Maine ein „hole-in-one" gelänge.

470 [1893] 1 Q.B. 256.

Frau Carlill hatte zwar kein Gegenversprechen für das Zahlungsversprechen abgegeben. Sie hatte aber die verlangte Gegenleistung erbracht, die darin bestand, daß sie 2 Wochen lang den Smoke Ball benutzte. Damit war ein Vertrag, nämlich ein unilateral contract, zwischen ihr und der Firma zustande gekommen. Auch die vertragliche Bedingung für die Leistungspflicht der Firma, die Erkrankung an einer Grippe, war eingetreten.[471]

Bei den Auslobungsfällen zeigt sich allerdings, daß die Anwendung allgemeinen Regeln für das Zustandgekommen eines Vertrages auf den unilateral contract gleich an mehreren Punkten Probleme bereiten, die im folgenden dargestellt werden.

II.A.1.1. Kenntnis der Auslobung

Grundsätzlich gilt, daß eine Einigung die Kenntnis des Angebots voraussetzt. In den Auslobungsfällen kann es aber vorkommen, daß die verlangte Handlung in Unkenntnis des Auslobungsangebotes vorgenommen wird.[472] Im englischen und US-amerikanischen Recht gilt, daß dann ein Vertrag nicht zustande kommt und der Auslobende folglich nicht verpflichtet ist, zu leisten.

Denn zum einen liegt eine ausreichende consideration, die zu einem bindenden Versprechen führt, nur dann vor, wenn der Handelnde seine Leistung im Hinblick auf das Versprechen erbracht hat.[473] Consideration ist nicht nur einfach eine Bedingung, unter der ein Versprechen bindend wird, sondern führt zu einer wesentlich engeren Verknüpfung von Leistung und Gegenleistung im Sinne eines Austauschs („exchange"). Eine Leistung ist nur dann „Gegen"leistung, wenn sie im Hinblick („in consideration") auf das Versprechen erbracht wurde. Dies stellen das englische und US-amerikanische Recht dadurch sicher, daß die Gegenleistung vom Versprechenden verlangt („requested") sein und das Versprechen den Leistenden zu seiner Leistung veranlaßt („induced") haben

---

[471] Falsch Becker, Gegenopfer und Opferverwehrung, S. 56, der das Erleiden der Grippe als consideration auffaßt.

[472] Beim bilateral contract scheidet eine Annahme in Unkenntnis des Angebots auf jeden Fall aus. Selbst dort, wo ein Verhalten als konkludente Annahmeerklärung erscheinen könnte, wird dies nicht unterstellt, da mit der Annahme dem Annehmenden nicht nur Rechte, sondern auch Pflichten entstehen. Vgl. Chitty on Contracts Rn. 61.

[473] Diesen Aspekt stellt Atiyah, An Introduction to the Law of Contract, S. 69 heraus.

muß. Ein Versprechen, von dem der Handelnde keine Kenntnis hat, kann ihn zu seiner Handlung aber nicht veranlassen.[474]

Zum anderen setzt aber auch eine Einigung über die Zahlung einer Belohnung notwendig voraus, daß der Bewerber das Belohnungsangebot zunächst empfangen hat, um es dann anzunehmen.[475]

Ein englischer Fall aus dem Jahr 1833 wird zwar manchmal als Autorität dafür zitiert, daß eine Belohnung auch dann gefordert werden konnte, wenn der Kläger nicht wußte, daß sie ausgesetzt worden war.

Williams v. Carwardine[476]

Der Beklagte setzte eine Belohnung aus für Hinweise, die zur Ergreifung eines bestimmten Mörders führen würden. Die Klägerin gab, nachdem sie von eben diesem Mörder zusammengeschlagen und ernsthaft verletzt worden war, Informationen, die schließlich zu seiner Ergreifung und Verurteilung führten. Der einzige Beweggrund, aus dem heraus die Klägerin (die anscheinend mit dem Mörder verwandt war) diese Mitteilung machte, war, daß sie glaubte, infolge ihrer Verletzungen nicht mehr lange zu leben, und ihr Gewissen erleichtern wollte. Das Gericht entschied, daß sie dennoch die Belohnung beanspruchen konnte und gab der Klage statt.

Tatsächlich war der Klägerin in diesem Fall aber bekannt, daß eine Belohnung ausgesetzt worden war. Die Entscheidung betraf somit nur die Frage, ob die Belohnung auch das (einzige) Motiv der Klägerin für die Ausführung der Handlung war. Das Gericht entschied, daß dies unerheblich sei, da das objektive

---

474 Broadnax v. Ledbetter, 99 S.W. 1111: „... it is difficult to see how the activites of people can be excited by offers of rewards of which they know nothing ..."; siehe auch Williston on Contracts (rev. ed. 1936), § 74A, S. 245; anders dann aber anscheinend in der neueren Auflage Williston on Contracts, § 4:14, S. 369: „... it is equally certain, that the person rendering the service performed it voluntarily and not in return for the promise to pay." Das Erfordernis der Kenntnis folgt also auch aus dem consideration-Konzept und ist nicht bloß Folge des „übergestülpten" Konzepts von Angebot und Annahme, wie Zimmermann/Hellwege, Belohnungsversprechen: „pollicitatio", „promise" oder „offer", ZfRV 1998, 133, 135 f. meinen.

475 Anson's Law of Contract, S.30 „A person who does an act for which a reward has been offered in ignorance of the offer cannot say either that there was a consensus of wills between him and the offeror or that his act was done in return for the promise he offered." Cheshire, Fifoot and Furmston's Law of Contract, S. 59 stellt ebenfalls vor allem auf die fehlenden Willenseinigung ab. Ebenso: Corbin, Offer and Acceptance and Some of the Resulting Legal Relations, 26 Yale L.J. 167, 182 f. (1917).

476 (1833) 5 C.&P. 566; 4 B.& Ad. 621; 172 E.R. 1104.

Vorliegen einer consideration, die in der Vornahme der Handlung lag, ausreichend sei.[477]

Knapp 60 Jahre später erging dann eine Entscheidung, aus der man ableiten könnte, daß ein Anspruch auf Zahlung einer Belohnung auch dann entsteht, wenn jemand eine Handlung vornimmt, für die eine Belohnung versprochen wurde, er jedoch in Unkenntnis dieses Versprechens handelte:

Gibbons v. Proctor[478]

Ein Priester namens Proctor gab am 29. Mai 1890 den Druck von Handzetteln in Auftrag, auf denen er eine Belohnung von £ 25 für Hinweise aussetzte, die zur Ergreifung einer Person führten, die eine schwere Körperverletzung begangen hatte. Die Hinweise sollte ein Superintendent namens Penn entgegennehmen. Die Handzettel wurden noch am Abend desselben Tages an Superintendent Penn geliefert und dieser sandte sie dann per Post an die umliegenden Polizeistationen, wo sie am Morgen des folgenden Tages eintrafen. Bereits in den frühen Morgenstunden des 29. Mai hatte der Polizeibeamte Gibbons einen anderen Polizisten namens Coppin getroffen. Coppin zeigte dem Kläger seinen Notizblock, der eine Beschreibung des Täters enthielt, für dessen Überführung später die Belohnung ausgesetzt wurde. Gibbons bemerkte, daß die Beschreibung auf einen Mann zutraf, der bereits wegen eines anderen Vergehens verhaftet worden war und sagte Coppin, er solle Superintendant Penn davon in Kenntnis setzen. Am Nachmittag des 29. Mai benachrichtigte Coppin seinen Vorgesetzten, der wiederum an Superintendent Penn schrieb. Dieser Brief erreichte Penn am Morgen des 30. Mai, demselben Morgen, an dem die Handzettel in den örtlichen Polizeistationen eintrafen. Der von Gibbons identifizierte Inhaftierte legte ein Geständnis ab und wurde schließlich wegen schwerer Körperverletzung verurteilt. Der Klage wurde in zweiter Instanz stattgegeben, Gibbons konnte die Zahlung der ausgesetzten £ 25 Belohnung verlangen.

Es gibt aber Stimmen, die meinen, nachweisen zu können, daß das Gericht hier gar nicht entschieden habe, daß ein Vertrag auch bei Unkenntnis des Angebots

---

[477] 5 C.&P. 566, 574: „Denman C.J.: Was any doubt suggested as to whether the plaintiff knew of the handbill at the time of her making the disclosure? Curwood: She must have known of it, as it was placarded all over Hereford, the place at which she lived ... . Littledale J.: If the person knows of the handbill and does the thing, that is quite enough. It does not say, whoever will come forward in consequence of the bill ... . Patterson J.: The plaintiff being within the terms, her motive is not material.“ Siehe auch Hudson, Gibbons v. Proctor Revisited, 84 L.Q.Rev. 503 (1968).

[478] (1891) 55 J.P. 616.

zustande kommen kann.[479] Im übrigen wird die Entscheidung jedoch abgelehnt, weil sie sich mit den vertragsrechtlichen Grundsätzen nicht vereinbaren läßt.[480]

Unabhängig davon ist die Entscheidung auch in rechtspolitischer Hinsicht umstritten. Im Ergebnis wird die Entscheidung von einigen für richtig gehalten, weil der Auslobende schließlich erhalten habe, was er wollte.[481] Außerdem sei bereits das allgemeine Wissen, für bestimmte Taten eine Belohnung zu bekommen, sofern eine solche ausgesetzt wurde, ein Anreiz. Es sei rechtspolitisch nicht wünschenswert, daß derjenige, der beispielsweise einen verlorenen Gegenstand findet, diesen so lange zurückhält, bis er davon Kenntnis erhält, daß eine Belohnung für den Finder ausgesetzt wurde.[482] Daher müsse eine Ausnahme von den allgemeinen Vertragsregeln zugelassen werden.[483]

Andere halten jedoch die Entscheidung nicht nur für dogmatisch, sondern auch für rechtspolitisch verfehlt, weil es Sinn einer Belohnung sei, Personen zu

---

479 Treitel, The Law of Contract, S. 25 f. meint, daß die ausgelobte Handlung zeitlich nach der Veröffentlichung des Belohnungsangebots erfolgte, wenn man als maßgeblichen Zeitpunkt nicht auf den Moment abstellt, in dem die Information erstmals gegeben wurde, sondern in dem sie den Superintendent Penn erreichte. Ausführlich dargestellt und diskutiert wird der Fall bei Hudson, Gibbons v. Proctor Revisited, 84 L. Q. R 503 ff. (1968), der meint, daß es bei der Entscheidung des zweitinstanzlichen Gerichts weniger um die materiellrechtliche Frage der Kenntnis des Angebots als um die prozessualen Probleme der erstinstanzlichen Klageabweisung ging, das Gericht sich also mit der Frage nach der erforderlichen Kenntnis gar nicht wirklich auseinandergesetzt habe. Die erste Instanz habe hingegen noch ausdrücklich festgestellt, daß die Kenntnis des Belohnungsangebots eine notwendige Voraussetzung für die Vornahme der ausgelobten Handlung sei.

480 Anson's Law of Contract, S. 30; Chitty on Contracts, Rn. 61; Cheshire, Fifoot and Furmston's Law of Contract, S. 59.

481 Ebenso Treitel in: Chitty on Contract, S. 34.

482 Hudson, Gibbons v. Proctor Revisited, 84 L.Q.Rev. 503, 508 ff. (1968).

483 Corbin meint hingegen, daß die Veranlassung des Belohnungsempfängers („inducement“) zwar der Hauptgrund für die Klagbarkeit eines Versprechens sein mag, daß dies aber nicht notwendig auch der einzige Grund sein muß („the chief reason need not be the only reason“). Aus rechtspolitischen Gründen spricht Corbin sich für einen Anspruch auf Belohnung bei Unkenntnis des Angebots aus, gesteht aber zu, daß dies eine Ausnahme von der normalerweise geltenden vertragsrechtlichen Regel (Kenntnis des Angebots bei Annahme) darstellt: Corbin on Contracts, § 3.5, S. 328. An anderer Stelle argumentiert Corbin, auch der durch Angebot und Annahme manifestierte Konsens sei nicht die einzige Art und Weise, auf die ein formloser Vertrag zustande kommen könne, es gebe „no inevitable necessity in our adoption of the machinery of offer and acceptance“: Corbin, Offer and Acceptance and Some of the Resulting Legal Relations, 26 Yale L.J. 169, 182 f. (1917). Ebenso Llewellyn, The Rule of Law in Our Case-Law of Contract: Offer and Acceptance, 47 Yale L.J. 1243, 1260 (1937/38). Zustimmend auch Hudson, Gibbons v. Proctor Revisited, 84 L.Q.Rev. 503, 506 ff. (1968).

einem bestimmten Verhalten zu veranlassen. Dies setze aber voraus, daß die Personen von der Belohnung Kenntnis erlangt haben.

Das US-amerikanische Recht erkennt jedenfalls dann eine Ausnahme von dem Grundsatz der Kenntnis des Bewerbers an, wenn die Belohnung von einer öffentlichen Behörde ausgesetzt wurde.[484] Bei privaten Auslobungen sind die US-amerikanischen Entscheidungen uneinheitlich.[485] Vorherrschend ist aber die traditionelle Ansicht, daß ein Anspruch auf Belohnung bei Unkenntnis nicht entsteht.[486]

II.A.1.2. Mitteilung der Annahme

Im englischen und das US-amerikanischen gilt grundsätzlich, daß die Annahme nicht nur nach außen erkennbar ist („manifestation of acceptance"), sondern auch dem Anbieter mitgeteilt wird („communication/ notification of acceptance"), wobei eine erfolgreiche Übermittlung („communication") der Annahmeerklärung grundsätzlich voraussetzt, daß der Anbieter von ihr tatsächlich Kenntnis („notice") erlangt hat.[487]

> „The general rule is that an acceptance has no effect until it is communicated to the offeror."[488]
>
> Grundsätzlich gilt, daß eine Annahme keine Wirkung hat, bis sie dem Anbieter mitgeteilt wurde.

Ausgenommen von dieser Regel ist jedoch der unilateral contract. Die Ausnahme wurde erstmals im Zusammenhang mit der Auslobung formuliert:

---

484 z. B. Smith v. State, 151 P. 512 (1916); zahlreiche weitere Nachweise bei 86 A.L.R.3d 1142 § 3 (b) und § 4. Siehe auch Corbin on Contracts, § 3.5, S. 328 f.

485 Ausführliche Nachweise in: 86 A.L.R.3d 1142 § 3 (a).

486 Williston on Contracts, § 4:14, S. 369 f.; siehe beispielsweise Taft v. Hyatt 180 P. 213 (1919): „The defendants who admit that they had not heard of the offer or the reward until after the accused had been surrendered to the sheriff at Oswego are not entitled to recover." Ebenso auch in Australien in der Entscheidung R. v. Clarke (1927) 40 CLR 227.

487 Mozley v. Tinkler (1835) C.M.&R. 692; Ex p. Stark [1897] 1 Ch 575; Entores Ltd. v. Miles Far East Corp. [1955] 2 Q.B. 327, 332; Holwell Securities Ltd. v. Hughes [1974] 1 W.L.R. 155, 157; The Leonidas D [1985] 1 W.L.R. 925, 937; Anson's Law of Contract, S. 34: „Acceptance means in general communicated acceptance"; ebenso: Restatement of Contracts (Second) § 54; Farnsworth on Contract, § 3.24, S. 291; Treitel, The Law of Contract, S.18; Chitty on Contracts, S. 62 Rn. 64; Winfield, Some Aspects of Offer and Acceptance, 55 L.Q.Rev. 499, 503 ff. (1939); Cooke/ Oughton, Common Law of Obligations, S. 30 f.; Williston on Contracts, § 70, S. 124 f.

488 Treitel, The Law of Contract, S. 22.

Bei der Auslobung scheidet eine Annahmeerklärung vor der vollständigen Ausführung der verlangten Handlung aus. Die bloße Erklärung einer Annahme hat bei der Auslobung keine Bedeutung, denn consideration und Annahme ist erst die vollständig ausgeführte Leistung.[489] Darüber hinaus wäre eine solche Mitteilung zumindest unzweckmäßig wenn nicht sogar sinnlos. Wer eine Belohnung aussetzt für denjenigen, der einen entlaufenen Hund zurückbringt, erwartet nicht, daß jeder der sich auf die Suche macht, ihm dies zuvor bekannt gibt.[490]

Damit bleibt nur noch die Frage, ob zusätzlich zur vollständigen Leistungserbringung eine Mitteilung erforderlich ist, um den Auslobenden endgültig an sein Auslobungsversprechen zu binden.

Nun wird der Auslobende natürlich spätestens dann, wenn der Bewerber die Belohnung verlangt, davon erfahren, daß dieser die verlangte Handlung vorgenommen hat. In dem Carbolic-Smoke-Ball-Fall[491] erfuhr die Firma erstmals durch einen Beschwerdebrief des Mr. Carlill, daß Mrs. Carlill die verlangte Handlung ausgeführt, nämlich das Inhalationsgerät ordnungsgemäß benutzt hatte und auch die Bedingung – Erkrankung – erfüllt hatte. Die Frage ist aber, ob ein bindender Vertrag bereits vor dieser Mitteilung entstanden ist, so daß der Auslobende bereits nach Vollendung der Handlung nicht mehr widerrufen darf:

Nach Auffassung des englischen und US-amerikanischen Rechts soll grundsätzlich die Ausführung der ausgelobten Handlung erforderlich sein, damit ein Vertrag zustande kommt, eine Mitteilung ist nicht mehr erforderlich.

Auch hier gibt es zwei Begründungsansätze, von denen einer auf dem consideration, der andere auf dem Einigungskonzept basiert:

Da notwendige aber auch ausreichende consideration beim unilateral contract die verlangte Leistung ist, ist eine Mitteilung nach dem consideration-Konzept nicht erforderlich.[492] Sofern der Auslobende also zusätzlich eine Mitteilung wünscht, muß er diese zusätzliche Leistung ausdrücklich verlangen. Tut er dies

489 Atiyah, An Introduction to the Law of Contract, S. 72 f.

490 Bowen LJ in Carlill v. Carbolic Smoke Ball Co. [1893] 1 Q. B. 256, 269 f.

491 Carlill v. Carbolic Smoke Ball Co. [1895] 1 Q. B. 256.

492 Das Gegenversprechen, das beim bilateral contract consideration für das Versprechen des Anbieters ist, setzt zwangsläufig eine entsprechende Mitteilung an den Anbieter voraus.

nicht, so entsteht eine bindende Verpflichtung im Moment der Leistungserbringung.[493]

Im Rahmen des Einigungskonzepts wäre eine Mitteilung zwar grundsätzlich erforderlich. Hier läßt sich aber argumentieren, daß bei der Auslobung der Anbieter in der Regel auf eine Mitteilung der Annahme verzichtet. Die Möglichkeit des Anbieters auf die Mitteilung der Annahme zu verzichten, wurde für das englische Recht in dem Fall Brogden v. Metropolitan Railway Co.[494] allgemein anerkannt.

> „I suppose there can be no doubt that where a person in an offer made by him to another person, expressly or impliedly intimates a particular mode of acceptance as sufficient to make the bargain binding, it is only necessary for the other person to whom such offer is made to follow the indicated method of acceptance; and if the person making the offer, expressly or impliedly intimates in his offer that it will be sufficient to act on the proposal without communicating acceptance of it to himself, performance of the condition is a sufficient acceptance without notification."
>
> Ich gehe davon aus, daß kein Zweifel darüber bestehen kann, daß dann, wenn eine Person in einem Angebot, das sie einer anderen Person macht, ausdrücklich oder konkludent zu verstehen gibt, daß eine bestimmte Art der Annahme ausreichend ist, um das Geschäft verbindlich abzuschließen, es für die andere Person, die ein solches Angebot erhält, ausreichend ist, die vorgegebene Art der Annahme zu befolgen; und wenn die Person, die das Angebot macht, in ihrem Angebot ausdrücklich oder konkludent zu verstehen gibt, daß es ausreichend ist, gemäß dem Angebot zu handeln, ohne die Annahme mitzuteilen, dann ist diese Erfüllung der Bedingung eine ausreichende Annahme ohne Mitteilung.[495]

Offen bleibt aber die Frage, warum ausgerechnet in den unilateral-contract-Situationen generell davon auszugehen sein soll, daß der Anbieter stillschweigend auf eine Mitteilung verzichtet. In Brogden v. Metropolitan Railway Co. konnte man dieses Ergebnis immerhin darauf stützen, daß zwischen den Parteien schon seit längerem geschäftliche Beziehungen bestanden.[496] Der Frage nach der Grundlage für den Verzicht auf eine Mitteilung stellten sich die Richter in der Carbolic-Smoke-Ball-Entscheidung nicht. Dennoch wird die Entscheidung noch heute als Grundlage für den Grundsatz zitiert, daß bei einem unilateral contract eine Einigung vorliegt, wenn der Angebotsempfänger die

---

493 „The offeror does not bargain for notice; he bargains for a promise or performance.": Murray, Contracts: A New Design for the Agreement Process, 53 Cornell L.Rev. 785, 796 (1968).

494 [1877] 2 App.Cas. 666.

495 Carlill v. Carbolic Smoke Ball Co. [1893] 1 Q.B. 256, 269.

496 Hierzu auch Wheeler/ Shaw, S. 199 f.

verlangte Leistung erbracht hat, auch wenn der Anbieter von dieser Tatsache nichts weiß.[497] Die Einigung ist beim unilateral contract also doch nur ein bloßer Lippendienst[498] am Einigungskonzept. Die Regel, daß es einer gesonderten Mitteilung der Annahme nicht bedarf, läßt sich nur mit Hilfe des consideration-Konzepts überzeugend erklären.

II.A.1.3. Widerruf

Bei der Auslobung sind die Gerichte in der Regel nicht bereit, das Recht des Anbieters/ Versprechenden, also des Auslobenden, sein Angebot/Versprechen bis zur vollständigen Leistungserbringung zu widerrufen, einzuschränken. Ein Bewerber, kann daher in der Regel keinen Schadensersatz wegen eines gebrochenen vertraglichen Versprechens verlangen, wenn der Auslobende widerruft, bevor der Bewerber die verlangte Handlung vollständig erbracht hat.

Hinter dieser Rechtsprechung steht der Gedanke, daß bei einer Auslobung zwischen dem Auslobenden und dem Bewerber kein schützenswertes Vertrauensverhältnis entsteht. Der Bewerber weiß, daß nicht nur das Risiko besteht, daß ihm selbst die erfolgreiche Ausführung der verlangten Handlung nicht gelingt. Er weiß bei einer öffentlichen Ausschreibung auch, daß neben ihm noch eine unbekannte Anzahl weiterer Personen versuchen, die verlangte Handlung auszuführen, aber letztlich meist nur einer Erfolg haben kann. Hinzu kommt, daß Auslobungen nur selten volkswirtschaftlich bedeutsame geschäftliche Transaktionen beinhalten, so daß ein Schutz der Parteien zumindest im Interesse des Wirtschaftsverkehrs nicht erforderlich ist.[499]

Eine Ausnahme kommt nur bei solchen Belohnungsversprechen in Betracht, die im Rahmen von Wettbewerben und Preisausschreiben abgegeben wurden:

> Wachtel v. Alfalfa Journal Co.[500]
>
> Die Beklagte hatte einen Wettbewerb ausgeschrieben, in dem sie einen Preis aussetzte für denjenigen, der die meisten Abonnenten für die von ihr herausgegebene Zeitschrift gewinnen würde. Der Kläger lag in diesem Wettbewerb in Führung, als die Beklagte erklärte, sie würde ihr Preisversprechen zurückziehen. Obwohl der Kläger die verlangte Handlung nur teilweise ausgeführt hatte, konnte er von der Beklagten Schadensersatz auf der Grundlage der ihm entgangenen Gewinnchancen verlangen.

---

497 Kritisch zu dieser Begründung: Wheeler/ Shaw, Contract Law, S. 199 f.

498 siehe unten I.A.5.

499 So Holmes J. in Martin v. Meles, 60 N.E. 397, 398 (1901).

500 176 N.W. 801 (1920); siehe auch Long v. The Chronicle Publishing Co., 228 P. 872 (1924) besprochen in Trilling, 10 The Cornell Law Quarterly 220 ff. (1924/25).

Die Besonderheit dieses Falles lag darin, daß die Herausgeberin bereits vor dem Ende des Wettbewerbs von der Tätigkeit der Bewerber profitiert hat, indem sie zahlreiche Abonnenten für ihre Zeitschrift gewonnen hatte. Hinzu kommt noch ein weiterer Gesichtspunkt: Normalerweise ist es bei einer Auslobung unsicher, ob es überhaupt jemandem gelingen wird, die verlangte Handlung auszuführen und damit die ausgesetzte Belohnung zu verdienen. So ist es beispielsweise keineswegs sicher, daß ein verlorener Hund trotz großer Suchanstrengungen wieder gefunden werden kann. Bei Wettbewerben sind hingegen Situationen denkbar, in denen sich die Wahrscheinlichkeit, mit der ein Bewerber einen Preis gewonnen hätte (z. B. unter Zugrundelegen der Teilnehmerzahl), rechnerisch erfassen läßt. Der Bewerber erwartet zumindest einen fairen Wettbewerb; er rechnet zwar mit dem Risiko, nicht zu gewinnen, weil er seinen Mitwettbewerbern gegenüber unterliegt, nicht aber weil das Gewinnversprechen widerrufen wird.[501] Er kann daher bei einem Widerruf des Gewinnversprechens wie in dem oben beschriebenen Alfalfa-Fall zwar nicht den gesamten Gewinn, aber zumindest einen seinen Gewinnchancen entsprechenden Anteil verlangen.

Daß es aber immer auf die besonderen Umstände des Einzelfalls ankommt und die Unwiderrufbarkeit von Versprechen im Rahmen von Wettbewerben keineswegs ein allgemeingültiger Grundsatz ist, illustriert der folgende Fall:[502]

> Wilkerson v. Wegner[503]
>
> Die Lanphere Quarter Horses, Inc. schrieb einen Wettbewerb unter dem Titel „First Annual Weanling Halter Futurity“ aus. In diesem Wettbewerb sollten Fohlen, die Nachkommen der Hengste „Conclusive Review“ oder „The Ambition“ waren, nach 16 verschiedenen Kriterien beurteilt werden. Preisgelder in Höhe von insgesamt $ 57,000 waren ausgesetzt worden. Der Kläger schloß daraufhin 3 Besamungsverträge in Höhe von insgesamt $ 800 mit der Lanphere-Gesellschaft ab. „Conclusive Review“ zeugte zwei, „The Ambition“ ein Fohlen. Lanphere schloß 31 ähnliche Verträge mit mindestens 22 anderen Parteien ab. Später wurde der Wettbewerb abgesagt und die Kläger klagten auf Auszahlung der Preisgelder.

---

501 Llewellyn, Our Case-Law of Contract: Offer and Acceptance, II, 48 Yale L.J. 779, 806 Fn. 39 (1938/39): „... there is a reason against allowing revocation: an offeree puts in his effort, expecting to have at least a fair gamble, not to be handed the loaded dice of revocation.“

502 Andere Fälle mit ähnlichem Ausgang: Xoust v. Longo, 729 P.2d 728 (1987); McDonald v. John P. Scripps Newspaper, 257 Cal.Rptr. 473 (1989): Rechtschreibwettbewerb; Alderson v. Miami Beach Kennel Club, 336 So.2d 477 (1976): Hunderennen; Jones v. Duff, 445 N.Y.S.2d 838 (1981): Boxwettkampf; a.A.: Miller v. Allstate Ins. Co., 573 So.2d 24, 29 (1990): „It is now an accepted principle of contract law, nonetheless, that recovery will be allowed where a plaintiff has been deprived of an opportunity or chance to gain an award or profit even where damages are uncertain.“

503 793 P.2d 983 (1990).

Die Klage wurde abgewiesen, weil die bloße spekulative Erwartung des Gewinnes von Preisgeldern keinen Anspruch auf Schadensersatz wegen Vertragsbruch begründet.

Auf jeden Fall muß ein Widerruf, damit er wirksam werden kann, dem Angebotsempfänger mitgeteilt werden. Bei Auslobungsangeboten reicht es aus, wenn der Widerruf auf dieselbe Art und Weise bekanntgegeben wird wie das Angebot.[504] Es ist nämlich nicht praktikabel, jedem einzelnen Angebotsempfänger gegenüber zu widerrufen. Im englischen Recht wurde dieses spezielle Problem zwar noch nicht Gegenstand eines Rechtsstreits, es dürfte aber insoweit gelten, was ein US-amerikanisches Gericht in dem Fall Shuey v. United States[505] entschieden hat.[506]

> Shuey v. United States[507]
>
> Am 20. April 1865 veröffentlichte der Kriegsminister der Vereinigten Staaten in verschiedenen Zeitungen eine Anzeige, in der eine Belohnung ausgesetzt wurde für die Ergreifung eines gewissen John H. Surrat, der an der Ermordung von Präsident Lincoln beteiligt gewesen sein sollte. Sieben Monate später wurde das Angebot von dem neuen Präsidenten widerrufen. Die Mitteilung des Widerrufs wurde wiederum in denselben Zeitungen veröffentlicht, in denen auch die ausgesetzte Belohnung angezeigt worden war. 1866 erkannte der Kläger den Mittäter in Rom und gab diese Information weiter, was schließlich zur Ergreifung und Verurteilung des Komplizen führte. Weder der Kläger noch der amerikanische Botschafter in Rom wußten von dem Widerruf der ausgesetzten Belohnung. Da sie aber von dem Widerruf Kenntnis hätten erlangen können, war der Widerruf wirksam und der Kläger hatte keinen Anspruch auf Auszahlung der Belohnung.

II.A.2. Deutsches Recht

Die Auslobung ist im deutschen Recht in §§ 657 ff. BGB geregelt. Der Begriff der Auslobung ist im deutschen Recht, wie oben bereits angedeutet, enger als der der „Belohnung" im englischen und US-amerikanischen Recht. Er betrifft

---

504 Restatement of Contracts (Second) § 43: „Where an offer is made by advertisement in a newspaper or other general notification to the public or to a number of persons whose identity is unknown to the offeror, the offeree's power of acceptance is terminated when a notice of termination is given publicity by advertisement or other general notification equal to that given to the offer and no better means of notification is reasonably available." In Carr v. Mahaska County Bankers Assn. 269 N.W. 494 lag kein ausreichender Widerruf vor, als der Kassierer einer Bank ein 12 Jahre altes Poster, in dem $ 1.000 für Hinweise zur Ergreifung von Bankräubern ausgesetzt wurden, einfach von der Wand riß.

505 92 U.S. 73 (1875).

506 Auch Treitel, The Law of Contract, S. 28 bezieht sich auf diesen Fall.

507 92 U.S. 73 (1875).

nur Versprechen, die gegenüber der Öffentlichkeit, d. h. gegenüber einem nicht individuell bestimmbaren Personenkreis abgegeben wurden (ohne Publizität keine Auslobung).[508] Allerdings hat der BGH eine sinngemäße Anwendung bestimmter Vorschriften des Auslobungsrechts auch im Falle einer nicht öffentlich bekannt gemachten Auslobung bejaht.[509]

Die Auslobung ist im deutschen Recht kein Vertrag, sondern ein einseitiges Rechtsgeschäft: Während grundsätzlich Verpflichtungen nur im Wege eines Vertrages (§ 311 Abs. 1 BGB) durch zwei übereinstimmende Willenserklärungen begründet werden können, genügt bei der Auslobung das einseitige Aussetzen der Belohnung für eine bestimmte Handlung. Die Handlung des Bewerbers ist lediglich die Erfüllung der Bedingung, unter der die Verpflichtung entstehen soll. Sie ist nicht Annahme eines entsprechenden Angebots auf Abschluß eines „Auslobungsvertrages", da es einer solchen Annahme nicht bedarf.

Dieser Regelung des BGB ging ein jahrzehntelanger Streit um die Rechtsnatur der Auslobung voraus.[510] Von den Anhängern der Pollizitationstheorie, der das BGB schließlich folgte, wurde vertreten, daß die Auslobung ein einseitiges Versprechen sei. Die Vertreter der Vertragstheorie wiederum waren der Ansicht, daß auch bei der Auslobung die Verpflichtung des Auslobenden vertraglich, also durch übereinstimmende Willenserklärungen begründet würde.[511]

Während also im deutschen Recht Streit darüber herrschte, welches von zwei möglichen Rechtskonzepten bei der Auslobung anzuwenden sei, läßt das

---

508 Mot. II 519.

509 BGHZ 17, 366. In diesem Fall hatte der Beklagte einigen Interessenten ein Preisausschreiben zugesandt, in dem er demjenigen DM 25.000 versprach, der beweisen konnte, daß die Auffassung des Klägers falsch sein mußte, wonach im Innern einer nur außen heißen Sonnenhülle ein fester Kern vorhanden ist, der einen Wärmeumwandler aufweisen muß, der menschlichem Ermessen nach in Vegetation bestehen muß. Dem Schreiben folgte ein Briefwechsel zwischen den Parteien. In dem Rechtsstreit ging es letztlich um die Frage, ob die Entscheidung eines Preisgerichts, daß die Anforderungen des Beweises erfüllt seien, gemäß § 661 BGB verbindlich ist. Der BGH hat diese Frage bejaht und die Entscheidungen der Vorinstanzen bestätigt, daß der Kläger Anspruch auf das Preisgeld hat.

510 Die Auslobung war im deutschen Recht Ende des 19. Jahrhundert „Schauplatz, auf dem die prinzipiellsten Fragen des Obligationenrechts, die Fragen nach den Verpflichtungsgründen" ausgetragen wurden: Dietrich, Die Auslobung, S. 1. Eine Aufstellung der umfangreichen gemeinrechtlichen Literatur zur Auslobung findet sich bei Elster, Die Lehre von der Auslobung nach Gem. Recht und B.G.B., Archiv für Bürgerliches Recht, Bd. 18 (1900), S. 125, 127.

511 Windscheid, Lehrbuch des Pandektenrechts, Bd. II, §§ 306 und 307; Regelsberger, Civilrechtliche Erörterungen, 1. Heft, S. 211; Vangerow, Pandekten, § 603, S. 253.

englische und US-amerikanische Recht eben diese beiden Rechtskonzepte (Versprechen und vertragliche Einigung) nicht alternativ sondern kumulativ zum Zuge kommen. Im Rahmen der Rechtsvergleichung ist es daher bei der Auslobung von Interesse, zu den folgenden Fragen nicht nur das geltende Recht, sondern auch die historische Vertragstheorie zu betrachten.

II.A.2.1. Kenntnis der Auslobung

Die Frage, ob ein Anspruch auf eine ausgesetzte Belohnung auch dann entsteht, wenn der Bewerber nicht in Kenntnis der Auslobung handelt, wurde von den Vertretern der Pollizitationstheorie bejaht, von den Vertretern der Vertragstheorie aus dogmatischen Gründen jedoch verneint. Gerade die unterschiedliche Beurteilung dieser Frage gab letztlich den Ausschlag für die Entscheidung des BGB zugunsten der Pollizitationstheorie.[512]

Nach der Pollizitationstheorie und nach geltendem Recht kommt es nicht darauf an, ob der Bewerber Kenntnis von der Auslobung hat. Der Bewerber erfüllt durch die einfache Vornahme der Handlung die Bedingung, unter der der Auslobende sein einseitiges, nicht vertragliches Auslobungsversprechen abgegeben hat. Damit entsteht ein Anspruch auf die Belohnung.[513]

> „Was liegt dem Auslobenden an der Kenntnis? Er will die Leistung weiter nichts."[514]

Die Berechtigung des Bewerbers entsteht also unabhängig von dem Willen dessen, der die Handlung erfüllt, es sei denn, der Auslobende hat ausdrücklich etwas anderes bestimmt.

Nach der Vertragstheorie war jedoch wie im geltenden englischen und US-amerikanischen Recht die Kenntnis des Bewerbers von der ausgesetzten Belohnung unabdingbare Voraussetzung dafür, daß ein Anspruch auf die Belohnung entstand. Denn eine Annahme des Auslobungsangebots setzte notwendig voraus, daß der Annehmende zumindest Kenntnis von dem Angebot erhalten hatte.

Dieses Ergebnis erschien den Rechtswissenschaftlern des ausgehenden 19. Jahrhunderts unerträglich: Wenn eine Belohnung nur derjenige beanspruchen durfte, der auch im Hinblick auf sie gehandelt hatte, dann würde nur derjenige,

---

[512] Staudinger-Wittmann, Vorbem. zu §§ 657 ff. Rn. 3; Elster, Die Lehre von der Auslobung nach Gem. Recht und B.G.B., Archiv für Bürgerliches Recht, Bd. 18 (1900), S. 123.

[513] Dietrich, Die Auslobung, S. 55; Elster, Die Lehre von der Auslobung nach Gem. Recht und B.G.B., Archiv für Bürgerliches Recht, Bd. 18 (1900), S. 123, 162 ff.

[514] Exner, Zur Theorie der Auslobung, S. 348.

der Taten aus Eigennutz und Selbstsucht vollbringt, belohnt. Dies würde dem Rechts- und Sittlichkeitsgefühl des Volkes widersprechen.[515] Selbst die Vertreter der Vertragstheorie stimmten mit dieser Auffassung im Grunde überein[516] und versuchten diese Folge ihrer Theorie zu vermeiden, indem sie eine nachträgliche, rückwirkende Annahmeerklärung zuließen, auch wenn die Handlung zunächst ohne Rücksicht auf die Auslobung erfolgte.[517]

II.A.2.2. Mitteilung der Annahme

Nach der Pollizitationstheorie, der das BGB folgte, ist eine Mitteilung an den Auslobenden nur erforderlich, wenn der Auslobende dies ausdrücklich bestimmt hat. Verlangt der Auslobende lediglich, daß eine bestimmte Leistung vollbracht wird, so entsteht der Rechtsanspruch des Bewerbers, sobald er die verlangte Handlung vollständig erbracht hat, ohne daß es darauf ankommt, ob der Auslobende davon etwas weiß oder nicht.[518]

Unter den Vertretern der Vertragstheorie war die Frage, ob die Vollendung der Leistung zum Vertragsschluß genügt oder ob eine Willenserklärung auf Grund der erbrachten Leistung nötig ist, umstritten.[519] Weitgehend Einigkeit bestand nur insoweit, als eine Mitteilung vor der Erfüllung der Bedingung, also bei noch unvollendeter Leistung, weder erforderlich noch ausreichend war.

II.A.2.3. Widerruf

Im geltenden deutschen Recht ist die Auslobung bis zur Vornahme der ausgelobten Handlung frei widerruflich, es sei denn, der Auslobende hat ausdrücklich auf sein Widerrufsrecht verzichtet (§ 658 Abs. 1 und 2 BGB). Vornahme der Handlung bedeutet Vollendung, bloße Vorbereitungshandlungen oder ein Anfang der Ausführung genügen nicht. Bis zur Vollendung der Handlung handelt der Bewerber auf eigene Gefahr.[520] Soweit der Widerruf zulässig ist, haftet der Auslobende nicht für Auslagen und Aufwendungen, die jemandem bereits aus Anlaß der Auslobung entstanden sind.[521]

---

515 Dietrich, Die Auslobung, S. 22, 57 ff.
516 Siehe nur: Windscheid, Lehrbuch des Pandektenrechts, Bd. II, § 308, Anm. 5, S. 239.
517 Regelsberger, Civilrechtliche Erörterungen, 1. Heft, S. 212.
518 Dietrich, Die Auslobung, S. 55.
519 Zu dem Meinungsstreit siehe Elster, Die Lehre von der Auslobung nach Gem. Recht und B.G.B., Archiv für Bürgerliches Recht, Bd. 18 (1900), S. 123, 161 f.
520 Staudinger-Wittmann, § 658 BGB Rn. 2.
521 Staudinger-Wittmann, § 658 BGB Rn. 5.

Von der Pollizitationstheorie, der das BGB bei der Auslobung folgte, wird die freie Widerrufbarkeit aber nicht gedeckt.[522]

Gierke – ein Anhänger der Vertragstheorie – stellt in diesem Zusammenhang empört fest:

> „Die wichtigste Konsequenz aber, um deren willen diese [die Polliziations-]Theorie aufgestellt zu werden pflegt, getraut er [der Entwurf zum BGB] sich nicht einmal zu ziehen. Denn er läßt den freien Widerruf zu."[523]

Es ist gerade Merkmal des einseitigen Versprechens, daß es den Erklärenden schon mit der Bekanntmachung und nicht erst mit der Annahme bindet, und zwar auch wenn die Verpflichtung noch von der Erfüllung einer Bedingung abhängt (§ 162 BGB).[524] Die Unwiderrufbarkeit wurde jedoch von vielen als zu weitgehend empfunden,[525] so daß die Vertreter der Pollizitationstheorie sie mit den verschiedensten Begründungen zu vermeiden versuchten. Insbesondere waren sie der Ansicht, daß die einseitige Verpflichtungserklärung auch nach ihrer Äußerung noch dem freie Willen des Versprechenden unterliegt, der das Versprechen daher jederzeit wieder zurückziehen darf.[526] Im common-law-Vertragsrecht verhindert die consideration die Bindung des Versprechenden bereits mit bloßer Bekanntgabe seines Versprechens.

Die freie Widerrufbarkeit hätte sich im deutschen Recht in der Tat besser mit der Vertragstheorie vereinbaren lassen. Denn nach der bis zum Inkrafttreten des BGB herrschenden Meinung waren Angebote bis zur Annahme frei widerrufbar. Je nachdem, zu welchem Zeitpunkt die Vertragstheorie bei der

---

522 Endemann, Lehrbuch des bürgerlichen Rechts, Bd. 1 § 176 Anm. 2, S. 797 stellt schlicht fest: „Das Gesetz weicht hier offenbar von der Pollizitationstheorie ab." Ohne Begründung merken die Motive II, S. 522 an: „Die Annahme, daß die Unwiderruflichkeit aus der Auffassung der Auslobung als eines einseitigen, durch sich selbst verbindlichen Versprechens nothwendig folge, ist nicht begründet. Der Auslobende wird durch sein einseitiges Versprechen nur verpflichtet, weil und wie er dadurch verpflichtet sein will."

523 Gierke, Der Entwurf eines bürgerlichen Gesetzbuchs und das deutsche Recht, S. 219.

524 Elster, Die Lehre von der Auslobung nach Gem. Recht und B.G.B., Archiv für Bürgerliches Recht, Bd. 18 (1900), S. 123, 173.

525 Die Widerrufbarkeit liegt im Interesse des Auslobenden, der im Laufe der Zeit das Interesse an der ausgelobten Leistung verloren hat, dies bedeutet eine „Knebelung des freien Willen": Dietrich, Die Auslobung S. 69; a.A. Siegel, Das Versprechen als Verpflichtungsgrund im heutigen Recht, S. 97 ff.: „Im Selbstvertrauen mag der Bewerber sich täuschen - das ist eine Sache, die er mit sich abzumachen hat; im Vertrauen auf das Wort des Auslobenden muß er Schutz im Rechte finden. Diesen Schutz gewährt aber nur die Verpflichtung des Auslobenden bei seinem Wort zu bleiben." Ebenso Dernburg, Pandekten, Bd. II, § 9 Nr. 10: „Gesunde Resultate erhalten wir nur, wenn wir den Auslobenden als mit der Auslobung gebunden ansehen."

526 Siehe hierzu insgesamt Dietrich, Die Auslobung, S. 64 f. mit zahlreichen Nachweisen.

Auslobung eine Annahme bejahte,[527] bestimmte sich also der Zeitpunkt, ab dem die unwiderrufliche Bindung des Auslobenden eintrat.[528] Besteht die Annahme erst in der Vollendung der verlangten Handlung, so kann das Angebot bis zum Zeitpunkt der Vollendung widerrufen werden. Nach heutiger Rechtslage, nach der ein Angebot bindend ist (§ 145 BGB), wäre dieses Ergebnis allerdings nicht mehr zu erzielen.

Nach geltendem Recht ist ein Widerruf des Auslobungsversprechens also grundsätzlich zulässig. Unzulässig ist er nur, wenn der Auslobende auf sein Widerrufsrecht verzichtet hat. Nach der Auslegungsregel des § 658 Abs. 2 BGB liegt ein Verzicht in der Regel in der Bestimmung einer Frist für die Vornahme der verlangten Handlung. In Verbindung mit der Sondervorschrift des § 661 BGB für Preisausschreiben führt dies dazu, daß Preisausschreiben regelmäßig nicht widerrufbar sind: Das Preisausschreiben ist ein Sonderfall der Auslobung, der sich von der normalen Auslobung dadurch unterscheidet, daß der Bewerber einen Anspruch auf die Belohnung nicht schon dadurch erhält, daß er die verlangte Handlung vornimmt, sondern erst, wenn ihm der Preis auch zuerkannt wurde.[529] Gegenstand eines Preisausschreibens können Aufgaben der verschiedensten Art sein, z. B. aus den Gebieten der Wissenschaft, Kunst oder Technik.[530] Preisausschreiben sind im Zweifelsfall unwiderruflich, da § 661 Abs. 1 BGB für die Gültigkeit eines Preisausschreibens die Bestimmung einer Bewerbungsfrist vorschreibt und § 658 Abs. 2 BGB festlegt, daß eine Fristbestimmung im Zweifelsfall einen Widerrufsverzicht des Auslobenden beinhaltet. Dies wird damit begründet, daß andernfalls der Auslobende bei seiner Preisentscheidung stets noch auf ein besseres Werk warten und damit niemals gezwungen werden könnte, unter den zur Bewerbung gestellten Leistungen eine abschließende Wahl zu treffen.[531] Aus der Fristbestimmung folgt also die Unwiderrufbarkeit des Preisausschreibens.

---

527 Im deutschen Recht wurden zu dieser Frage in der Literatur nicht weniger als fünf verschiedene Meinungen vertreten, ausführlich dargestellt bei Elster, Die Lehre von der Auslobung nach Gem. Recht und B.G.B., Archiv für Bürgerliches Recht, Bd. 18 (1900), S. 123, 161 und bei Siegel, Das Versprechen als Verpflichtungsgrund im heutigen Recht, S. 105 ff. Nicht zuletzt diese Uneinigkeit führte dazu, daß die ganze Vertragstheorie in Mißkredit geriet. Eine Annahme konnte danach: in der Willenserklärung vor Beginn der Leistung, in dem Beginn der Leistung, in der Vollendung der Leistung, in der Willenserklärung nach erbrachter Leistung und schließlich in der Übermittlung in Rücksicht auf die Auslobung liegen.

528 Dietrich, Die Auslobung, S. 66.

529 Staudinger-Wittmann, § 661 BGB Rn. 1.

530 Motive II, S. 523.

531 Motive II S. 524.

Diese Überlegung mag zwar auf viele Fälle zutreffen. In dieser Allgemeinheit kann sie aber nicht überzeugen: Auch bei normalen Auslobungen kann es sein, daß der Bewerber erhebliche Kosten auf sich nimmt, bei dem Versuch, die verlangte Handlung auszuführen. Andererseits können Aufwand und Kosten bei einem Preisausschreiben äußerst gering sein und zum Beispiel darin bestehen, daß ein Werbeslogan zu ergänzen oder eine Antwort an den Hersteller abzusenden ist.

Soweit der Widerruf zulässig ist, muß er – ebenso wie im englischen und US-amerikanischen Recht – in der gleichen Weise erfolgen wie die Auslobung (§ 658 Abs. 2, S. 2 BGB).

II.A.2.4. Gewinnzusagen

Einen Sonderfall regelt § 661a BGB, der im Rahmen des am 1.7.2002 in Kraft getretenen Fernabsatzgesetzes in das BGB aufgenommen wurde. Nach dieser Vorschrift kann ein Verbraucher, dem von einem Unternehmer eine Gewinnzusage oder andere vergleichbare Mitteilung zugesandt worden war, die durch die Gestaltung der Zusendung den Eindruck erweckt, dass der Verbraucher einen bestimmten Preis gewonnen hat, von dem Unternehmer verlangen, dass dieser den Preis auch leistet.

Vor Inkrafttreten dieser Regelung scheiterte ein Anspruch des Empfängers solcher Gewinnzusagen aufgrund einer Auslobung gemäß § 657 BGB zum einen daran, dass es an einer öffentlichen Bekanntmachung, also an einer Kundgabe an einen individuell unbestimmten Personenkreis fehlte, und zum anderen daran, dass es sich nicht um eine Belohnung für die Vornahme einer Handlung, insbesondere die Herbeiführung eines Erfolgs handelte. Ein vertraglicher Anspruch kam zwar grundsätzlich in Betracht, wenn man in der im Rahmen von Gewinnzusagen regelmäßig verlangten Preisanforderung die Annahme des Preisangebots sehen wollte. Da diese Preisanforderung aber keine Gegenleistung für die Gewinnauszahlung war, wäre dieser Vertrag nach deutschem Recht allenfalls ein Schenkungsvertrag gemäß § 518 BGB gewesen, der zu seiner Wirksamkeit der notariellen Beurkundung bedurft hätte, die in solchen Fällen regelmäßig fehlte.[532]

§ 661a BGB sollte hier Abhilfe schaffen. Die rechtliche Einordnung der Anspruchsgrundlage bereitet indes Schwierigkeiten, die nicht nur von rechtstheoretischem Interesse sind. Denn nach Einführung der Regelung haben

---

[532] Vgl. OLG Düsseldorf, MDR 1997, 812.

die Versender von Gewinnzusagen - in einem Versuch sich dem deutschen Recht zu entziehen – in vielen Fällen ihren Unternehmenssitz ins Ausland verlegt, so dass sich bei der Geltendmachung von Ansprüchen regelmäßig international-zivilprozessuale Fragen nach der Zuständigkeit (deutscher) Gerichte und kollissionsrechtliche Fragen nach der Anwendbarkeit (deutschen) Rechts stellten. Hierfür kam es auf die rechtliche Qualifikation des Anspruchs an.

So wurde vertreten, dass es sich bei § 661a BGB gar nicht um eine vertragliche Anspruchsgrundlage, sondern um eine deliktische Haftungsnorm handelt, da mit der Regelung die unlautere Werbung mittels Vortäuschung scheinbarer Gewinne unterbunden werden sollte, indem dem Verbraucher gesetzlich eingeräumt wird, den Unternehmer beim Wort zu nehmen und die Leistung des mitgeteilten Gewinns zu verlangen. Art. 5 Nr. 3 EuGVO würde dann eine Zuständigkeit deutscher Gerichte begründen, da in Deutschland das schädigende Ereignis eingetreten, nämlich die Gewinnzusage empfangen wurde und aus Art. 40 Abs. 1 S. 2 EGBGB ließe sich bei Wahl des Rechts des Erfolgsorts durch den Verletzten, also den Empfänger der Gewinnzusage, die Anwendbarkeit deutschen Rechts begründen.[533]

Der systematische Standort von § 661a BGB legt dagegen zunächst eine rechtsgeschäftliche Einordnung als einseitiges Versprechen (ebenso wie die Auslobung) nahe. Dagegen spricht jedoch, dass der Versprechende an sein Versprechen gebunden ist, unabhängig davon, ob der Verbraucher subjektiv davon ausgeht, dass er bereits gewonnen hat, sondern dass vielmehr der objektive Eindruck genügt. So wird denn auch kritisiert, § 661a BGB fingiere die Existenz eines einseitigen Rechtsgeschäfts.[534] Dies wäre jedoch ein Widerspruch in sich, so dass es der Versand der Gewinnzusage nur eine rechtsgeschäftsähnliche Handlung sei.[535]

---

[533] So etwa die hilfsweise Begründung des BGH, NJW 2003, 426 und OLG Frankfurt, OLGR Frankfurt 2003, 131; für vorzugswürdig hält diesen Begründungsansatz: Staudinger, JZ 2003, 852 ff.

[534] MüKo-Micklitz, § 13 Rn. 47.

[535] Zuletzt ausdrücklich BGH, NJW 2004, 1652 „Es ist nicht erforderlich, dass der Empfänger dem Schreiben tatsächlich Glauben schenkt. Auch der Verbraucher, der die Gewinnzusage als bloßes Werbemittel durchschaut oder durchschauen könnte, kann .... die Leistung des angeblich gewonnen Preises verlangen." Aus diesem Grund gegen eine rechtsgeschäftliche und für eine allenfalls rechtsgeschäftsähnliche Einordnung: Leible, NJW 2003, 407 f.; IPRax 2003, 28 ff.; Lorenz, NJW 2000, 3305 ff.; OLG Frankfurt, OLGR Frankfurt 2003, 131;

Diesem Einwand ist jedoch entgegenzuhalten, dass der Versender zunächst mit vollem Erklärungsbewusstsein eine ihm zurechenbare Gewinnzusage macht, und diese dann erst - üblicherweise durch verschiedene Einschränkungen im „Kleingedruckten“ - wieder zurücknimmt. Diese Rücknahme lässt sich als geheimer und damit gemäß § 116 S. 1 BGB unbeachtlicher Vorbehalt einordnen.

Die Besonderheit der Anknüpfung an den objektiven Erklärungswert wäre dann nur eine verbraucherrechtliche Sonderregelung gegenüber § 116 S. 2 BGB. Im Ergebnis wird also lediglich der objektiv versteckte, und vielleicht auch vom Empfänger subjektiv erkannte Unverbindlichkeitswille des Gewinnversprechenden aus wettbewerbsrechtlichen und verbraucherrechtlichen Gründen nicht anerkannt, so dass es bei der Verbindlichkeit seiner erklärten Gewinnzusage bleibt.[536]

Bejaht man ein Rechtsgeschäft bleibt allerdings noch die Frage, ob es sich vielleicht sogar nicht um ein einseitiges, sondern um ein zweiseitiges Rechtsgeschäft, also einen Vertrag handelt.[537] Dagegen spricht - jedenfalls nach der Vorstellung des deutschen Rechts - dass nach dem Wortlaut von § 661a BGB das Zustandekommen einer Einigung, d. h. die Annahme des „Gewinnangebots“ durch den Verbraucher, etwa durch Anforderung des Gewinns, nicht mehr erforderlich ist, damit der Anspruch entsteht.[538]

Das englische und US-amerikanische Recht würde dies vermutlich anders sehen und hier in der Gewinnanforderung eine „consideration“ und Annahme und damit jedenfalls einen unilateral contract erkennen.

---

536 So überzeugend Piekenbrock/ Schulz, IPRax 2003, 328, 331 f.

537 Für die Frage der internationalen Zuständigkeit deutscher Gerichte kommt es indes auf die vertragsrechtliche Qualifikation nach deutschem Recht nicht an, denn die einschlägige Zuständigkeitsnorm des Verbrauchergerichtsstands gemäß Art. 15 Abs. 1 lit. c EuGVO setzt zwar einen Vertrag voraus, ist aber vertragsautonom, d. h. nicht nach den Systembegriffen der jeweiligen lex fori auszulegen und erfasst daher auch Ansprüche aus einseitigen Rechtsgeschäften, soweit diese verpflichtende Wirkung haben. Das gleich gilt gemäß dem ebenfalls durch das Fernabsatzgesetz vom 27.06.2000 geänderten Art. 36 EGBGB für das Kollisionsrecht, allerdings sind die Verbraucherschutznormen in Art. 29, 29a EGBGB hinsichtlich des sachlichen Anwendungsbereich enger als die Zuständigkeitsnorm des EuGVO, so dass hier für die regelmäßig bejahte Anwendbarkeit deutschen Rechts weitere Hilfskonstruktionen, nämlich eine durch die Gewinnzusage jedenfalls indirekt beabsichtigte Anbahnung eines Verbrauchsgüterkaufs bemüht werden müssen, da man andernfalls über die allgemeinen Vorschriften über vertragliche Schuldverhältnisse in Art. 27 ff. EGBGB zur (rechtspolitisch unerwünschten) Anwendbarkeit des Rechts am Aufenthaltsort des Verwenders und damit bei ausländischem Aufenthaltsort zur Unanwendbarkeit des § 661a BGB käme. Ausführlich hierzu: Lorenz, Urteilsanmerkung, IPRax 2002, 192 ff.

538 Lorenz, NJW 2000, 3305 ff.

II.A.3. Zusammenfassung und vergleichende Betrachtung

Die Auslobung führt den unterschiedlichen dogmatischen Ansatz des englischen und US-amerikanischen Rechts, das gleichzeitig mit dem allgemeinen Versprechens- und Einigungskonzept arbeitet, und des deutschen Rechts, das sich bei der Auslobung für ein spezialgesetzlich geregeltes Versprechenskonzept entschieden und das Einigungskonzept verworfen hat, deutlich vor Augen.

Trotz der dogmatischen Unterschiede gelangen die untersuchten Rechtssysteme jedoch zumindest hinsichtlich der Widerrufbarkeit des Auslobungsversprechens zu demselben Ergebnis: Das Interesse des Auslobenden, das Versprechen für eine Leistung, an der er eventuell gar nicht mehr interessiert ist, zurückzuziehen, wird in beiden Rechtssystemen als höher eingeschätzt, als das Interesse des Bewerbers daran, die verlangte Handlung vollenden und sich die Belohnung verdienen zu können. Der Ausspruch Liechtensteins:

> „Was sind denn diese Interessen [des Bewerbers]? Doch nur bloße Chancen!“[539]

entspricht der Bewertung beider Rechtssysteme.

Bei der dogmatischen Begründung dieses Ergebnisses offenbaren sich aber grundlegende Unterschiede: Das Recht des Auslobenden sein noch nicht angenommenes Auslobungsangebot zu widerrufen, folgt im englischen und US-amerikanischen Recht aus allgemeinen Vertragsgrundsätzen. Im deutschen Recht wird ein Widerrufsrecht des Auslobenden durch eine spezialgesetzliche Regelung sichergestellt, die der Sache nach ein „Rücktritts“recht von einer bestehenden Verpflichtung ist,[540] da im deutschen Recht nach allgemeinen Grundsätzen und in Ermangelung eines consideration-Konzeptes ein einseitiges Versprechen nach der Bekanntgabe unwiderruflich wäre.

Eine Ausnahme von der freien Widerrufbarkeit gilt in beiden Rechtssystemen bei Preisausschreiben. Dafür gibt es mehrere Gründe: Zum einen geht, wer einen Preis ausschreibt, davon aus, daß die verlangte Handlung tatsächlich ausgeführt werden kann, und zwar von mehreren Bewerbern. An einen dieser Bewerber muß der Preis vergeben werden. Der Auslobende weiß daher, daß er seine Leistung mit allergrößter Wahrscheinlichkeit auch erbringen muß; die Frage ist nur, an wen. Zum andern werden auch die Chancen des Bewerbers berechenbar, da sie von der Zahl der Teilnehmer und der Qualität seiner

---

[539] Liechtenstein, Die Auslobung, S. 30.

[540] Elster, Die Lehre von der Auslobung nach Gem. Recht und B.G.B., Archiv für Bürgerliches Recht, Bd. 18 (1900), S. 123, 173.

Leistung abhängen. Schließlich profitiert der Auslobende bei einem Preisausschreiben häufig bereits von der Vorbereitung der auszuführenden Handlung, wie z. B. in dem Fall der Lanphere Quarter Horses.

Unterschiedlich beurteilen beide Rechtssysteme die Frage, ob ein Anspruch auf Belohnung auch bei Unkenntnis der Auslobung zum Zeitpunkt der Ausführung der Handlung entstehen kann.

Im deutschen Recht kommt es für die Erfüllung der Bedingung unter der das Auslobungsversprechen abgegeben wurde, auf eine Kenntnis des Auslobungsversprechens nicht an. Das Erfordernis der Kenntnis und damit auch die Vertragstheorie wurde in erster Linie aus sittlich-ideellen Gründen abgelehnt. Man wollte auch dem Bewerber einen Anspruch verschaffen, der die verlangte Handlung in Unkenntnis der Auslobung vorgenommen hatte.

Das geltende englische und US-amerikanische Recht hingegen verlangen - von geringfügigen Ausnahmen abgesehen - grundsätzlich eine Kenntnis des Bewerbers von dem Auslobungsangebot. In den beiden common-law-Rechtssystemen steht der Gedanke im Vordergrund, daß der Auslobende die Belohnung nicht ausgesetzt hat, weil er einen ehrenwerten Bürger belohnen will, sondern um ihm einen Anreiz zu setzen, eine bestimmte Leistung zu erbringen. Der Anbieter wollte sich jedoch nicht verpflichten, an jemanden zu zahlen, der ohnehin bereit war, die gewünschte Handlung zu vollbringen. Die Auslobung ist vom geschäftlichen „bargain"-Gedanken geprägt, und selbst wenn das englische Recht die moralische Berechtigung des uneigennützig Handelnden durchaus erkennt, so ist es im Gegensatz zum deutschen Recht doch nicht bereit, dem Bewerber einen entsprechenden rechtlichen Anspruch zuzubilligen.

Dieses Ergebnis des common-law-Vertragsrechts ist jedoch nicht unumstritten und Posner, der die Auslobung unter ökonomischen Gesichtspunkten untersucht hat,[541] kommt zu dem Ergebnis, daß der Ansatz des englischen und US-amerikanischen Rechts nicht überlegen ist: Posner geht davon aus, daß es zwei Arten von Findern gibt: den Finder, der im Bewußtsein einer Belohnung die Suche begonnen hat (sog. aktiver Sucher), und dem Finder, der das verlorene Eigentum zufällig findet, von einer Belohnung aber nichts weiß. Bei einer rechtlichen Regelung, nach der nur derjenige eine Belohnung erhält, der davon wußte, daß eine solche ausgesetzt war, wird in der Tat nur der aktive Sucher belohnt. Dieses Ergebnis ist nach Posners Ansicht nicht richtig, weil der zufällige Finder häufiger erfolgreich sei als der aktive Sucher. Auch würde der

---

[541] Posner, Economic Analysis of Law, § 4.3, S. 89 f.

zufällige Finder den Fund nur deshalb abgeben, weil er darauf vertraue, daß eine Belohnung ausgesetzt wurde. Auch der zufällige Finder müsse daher eine Belohnung erhalten. Insofern entspricht das deutsche Recht den Forderungen Posners und geht sogar noch darüber hinaus: bei der Auslobung, kommt es auf die Kenntnis des Bewerbers vom Angebot nicht an; außerdem hat der Finder einen gesetzlichen Anspruch auf Finderlohn gemäß § 971 BGB.

II.B. Der Maklervertrag

II.B.1. Englisches und US-amerikanisches Recht

II.B.1.1. Zustandekommen

Der Maklervertrag war ehemals die wirtschaftlich und zahlenmäßig bedeutsamste Fallgruppe des unilateral contract.[542]

Bei einem Maklervertrag verspricht der Auftraggeber („principal") dem Makler („broker/ agent") eine Provision („commission") für einen bestimmten Leistungserfolg im Zusammenhang mit der Vermittlung eines bestimmten Geschäfts, beispielsweise dem Verkauf eines Hauses.

Worin genau der Leistungserfolg des Maklers bei einem Maklervertrag besteht, ist im US-amerikanischen und im englischen Recht verschieden.

Im US-amerikanischen Recht besteht der Leistungserfolg in der Präsentation eines geeigneten potentiellen Käufers, d. h. einer Person, die „ready, able and willing" ist, mit dem Auftraggeber zu bestimmten zuvor festgelegten Bedingungen einen Vertrag abzuschließen. Das wirksame Zustandekommen des Vertrages zwischen Auftraggeber und dem vom Makler vermittelten Interessenten ist grundsätzlich nicht Voraussetzung für die Entstehung des Provisionsanspruchs, es sei denn, die Parteien haben ausdrücklich etwas anderes vereinbart.[543]

---

[542] Navin, Some Comments on Unilateral Contracts and Restatement 90, 46 Marquette L.Rev. 162, 166 (1962): „Real estate brokerage contracts make up a sizeable portion of the total number of cases [in which the courts have consciously applied the theory of unilateral contract]"; Stoljar, The False Distinction Between Bilateral and Unilateral Contracts, 64 Yale L.J. 515, 525 (1955): „In practice the most frequent type of unilateral contract is .... the commission or brokerage contract." und Note, The Restatement of Contracts Second and Offers to Enter into Unilateral Contracts 29 U.Pitt.L.Rev. 546, 556 (1968). Heute sind die Zusagen arbeitsrechtlicher Sonderzuwendungen, die unter II.H.1. näher dargestellt werden, ein mindestens ebenso wichtiger Anwendungsbereich für den unilateral contract.

[543] Judd Realty, Inc. v. Tedesco, 400 A.2d 952, 955 (1979): „It is well settled ... that a broker has sufficiently performed and is entitled to compensation under a brokerage contract when the broker has produced a prospective purchaser who is ready, willing, and able to purchase at the price and terms of the seller."; Heller & Henretig v. 3620-168th Street Inc., 98 N.E.2d 458 (1951): „When no express provision to the contrary can be found in the agreement or in local practices, customs or laws, ... it would appear that a broker who tenders performance should be protected against the offeror who refuses to cooperate and by such refusal prevents the completion of the transaction."; ebenso Corbin on Contracts, § 2.30 S. 264 ff., S. 277 ff.

Restatement of Contracts (Second) Agency § 445, comment d (1958):

„If the principal has given to the broker ... his complete terms and the broker produces a customer ready, able and willing to enter into the transaction on those terms, the principal cannot avoid paying the agreed commission by declining to enter into the transaction."

Wenn der Auftraggeber dem Makler seine vollständigen Verkaufsbedingungen mitgeteilt hat und der Makler einen Kunden vorstellt, der bereit, fähig und willens ist, zu diesen Bedingungen das Geschäft abzuschließen, kann der Auftraggeber die Zahlung der vereinbarten Provision nicht dadurch verhindern, daß er es ablehnt, das Geschäft abzuschließen.

Etwas anderes gilt nur dann, wenn der Vertrag Formulierungen enthält wie „in the event of sale", „if the property is sold", „on sale", „if sale is effected", „consummation of sale", „passage of title". Dann entsteht der Provisionszahlungsanspruch erst mit der Erfüllung dieser zusätzlichen Bedingung.[544]

Im englischen Recht hingegen ist der Abschluß des vermittelten Vertrages Voraussetzung für das Entstehen eines Provisionsanspruchs.[545] Dieser Auffassung liegt die Vorstellung zugrunde, daß die Provision aus dem Verkaufserlös gezahlt werden soll. Versuche von Maklern, in Standardverträgen etwas anderes zu vereinbaren, werden von den Gerichten im Zweifel zugunsten des Auftraggebers dahingehend ausgelegt, daß ein Provisionsanspruch erst mit Abschluß des vermittelten Vertrages zustande kommt.[546] Nur wenn der Auftraggeber vorsätzlich das Zustandekommen eines Vertrages verhindert, kann der Makler Schadensersatz in Höhe seiner Provision verlangen.[547]

Unabhängig davon, ob der Leistungserfolg des Maklers im Auffinden eines geeigneten Vertragspartners oder im Vertragsabschluß mit dem vermittelten Vertragspartner liegt, will der Makler diesen Leistungserfolg in der Regel nicht

---

544 Im einzelnen dazu: Notes, Special Conditions in Real Estate Brokerage Contracts, 32 Columbia L.Rev. 1194 ff. (1932).

545 Luxor (Eastbourne) Ltd. v. Cooper [1941] A.C. 108. Dieser Entscheidung folgte Jones v. Lowe [1945] 1 All E.R. 194.

546 Jaques v. Lloyd D. George & Partners [1968] 1 W.L.R. 625; Dennis Reed Ltd. v. Goody [1950] 2 K.B. 277; Graham & Scott (Southgate) Ltd. v. Oxlade [1950] 2 K.B. 257; Dellafiora v. Lester [1962] 1 W.L.R. 1208; Blake & Co. v. Sohn [1969] 1 W.L.R. 1412; a.A. Bennett, Walden & Co. v. Wood [1950] 2 All E.R. 134; Christie, Owen & Davies Ltd. v. Stockton [1953] 1 W.L.R. 1353.

547 Trollope & Sons v. Martyn Bros [1934] 2 K.B. 436; Dennis Reed Ltd. v. Goody [1950] 2 K.B. 89, 99. Das Verhalten muß vorsätzlich sein, es genügt nicht, daß der Verkauf an einem fehlerhaften Eigentumsrecht (Title) scheitert: Blake & Co. v. Sohn [1969] 1 W.L.R. 1412.

versprechen.[548] Schließlich weiß er noch nicht, ob sich beispielsweise ein geeigneter Käufer überhaupt und mit einem angemessenen Aufwand finden läßt.

Allenfalls könnte er versprechen, entsprechende Anstrengungen zu unternehmen. Dieses Versprechen ist aber wiederum für den Auftraggeber in der Regel nicht interessant.[549] Ihm geht es um den Erfolg der Bemühungen. Darüber hinaus mag er zu Recht bezweifeln, ob er den Bruch eines solchen Versprechens sowie einen daraus entstandenen Schaden gegebenenfalls in einem Prozeß wird nachweisen können.

Consideration für das Provisionsversprechen ist daher im Normalfall[550] nicht das Gegenversprechen des Maklers, sich um eine Vermittlung zu bemühen oder einen Vermittlungserfolg zu erzielen, sondern nur die tatsächlich erfolgte Vermittlung. Der Makler wird also nicht verpflichtet, irgend etwas zu tun.[551] Das Provisionsversprechen ist also ein Angebot, das der Makler einzig durch das Erbringen der Gegenleistung annehmen kann, die Vornahme der verlangten Vermittlungsleistung ist gleichzeitig consideration und Annahme.[552] Ein Vertrag kommt als unilateral contract also erst dann zustande, wenn der Makler die verlangte Leistung in Form des Nachweises einer Abschlußmöglichkeit erbracht hat.

II.B.1.2. Widerruf

Für die Frage, ob das Angebot einer Provision beim Maklervertrag frei widerrufen werden kann, kommt es darauf an, ob es sich um den Normalfall eines Maklervertrages, ein sogenanntes „general listing" handelt, oder ob es sich um ein sogenanntes „exclusive listing" handelt, der Auftraggeber dem Makler also zusätzlich Exklusivität versprochen hat.

II.B.1.2.1. General Listing

Das general listing ist der häufigste Fall des Maklervertrages. Beim general listing behält sich der Eigentümer das Recht vor, das Grundstück selbst zu

---

548 Corbin on Contracts, § 2.30, S. 259.

549 Diesen Aspekt betont vor allem Atiyah, Essay 8, S. 179, 203 f.

550 Zur Ausnahme bei einem „exclusive listing" siehe unten II.B.1.2.2.

551 „no obligation is imposed on the agent to do anything": Luxor (Eastbourne) Ltd. v. Cooper [1941] A.C. 108.

552 Corbin on Contracts, § 6.3, S. 228: „The agent's performance is both the act of acceptance of the offer and the consideration for the promise."

veräußern oder gleichzeitig auch andere Makler zu beauftragen. Ein Vertrag kommt als unilateral contract beim general listing nach den oben[553] dargestellten Grundsätzen erst dann zustande, wenn der Makler die vereinbarte Gegenleistung vollständig erbracht hat. Der Auftraggeber kann sein Versprechen einseitig widerrufen. Selbst wenn der Makler sich bereits für die Belange des Auftraggebers eingesetzt hat und ihm dadurch Kosten entstanden sind, sind die Gerichte nicht bereit das freie Widerrufsrecht des Auftraggebers einzuschränken.

Luxor (Eastbourne) Ltd. and Others v. Cooper[554]

Der Makler Cooper war von der Firma Luxor beauftragt worden, einen Käufer für zwei ihrer Kinos ausfindig zu machen. Der Makler hatte einen Interessenten gefunden, der bereit war, beide Kinos zum festgelegten Mindestpreis von £ 185,000 zu kaufen. Die Firma Luxor schloß allerdings mit dem Interessenten keinen Kaufvertrag, sondern veräußerte die Kinos im Wege des Verkaufs von Firmenanteilen an einen Dritten. Cooper klagte auf Zahlung der versprochenen Provision oder Schadensersatz in dieser Höhe. Die Klage hatte keinen Erfolg. Die Richter stellten fest, mit der bloßen Vermittlung eines Interessenten habe der Makler noch nicht die Voraussetzungen für die Entstehung seiner Provision erfüllt, denn vermittelt werden sollte ein Käufer („buyer"), und Käufer ist nur derjenige, der die Kinos tatsächlich kauft. Die Auftraggeberin habe auch nicht (stillschweigend) versprochen, mit dem vorgestellten Interessenten einen Kaufvertrag abzuschließen oder die Kinos nicht zwischenzeitlich selbst zu verkaufen.

Im wesentlichen waren drei Gründe für diese Entscheidung ausschlaggebend.[555] Zunächst ging es bei der Transaktion um den Verkauf von Grundeigentum. Nach englischem Recht ist der Verkäufer erst nach Abschluß des Vertrages mit dem Käufer gebunden. Bis dahin hat er keine Verpflichtung gegenüber dem Käufer und entsprechend soll er auch nicht gegenüber dem Makler verpflichtet sein. Außerdem birgt die Tätigkeit des Maklers zwangsläufig zahlreiche Risiken. Es besteht immer die Möglichkeit, daß der Makler gar keinen Käufer findet oder der Käufer sich zurückzieht, bevor er rechtlich gebunden ist. Drittens verdient der Makler im Erfolgsfall eine beträchtliche Summe, und zwar unabhängig davon, wie wenig oder viel Zeit und Mühe er tatsächlich inves-

---

553 siehe unten II.B.1.1.

554 [1941] A.C. 108.

555 Zur Begründung der Entscheidung, die insgesamt über 50 Seiten umfaßt, ausführlich Atiyah, Essays on Contract: Consideration: A Restatement, S. 179, 198 ff., 203 ff. Neben dem Widerrufsrecht, das im Mittelpunkt der Entscheidung des House of Lords stand, gab es in diesem Fall aber auch noch andere Gründe, die die Weigerung der Firma Luxor an den vorgeschlagenen Käufer zu verkaufen, rechtfertigten, und die bereits in der ersten Instanz zu einer Klageabweisung führten, vom zweitinstanzlichen Court of Appeal aber nicht anerkannt wurden.

tieren mußte. In dem Fall Luxor betrug die Provision £ 10.000, eine Summe die – wie Lord Russell anmerkte – dem Jahreseinkommen des Lord Chancellors[556] entsprach, während der erwartete Arbeitsaufwand bei nur acht oder neun Tagen lag.[557]

Im US-amerikanischen Recht ist daher das Restatement of Contracts (Second) § 45[558] bei einem „general listing", der häufigsten Form eines Maklervertrags, der wiederum eine der wichtigsten Fallgruppen des unilateral contract ist, nicht anwendbar.[559] Widersprüchlich erscheinen insofern die Aussagen bei Farnsworth, der zunächst feststellt, daß ein Hauptanwendungsbereich des Restatement of Contracts (Second) § 45 der Maklervertrag ist, dann aber ausführt, daß die meisten Grundstückseigentümer bei der Einschaltung eines Maklers ein „open / general listing" wählen, und daß in diesen Fällen Restatement of Contracts (Second) § 45 gerade nicht anwendbar ist.[560]

Einzige Einschränkung ist, daß der Auftraggeber durch seinen Widerruf das Zustandekommen des Maklervertrages und damit die Entstehung eines Provisionsanspruchs nicht treuwidrig verhindern darf. Im US-amerikanischen Recht wird dieses Ergebnis dadurch erzielt, daß für die Entstehung eines Vertrages auf den Eintritt des Ereignisses verzichtet wird, wenn der Makler seine Aufgabe, soweit sie in seiner Macht liegt, erfüllt hat. Das Zustandekommen des vermittelten Vertrages ist nicht Voraussetzung für das Zustandekommen des Maklervertrages, sondern nur Bedingung für die Entstehung der Zahlungsverpflichtung des Auftraggebers. Verhindert der Auftraggeber treuwidrig („in bad faith")[561] den Bedingungseintritt (Zustandekommen des vermittelten Vertrages), so kann der Makler dennoch seinen vollen Lohn

---

556 Der Lord Chancellor führt den Vorsitz im House of Lords. Außerdem obliegt ihm die Justizverwaltung sowie die Ernennung von Richtern.

557 Luxor (Eastbourne) Ltd. v. Cooper per Lord Russell: [1941] A.C. 108.

558 siehe oben I.A.4.1.3.

559 Siehe dazu Tiersma, Reassessing Unilateral Contracts, 26 U.C. Davis L.Rev. 1, 69 f. (1992) mit ausführlichen Rechtsprechungsnachweisen in Fn. 191; Farnsworth on Contract § 3.24, S. 196. In der mißverständlichen Entscheidung Marchiondo v. Scheck, 432 P. 2d 405 (1967) lag tatsächlich eine Sachlage vor, die einem exclusive listing entsprach, das Gericht ging lediglich aufgrund besonderer landesrechtlicher Bestimmungen des Staates New Mexico von einem open listing aus, so daß sich auch aus der Anwendung von Restatement of Contracts (Second) § 45 in diesem Fall nichts anderes ergab.

560 Farnsworth on Contract, § 3.24, S. 297.

561 Note, Special Conditions in Real Estate Brokerage Contracts, 32 Columbia L. Rev. 1194, 1200 ff. (1941).

verlangen.[562] Problematisch ist allerdings, was letztendlich ein treuwidriges Verhalten des Auftraggebers darstellt. Die Gründe, aus denen der Auftraggeber nicht treuwidrig handelt, wenn er von einem Vertragsabschluß Abstand nimmt, sind jedenfalls zahlreich.[563] Nach der folgenden Entscheidung kommt es vor allem darauf an, ob der Auftraggeber den vermittelten Vertrag nur deshalb nicht abschloß, weil er keine Provision zahlen wollte oder ob andere Gründe im Vordergrund standen:

Malloy v. Coldwater Seafood Corp.[564]

Der Kläger Malloy vermittelte für die beklagten Coldwater Seafood Corp. Abnehmer für den von ihr produzierten gefrorenen Fisch. Die Vermittlung von Verkäufen an Geschäfte und Restaurants war schwierig. Malloy hatte daraufhin die Idee, gefrorene Fischblöcke an die weiterverarbeitende Lebensmittelindustrie zu verkaufen und nahm entsprechende Verhandlungen auf. Nachdem die Beklagte von diesen neuen potentiellen Abnehmern erfuhr, handelte sie zunächst mit dem Kläger einen neuen Vertrag aus, der niedrigere Kommissionen bei einem Verkauf größerer Mengen an die Industrie vorsah. Vor Abschluß der Verkaufsverhandlungen entließ sie den Kläger und verkaufte schließlich direkt an die industriellen Abnehmer. Ein treuwidriges Verhalten sollte in diesem Fall nur dann vorliegen, wenn die Beklagte die Vereinbarung mit dem Kläger allein deshalb beendet hatte, weil sie ihm nicht die vereinbarte Kommission zahlen wollte. Standen bei der Entscheidung der Beklagten aber andere Überlegungen und eigene Interessen im Vordergrund, so war ihr Verhalten gerechtfertigt und der Kläger konnte keine Provision verlangen, auch wenn die Beklagte sich so in gewisser Weise die Früchte der Arbeit des Klägers zunutze machte.

Das englischen Recht kommt zu dem selben Ergebnis, allerdings mit einer anderen Konstruktion. Es stellt darauf ab, ob der Verkäufer stillschweigend versprochen hat („implied promise“), den Eintritt des Leistungserfolgs nicht zu verhindern. Für dieses Versprechen ist bereits die bloße Leistungshandlung des Maklers, d. h. das Vermitteln eines geeigneten Interessenten, ausreichende consideration.

---

562 Note, Contracts-Conditions-Effect on Broker's Commission of Non-Occurence of Stipulated Event, 41 Columbia L.Rev. 1108, 1110f. (1941); Corbin on Contracts, § 2.30, S. 272 f.

563 Sibbald v. Bethlehem Iron Co., 83 N.Y. 378 (1881); Olson v. Penkert, 90 N.W.2d 193 (1958); Associated Agency of Boeman v. Pasha, 625 P.2d 38 (1981); McCue v. Deppert, 991 A.2d 503 (1952).

564 156 N.E.2d 61 (1959).

II.B.1.2.2. Exclusive (Agency) Listing

Beim sogenannten „exclusive (agency) listing" sagt der Auftraggeber dem Makler zu, Leistungen anderer Makler nicht in Anspruch zu nehmen. Beim „exclusive right-to-sell listing" verspricht er darüberhinaus, den zu vermittelnden Vertrag überhaupt nicht ohne Einschaltung des Maklers durchzuführen, also z. B. das Grundstück auch nicht selbst zu verkaufen.[565]

Im Rahmen dieser exclusive listings ist der Auftraggeber grundsätzlich nicht berechtigt, sein Provisionsversprechen zu widerrufen. Schließt er einen Vertrag ohne Mitwirkung des alleinbeauftragten Maklers oder weigert er sich, eine vom Makler vermittelte geeignete Vertragsgelegenheit wahrzunehmen, so hat dieser Anspruch auf die volle Provision.

Baumgartner v. Meek[566]

Die Beklagte war Eigentümerin eines Grundstücks. Sie erteilte der Maklerin Baumgartner während eines bestimmten Zeitraums das ausschließliche und unwiderrufliche Recht („exclusive and irrevocable right"), ihr Grundstück für $ 300,000 zu verkaufen und versprach eine Provision in Höhe von 5 %. Die Maklerin versprach „to use due diligence in procuring a purchaser." Nach großen Anstrengungen der Maklerin und erheblichen Ausgaben für Anzeigen erklärte die Beklagte, sie würde das Grundstück vom Markt zurückziehen und verkaufte es schließlich selbst. Das Gericht gab der Klage der Maklerin auf $ 15,000 statt.

Dogmatisch begründet wird diese Unwiderruflichkeit häufig damit, daß das exclusive listing als bilateral contract eingeordnet wird.[567] Consideration für das erfolgsbedingte Provisionsversprechen des Auftraggebers ist das Gegenversprechen des Maklers, sich während der Vertragsdauer um einen geeigneten Käufer nach Kräften zu bemühen („to use his best efforts").[568] Folge dieser Konstruktion ist, daß bereits mit dem Austausch der Versprechen, dem Provisionsversprechen einerseits und dem Bemühensversprechen andererseits und damit vor

---

[565] Zu den Begriffen „exclusive (agency) listing" und „exclusive right-to-sell listing" siehe Real Estate Listing Service, Inc. v. Connecticut Real Estate Commission, 425 A.2d 581 (1979); Corbin on Contracts, § 2.30, S. 279 ff.

[566] 272 P.2d 552 (1954). Die Entscheidung wurde bestätigt in Blank v. Borden, 524 P.2d 127 (1974).

[567] Im englischen Recht: Dennis v. Reed Ltd. v. Goody [1950] 1 All E.R. 919 per Lord Denning. Im US-amerikanischen Recht: Tetrick v. Sloan, 229 P.2d 613 (1959); Real Estate Listing Serv. v. Connecticut Real Estate Commission, 425 A.2d 581 (1979); McDonald & Co. v. Fishtail Creek Ranch Ltd. Partnership, 572 P.2d 195 (1977); Berven Co. v. Newman, 281 N.W.2d 268 (1979); South Side Realty Co. v. Hamblin, 387 S.W.2d 224 (1964); Corbin on Contracts, § 2.30, S. 279: „the conclusion is almost irresistible that the owner-broker relationship is a bilateral contract".

[568] McMenamin v. Bishop, 493 P.2d 1016 (1972).

dem Eintritt des Leistungserfolgs ein für beide Seiten verbindlicher Vertrag entsteht, der von keiner der beiden Parteien während der vereinbarten Laufzeit einseitig aufgelöst werden kann. Der Auftraggeber ist also sofort gebunden, aber erst bei Erfolg verpflichtet zu zahlen. Im Gegensatz zum „general listing" ist das Provisionsversprechen beim „exclusive listing" unwiderruflich.

Die Einordnung des „exclusive listing" als bilateral contract ist allerdings nicht unumstritten. Problematisch ist vor allem, daß der Auftraggeber als Gegenleistung für sein Provisionsversprechen nicht das Bemühen, sondern den Erfolg des Maklers verlangt hat. Zusätzliches Element beim „exclusive listing" gegenüber dem „general listing" ist lediglich das Versprechen des Auftraggebers, während eines bestimmten Zeitraums keine weiteren Makler zu beauftragen, und das Versprechen des Maklers, sich zu bemühen. Allein diese beiden Leistungen stehen also in einem Austauschverhältnis.

Einige Gerichte in den USA haben daher auch das exclusive listing als unilateral contract klassifiziert, verweigern dem Auftraggeber aber unter Berufung auf Restatement of Contracts § 45 ein Widerrufsrecht, wenn der Makler mit der Leistungshandlung begonnen hat, also erste substantielle Schritte unternommen hat, einen Käufer zu finden.[569]

Vorgeschlagen wird schließlich auch, daß der Auftraggeber neben dem Provisionsversprechen ein weiteres Versprechen abgibt mit dem Inhalt, während eines bestimmten Zeitraums keinen anderen Makler zu beauftragen bzw. selbst zu verkaufen. Die Bindung an dieses Versprechen ergibt sich aus dem vom Makler abgegebenen Gegenversprechen, sich um eine geeignete Abschlußmöglichkeit zu bemühen.[570]

Trotz der unterschiedlichen Lösungsansätze besteht Einigkeit hinsichtlich des Ergebnisses: Der Makler soll vor einem vorzeitigen Widerruf geschützt werden. Dieser Schutz entspricht dem Sinn und Zweck des „exclusive listing": Das Risiko des Maklers, sich umsonst zu bemühen, wird verringert, um ihn so zu größeren Vermittlungsanstrengungen zu veranlassen. Der Makler riskiert zwar immer noch, keinen geeigneten Interessenten finden zu können, braucht aber wenigstens nicht mehr zu befürchten, daß kurz vor dem Erfolg seiner Bemühungen der Auftraggeber das Objekt selbst oder mit Hilfe eines anderen

---

[569] Hutchinson v. Dobbson-Bainbridge Realty Co., 217 S.W.2d 6(1946); Baumgartner v. Meek, 272 P.2d 552 (1954); Jenkins v. Vaughan, 276 S.W.2d 732 (1955); Garett v. Richardson, 369 P.2d 566 (1962); Ladd v. Teichman, 103 N.W.2d 338 (1960); Clodfelter v. Plaza Ltd., 698 P.2d 1 (1985); White v. Ragle, 485 P.2d 978 (1971).

[570] Tiersma, Reassessing Unilateral Contracts, 26 U.C. Davis L.Rev. 1, 73 ff. (1992).

Maklers verkauft. Seine Chancen, eine erfolgreichen Vermittlung zu Wege zu bringen, steigen und werden für ihn besser kalkulierbar. Aus diesem Grund ist es beim „exclusive listing" auch gerechtfertigt, vom Makler größere Anstrengungen und höhere Aufwendungen zu erwarten.[571]

II.B.2. Deutsches Recht

II.B.2.1. Zustandekommen

Im deutschen Recht kommt der Maklervertrag nach allgemeinen Vertragsgrundsätzen aufgrund einer Einigung der Parteien in der Regel durch Angebot und Annahme zustande. Inhaltlich enthält der Maklervertrag die Verpflichtung des Auftraggebers, eine Provision zu zahlen, wenn es zum Abschluß eines Vertrages kommt, wobei je nach Vertragsgestaltung der Makler entweder die Gelegenheit zum Abschluß des Vertrages nachgewiesen hat (Nachweismakler)[572] oder den Vertragsabschluß vermittelt hat, indem er auf den Willensentschluß des vorgesehenen Vertragspartners eingewirkt hat (Vermittlungsmakler).[573]

Der Abschluß des vermittelten oder nachgewiesenen Vertrages ist notwendig, aber auch ausreichend für die Entstehung des Provisionsanspruchs. Nicht erforderlich ist, daß der Vertrag auch durchgeführt wird. So läßt beispielsweise der Rücktritt einer Vertragspartei den Provisionsanspruch des Maklers unberührt.[574] Nur wenn bereits bei Vertragsabschluß ein Mangel vorliegt, z. B. eine zur Anfechtung berechtigende Täuschung, fehlt es bereits an einem wirksam zustande gekommenen Hauptvertrag und ist der Makler zur Rückzahlung verpflichtet.[575]

Die Frage, ob bei einem Maklervertrag auch der Makler zu einer Leistung verpflichtet ist, hat der Gesetzgeber bewußt offengelassen,[576] was höchst umstritten war.[577] So wurde argumentiert, die Einordnung des Maklervertrages als

---

[571] Tiersma, Reassessing Unilateral Contracts, 26 U.C. Davis L.Rev. 1, 73 (1992): „The more exclusive and irrevocable the listing is, the more effort the broker will expend."

[572] Siehe z. B. BGH, NJW-RR 1990, 1008; BGH, NJW 1991, 590.

[573] Siehe z. B. BGH NJW-RR 1989, 1071, ausführlich zum Begriff der „Vermittlungsprovision": OLG München, Urteil vom 5.4.1995, NJW-RR 1996, S. 239.

[574] BGH, NJW-RR 1993, 248.

[575] OLG Hamm, NJW-RR 1991, 249 f.

[576] Motive II, S. 510 f.

[577] Darstellung bei Leisau, Die Rechtsbeziehung zwischen Auftraggeber und Makler im Maklervertrag, S. 29 ff.

gegenseitig verpflichtenden Vertrag müsse schon aus dem Prinzip „Lohn gegen Leistung" folgen.[578] Dabei wurde übersehen, daß ein Leistungsaustausch sich zwar in der Regel in der Form des gegenseitig verpflichtenden Vertrages vollzieht, dies aber keineswegs notwendig ist. Teilweise wurde auch versucht, die gegenseitige Leistungsverpflichtung damit zu begründen, daß durch die Verschwiegenheitspflicht des Maklers eine Gegenleistungsverpflichtung bestehe.[579] Dagegen ist aber einzuwenden, daß die Verschwiegenheitspflicht des Maklers allenfalls eine Nebenpflicht ist, die nicht im Synallagma zur Lohnzahlung steht.

Nach heute herrschender Meinung ist der Makler zu einer Leistung nicht verpflichtet, weil der Auftraggeber den Makler nicht für das Tätigwerden, sondern für den Erfolg bezahlt.[580] Der Lohnzahlungsanspruch des Maklers entsteht unter der aufschiebenden Bedingung, daß es zum Abschluß des Geschäfts kommt. Es handelt sich also um einen Vertrag über den Austausch von Leistungen ohne beiderseitige Leistungspflichten und mit einer konditionalen, nämlich durch den Erfolg des Maklers bedingten, Leistungsverpflichtung des Auftraggebers.[581]

Zweifelhaft kann allenfalls die Beziehung der Parteien beim Maklerwerkvertrag sein. Abweichend von dem gesetzlichen Leitbild entsteht bei dieser Ausgestaltung eine Verpflichtung des Auftraggebers zur Zahlung der Provision nicht erst mit Abschluß eines nachgewiesenen oder vermittelten Vertrages, sondern bereits mit der Präsentation eines bestimmten Nachweis- bzw. Vermittlungsergebnisses. Dieses Ergebnis kann beispielsweise in dem Ausfindigmachen eines zahlungskräftigen Interessenten für das Wohnhaus des Auftraggebers liegen.[582] Allerdings ist für solche Verträge die Bezeichnung Maklerwerkvertrag nicht besonders glücklich,[583] wenn nicht sogar irreführend. Denn zu trennen ist der Inhalt der Leistung von der Frage, welche Vertragspar-

---

578 Palandt-Gramm, 24. Aufl. (1965), § 652 Anm. 1 b); Ermann-Wagner, Handkommentar zum Bürgerl. Gesetzbuch, 2. Aufl. (1958) § 652 Anm. 4; Glaser-Warncke, Das Maklerrecht in der Praxis, Berlin 1964, S. 16.

579 Heymann, Der Handelsmakler, in: Ehrenbergs HdbHR (Leipzig 1926), V. Bd., 1. Abt., S. 361.

580 Reuter, Das Maklerrecht als Sonderrecht der Maklertätigkeit, NJW 1990, 1321, 1322.

581 Staudinger-Reuter, Vorbem. zu §§ 652 ff. Rn. 7; MüKo-Schwerdtner, § 652 Rn. 9; Schmitdt-Salzer, DB 1969, 1091, 1092.

582 Reuter, Das Maklerrecht als Sonderrecht der Maklertätigkeit, NJW 1990, 1321, 1327.

583 Schäfer, Der Maklerwerkvertrag - ein ungeeigneter Vertragstyp, NJW 1989, 209 ff.

tei leistungsverpflichtet ist.[584] Der Maklerwerkvertrag ist danach entweder ein Maklervertrag oder ein Werkvertrag. Der Maklervertrag erfaßt den Nachweis oder die Vermittlung einer Abschlußgelegenheit, der Werkvertrag andere erfolgsbezogene Nachweistätigkeiten. Gemeinsam ist beiden Vertragsarten, daß eine Vergütungspflicht erst mit der Herbeiführung des vereinbarten Leistungserfolgs entsteht. Der Unterschied besteht darin, daß der Makler im Gegensatz zum Unternehmer nicht verpflichtet ist, diesen Leistungserfolg herbeizuführen. Liegt also inhaltlich ein Werkvertrag vor, so kann die Hinzuziehung des Begriffs „Makler"werkvertrag allenfalls dazu dienen, deutlich zu machen, daß den Werkunternehmer hinsichtlich des Leistungserfolgs, entgegen dem gesetzlich geregelten Normalfall eines Werkvertrages als einem gegenseitig verpflichtenden Vertrag, keine Leistungspflicht treffen soll. Dann wäre es aber immer noch korrekter und eindeutiger, von einem Werkvertrag mit konditionaler Leistungsverknüpfung, d. h. ohne Leistungspflicht des Maklers, zu sprechen.

Es besteht Einigkeit, daß eine Tätigkeitspflicht des Maklers zwecklos wäre, da es wegen des vagen Begriffs des Tätigwerdens praktisch ohnehin unmöglich wäre, dem Makler die Verletzung dieser Leistungspflicht nachzuweisen.

Zwar kann grundsätzlich ein Dienstvertrag über Maklertätigkeiten, also ein Vertrag in dem der Makler verspricht sich tätig zu bemühen ohne einen Leistungserfolg zu versprechen, vereinbart werden. Ein solcher Maklerdienstvertrag wird aber nur anerkannt, wenn die vergütungspflichtigen Dienste nicht im Nachweis oder der Vermittlung von Verträgen bestehen. Die abstrakte Pflicht zur Nachweis- oder Vermittlungstätigkeit genügt also nicht, weil sonst die Gefahr besteht, daß der Makler die erfolgsunabhängige Provision zur Regel macht.[585]

II.B.2.2. Widerruf

Wie im englischen und US-amerikanischen Recht kommt es für die Frage der Widerrufbarkeit des Maklerauftrages darauf an, ob die Parteien einen Makler-

---

584 Entgegen Schäfer, Der Maklervertrag - ein ungeeigneter Vertragstyp, NJW 189, 209, ist ein gemischtes Vertragsverhältnis, z. B. als einseitig verpflichtender erfolgsbedingter Werkvertrag, sehr wohl vorstellbar.

585 Esser-Weyers, § 36 II 2, S. 323; Reuter, Das Maklerrecht als Sonderrecht der Maklertätigkeit, NJW 1990, 1321, 1327. Vgl. OLG Stuttgart, NJW-RR 1986, 275, BGH, DB 1985, 1525; BGH, NJW 1986, 1173; BGH, WM 1987, 471, 573. Anknüpfungspunkt für das Entgelt ist beim Maklerdienstvertrag nicht mehr der Geschäftswert eines zu vermittelnden Hauptvertrages sondern der Aufwand des Maklers. Der Agenturvertrag gemäß § 84 ff HGB ist ein solcher zulässiger, gegenseitig verpflichtender Dienstvertrag, da hier eine Tätigkeitspflicht des Handelsvertreters gemäß § 86 HGB besteht.

vertrag entsprechend dem gesetzlichen Leitbild oder einen Alleinauftrag mit erweiterten Pflichten von Auftraggeber und Makler geschlossen haben.

II.B.2.2.1. Maklervertrag nach gesetzlichem Leitbild

Einen Maklervertrag kann der Auftraggeber jederzeit einseitig widerrufen bzw. kündigen. Das Widerrufsrecht steht dem Auftraggeber unabhängig davon zu, ob der Makler bereits eine Tätigkeit entfaltet hat. Eventuelle Aufwendungen des Maklers sind nicht zu ersetzen (§ 652 Abs. 2 BGB).[586]

Das Maklerrecht enthält damit eine Abweichung vom Normalfall eines Vertrages, der grundsätzlich nur im beiderseitigen Einvernehmen aufgehoben werden kann. Die Widerrufsregelung beim Maklervertrag läßt sich – neben den bereits zum englischen und US-amerikanischen Recht dargestellten Interessen – im deutschen Recht auch mit der Abschlußfreiheit des Auftraggebers begründen,[587] die zumindest beim Grundstückskauf historisch bedingt ist. Denn es macht wenig Sinn, den Auftraggeber gegen seinen Willen an dem Maklervertrag festzuhalten, wenn es ihm ohnehin freisteht, ob er eine vom Makler nachgewiesene Möglichkeit wahrnimmt.

Da die Folgen aus einem Maklervertrag vor Abschluß des Hauptgeschäfts, also vor Entstehung einer Provisionspflicht, gering sind und insbesondere die für einen Vertrag typische Bindung der Parteien fehlt, wird teilweise das Verhältnis zwischen Makler und Auftraggeber vor Abschluß des Hauptgeschäfts als bloßer „geschäftlicher Kontakt" beschrieben und die Beauftragung als Angebot/ Aufforderung des Auftraggebers, das erst durch Abschluß des Hauptgeschäfts zu einem Schuldverhältnis wird.[588] Auch wenn diese Ansicht im Ergebnis wirtschaftlich zutreffend sein mag, so darf doch nicht übersehen werden, daß im deutschen Recht bereits durch die Einigung ein wirksamer Maklervertrag zustande kommt, der zumindest allgemeine Treuepflichten zwischen den Parteien begründet.[589]

---

[586] Sprichwörtlich: „Maklers Müh' ist oft umsonst".

[587] Staudinger-Reuter, Vorbem. zu §§ 652 ff., Rn. 57.

[588] Staudinger-Reuter, Vorbem. zu §§ 652 ff., Rn. 4.

[589] BGH NJW 1968, 150, 151; 1983, 1847, 1848.

II.B.2.2.2. Alleinauftrag

Beim Alleinauftrag verzichtet der Auftraggeber für die Dauer des Maklervertrages auf die Einschaltung anderer Makler.[590] Beim qualifizierten Alleinauftrag sind dem Auftraggeber darüber hinaus auch Direkt- oder Eigenabschlüsse untersagt.[591] Der Makler ist beim Alleinauftrag im Gegensatz zum normalen Maklervertrag verpflichtet, für den Auftraggeber tätig zu werden. Der Makler muß sich „rege und intensiv" und „mit ganzer Kraft" für die Interessen seines Auftraggebers einsetzen.[592] Auch wenn Provisionszahlung und Nachweis/Vermittlung des Hauptgeschäfts beim Makleralleinauftrag nicht gegenseitig geschuldet werden, so gibt es also beim Makleralleinauftrag dennoch gegenseitige Leistungspflichten: Der Tätigkeitspflicht des Maklers steht die Unterlassungspflicht des Auftraggebers gegenüber, andere Makler zu beauftragen bzw. selbst zu verkaufen.[593] Die Rechtsprechung bezeichnet den Vertrag als Maklerdienstvertrag.[594]

Entsprechend ist der Alleinauftrag nicht frei widerruflich. Damit besteht aber die Gefahr einer faktischen Einschränkung der Entscheidungsfreiheit des Auftraggebers beim Alleinauftrag. Auch beim Alleinauftrag soll es nämlich dem Auftraggeber frei stehen, zu entscheiden, ob er das Hauptgeschäft abschließt. Denn je mehr der Auftraggeber auf einen Abschluß während eines bestimmten Zeitraums angewiesen ist, desto geringer wird seine Entscheidungsfreiheit. Und je länger der Zeitraum bemessen ist, während dessen der Auftraggeber an einen einzigen Makler gebunden ist, um so mehr verschärft sich dieses Problem. Daher ist ein zeitlich unbefristeter Alleinauftrag sittenwidrig.[595] Bei einer unangemessen langen Laufzeit oder für den Fall, daß eine ausdrückliche Befristung fehlt, ist eine angemessene Bindungsfrist durch Auslegung zu

---

590 Staudinger-Reuter, Vorbem. zu §§ 652 ff., Rn.8; Knieper, Der Maklervertrag im System des BGB, NJW 1970, 1293, 1297 ff.; § 653 II 1 des Reformentwurfs, BT-Drucks 10/1014, S.4; BGHZ 60, 377, 382.

591 Staudinger-Reuter, Vorbem. §§ 652, Rn. 10; BGHZ 60, 377, 382; BGH NJW 1984. Das Verbot von Direktabschlüssen ist problematisch, weil damit dem Auftraggeber die freie Entscheidung für oder gegen die gebotene Vertragsgelegenheit praktisch vollständig genommen wird, insbesondere dann, wenn er auf einen Abschluß innerhalb der Laufzeit des Alleinauftrags angewiesen ist. Solche Klauseln können daher nicht in Allgemeinen Geschäftsbedingungen vereinbart werden, da sie gegen § 9 AGBG verstoßen.

592 BGH NJW 1969, 1405, 1406; BGH, MDR 1987, S. 913 m.w.Hinw.

593 BGH WM 1973; 682, 683; Staudinger-Reuter Vorbem. zu §§ 652 ff., Rn. 206.

594 BGH NJW-RR 1987, 944, BGH NJW 1988, 968.

595 BGH NJW-RR 1994, 559; BGH NJW 1986, 346.

ermitteln.[596] Der Reformentwurf der Bundesregierung für ein Gesetz über Maklerverträge aus dem Jahr 1984 sieht eine maximale Dauer von 6 Monaten vor,[597] die zumindest ein Anhaltspunkt für die Angemessenheit ist.

II.B.3. Zusammenfassung und vergleichende Betrachtung

Sowohl im deutschen als auch im englischen und US-amerikanischen Recht ist der Makler im Normalfall nicht verpflichtet, seine Maklerleistungen zu erbringen. Beide Rechtssysteme kommen zu dem Ergebnis, daß eine solche Leistungspflicht weder den Interessen des Maklers noch denen des Auftraggebers entsprechen würde.

Im englischen und US-amerikanischen Recht bedeutet dies, daß ein Vertrag erst zustande kommt, wenn der Makler den verlangten Erfolg erzielt hat. Denn erst mit diesem Leistungserfolg, hat der Makler die consideration erbracht, die notwendig ist, damit das Provisionsversprechen des Auftraggebers bindend wird. Und erst dann liegt eine wirksame Annahme des Provisionsangebots des Auftraggebers und damit eine vertragliche Einigung vor.

Im deutschen Recht entsteht zwischen dem Makler und seinem Auftraggeber bereits mit der Einigung darüber, daß der Makler, wenn er einen bestimmten Vermittlungserfolg erzielt, vom Auftraggeber eine Provision verlangen kann, ein Vertrag.

In beiden Rechtssystemen kann der Auftraggeber sein Provisionsversprechen frei widerrufen, solange der Makler den verlangten Leistungserfolg noch nicht herbeigeführt hat. Im englischen und US-amerikanischen Recht folgt dies daraus, daß ohne Leistungserfolg des Maklers eine consideration für das Provisionsversprechen fehlt und folglich auch keine Annahme des Provisionsangebots vorliegt. Das deutsche Recht gewährt dem Auftraggeber ein spezialgesetzliches einseitiges Widerrufsrecht, mit dem sich der Auftraggeber von dem Vertrag, der durch die Einigung bereits zustande kam, wieder lösen kann.

Etwas anderes gilt in beiden Rechtssystemen jedoch, wenn der Auftraggeber dem Makler eine Exklusivität versprochen hat.

---

596 Staudinger-Reuter Vorbem. zu §§ 652 ff., Rn. 200; MüKo-Roth § 652, Rn. 213; Soergel-Lorentz, § 652 Rn. 96.

597 BT-Drucks. 10/1014, S. 4.

II.C. Schulderlaß und vergleichsweise Erfüllung

II.C.1. Englisches und US-amerikanische Recht

II.C.1.1. Zustandekommen

Eine weitere unilateral-contract-Fallgruppe im englischen und US-amerikanischen Recht ist das Versprechen des Gläubigers, auf einen bestehenden Anspruch gegen den Schuldner zu verzichten oder ein bestehendes Recht aufzugeben („release“).[598] Abgesehen davon, daß ein wirtschaftlich denkender Gläubiger vom Schuldner häufig eine Gegenleistung dafür verlangen wird, daß er den Schuldner aus einer Verpflichtung entläßt, ist eine Gegenleistung im englischen und US-amerikanischen Recht auch Voraussetzung für die Durchsetzbarkeit eines solchen Versprechens. Die bloße Zahlung wenigstens der verringerten Schuldsumme selbst würde mancher Gläubiger zwar auch bereits als einen Vorteil ansehen. Eine ausreichende consideration ist dies jedoch nicht, da der Schuldner zu einer Zahlung bereits verpflichtet war („pre-existing duty“).[599]

Dieser Grundsatz beruht auf der folgenden englischen Entscheidung aus dem Jahr 1884,

> Foakes v. Beer[600]
>
> Dr. Foakes schuldete einer Mrs. Beer £ 2.090,19. Die Parteien vereinbarten schriftlich, daß Mrs. Beer auf die Zinsen verzichten würde, wenn Dr. Foakes ihr £ 500 sofort und den Rest in bestimmten Raten zahlen würde. Etwa fünf Jahre später, nachdem Dr. Foakes die Schuld vollständig vereinbarungsgemäß abgezahlt hatte, klagte Mrs. Beer auf Zahlung der Zinsen. Der Klage wurde stattgegeben, weil es für ihr Erlaßversprechen an einer ausreichenden consideration fehlte, die Ratenzahlungen von Dr. Foakes also

---

598 Osborn's Concise Law Dictionary, S. 284.

599 Die Regel ist nicht unumstritten, da sie einseitig den Schutz des Gläubigers in den Vordergrund stellt, was nicht in allen Situationen - etwa bei Veränderung der wirtschaftlichen Verhältnisse - sachgerecht ist. Siehe die Entscheidung Central London Property Trust Ltd. v. High Trees House Ltd. (1947) 1 K.B. 130, in der es um die Herabsetzung von Mietzinsen während des 2. Weltkriegs ging. Zum Streitstand siehe Fromholzer, Consideration, § 11, S. 150 ff. mit ausführlichen weiteren Nachweisen.

600 (1884) 9 App.Cas. 605. Die Entscheidung war wiederum eine Bestätigung der Regel in Pinnel's Case („Payment of a lesser sum on the day in satisfaction of a greater sum cannot be any satisfaction for the whole“) (1602) 5 Coke Rep. 117a, 77 Eng.Rep. 237. Die Geltung der Regel für das englische Recht wird bestätigt in der Entscheidung D.&C. Builders Ltd. v. Rees [1966] 2.Q.B. 617.

verspätet waren. Zur Zahlung der Schulden sei Dr. Foakes schon verpflichtet gewesen, sie sei daher keine consideration für den Erlaß der Zinsschuld.

Die Entscheidung wird zwar insbesondere im US-amerikanischen Recht kritisiert, oft jedoch von Gerichten, die sie dann trotzdem anwendeten.[601]

Zu beachten ist aber, daß bereits eine geringfügige Veränderung der Leistungspflicht des Schuldners, z. B. bezüglich der Zahlungszeit oder des Leistungsortes, als consideration ausreichend sind.[602] Es wird dann unterstellt, daß diese Veränderung, und sei sie auch noch so gering, für den Gläubiger einen Vorteil und/oder für den Schuldner einen Nachteil begründet. So kann es insbesondere für den Gläubiger wirtschaftlich sinnvoll sein, sich mit der Zahlung einer geringeren Summe zu einem früheren Termin zufrieden zu geben, weil er so Liquidität zu einem früheren Zeitpunkt erreicht.

Diesen „Kauf" einer Entlassung aus einer bestehenden Verpflichtung, für den eine ausreichende consideration geleistet wurde, die nicht in der Erfüllung der ursprünglichen Verpflichtung besteht, bezeichnet das englische und US-amerikanische Recht als „accord and satisfaction". Der „accord" ist die Einigung über den Verzicht auf die Geltendmachung der ursprünglichen Forderung.

---

601 Silvers Box Corporation v. Boynton Lumber Co., 297 S.W.1059 (1927); Turner v. Pugh, 187 S.W.2d 598 (1945); DeLuca v. Munzel, 673 S.W.2d 373 (1984). In Missouri und New Hampshire wurde die Entscheidung durch Urteile des Supreme Court überwunden: Clayton v. Clar, 74 Miss. 499 (1896) und Watkins & Son v. Carrig, 21 A.2d 591. In Alabama, Kalifornien, Georgia, Maine, North Carolina, Tennessee und Virginia bestehen inzwischen gesetzliche Regelungen, nach denen die ganze Schuld erlischt, wenn der Gläubiger eine geringere Summe als vollständige Erfüllung annimmt. In New York und Michigan gilt dies nur, wenn der Schulderlaß schriftlich und vom Gläubiger unterzeichnet ist. Ähnlich die Regelung des Uniform Commercial Code der in § 1.107 festlegt, daß „[a]ny claim or right arising out of an alleged breach can be discharged in whole or in part without consideration by a written waiver or renunciation signed and delivered by the aggrieved party." Ausführlich zum US-amerikanischen Recht: Corbin on Contracts, § 7.16 S. 417 ff.; zur Begründung und Rechtfertigung der Regel in Foakes v. Beer: Havighurst, Consideration Ethics and Administration, 42 Columbia L.Rev., 1ff (1942); von Hippel, Kontrolle der Vertragsfreiheit, S. 105; Fromholzer, Consideration, S. 152 ff.

602 Pinnel's Case (1602) 77 Eng.Rep. 237 per Lord Coke: „...; but the gift of a horse, hawk or robe etc., in satisfaction is good ... . So if I am bound to pay £ 10 at Westminster and you request me to pay £ 5 at the day at York, and you will accept it in full satisfaction of the whole £ 10 it is a good satisfaction for the whole. For the expenses to pay it at York, is a sufficient consideration."; Treitel, The Law of Contract, S. 98 f.; Codner v. Siegel 271 S.E.2d 465 (1980): Zahlung der herabgesetzten Schuld vor Fälligkeit; Brown Shoe Co. v. Beall, 107 S.W.2d 456 (1937): Verzicht des Schuldners auf Konkursantrag, zahlreiche weitere Beispiele zum US-amerikanischen Recht bei Corbin on Contracts, § 7.20, S. 456 ff., Fromholzer, Consideration, S. 151 f.

„Satisfaction“ ist die consideration für den Verzicht und kann in einem Gegenversprechen oder aber einer tatsächlich erbrachten Gegenleistung bestehen. Das Verzichtsversprechen des Gläubigers wird aber erst vertraglich bindend, wenn der Schuldner die vereinbarte „satisfaction“ gegeben hat, die gleichzeitig consideration für das Versprechen ist.[603]

Allerdings wird der Gläubiger bei der Entlassung des Schuldners aus seiner ursprünglichen Verpflichtung auch sicherstellen wollen, daß er das Geld tatsächlich zu dem bestimmten vorgezogenen Termin erhält, denn nur dann ist er bereit, auf seine ursprünglich höhere Forderung verzichten. Das bloße Versprechen des Schuldners ist für ihn wenig wert. Erhält er das Geld nicht, läßt sich also der geplante Vorteil nicht realisieren, so will er wieder die ursprüngliche volle Forderung geltend machen können.

Dieses Ergebnis erreicht das englische und US-amerikanische Recht mit Hilfe der unilateral-contract-Konstruktion.[604] Ausreichende consideration für die Verbindlichkeit des Versprechens, den Schuldner zu entlassen, ist erst die tatsächliche und vollständige Vornahme der verlangten Handlung, also beispielsweise die vollständige Zahlung der geringeren Summe zu einem bestimmten vorgezogenen Termin. Erst die Leistung ist also die Annahme des Angebots, den Schuldner zu entlassen.

Zur Illustration mag folgender Fall dienen, der unter dem unten noch zu erörternden Gesichtspunkt der Widerrufbarkeit im US-amerikanischen Recht Bedeutung erlangte.

> Petterson v. Pattberg (Teil 1)[605]
>
> John Petterson hatte zur Sicherung einer Forderung, die Pattberg gegen ihn hatte, diesem eine Hypothek („mortgage“) an seinem Grundstück in Brooklyn eingeräumt. Am 4. April 1924 bestand noch eine Restforderung in Höhe von $ 5.450, die Petterson im Laufe der nächsten 5 Jahre in vierteljährlichen Raten von $ 250 abzuzahlen hatte.
>
> An diesem Tag schrieb Pattberg einen Brief an Petterson, in dem er ihm versprach, ihm $ 80 zu erlassen, wenn Petterson die gesamte Forderung bis zum 31. Mai 1924 in bar begleiche.[606]

---

603 Edwards, The Law Relating to Compromises, S. 36 ff.; Corbin on Contracts, § 1269, S. 75: „An accord executory is not in itself at once operative as a discharge of a claim unless the agreement itself specifically provides therefore.“

604 Banc Ohio National Bank v. Abbey Lane Ltd., 13 Ohio App. 3d 446, 447 (1984): „... an accord executory generally resembles what is called a 'unilateral contract', or the exchange of a promise for a performance. A creditor promises to discharge a debt upon the debtor's performance of a certain act ...“

605 161 N.E. 428 (1928).

Der Brief des Beklagten Pattberg enthielt nach Ansicht des Gerichts das Angebot auf Abschluß eines unilateral contract. Das Versprechen, nämlich die Reduzierung der Hypothekenschuld, wurde gegen eine tatsächlich zu erbringende und nicht bloß zu versprechende Leistung, nämlich die vorzeitige Zahlung der reduzierten Schuld, abgegeben.[607] Ein Vertrag kam also erst in dem Moment zustande, in dem der Kläger die reduzierte Schuld fristgemäß zurückzahlte.

Entsprechende Überlegungen spielen bei einem Teilerlaß von Schulden im Rahmen eines Vergleichs eine Rolle: Anstatt sich auf einen langwierigen und kostspieligen Gerichtsstreit mit unsicherem Ausgang einzulassen, akzeptiert der Gläubiger im Wege der vergleichsweisen Erfüllung seiner ursprünglichen Forderung die Zahlung eines geringeren Betrags oder eine andere Leistung.[608] Consideration für das Erlaßversprechen ist also die Streitbeilegung und die Zahlung einer geringeren als der ursprünglich verlangten Summe. Als Gegenleistung für den Erlaß erzielt der Gläubiger somit den Vorteil, daß der Schuldner die Schuld nicht mehr bestreitet, der Schuldner hingegen erleidet den Nachteil, daß er auf die Chance verzichtet, vor Gericht Recht zu bekommen und gar nichts zahlen zu müssen. Im Gegensatz zum Schulderlaß bei unstreitigen Forderungen ist also eine zusätzliche consideration durch Änderung der ursprünglichen Zahlungsmodalitäten nicht mehr erforderlich.[609]

Verlangt aber eine Seite zunächst die tatsächliche Erfüllung bestimmter Voraussetzungen, z. B. die tatsächliche Zahlung einer geringeren Summe als Gegenleistung für ihr Versprechen, auf eine Geltendmachung der ursprünglichen Forderung zu verzichten, dann kommt eine vertragliche Bindung an das Versprechen im Rahmen eines unilateral contract erst zustande, wenn die Voraussetzung vollständig erfüllt ist, also die verlangte consideration erbracht

---

606 Wörtlich lautete das Angebot: „I hereby agree to accept cash for the mortgage which I hold against premises 5301 6th Ave., Brooklyn, N.Y. It is understood and agreed as a consideration I will allow you $ 780 providing said mortgage is paid on or before May 31, 1924, and the regular quarterly payment due April 25, 1924 is paid when due."

607 Kellog, J. in: Petterson v. Pattberg 161 N.E. 428 (New York 1928).

608 In der Entscheidung Banc Ohio National Bank v. Abbey Lane Ltd., 13 Ohio App. 3d 446 (1984) wird der accord executory wie folgt definiert: „A creditor promises to discharge a debt upon the debtor's performance of a certain act, usually the deliverance of a lesser sum of money or some valuable object to the creditor, or the performance of some service."

609 Treitel, The Law of Contract, S. 97; Cooper v. Parker (1855) 15 C.B. 822; Re Warren (1884) 53 L.J.Ch. 1016; siehe auch Rustenburg Platinum Mines Ltd. v. Pan Am [1979] 1 Lloyds L.R. 19. Für das US-amerikanische Recht siehe Aviation Contractor Employees, Inc. v. United States, 945 F.2d 1568 (1991); Banc Ohio National Bank v. Abbey Lane Ltd., 13 Ohio App. 3d 446 (1984); Corbin on Contracts, § 7.17 S. 446 ff.

wurde. Auch eine Einigung liegt bis zu diesem Zeitpunkt nicht vor. Das Versprechen ist bis zur vollständigen Leistung ein noch nicht angenommenes, frei widerrufbares Angebot auf Abschluß eines Vergleichsvertrags.

Ellington v. Trust Home Improvement Company, Inc. [610]

Ms. Leola Ellington hatte die Trust Home Improvement Company damit beauftragt, ein Dach zu bauen. Die Baufirma verstieß bei der Errichung des Daches nach Ansicht von Ms. Ellington gegen geltende Bauvorschriften der Stadt Cleveland. Am 12.8.1985 erhob Ms. Ellington deshalb Klage gegen die Baufirma. Am 26.5.1987 schlossen die Parteien einen gerichtlichen Vergleich, in dem sich die Beklagte zur Nachbesserung im Sommer desselben Jahres verpflichtete, falls der zuständige Bauinspektor feststellen sollte, daß das errichtete Dach tatsächlich gegen Bauvorschriften verstieß. Der Bauinspektor stellte einen Verstoß fest. Die Baufirma kam ihrer Verpflichtung zur Nachbesserung aber nicht nach. Daraufhin wurde das Verfahren Ende 1988 wieder aufgenommen.

Am 1.5.1990 erging ein Versäumnisurteil, in dem die Beklagte verurteilt wurde, an die Klägerin die Kosten der Nachbesserung in Höhe von $ 4.594,00 zu zahlen. Die Beklagte machte gegen dieses Urteil geltend, daß die Wiederaufnahme des ursprünglichen Verfahrens unzulässig gewesen sei, weil das ursprüngliche Verfahren durch eine wirksame Vergleichsvereinbarung abgeschlossen gewesen sei. Der Court of Appeals of Ohio stellte dagegen fest, daß die Vergleichsvereinbarung davon abhing, daß die Beklagte die versprochene Leistung tatsächlich erbrachte: „... the settlement rendered here was clearly contingent upon the defendants' actual performance of their obligations pursuant to the parties' prior agreement ... ." Da dies nicht geschehen war, war ein Vergleichsvertrag noch nicht zustande gekommen. Die Klägerin konnte ihr bloßes Angebot gerichtet auf Abschluß einer Vergleichsvereinbarung daher widerrufen. Damit konnte auch das ursprüngliche Verfahren wieder fortgeführt werden.

II.C.1.2. Widerruf

Nach allgemeinen vertragsrechtlichen Grundsätzen ist der Gläubiger, der als consideration für sein release-Versprechen eine tatsächliche vollständige Gegenleistung verlangt hat, berechtigt, sein Versprechen zu widerrufen, solange der Schuldner noch nicht tatsächlich und vollständig geleistet hat.

Petterson v. Pattberg (Teil 2)[611]

Ende Mai 1924 spielte sich vor der Haustür von Mr. Pattberg folgendes ab: Mr. Petterson klopfte an. Daraufhin fragte Mr. Pattberg, wer da sei. Mr. Petterson antwortete er: „Es ist Mr. Petterson. Ich bin gekommen, um die Hypothek abzuzahlen." Mr.

[610] Court of Appeals of Ohio, Eigth District County of Cuyahoga vom 20. Februar 1992 (Docket-No. 59875), veröffentlicht in der Datenbank des Gerichts unter www.Cuyahoge.oh.us/ appelas/appelashom.htm (Eigth District Court of Appeals Court Opinions).

[611] 161 N.E. 428 (1928).

Pattberg antwortete, er habe die Hypothek verkauft. Mr. Petterson wollte mit Mr. Pattberg sprechen, worauf dieser die Tür einen Spalt breit öffnete. Mr. Petterson zeigte ihm das Geld und sagte, er sei bereit wie vereinbart die Hypothek abzuzahlen. Mr. Pattberg weigerte sich, das Geld anzunehmen. Die Erklärung von Mr. Pattberg, er habe die Hypothek verkauft, war ein wirksamer Widerruf seines Angebots an Mr. Petterson. Der Widerruf war zulässig, weil ein Vertrag zwischen Mr. Petterson und Mr. Pattberg noch nicht zustande gekommen war, denn erst die Übergabe des Geldes wäre die Leistung gewesen, die Mr. Pattberg verlangt hatte. Das Gericht wies daher die Klage von Mr. Pattberg auf Schadensersatz in Höhe von $ 780 ab.

Die Entscheidung wurde allgemein kritisiert. Es schien sich um ein Paradebeispiel für die Ungerechtigkeit der freien Widerrufbarkeit des Angebots in unilateral-contract-Fällen zu handeln. Wenn der Gläubiger schon einen bestimmten Zahlungstermin nennt, so soll er auch bis zu diesem Zeitpunkt abwarten, ob der Schuldner die Leistung erbringt oder nicht.[612]

Die logischen Folgerungen aus der Entscheidung in Petterson v. Pattberg waren jedenfalls Anlaß für die Formulierung einer Regel zum Schutz des Angebotsempfängers vor einem vorzeitigen Widerruf in den Restatement of Contracts, wenn der Schuldner mit der Leistungserbringung begonnen hat.[613]

---

612 Offenbar spielten bei der Entscheidung aber auch besondere weitere Umstände eine Rolle, die sich nicht in den Entscheidungsgründen widerspiegeln So bestand der Verdacht, daß Mr. Petterson Ende Mai bereits wußte, daß Mr. Pattberg die Hypothek verkauft hatte, und daß er den Zahlungsversuch nur unternommen hatte, um Mr. Pattberg daraufhin verklagen zu können. Angeblich hatte Mr. Pattberg einen Brief an Mr. Petterson geschrieben, in dem er ihm mitteilte, er widerrufe sein Angebot. Der Verdacht konnte jedoch nicht aufgeklärt werden, weil die Kläger, die Erben des inzwischen verstorbenen Mr. Pattberg, einer Aussage des Beklagten zum Inhalt des Briefes gemäß § 347 des Civil Practices Act widersprachen (nach dieser Vorschrift kann die Aussage einer Partei verweigert werden, wenn die andere Partei tot ist und dem Beweis daher nicht widersprechen kann). Jedenfalls erschien es als eigenartig, daß Mr. Petterson zur Rückzahlung der Hypothek nicht allein, sondern in Begleitung seiner Frau und seines Makler als Zeugen erschien. Zu diesen Umständen im einzelnen: Note, 14 Cornell Law Quarterly, 81 (1928).

613 Stein, The Restatement of Contracts Second and Offers to Enter into Unilateral Contracts, 29 U.Pitt.L.Rev. 546 ff. (1968). Zum Inhalt der Widerrufsregeln im Restatement im einzelnen siehe oben I.A.4.1.3. Auf das Restatement of Contracts (Second) § 45 berief sich das Gericht beispielsweise in der Entscheidung Coffman Industries, Inc. v. Gorman-Taber Co., 521 S.W.2d 763, 771 ff.: Das Vergleichsangebot war unwiderruflich, weil der Empfänger eine Gegenleistung für das stillschweigende Versprechen nicht zu widerrufen erbracht hatte, indem er auf eine Klageerhebung zur Verjährungsunterbrechung verzichtete. In dem Fall Reynard v. Bradshaw, 409 P.2d 1011 (1966) behalf sich das Gericht mit der Konstruktion eines bilateral contract, um eine Bindung der Versicherung an ihre Zahlungszusage an das Opfer eines Verkehrsunfalles zu erreichen.

Daß aber auch diese dem Schuldner nicht immer Schutz bietet, weil unklar ist, was einen ausreichenden Leistungsbeginn darstellt, wurde bereits oben in dem Fall Bretz v. Union Central Life Insurance Co.[614] demonstriert.

II.C.2. Deutsches Recht

II.C.2.1. Zustandekommen

Im deutschen Recht können die Parteien den teilweisen oder vollständigen Erlaß einer bestehenden Forderung durch einen Vertrag vereinbaren (§ 397 BGB). Das Zustandekommen eines Erlaßvertrages setzt voraus, daß ein Erlaßangebot des Gläubigers vom Schuldner angenommen wird. Die Annahme ist in der Regel nicht empfangsbedürftig, weil die Voraussetzungen des § 151 BGB vorliegen.[615] Zum Schutz des Gläubigers sind aber bei der Auslegung strenge Anforderung an dessen Willen, die Forderung zu erlassen, zu stellen. Im Zweifel ist davon auszugehen, daß ein Verzicht nicht vorliegt.[616] Der Erlaßvertrag ist im deutschen Recht ein verfügender Vertrag. Er enthält also keine Verpflichtung des Gläubigers, die Schuld zu erlassen, sondern bewirkt das Erlöschen der Schuld. Verpflichtungen zum Schulderlaß und gegebenenfalls Gegenleistungen des Schuldners können in einem Grundgeschäft begründet werden.[617]

Für die Wirksamkeit des Erlaßvertrages kommt es im deutschen Recht im Gegensatz zum englischen und US-amerikanischen Recht auch nicht darauf an, ob der Schuldner eine Gegenleistung erbringt. Der Erlaßvertrag ist formlos wirksam, auch wenn er keinen Leistungsaustausch beinhaltet. Grund dafür ist, daß der Erlaßvertrag als verfügender Vertrag selbst bei einem schenkweisen Erlaß zugleich die Erfüllung der Schenkung beinhaltet (§ 518 Abs. 2 BGB).[618] Rechtshistorisch gesehen ist dieses Ergebnis keineswegs selbstverständlich. Noch nach gemeinrechtlicher Auffassung wurde eine Vereinbarung, die nur ein einseitiges Zugeständnis enthielt, als „verkappte Schenkung“ begriffen,[619] die formlos nicht bindend war.

---

614 16 N.E.2d 272 (1939), siehe oben I.A.4.1.3.; siehe auch Knight v. Seattle 1st National Bank, 589 P.2d 1279 (1979).

615 RG JW 11, 87.

616 RGZ, 166, 66; BGH, NJW 1984, 1346; BGH, NJW 1994, 379.

617 Staudinger-Rieble, § 397, Rn. 41 ff.

618 RGZ 53, 296.

619 Windscheid, Lehrbuch des Pandektenrechts Bd. II, § 413; siehe auch MüKo-Pecher, § 779 Rn. 1.

Ein Erlaß einer Schuld kann auch im Rahmen eines Vergleiches geregelt werden. Der Vergleich ist gemäß §§ 779 BGB ein Vertrag, durch den der Streit oder die Ungewißheit der Parteien über ein Rechtsverhältnis im Wege gegenseitigen Nachgebens beseitigt wird. Ob der Vergleich ebenso wie im englischen und US-amerikanischen Recht einen Leistungsaustausch beinhaltet ist im deutschen Recht umstritten. Nach früher herrschender Meinung begründet der Vergleich für beide Seiten die Verpflichtung, das vereinbarte Vergleichsergebnis (Schulderlaß, Zahlung der gegebenenfalls verminderten Schuld) herbeizuführen. Da das Vergleichsergebnis durch ein Nachgeben beider Vertragsparteien erzielt werden muß, soll der Vergleich seiner Natur nach ein gegenseitiger Vertrag sein.[620] Neuere Stimmen in der Literatur bezweifeln dieses Ergebnis, weil es nicht berücksichtigt, daß der Vergleich auf einem bereits bestehenden Rechtsverhältnis basiert, und dieses unter Umständen lediglich (verfügend) ändert, ohne darüber hinausgehende Leistungspflichten der Parteien zu schaffen.[621] Der Vergleich sei in diesen Fällen lediglich ein verfügender Vertrag. Auf die Frage, ob die Parteien bei einem Vergleich lediglich Feststellungen zu den Verpflichtungen aus einem alten, streitigen Rechtsverhältnis treffen, oder aber mit dem Vergleich ein neues Rechtsverhältnis mit eigenen gegenseitigen Leistungspflichten begründen kommt es an, wenn eine Partei vom Vergleich zurücktreten will. Nur bei einem gegenseitig verpflichtenden Vertrag kann sie vom Vergleich zurücktreten, wenn die andere Seite nicht ordnungsgemäß erfüllt.

Unabhängig von einem etwaigen gesetzlichen Rücktrittsrecht kann ein Gläubiger, der sich auf den (Teil-)Erlaß seiner Forderung nur einlassen will, falls der Schuldner auch tatsächlich zahlt, einen Erlaßvertrag oder Vergleich aber unter der aufschiebenden Bedingung der ordnungsgemäßen Leistungserbringung durch den Schuldner abschließen.[622] Leistet der Schuldner dann nicht ordnungsgemäß und rechtzeitig, so ist die Bedingung des Erlaßvertrages bzw. des Vergleichs nicht erfüllt. Es bleibt dann bei der ursprünglichen Vereinbarung, und der Schuldner bleibt verpflichtet, die ursprünglich geschuldete volle Leistung zu erbringen. Sofern eine solche aufschiebende Bedingung nicht ausdrücklich vereinbart wurde, ist gegebenenfalls durch Auslegung zu ermitteln, ob sie von den Parteien gewollt war.

---

620 RGZ 93, 290; RG WarnR 1917 Nr. 7; BGHZ 16, 388, 392; offengelassen BGHZ 116, 319, 330; MüKo-Emmerich vor § 320, Rn. 23.

621 MüKo-Marburger, § 779, Rn. 40 ff.; Staudinger-Bork, § 779 Rn. 97 ff., 139 ff., 170 ff.

622 Staudinger-Rieble § 397, Rn. 137 ff.

II.C.2.2. Widerruf

Im Gegensatz zum englischen und US-amerikanischen Recht ist der Schuldner während des Zeitraums, in dem er seine (verringerte) Leistungsschuld erbringen darf, vor einem Widerruf des Erlaßangebots durch den Gläubiger geschützt. Ein Erlaßvertrag oder Vergleich ist bereits durch die Einigung zustande gekommen, hiervon kann sich der Gläubiger nicht mehr einseitig lösen.

Vor Zwischenverfügungen des Gläubigers, die den Erlaß vereiteln würden, wie beispielsweise die Abtretung der Forderung an einen Zedenten, der von dem Erlaß nichts wissen will, ist der Schuldner durch § 161 BGB ebenfalls geschützt: Mit Bedingungseintritt wird die Abtretung unwirksam, soweit sie den Erlaß vereiteln würde.

II.C.3. Zusammenfassung und vergleichende Betrachtung

Das deutsche Recht erscheint von der vertragsrechtlichen Konstruktion her wesentlich schuldnerfreundlicher als das englische und US-amerikanische Recht. Der Erlaßvertrag ist im deutschen Recht auch ohne eine Gegenleistung des Schuldners formlos bindend. In der Regel ist noch nicht einmal der Zugang einer Annahmeerklärung des Schuldners erforderlich.[623] Im Ergebnis vermeidet das deutsche Recht aber im Einzelfall eine unbillige Benachteiligung des Gläubigers durch strenge Anforderungen an die Feststellung einer Gläubigererklärung gerichtet auf Abschluß eines Erlaßvertrages.[624]

Während das englische und US-amerikanische Recht mit Hilfe des unilateral contract eine Verpflichtung zum Schulderlaß vermeidet, wenn der Schuldner nicht tatsächlich und pünktlich leistet, erreicht das deutsche Recht dasselbe Ergebnis mit der Bedingung. Da im deutschen Recht ein wirksamer, die Parteien bindender Vertrag jedoch schon durch die Einigung zustande gekommen ist, ist die im englischen und US-amerikanischen Recht streitige Frage nach der Bindung des Gläubigers an sein Erlaßversprechen im deutschen Recht klar zu bejahen.

---

[623] Kritisch zur Regelung des deutschen Rechts Rauch, Der Begriff der „Consideration" im anglo-amerikanischen Schuldrecht, S. 77 f.

[624] RGZ, 118,66; BGH, NJW 1994, 379.

II.D. Persönliche Forderungssicherung

II.D.1. Englisches und US-amerikanisches Recht

II.D.1.1. Zustandekommen

Der Bürgschaftsvertrag (guaranty oder suretyship)[625] ist im englischen und US-amerikanischen Recht ebenfalls regelmäßig ein unilateral contract.

In einem Bürgschaftsvertrag verspricht der Bürge (surety) dem Kreditgeber (creditor) für die Schulden des Hauptschuldners (principal debtor) einzustehen.

Das Zustandekommen eines wirksamen Bürgschaftsvertrages setzt zum einen eine Einigung bestehend aus Angebot und Annahme, vor allem aber eine ausreichende consideration für das Bürgschaftsversprechen voraus. Das US-amerikanische Recht hat diesen Ansatz des englischen Rechts auch bei den Bürgschaftsverträgen übernommen.[626]

Die consideration des Kreditgebers für das Versprechen des Bürgen ist in der Regel die Auszahlung des Darlehens.[627] Die Auszahlung erfolgt zwar nicht an den Bürgen, sondern an den Schuldner, dies ist aber gemäß dem Grundsatz „consideration must move from the promisee but need not move to the promisor" zulässig und ausreichend: Die consideration muß zwar vom Versprechensempfänger (dem Kreditgeber) ausgehen, sie muß aber nicht notwendig auch dem Versprechendem (dem Bürgen) zugute kommen, sondern kann auch einem Dritten (dem Kreditnehmer) gegenüber erbracht werden.

---

[625] Die Unterscheidung zwischen guaranty und surety im US-amerikanischen Recht wurde weitestgehend aufgegeben: Mühl, Immobiliarsicherheiten und persönliche Sicherheiten, S. 159, Rn. 466. Die Unterscheidung betraf ursprünglich die Frage, ob eine primäre Haftung des Bürgen unabhängig von der Nichterfüllung der Hauptschuld entsteht (surety) oder nur eine sekundäre Haftung (guaranty). Siehe hierzu Bungert, US-amerikanisches Bürgschaftsrecht, Rn. 16 ff., S. 22 ff. und Berensmann, Bürgschaft und Garantievertrag im englischen und deutschen Recht.

[626] James v. Williams, 110 Eng.Rep 1103 (1834), Compton v. Collinson, 29 Eng.Rep. 201 (1826) für das englische und Davis v. Wells, 104 U.S. 159 (1881) und Jackson v. Jackson 7 Ala. 791 (1845) für das US-amerikanische Recht mit Ausnahme von Lousiana: Meyer, Consideration Necessary to Support a Contract of Suretyship, 31 Tulane L.Rev. 645 (1957).

[627] Bungert, US-amerikanisches Bürgschaftsrecht, Rn. 68, S. 50; Mühl, Immobiliarsicherheiten und persönliche Sicherheiten, S. 169; Security Pacific Business Finance, Inc. v. Lichirie Ventures-Godby Plaza. Ltd., 703 F.Supp.936 (1989); Meyer, Consideration Necessary to Support a Contract of Suretyship, 31 Tulane L.Rev. 645, 657 (1957); Berensmann, Bürgschaft und Garantievertrag im englischen und im deutschen Recht, S. 20; Rauch, Der Begriff der Consideration im anglo-amerikanischen Schuldrecht, S. 47.

In den Fällen, in denen ein Kredit bereits ausgezahlt wurde und nun nachträglich noch durch eine Bürgschaft gesichert werden soll, muß der Kreditgeber eine gesonderte Gegenleistung, z. B. die Gewährung eines Zusatzkredits oder einer Stundung, für das Bürgschaftsversprechen erbringen, da das Bürgschaftsversprechen andernfalls mangels consideration nicht bindend ist.[628] Denn wenn die Auszahlung des Kredits bereits erfolgte, kann sie nach dem Grundsatz „past consideration is no consideration" nicht mehr als ausreichende consideration für das Bürgschaftsversprechen gelten.

Der Kreditgeber gibt für das Bürgschaftsversprechen allerdings kein Gegenversprechen ab: Er will sich gegenüber dem Bürgen nicht verpflichten, den Kredit an den Schuldner auszuzahlen, einen Zusatzkredit zu gewähren oder diesem die Forderung zu stunden. Gegenleistung für das Bürgschaftsversprechen ist vielmehr erst die tatsächliche Auszahlung der vereinbarten Summe. Die Folge ist, daß ein Bürgschaftsvertrag erst mit Auszahlung des Kredits zustande kommt,[629] denn erst Auszahlung ist zugleich consideration für das Haftungsversprechen des Bürgen und Annahme des Angebots des Bürgen auf Abschluß eines Bürgschaftsvertrags.[630] Da vor der Auszahlung eine Haftung ohnedies nicht in Betracht kommt, ist der Zeitpunkt, zu dem der Bürgschaftsvertrag zustande kommt, allein für die Frage der Widerrufbarkeit des Bürgschaftsversprechens von Bedeutung.

---

[628] Payne v. Wilson (1827) 7 B.&C. 423; Rolt v. Cozens (1856) 18 C.B. 673; Wynne v. Hughes (1873) 21 W.R. 628; Bass v. Service Supply Company, Inc. 757 S.W.2d 189 (1988); Berensmann, Bürgschaft und Garantievertrag im englischen und im deutschen Recht, S. 20; Meyer, Consideration Necessary to Support a Contract of Suretyship, 31 Tulane L.Rev. 645, 657 (1957).

[629] Die Kreditgewährung kann gleichzeitig mit dem Bürgschaftsvertrag erfolgen. So etwa die gesetzliche Regelung im Bundesstaat Kalifornien gemäß § 2792 Civil Code; West's Annotated California Codes 1974: „Where a suretyship obligation is entered into at the same time with the original obligation, or with the acceptance of the latter by the creditor, and forms with that obligation a part of the consideration to him, no other consideration need exist."

[630] In dem Fall Wells Fargo Bank v. United States 88 F.3d 1012 (1996) hatte die Farmers Home Administration der Wells Fargo Bank in Form eines sog. Conditional Commitment zugesagt, für einen Kredit der Bank an eine Firma zum Bau einer Ethanol-Fabrik in Höhe von $ 20.000.000 zu bürgen. Der United States Court of Appeals stellte fest, daß das Conditional Commitment ein unilateral contract war, in dem die Behörde anbot, für ein Darlehen zu bürgen, falls Wells Fargo die festgesetzten Bedingungen erfüllte und daß Wells Fargo das Angebot angenommen hat, indem sie das Darlehen zur Finanzierung des Baus der Ethanol-Fabrik annahm.

II.D.1.2. Mitteilung der Annahme

Ein besonderes Problem bereitet bei den Bürgschaftsfällen die Frage der Benachrichtigung des Bürgen von der Auszahlung des Kredits, also die Mitteilung der Annahme des Bürgschaftsangebots.[631] Während beim unilateral contract grundsätzlich eine Ausnahme von dem Grundsatz gelten soll, daß die Annahme dem Anbieter mitgeteilt werden muß,[632] gilt bei den Bürgschaftsfällen hiervon wiederum eine Gegenausnahme. Eine Mitteilung der Annahme ist also erforderlich,[633] sofern die Parteien nicht ausdrücklich etwas anderes vereinbart haben.[634]

Lord Ellenbourough führte diese Regel im englischen Recht im Jahre 1813 in der Entscheidung M'Iver v. Richardson [635] ein.

Begründet wird das Erfordernis einer Mitteilung damit, daß der Bürge das Bedürfnis hat, vom Beginn seiner verbindlichen Haftung zuverlässig Kenntnis zu erlangen. Der Bürge soll sich über Art und Umfang seiner Haftung im klaren sein, damit er gegebenenfalls notwendige Maßnahmen ergreifen kann, um sich gegen Verluste abzusichern und die Entstehung weiterer Verbindlichkeiten zu vermeiden.[636] Da die Auszahlung des Kredits unmittelbar vom Kreditgeber an den Schuldner erfolgt, hat der Bürge in der Regel keine angemessene Möglichkeit, diese Kenntnis zu erlangen.

Umstritten ist jedoch, ob die Mitteilung Bestandteil der consideration/ Annahme und damit Voraussetzung für das Zustandekommen eines Bürgschaftsvertrages

---

631 Das Problem wird vor allem im US-amerikanischen Recht erörtert: Williston on Contracts, § 69 a; Farnsworth on Contract, § 3.24, S. 291 ff., Campbell, The Notice Due to a Guarantor, 35 Michigan L.Rev., S. 529, insbesondere 531, 535; Dole, Notice Requirements of Guaranty Contracts, 62 Michigan L.Rev. 57 (1963); MacNeil, Schlesinger Bd. II, B-7, S. 1305 ff. Zum englischen Recht: Leyser, Schlesinger Bd. II, B-7, S. 1313 ff.

632 siehe oben II.A.1.2.

633 Corbin on Contracts, § 3.14, S. 377; Campbell, The Notice Due to a Guarantor, 35 Michigan L.Rev., S. 529, insbesondere 531, 535; Dole, Notice Requirements of Guaranty Contracts, 62 Michigan L.Rev. 57 (1963); MacNeil, Schlesinger Bd. II, B-7, S. 1305 ff. Für das englische Recht: Leyser, Schlesinger Bd. II, B-7, S. 1313 ff.

634 siehe z. B. John Deere v. Babcock, N.W.2d 885 (1979). Hier hatte der Kläger, der als Bürge für Forderungen eines Händlers in Anspruch genommen wurde, ausdrücklich auf die Mitteilung gegenwärtiger oder zukünftiger Krediterweiterungen verzichtet. Er konnte daher nicht einwenden, die Verpflichtungen des Händlers seien ihm nicht mitgeteilt worden. Auch in dem Fall Union Carbide Corp. v. Katz, 489 F.2d 1374 (1973) verzichtete der Bürge ausdrücklich auf eine Mitteilung der Annahme, so daß ein Vertrag mit der Auszahlung zustandekam.

635 105 E.R. 208 (1813).

636 Siehe hierzu Electric Storage Battery Co. v. Black, 134 N.W.2d 481 (1965).

ist oder ob die Mitteilung lediglich Bedingung für die Leistungspflicht des Bürgen im Rahmen eines bereits bestehenden Bürgschaftsvertrages ist.[637] Der entscheidende Unterschied zwischen den beiden Ansichten liegt darin, daß der Bürge im ersten Fall sein Versprechen bis zur Mitteilung frei widerrufen kann, bei der zweiten Ansicht aber bereits ab dem Zeitpunkt der Auszahlung vertraglich gebunden ist.

Die erste Ansicht vertrat das englische Gericht in dem oben erwähnten Fall M'Iver v. Richardson,[638] ebenso entschieden auch einige US-amerikanische Gerichte.[639] Inzwischen hat sich zumindest in den Vereinigten Staaten aber die Ansicht durchsetzen können, daß die Mitteilung nur noch Bedingung für die Leistungspflicht und nicht Voraussetzung für das Zustandekommen eines Bürgschaftsvertrages ist. Die maßgebliche, folgende Entscheidung fand auch in der US-amerikanischen Rechtsliteratur viele Anhänger.[640]

> Bishop v. Eaton[641]
>
> Der beklagte Frank Eaton hatte an den Kläger Bishop geschrieben: „Wenn Harry [der Bruder von Frank Eaton] mehr Geld braucht, dann gib es ihm oder hilf ihm, es zu bekommen, und ich werde dafür sorgen, daß es gezahlt wird." Daraufhin verbürgte sich Bishop seinerseits für einen Kredit für Harry in Höhe von $ 200. Nachdem Harry die $ 200 nicht rechtzeitig zurückzahlte, beglich Bishop dessen Schulden. Nunmehr verlangt er die $ 200 von Frank Eaton aufgrund des Bürgschaftsversprechens. Der Brief des Beklagten stellte ein Angebot auf Abschluß eines unilateral contract dar. Der Kläger hatte sich weder verpflichtet, dem Bruder Harry Geld zu geben, noch ihm dazu zu verhelfen. Wenn er es aber tat, dann lag eine ausreichende consideration und eine Annahme des Angebots auf Abschluß eines Bürgschaftsvertrages vor. Das Versprechen des Beklagten, dafür einzustehen, wurde bindend. Der Beklagte behauptete allerdings, ein bindender Bürgschaftsvertrag sei nicht zustande gekommen, denn er habe einen Brief, in dem der Kläger ihm die Übernahme der Bürgschaft für den Kredit des Bruders mitteilte, nie erhalten. Nach Ansicht des Gerichts kam es darauf nicht an. Die

---

637 Corbin on Contracts, § 3.15, S. 382 (Notice as a Condition Distinguished From Notice as an Acceptance) und § 3.14, S. 379 „Many of the cases that say a notice of acceptance is required confuse notice as the required form of acceptance of an offer with a later notice as a condition precedent to the surety's duty to make payment of the debt."

638 E.R. 208 (1813).

639 Dole, Notice Requirements of Guaranty Contracts, 62 Michigan L.Rev. 57, 65 ff. (1963) m. w. Nachw.

640 Corbin on Contracts, § 3.14 S. 379 ff.; Llewellyn, Our Case-Law of Contract: Offer and Acceptance I, 48 Yale L.J. 1, 15 in Fn. 30 (1938/39). Siehe auch Gates v. American National Bank of Denver (Colorado 1971) 479 P.2d 285 ff.; Miller v. Walter, 527 P.2d 240 (1974); Cobb v. Texas Distributors, Inc., 524 S.W.2d 342 (1975).

641 37 N.E. 665 (1894).

Mitteilung sei lediglich eine Bedingung für die Geltendmachung des bereits mit der Hingabe bindenden Bürgschaftsversprechens.

II.D.1.3. Widerruf

Das Bürgschaftsversprechen ist frei widerrufbar, wenn der Kreditgeber die erforderliche consideration noch nicht geleistet hat, insbesondere also ein Darlehen noch nicht ausgezahlt hat. Der Bürge kann sich also von seinem Bürgschaftsversprechen lösen, wenn er vor Auszahlung des Kredits feststellt, daß der Dritte, für den er die Bürgschaft übernehmen wollte, doch nicht kreditwürdig ist und daher das Risiko der Bürgschaft höher als ursprünglich erwartet ist. Bei Dauerbürgschaften („continuing guarantees") kommt nicht bereits mit der ersten Kreditgewährung ein Bürgschaftsvertrag über die Gesamtsumme zustande. Vielmehr kann das Bürgschaftsversprechen aufgeteilt werden, so daß jede Kreditgewährung consideration für ein Teilversprechen in der betreffenden Höhe des Kredites ist, mit jeder Kreditgewährung also ein neuer unilateral contract zustande kommt.[642] Der Bürge kann so sein Bürgschaftsversprechen für zukünftige Kredite frei widerrufen.

II.D.2. Deutsches Recht

II.D.2.1. Zustandekommen

Der Hauptfall der persönlichen Forderungssicherung im deutschen Recht ist die Bürgschaft (§§ 765 ff. BGB). Das Bürgschaftsverhältnis wird durch einen Vertrag zwischen dem Bürgen und dem Kreditgeber begründet, in dem der Bürge die Verpflichtung übernimmt, für die Hauptschuld einzustehen. Der im deutschen Recht formbedürftige Bürgschaftsvertrag kommt durch Angebot und Annahme zustande. Mit der formwirksamen Einigung entsteht also ein bindender Vertrag.

Die Frage, ob der Bürgschaftsvertrag ein entgeltlicher oder ein unentgeltlicher Vertrag ist, wurde zuletzt im Zusammenhang mit der Frage der Anwendbarkeit des Haustürwiderrufsgesetzes auf Bürgschaftsverträge aktuell.

---

[642] Offord v. Davies (1862) 12 C.B.(N.S.) 748: „we consider each discount as a separate transaction"; besprochen bei Anson's Law of Contract, S. 45 f.; Georgia-Pacific Corporation v. Levitz, 716 P.2d 1057 (1986); Grob v. Gross, 84 A. 1064 (1912); Corbin on Contracts, § 2.18, S. 220 f., § 2.33, S. 300; Mühl, Immobliarsicherheiten und persönliche Sicherheiten, Rn. 537, S. 179 f. Beispiel einer nicht teilbaren Bürgschaft: Danby v. Osteopathic Hospital Association, 104 A.2d 903 (1954).

Nach der ursprünglich herrschenden Auffassung war der Bürgschaftsvertrag einseitig verpflichtend und damit unentgeltlich, es sei denn, der Kreditgeber gewährt dem Bürgen für die Bürgschaft ausnahmsweise eine eigenständige Gegenleistung.[643] Die Auszahlung des verbürgten Kredits sollte lediglich nach dem Grundsatz der Akzessorietät Voraussetzung für die Entstehung der Verpflichtung des Bürgen, nicht aber Entgelt für die Bürgschaft sein.[644]

Vor dem Hintergrund, daß das Haustürwiderrufsgesetz vom 16. Januar 1986 nur auf entgeltliche Verträge anwendbar ist, wurde diese Ansicht jedoch Anfang 1990 in Frage gestellt. Dabei mehrten sich die Stimmen, wonach die grundsätzliche Einordnung des Bürgschaftsvertrages als unentgeltlichen Vertrag nicht nur der spezifischen Interessenwertung des Haustürwiderrufsgesetzes widerspricht, sondern in der Regel auch das Verhältnis der Parteien und ihre Interessen nicht zutreffend widerspiegelt. Der Bürge gibt nämlich sein Bürgschaftsversprechen gegenüber der Bank regelmäßig nicht aus altruistischen Motiven ab, sondern weil die Bank dies ausdrücklich oder konkludent zur Voraussetzung für Kreditvergabe, Kreditverlängerung, günstigere Konditionen oder ein Stillhalten bei einem notleidenden Kredit macht. In der Literatur wird bei solchen Konstellationen die Entgeltlichkeit des Bürgschaftsversprechens daher zu Recht bejaht.[645] So lag der Sachverhalt auch in dem folgenden Fall:

BGH NJW 1991, 2905

Der Ehemann der Bürgin hatte noch vor der Eheschließung bei einer Bank ein Darlehen über DM 15.000 aufgenommen. Als er mit den Ratenzahlungen in Verzug geriet, kündigte die Klägerin das Darlehen sowie einen Dispositionskredit des Ehemannes. Vollstreckungsmaßnahmen drohten. Daraufhin kam es zu einem Gespräch zwischen der Bank und den Eheleuten in der zur Abwendung der Vollstreckung Rückzahlungsmodalitäten vereinbart wurden und die Ehefrau eine Bürgschaftserklärung für die Schulden ihres Ehemannes unterzeichnete.[646]

Das OLG Düsseldorf bejahte einen entgeltlichen Vertrag und wies darauf hin, daß „entgeltlich" im Gesetzessprachgebrauch auch ein Vertrag sein kann, der

---

643 RGZ 66, 425, 426.

644 BGHZ 26, 185. Ebenso noch BGH NJW 1991, 975: Der Bundesgerichtshof sah die Kreditgewährung nicht als entgeltliche Gegenleistung für das Bürgschaftsversprechen an „weil ... [sie] ... von der Bürgschaftsgewährung unabhängig ist ..." und die Entscheidung BGH NJW 1991, 2905.

645 Pfeiffer, Haustürwiderrufsgesetz und Bürgschaft, ZBB 1992, 1, 2; Klingsporn, Zum Widerruf von Bürgschaftserklärungen bei Haustürwiderrufsgeschäften, NJW 1991, 2259, 2260; Larenz, Schuldrecht Bd. 2, 2. Halbbd. S. 9; Staudinger-Horn § 765, Rn. 132.

646 Kritisch hierzu Wassermann, Zur Anwendbarkeit des Haustürwiderrufsgesetzes auf Bürgschaftsverträge, JuS 1992, 908, 911.

das Entstehen oder Bestehenbleiben einer einseitigen Verpflichtung in anderer Weise als durch das Synallagma der §§ 320 ff. BGB mit einer „Gegenleistung" des durch die Erklärung Begünstigten verknüpft.[647] Nach Ansicht des OLG lag die Gegenleistung der Bank darin, daß diese die Darlehensvaluta zunächst im Familienvermögen beließ und von Vollstreckungsmaßnahmen absah.

Allerdings wird die Bank dem Bürgen regelmäßig keinen Anspruch auf Kreditvergabe an den Hauptschuldner geben wollen, da für diese Entscheidung in erster Linie die Umstände des Verhältnisses zwischen Bank und Hauptschuldner ausschlaggebend sein dürften. Damit bleibt für die Entgeltlichkeit des Austauschverhältnisses zwischen Bürgen und Bank im deutschen Recht nur die konditionale Leistungsverknüpfung.[648]

Der BGH hat sich dieser Auffassung jedoch weder in dem oben dargestellten Fall noch in späteren Entscheidungen angeschlossen.[649] Er bleibt bei seiner Auffassung, daß dort, wo nicht der Gläubiger neben der Gewährung des zu sichernden Kredits eine gesonderte Leistung an den Bürgen erbringt, sich die Sicherungsabrede allein auf die durch die Bürgschaft gesicherte Forderung bezieht. Die Bürgschaftsübernahme setzt die zu sichernde Forderung also voraus. Entgeltcharakter im Hinblick auf die Bürgschaft bekommt die Forderung dadurch aber nicht.

Vor dem dargestellten wirtschaftlichen Hintergrund erscheint dies aber zu kurz gedacht, denn die Darlehensgewährung beinhaltet nicht nur die Begründung einer Forderung, sondern daneben weitere Abreden beispielsweise im Hinblick auf Zinshöhe, Rückzahlungsmodalitäten oder Stundung, die von der Stellung einer Bürgschaft abhängen und beeinflußt werden.

Ebensowenig wie im englischen und US-amerikanischen Recht schadet es dabei im deutschen Recht, daß die Gegenleistung für das Bürgschaftsversprechen (z. B. die Darlehensgewährung) an einen Dritten (den Hauptschuldner) erbracht werden soll.[650]

---

647 OLG Düsseldorf NJW-RR 1991, 436. Deutlich auch Staudinger-Horn Vorbem. §§ 765 ff., Rn. 6: „Aus der Tatsache, daß die Bürgschaft ein einseitig verpflichtender Vertrag ist, kann nicht auf ihre Unentgeltlichkeit geschlossen werden; die Begriffe Einseitigkeit und Unentgeltlichkeit decken sich nicht."

648 Dies verkennt Pfeiffer, Haustürwiderrufsgesetz und Bürgschaft, ZBB 1992, 1 ff., wenn er den Bürgschaftsvertrag offenbar als gegenseitig verpflichtenden Vertrag qualifiziert, auf den unmittelbar die §§ 320 ff. BGB anwendbar sein sollen. Zutreffend Klingsporn, Zum Widerruf von Bürgschaftserklärungen bei Haustürgeschäften, NJW 1991, 2259, 2260.

649 BGH NJW 1991, 2905; BGH NJW 1993, 1595; BGH WM 1996, 384, 385.

650 Klingsporn, Zum Widerruf von Bürgschaftserklärungen bei Haustürgeschäften, NJW 1991, 2259.

II.D.2.2. Mitteilung der Annahme

Die grundsätzlich mitteilungsbedürftige Annahme erklärt der Bürge bereits in der Einigung über den Bürgschaftsvertrag. Einer besonderen Mitteilung über die Auszahlung des Kredits bedarf es im deutschen Recht nicht. Dies leuchtet ein, da Erbringung der mit dem Bürgschaftsversprechen verfolgten Gegenleistung des Kreditgebers, insbesondere die Auszahlung des Kredits, im deutschen Recht für das Zustandekommen des Bürgschaftsvertrages nicht entscheidend ist. Allerdings kann im deutschen Recht der Bürge jederzeit vom Gläubiger Auskunft über den Stand seiner Verbindlichkeit verlangen.[651]

II.D.2.3. Widerruf

Grundsätzlich ist der Bürge im deutschen Recht bereits vor Auszahlung der Kreditsumme aufgrund des Bürgschaftsvertrages gebunden. Diesen Vertrag kann er nur dann kündigen, wenn dies in dem Bürgschaftsvertrag vereinbart wurde. Jedoch wurde im deutschen Recht erkannt, daß dies in bestimmten Situationen zu einer unbilligen Belastung des Bürgen führen kann, insbesondere wenn sich nach Abschluß des Bürgschaftsvertrages die wirtschaftliche Situation des Kreditnehmers grundlegend ändert.

Sofern die Bürgschaft ohne erkennbare zeitliche Begrenzung für künftige Verbindlichkeiten aus einer fortdauernden Geschäftsbeziehung übernommen worden ist, kann der Bürge sie nach den allgemeinen Grundsätzen zur Beendigung von Dauerschuldverhältnissen, also bei Vorliegen eines wichtigen Grundes, kündigen.[652]

Darüber hinaus kann durch eine analoge Anwendung der Regelung des § 610 BGB in besonderen Härtefällen vor Auszahlung des Kredits ein einseitiger Widerruf des Bürgschaftsvertrages zulässig sein, auch wenn bereits mit der Einigung eine voll wirksame Bürgschaft entstanden ist.[653] § 610 BGB gibt demjenigen, der aufgrund eines Darlehensvertrages zur Gewährung eines Darlehens verpflichtet ist, bis zur Auszahlung des Darlehens das Recht, sein Versprechen einseitig zu widerrufen, wenn sich die Vermögensverhältnisse des

---

[651] Knütel, R., Zur Frage der sogenannten Diligenzpflichten des Gläubigers gegenüber dem Bürgen in: Festschr. für Flume, Bd. I, Köln 1978, S. 559 ff.

[652] Mot. II, 682; RG JW 1911, 447; RG WarnR 1913 Nr. 289 S. 341; 1914 Nr. 158; BGH WM 1959, 855, 856; OLG Nürnberg, WM 1970, 297 ff.; OLG München WM 1983, 715; LG Hamburg MDR 1971, 845. Ausführlich auch Berensmann, Bürgschaft und Garantievertrag im englischen und deutschen Recht, S. 99 ff.

[653] RGRK-Mormann § 765 Rn. 17; RGWarnRspr. 1913 Nr. 289; BGH BB 59, 866; Staudinger-Horn, § 765, Rn. 237.

Versprechensempfängers wesentlich verschlechtert haben. In einer Situation, in der der Kreditgeber berechtigt wäre, die Auszahlung des Kredits zu verweigern, kann er auch nicht im Vertrauen auf die Bürgenhaftung an einen von vornherein erkennbar kreditunwürdigen Schuldner leisten.[654]

Teilweise wurde in der Lehre sogar die Ansicht vertreten, daß bei Bürgschaftsverpflichtungen für erst zukünftig entstehende Schulden überhaupt noch keine Verpflichtung des Bürgen entstehe, allenfalls soll der Kreditgeber ermächtigt werden, durch die Kreditgewährung eine Haftung des Bürgen zu begründen; bis zu diesem Zeitpunkt soll die Ermächtigung frei widerruflich sein.[655] Diese Ansicht konnte sich aber nicht durchsetzen und ist mit der Regelung des § 765 Abs. 2 BGB auch nicht vereinbar, der ausdrücklich bestimmt, daß die Bürgschaft auch für eine künftige Verbindlichkeit übernommen werden kann.

Auf den Eintritt der für einen Bürgen wichtigsten Veränderung zwischen Abgabe des Bürgschaftsversprechens und Auszahlung des Kredits, nämlich der erheblichen Verschlechterung der Vermögenslage des Schuldners, kann also auch der deutsche Bürge durch Widerruf reagieren; dies ist eine Durchbrechung des Grundsatzes pacta sunt servanda. Im übrigen ist er aber bereits vor Auszahlung des Kredits an sein Bürgschaftsversprechen vertraglich gebunden.

II.D.3. Zusammenfassung und vergleichende Betrachtung

Nach richtiger Auffassung ist der Bürgschaftsvertrag im deutschen ebenso wie im englischen und US-amerikanischen Recht ein entgeltlicher Vertrag, wenn Kreditvergabe, -verlängerung oder -konditionen von der Stellung der Bürgschaft abhängen.

Im deutschen Recht entsteht ein bindender Bürgschaftsvertrag bereits mit der Einigung zwischen Gläubiger und Bürgen. Im Gegensatz dazu fallen nach der Konstruktion im englischen und US-amerikanischen Recht die Bindung des Bürgen und die Entstehung der Verpflichtung durch Auszahlung des Kredits zusammen. Vor der Kreditgewährung kann der Bürge dementsprechend sein Bürgschaftsversprechen noch frei widerrufen. Im deutschen Recht wird ein solches Widerrufsrecht vor Kreditgewährung nur in den Fällen anerkannt, in denen sich die Vermögenslage des Hauptschuldners zwischen Abschluß des Bürgschaftsvertrages und Auszahlung des Kredites deutlich verschlechtert.

---

[654] BGH WM 1959, 1072, 1074 f.

[655] Eccius, Verbürgung für eine künftige Schuld und Kreditmandat, Gruch.B. 64, 1902, S. 55 ff.; Endemann, Lehrbuch des Bürgerlichen Rechts, 5. Aufl., Bd. I, S. 191 Anm. 2.

II.E. Unwiderrufliches Dokumentenakkreditiv

Das Dokumentenakkreditiv („irrevocable [commercial] letter of credit") ist eines der wichtigsten Zahlungs- und Finanzierungsmittel des internationalen Handels.[656] Es entstand Mitte des 19. Jahrhunderts im Rahmen der Handelsbeziehungen zwischen Nordamerika und Europa.[657] Innerhalb von weniger als 100 Jahren haben sich für dieses Zahlungsmittel, vor allem aufgrund von Handelsbräuchen,[658] Rechtsregeln entwickelt, die über die Grenzen der verschiedenen Staaten und ihrer Rechtssysteme hinaus ein bemerkenswertes Maß an Einheitlichkeit erlangt haben und die unter der Federführung der International Chamber of Commerce (ICC) als „Uniform Customs and Practice for Documentary Credits" im Jahre 1933 festgestellt, vereinheitlicht und durch mehrere „Revisions" weiterentwickelt wurde.[659]

Im wesentlichen beinhaltet der commercial letter of credit das Versprechen einer Bank (akkreditiveröffnende Bank), die für ihren Kunden (häufig, aber nicht immer den Käufer) tätig wird, eine bestimmte Geldsumme an einen Dritten (häufig den Verkäufer) zu zahlen, sobald dieser bestimmte vorher festgelegte Voraussetzungen erfüllt hat, die insbesondere in der Vorlage bestimmter ordnungsgemäßer Warendokumente bestehen.

Der Vorteil des commercial letter of credit liegt für den Verkäufer darin, daß er ihm eine weitgehende Zahlungssicherheit bietet, für den Käufer, daß eine Zahlungsverpflichtung erst unter den festgelegten Voraussetzungen entsteht.[660]

---

656 McCullogh, Letters of Credit, § 1.01[1]; Kozolchyk, Letters of Credit, S. 3 ff.; Gutteridge & Megrah, The Law of Bankers' Commercial Credits; Ellinger, Documentary Letters of Credit. Der Irrevocable Commercial Letter of Credit ist abzugrenzen vom Standby Letter of Credit des US-amerikanischen Rechts, bei dem es sich der Sache nach um eine Garantie oder Bürgschaft einer US-amerikanischen Bank handelt, die aufgrund der inneramerikanischen Bankgesetzgebung in Akkreditivform erstellt wird: Eberth, Der Standby Letter of Credit im Recht der Vereinigten Staaten von Amerika, 80 ZVglR 29 ff. (1981).

657 Einen kurzen historischen Überblick und eine Darstellung älterer Zahlungsmittel geben Kozolchyk, Letters of Credit, S. 4 ff. und Bankrecht-Nielsen, § 120 Rn. 5, jeweils mit zahlreichen weiteren Nachweisen.

658 Nur in wenigen Ländern, unter anderem in den Vereinigten Staaten, gibt es spezielle nationale gesetzliche Regelungen für das Dokumentenakkreditiv, die aber immer nur bestimmte Aspekte des Rechtsinstituts erfassen.

659 Die Einheitlichen Richtlinien und Gebräuche, Revision 1933, ICC Publikation Nr. 500 werden von Banken in 137 Ländern, unter anderem auch in der Bundesrepublik Deutschland, Großbritannien und den Vereinigten Staaten anerkannt. Umstritten ist aber, inwieweit die darin getroffenen Regelungen bindend sind: Kozolchyk, Letters of Credit, S. 10 ff. m. w. Nachw.; Bankrecht-Nielsen § 120 Rn. 8f. und 19 ff.

660 Kozolchyk, Letters of Credit, S. 6 ff.

Der letter of credit umfaßt vereinfacht drei Transaktionen:[661]

(i) Einen Liefervertrag, in den die Bestimmung aufgenommen wird, daß der Verkäufer eine besondere Art der Zahlung verlangt: Der Käufer soll seine Bank beauftragen, zugunsten des Verkäufers einen Kredit einzuräumen, der für einen bestimmten Zeitraum unwiderruflich ist (Kauf mit Akkreditivklausel), (ii) eine Vereinbarung des Käufer mit seiner Bank, daß diese einen solchen Kredit einräumt; dafür verspricht der Käufer, ihr den Kredit zurückzuzahlen, zahlt eine Kommission und überträgt ihr ein Pfandrecht („lien“) an der Ware (Akkreditivauftrag), (iii) die Mitteilung der Bank an den Verkäufer, daß ein Kredit („credit“) zu seinen Gunsten eingeräumt wurde, den der Verkäufer in Anspruch nehmen kann, sobald er der Bank bestimmte Dokumente vorlegt (Akkreditiv im eigentlichen Sinn).

Letters of credit sind in ihrer ganz überwiegenden Mehrheit unwiderruflich („irrevocable“) und bieten so dem Verkäufer ein besonders hohes Maß an Zahlungssicherheit.[662] Unwiderruflichkeit bedeutet, daß die beauftragte Bank ab einem bestimmten Zeitpunkt, in der Regel ab der Benachrichtigung des Begünstigten, an ihr Versprechen, dem Begünstigen unter bestimmten Voraussetzungen einen Kredit auszuzahlen, gebunden ist.

Diese Bindung wirft vor dem Hintergrund allgemeiner nationaler Vertragsregeln, insbesondere im Zusammenhang mit dem unilateral contract, Probleme auf. Die von der ICC verabschiedeten Richtlinien verdrängen weder in England oder den Vereinigten Staaten noch in Deutschland die nationalen materiellrechtlichen Vertragsrechtsregeln, da es sich bei der ICC um eine private Institution handelt, der keine staatlichen Rechtsetzungskompetenzen übertragen wurden.[663]

---

661 Palandt-Sprau, Einf. § 783 Rn. 14; Cheshire, Fifoot and Furmston's Law of Contract, S. 66; Kozolchyk, Letters of Credit, S. 7 ff.

662 Bankrecht-Nielsen, § 120, Rn. 26; Kozolchyk, Letters of Credit, S. 104 ff., Art. 7 c UCP 500 stellt entsprechend dem Regelfall der Praxis nunmehr fest, daß bei fehlender Angabe ein Akkreditiv als unwiderruflich gilt.

663 Kozolchyk, Letters of Credit, S. 10 ff. m. w. Nachw.; Bankrecht-Nielsen, § 120, Rn. 8 f. und 19 ff.

II.E.1. Englisches und US-amerikanisches Recht

Nach allgemeiner Handelsauffassung ist sowohl im englischen als auch im US-amerikanischen common law die Bank an ihr Zahlungsversprechen gebunden, sobald sie den Verkäufer benachrichtigt. Ihr Versprechen, den Kredit auszuzahlen, wird damit unwiderruflich.

Im US-amerikanischen Recht wurde die Unwiderruflichkeit im Anwendungsbereich des Uniform Commercial Code gesetzlich festgelegt.

> UCC sec. 5-106
>
> „Issuance, Amendment, Cancellation
>
> A letter of credit is issued and becomes enforceable according to its terms against the issuer when the issuer sends or otherwise transmits it to the person requested to advise or to the beneficiary. A letter of credit is revocable only if it so provides."
>
> Ein Akkreditiv ist ausgestellt und wird entsprechend seinen Bedingungen gegenüber dem Aussteller verbindlich, wenn dieser es an die Person sendet oder anderweitig übermittelt, die in Kenntnis gesetzt werden soll, oder an den Begünstigten. Ein Akkreditiv kann nur insoweit widerrufen werden, als es selbst dies vorsieht.

Aber auch außerhalb des Anwendungsbereichs des UCC und im englischen Recht ist es praktisch undenkbar, daß ein Gericht erklärt, daß ein solches Versprechen vor der Vorlage der Frachtpapiere nicht verbindlich ist.[664] Handelsgeschäfte in Millionenhöhe sind von der glatten Abwicklung solcher Kredite abhängig und ein gegenteiliges Urteil hätte vermutlich eine sofortige gesetzliche Regelung zur Folge.[665]

Die dogmatische Begründung bereitet allerdings Probleme: Die Bank verspricht dem Verkäufer die Auszahlung des Kredits, dies könnte ein Angebot auf Abschluß eines Akkreditivvertrages sein. Da der Verkäufer der Bank aber nicht die Verschiffung der Waren verspricht, scheidet ein Gegenversprechen als consideration für das Versprechen der Bank und damit das Zustandekommen eines bindenden bilateral contract aus.

In Betracht kommt nur ein unilateral contract, bei dem die consideration und Annahme des Verkäufers für das Versprechen der Bank dann in seinem Tätigwerden im Hinblick auf den Kaufvertrag liegen könnte.

---

[664] Obwohl Kredite häufig Gegenstand von Rechtsstreitigkeiten sind, hat bisher noch keine Bank vorgetragen, zwischen ihr und dem Verkäufer bestünde kein bindender Vertrag: Cheshire, Fifoot and Furmston's Law of Contract, S. 66.

[665] Atiyah, Essays on Contract, Consideration: A Restatement, S. 179, 222 f.

Urquhart Lindsay v. Eastern Bank[666]

Die Klägerin hatte einer Jute-Spinnerei in Kalkutta Maschinen verkauft, deren Herstellung sich über einen längeren Zeitraum erstrecken sollte und die in mehreren Teillieferungen zu verschiffen waren. Die Zahlung des Kaufpreises sollte in entsprechenden Abschnitten erfolgen und zwar in Form eines von der Käuferin zugunsten der Verkäuferin zu eröffnenden Akkreditivs. Die Käuferin beauftragte die beklagte Eastern Bank in London. Die Bank teilte daraufhin der Verkäuferin mit, daß sie sich unwiderruflich verpflichte, aufgrund bestimmter, von der Verkäuferin auf die Käuferin gezogener Wechsel bis zum Betrag von insgesamt £ 70.000 zu zahlen, wenn die Verkäuferin bestimmte Dokumente (Rechnungen, Konnossemente und Versicherungspolicen) vorlege. Zwei Teillieferungen wurden über das Akkreditiv abgewickelt. Dann entstanden Streitigkeiten im Zusammenhang mit einer Preisgleitklausel im Kaufvertrag. Entsprechend einer Anweisung der Käuferin zahlte die Bank einen weiteren von der Verkäuferin vorgelegten Wechsel nicht. Die Verkäuferin klagt nun gegen die Bank auf Zahlung. Der Klage wurde stattgegeben. Obwohl die Frage, ob überhaupt eine ausreichende consideration für das Versprechen der Bank vorlag, von den Parteien nicht vorgetragen wurde, nahm das Gericht dennoch zu dieser Frage Stellung und merkte an, daß die vom Verkäufer gegebene consideration in seinem „acting upon the undertaking“ bestand; also darin, daß der Verkäufer erste Schritte zur Vornahme der Leistung unternommen hatte, insbesondere die Verschiffung oder die Herstellung der Waren und Verzicht auf einen anderweitigen Verkauf.

Kritisiert wurde allerdings, daß die Leistung des Verkäufers (Lieferung der Waren) lediglich die Erfüllung einer gegenüber dem Käufer bestehenden Vertragspflicht und deshalb keine ausreichende consideration für das Akkreditivversprechen sei.[667] Andere sehen daher die consideration des Verkäufers in der Vorlage der Dokumente bei der Bank. Die Bank sei also sozusagen Käufer der Dokumente.[668]

Beide Ansätze vermögen aber nicht die allgemein akzeptierte Unwiderrufbarkeit des Auszahlungsversprechens der Bank ab dem Zeitpunkt der Benachrichtigung des Verkäufers und damit bereits vor Vorlage von Dokumenten oder dem Beginn der Lieferung bzw. Herstellung der Waren zu begründen.[669]

---

666 [1922] 1 K.B. 318.

667 Davis, The Relationship Between Banker and Seller under a Confirmed Credit, 52 L.Q.Rev. 225 ff. (1936).

668 Liesecke, Die neuere Rechtsprechung, insbesondere des Bundesgerichtshofes zum Dokumentenakkreditiv, WM 1966, 467.

669 Chitty on Contracts, S. 86 f. Rn. 85: „The binding force of the promise is therefore not explicable in terms of acceptance of an offer of an unilateral contract.“

Teilweise wird diese Handhabung des Akkreditivs als eine klare Ausnahme von der consideration-Doktrin betrachtet.[670] Andere sehen darin nur eine Ausnahme von dem Grundsatz, daß die consideration vom Versprechensempfänger ausgehen muß („consideration must move from the promisee"), denn die Bank erhält in Form der Kommissionzahlung eine Gegenleistung für die verbindliche Bereitstellung des Kredits, allerdings vom Käufer in Erfüllung seiner vertraglichen Pflichten gegenüber dem Verkäufer.[671]

II.E.2. Deutsches Recht

Im deutschen Recht wird das Akkreditivversprechen der Bank teilweise als Rechtsinstitut sui generis,[672] von der herrschenden Lehre und von der Rechtsprechung aber als abstraktes Schuldversprechen gemäß § 780 BGB behandelt,[673] also als ein einseitig verpflichtender abstrakter Vertrag, bei dem die Bank eine von dem zugrundeliegenden Kausalverhältnis losgelöste Verpflichtung eingeht.[674] Unabhängig von der Einordnung des Akkreditivs setzt dessen wirksames Zustandekommen den Abschluß eines Vertrages voraus.

Für das Zustandekommen dieses Vertrages ist nach allgemeinen vertragsrechtlichen Regeln eine Einigung erforderlich, die durch ein Angebot und eine Annahme zustande kommt. Angebot auf Abschluß eines Akkreditivvertrages ist dabei die Eröffnungsmitteilung der Bank an den Begünstigten.[675] Eine ausdrückliche Annahmeerklärung durch den Begünstigen ist beim Akkreditivgeschäft nicht üblich,[676] sondern erfolgt durch schlüssiges Verhalten in Form einer stillschweigenden Annahme gemäß § 151 BGB.

Ab diesem Moment entsteht im deutschen Recht ein bindender und – soweit nicht ausdrücklich etwas anderes vereinbart wurde – unwiderruflicher Vertrag. Die Leistungspflicht der Bank ist allerdings durch die Andienung der akkreditivgerechten Dokumente durch den Begünstigten bedingt.

---

670 Treitel, The Law of Contract, S. 116.

671 Atiyah, Essays on Contract: Consideration: A Restatement, S. 179, 223. Ebenso für das US-amerikanische Recht: McCurdy, Commercial Letters of Credit, 35 Harvard L.Rev. 539, 574 (1921).

672 Liesecke, Die neuere Rechtsprechung, insbesondere des Bundesgerichtshofes zum Dokumentenakkreditiv, WM 1966, 467.

673 Canaris, Bankvertragsrecht, Rn. 985; RGZ 106, 304; BGHZ 66, 262, 264; OLG Nürnberg, NJW 1966, 458, 467.

674 BGHZ 60, 262; Canaris, Bankvertragsrecht, Rn. 984.

675 Formlos, da das gemäß § 780 vorgeschriebene Schriftformerfordernis gemäß § 350 HGB entfällt.

676 Bankrecht-Nielsen, § 120 Rn. 108.

II.E.3. Zusammenfassung und vergleichende Betrachtung

Auch beim Dokumentenakkreditiv, bei dem das Ergebnis, nämlich die Unwiderrufbarkeit des Zahlungsversprechens der Bank ab dem Zeitpunkt der Bestätigung des Akkreditivs durch internationale Handelsbräuche vorgegeben ist, zeigt sich der unterschiedliche Lösungsansatz des deutschen und des englischen bzw. US-amerikanischen Rechts.

Im deutschen Recht kommt ohne weiteres eine bindende vertragliche Vereinbarung zustande, sobald der Begünstigte das in der Bestätigung der eröffnenden Bank enthaltene Angebot auf Abschluß eines Akkreditivvertrages, bzw. eines ebenfalls vertraglichen Schuldversprechens, annimmt. Zweifel an der Entgeltlichkeit dieses Zahlungsversprechens im Hinblick auf die Formvorschrift des § 518 BGB sind dabei allerdings nie Gegenstand der Erörterung geworden.

Die englischen und US-amerikanischen Gerichte ignorieren allerdings beim Dokumentenakkreditiv das Fehlen der eigentlich erforderlichen consideration für das Zahlungsversprechen und dessen Unwiderruflichkeit.

II.F. Leistungen unter Familienangehörigen, Verwandten und Freunden

II.F.1. Englisches und US-amerikanisches Recht

II.F.1.1. Zustandekommen

Auch für Leistungsversprechen unter Familienangehörigen, Verwandten und Freunden gilt, wie oben bereits erwähnt, daß das formlose Versprechen nur dann verbindlich ist, wenn der Versprechensempfänger dafür eine consideration gibt.[677]

Gerade bei Versprechen unter Familienangehörigen, Verwandten oder Freunden entspricht ein verbindliches Gegenversprechen jedoch häufig nicht den Vorstellungen und Interessen der Parteien. Zum einen hat der Leistungsversprechende kein Interesse an einer Verpflichtung des Versprechensempfängers, aufgrund derer er gegebenenfalls gerichtlich gegen ihn vorgehen kann: Der Versprechensempfänger soll die erwünschte Gegenleistung aus freien Stücken erbringen. Zum anderen kann die erwünschte Gegenleistung in einer sehr persönlichen Leistung bestehen, zu der sich der Versprechensempfänger nicht verpflichten will oder nach der Rechtsordnung sogar nicht verpflichten kann, weil eine Gegenverpflichtung unwirksam wäre, da die Handlung nach sittlicher Anschauung frei bleiben muß (z. B. die Eheschließung).

Wenn dem Leistungsversprechenden an einem rechtlich verbindlichen Versprechen des Leistungsempfängers nicht gelegen ist, oder dieser ein solches Gegenversprechen nicht abgeben will oder darf, weil es seine Entscheidungsfreiheit im Privatbereich zu weit einschränken würde, kann consideration für das Leistungsversprechen die tatsächliche und vollständige Erbringung der vom

---

677 Siehe die klassische Entscheidung Dougherty v. Salt 125 N.E. 94 (1919), in der das Versprechen einer Tante, ihrem Neffen $ 3.000 zu zahlen wegen fehlender consideration unverbindlich war. In Sandoval v. Bucci, 488 P.2d 216 (1971) allerdings konnte sich die Enkelin auf ein Versprechen ihres verstorbenen Großvaters berufen, ihr $ 17,000 zu zahlen, „for and in consideration of the sum of $ 1.00 and other good and valuable consideration." Auf der Basis der Feststellung der Vorinstanz, daß es an einer geldwerten consideration fehlte (vermutlich weil die Enkelin den $ 1.00 nicht tatsächlich gezahlt hatte), stellte der Colorado Court of Appeal fest, daß hier „natural love and affection" eine ausreichende consideration waren und bejahte einen Zahlungsanspruch der Enkelin. Hier dürften auch die Gesamtumstände entscheidend gewesen sein: Die Enkelin hatte 15 Jahre lang ihren Großvater versorgt und gepflegt (zu dieser Fallgruppe siehe unten II.F.1.1.3.)

Leistungsversprechenden erwünschten Leistung sein.[678] Mit der vollständigen Leistungserbringung kommt dann ein unilateral contract zustande.

> Hamer v. Sidway[679]
>
> Als William E. Story II 15 Jahre alt war, versprach ihm sein Onkel, William E. Story, daß er ihm $ 5.000 zahlen würde, wenn er bis zu seinem 21. Lebensjahr weder trinkt noch raucht noch flucht noch Karten oder Billard spielt. Die Unterlassung dieser Sünden waren für das Gericht eine ausreichende consideration, um das Versprechen bindend zu machen, und der Klage des Neffen gegen die Erben des Onkels wurde stattgegeben.[680]

Der Neffe hat nicht versprochen und sollte auch nicht versprechen, die genannten Laster bis zu seinem 21. Lebensjahr zu unterlassen. Der Onkel hätte also gegen ihn keine Ansprüche wegen Vertragsbruch geltend machen können, wenn er mit 19 Jahren angefangen hätte zu rauchen.[681]

Ebenso ein von Goodhart für das englische Recht konstruierter Fall:

> „Wenn ein Vater zu seinem Sohn sagt: 'Ich will nicht darum bitten, bis zu deinem 25. Lebensjahr nicht zu rauchen, das mußt du selbst entscheiden, aber wenn du vor dieser Zeit nicht rauchst, werde ich dir £ 100 geben,' dann hat der Sohn einen Anspruch auf Auszahlung des Geldes, wenn er sich entsprechend verhalten hat."[682]

Das tatsächliche Unterlassen des Neffen stellte eine ausreichende consideration dar. Fragt man nach dem Vorteil, den der Onkel durch das Unterlassen zahlreicher Laster seines Neffen erlangt bzw. der Neffe durch deren Unterlassen erlitten hat, so erscheint dies zunächst fragwürdig. Immerhin könnte der Vorteil

---

678 Nur ausnahmsweise sind Fälle denkbar, in denen trotz des persönlichen Charakters der Gegenleistung, diese Gegenleistung versprochen wird und damit ein gegenseitig verpflichtender Vertrag (bilateral contract) entsteht. So beispielsweise in dem Fall Schumm v. Berg, 231 P.2d 39 (1951) wurde aber bereits das Versprechen der Mutter eines noch ungeborenen unehelichen Kindes, das Kind „Wallace" zu nenen, wenn es ein Junge würde, und „Wally", wenn es ein Mädchen würde, als ausreichende consideration für das Unterhaltsversprechen des Vaters (ein Schauspieler namens Wallace Berry) anerkannt.

679 27 N.E. 256 (1891).

680 Der Neffe hatte seinen Anspruch abgetreten, nachdem ihm sein Onkel bei Erreichen des 21. Lebensjahres bestätigt hatte, daß er sich die $ 5.000 verdient hatte und er das Geld für ihn verzinslich aufbewahren würde. Der Onkel war zwischenzeitlich verstorben und die Klage richtete sich gegen den Testamentsvollstrecker. Ebenso bereits die Entscheidung in Talbott v. Stemmon's Executors, 12 S.W.297 (1889). Ebenso Devecmon v. Shaw 14 A. 464 (1888): Zuwendungsversprechen, wenn Versprechensempfänger nach Europa reist; Earle v. Angel 32 N.E. 164 (1892): Zahlungsversprechen von $ 500 bei Teilnahme an dem Begräbnis des Versprechensgebers.

681 Im englischen Recht wäre nicht anders entschieden worden: Atiyah, Essays on Contract, Consideration: A Restatement, S. 195.

682 Goodhart, Unilateral Contracts, 67 L.Q.Rev. 456 (1951), der damit gleichzeitig belegt, daß es auf die Frage, ob der Vater das Verhalten des Sohnes verlangt „requested" hat oder nicht, nicht ankommt.

des Onkels in der Freude am sittsamen Lebenswandel seines Neffen, der Nachteil des Neffen in der Entsagung dieser lasterhaften Lebensfreuden liegen.[683]

Aber auch ein „bargain", wie er im Restatement of Contracts (Second) § 71(2) definiert wird und im US-amerikanischen Recht Voraussetzung für eine consideration ist,[684] lag hier vor. Die Leistung erfolgte jedenfalls objektiv im Austausch für das Versprechen („exchange"). Sie wurde vom Onkel als Gegenleistung für sein Versprechen verlangt („sought by the promisor in exchange for his promise") und wurde vom Neffen als Gegenleistung für das Versprechen erbracht („given by the promisee in exchange for that promise").[685]

II.F.1.1.1. Eheschließung

Bei dem Versprechen von Leistungen von Eltern, Verwandten oder Freunden anläßlich einer Eheschließung scheidet ein Gegenversprechen mit dem Inhalt, die Ehe zu schließen, als consideration aus.[686] Das rechtlich verbindliche Versprechen eine Ehe zu schließen, ist nach heutigem Recht auch zwischen den Verlobten entweder nichtig, soweit darin ein Verstoß gegen das öffentliche Interesse („public policy") liegt, jedenfalls aber nicht vor Gericht durchsetzbar. Eine entsprechende gesetzliche Regelung findet sich im englischen Recht in dem Law Reform (Miscellaneous Provisions) Act 1970, s. 1. In den meisten Staaten der Vereinigten Staaten[687] ergingen Mitte der 30er Jahre des letzten Jahrhunderts sogenannte Heart Balm Acts, mit denen jegliche Ansprüche auf Schadensersatz wegen eines gebrochenen Heiratsversprechen abgeschafft wurden. Zur Geschichte der Heart Balm Acts führt Justice Musmanno in der Entscheidung Pavlicic v. Vogtsberger[688] des Pennsylvania Supreme Court aus:

> „There is no doubt that in the history of romance a nation could be populated with the lovers and sweethearts (young and old) who have experienced genuine pain and agony because of the defection of their opposites who promised marriage and then absconded. Perhaps there should be a way to compensate these disillusioned souls, but it had been

---

[683] Kritisch zum Vorteil des Onkels Atiyah, Essays on Contract: Consideration: A Restatement, S. 195, der einwendet, daß dann viele Schenkungsversprechen verbindlich wären, denn der Schenker würde häufig den Vorteil eines Gefühls der Zufriedenheit, eine wohltätige Tat vollbracht zu haben, erlangen.

[684] siehe oben I.A.3.1.

[685] Farnsworth on Contract, § 2.4, S. 67 f.

[686] Einen umfassenden Überblick unter Berücksichtigung historischer Entwicklungen gibt Green/ Long, Marriage and Family Law Agreements, S. 100 ff.

[687] mit Ausnahme von: Georgia, Hawaii, Kansas, Nebraska, North Carolina, Texas und Washington.

[688] 136 A.2d 127 (1957).

demonstrated that the action of breach of promise had been so misemployed, had given rise to such monumental deceptions, and had encouraged blackmail on such a scale, that the Legislature of Pennsylvania, acting in behalf of all the people, concluded that the evil of abuse exceeded to such an extent the occasional legitimate benefit conferred by a breach of promise suit that good government dictated its abolition."

Zweifelos könnte man in der Geschichte der Liebe eine ganze Nation mit Liebhabern und Bräuten (jung und alt) bevölkern, die angesichts des Verrats ihrer Partner, welche eine Heirat versprachen und sich dann davon machten, echten Schmerz und Verzweiflung erlitten haben. Vielleicht sollte es Mittel und Wege geben, diese getäuschten Seelen zu entschädigen, aber es hat sich gezeigt, daß die Klagen wegen gebrochener Versprechen derart mißbraucht wurden, Ursache riesiger Betrügereien waren und in solchem Ausmaß zu Erpressungen eingeladen haben, daß die Legislative von Pennsylvania zu dem Schluß kam, daß der Nachteil des Mißbrauchs den gelegentlichen Vorteil einer Vertragsklage in einem solchen Maße überschritt, daß ihre Abschaffung zwingend erforderlich war.

Damit bleibt in den Fällen eines Leistungsversprechens für eine Eheschließung nur der unilateral contract, in dem sich die Eheleute nicht zu einer Heirat verpflichten, sondern erst die tatsächliche Eheschließung consideration und Annahme ist und so ein unilateral contract zustande kommt.

Shadwell v. Shadwell[689]

Ein Onkel schrieb an seinen Neffen folgenden Brief: „Ich freue mich, von Deiner geplanten Hochzeit mit Ellen Nicholl zu hören; und da ich versprochen habe, Dir in der Anfangszeit zu helfen, bin ich in der glücklichen Lage, Dir mitzuteilen, daß ich Dir jährlich £ 150 zahlen werde, solange ich lebe oder bis Dein Jahreseinkommen 600 Guineas übersteigt." Der Neffe heiratete und verdiente nie mehr als 600 Guineas. Der Onkel kam seinen jährlichen Zahlungen aber nicht nach, und nach dem Tod des Onkels klagte der Neffe nun wegen der Rückstände gegen den Nachlaß. Die Mehrheit des Gerichts war der Ansicht, daß der Neffe eine ausreichende consideration geleistet hatte, und gab der Klage statt.[690]

---

[689] (1860) 9 C.B. (N.S.) 159.

[690] Der überstimmte Richter Byles, J., betrachtete dagegen die Eheschließung nur als Bedingung für das unverbindliche Schenkungsversprechen des Onkels. Siehe auch Jones v. Padavatton [1969] 1 W.L.R. 328, 333.

Entsprechend entschied auch ein US-amerikanisches Gericht in dem Fall De Cicco v. Schweizer,[691] dem ein ähnlicher Sachverhalt zugrunde lag.

Die Entscheidungen waren und sind allerdings nicht unumstritten. Zunächst einmal fällt es bei unbefangener Betrachtung schwer, eine Eheschließung als Nachteil zu begreifen. Die Mehrheit der Richter hatte hier jedoch keine Schwierigkeiten und argumentierte, daß der Nachteil in der Veränderung seiner Lebensposition und der Übernahme von Leistungsverpflichtungen im Zusammenhang mit der Eheschließung zu sehen sei.[692] Einen Vorteil des Onkels sahen die Richter Erle C.J. und Keating J. darin, daß ihm als nahen Verwandten an der Heirat gelegen war.[693]

Weiter ist es aufgrund der privaten Natur der Gegenleistung in diesen Fällen nicht einfach, eine Wechselbezüglichkeit von Leistung und Gegenleistung festzustellen, in dem Sinne, daß die Leistung versprochen wurde, um die Gegenleistung zu erhalten, und umgekehrt. Die Wechselbezüglichkeit ist aber Merkmal eines „bargain“, auf dem das US-amerikanischen Recht aufbaut.[694] Daher wurde in den Vereinigten Staaten auch der Versuch unternommen, Leistungsversprechen anläßlich einer Eheschließung aus dem consideration-bargain-Kontext herauszunehmen und den Versprechenden nach Vertrauensgrundsätzen („promissory estoppel“) an sein Versprechen zu binden.[695] Auch dies ist allerdings keine befriedigende Lösung, da sie nur eine Seite des Problems löst, nämlich die Frage, ob das Versprechen den Empfänger zu einem

---

691 221 N.Y. 431 (1917): Joseph Schweizer versprach dem Verlobten seiner Tochter, Count Oberto Gulinelli, $ 2.500 jährlich zu zahlen, wenn dieser seine Tochter, Miss Blanche Schweizer, heiratet. Probleme bereitete jedoch im Zusammenhang mit der consideration, daß der Versprechensempfänger bereits aufgrund seines Eheversprechens gegenüber seiner Braut verpflichtet war, die Ehe einzugehen. Dieser Einwand wurde mit der Argumentation überwunden, die consideration des Bräutigams hätte darin bestanden, daß er zumindest nicht versucht hätte, die Heirat zu verschieben oder auf eine einverständliche Auflösung der Verlobung hinzuwirken. Corbin on Contracts, § 7.9, S. 381 meint jedoch, daß die bessere Argumentation in diesem Fall für eine Verbindlichkeit des Versprechens wegen promissory estoppel (siehe oben I.A.4.1.6.) gesprochen hätte.

692 Shadwell v. Shadwell (1860) 9 C.B. (N.S.) 159 ff.: „He might have made a most material change in his position, and have induced the object of his affections to do the same, and might have incurred pecuniary liabilities resulting in embarrassments.“ Zum promissory estoppel siehe oben I.A.4.1.6.

693 „The marriage was an object of interest to a near relative“: Shadwell v. Shadwell (1860) 9 C.B. (N.S.) 159 ff.

694 siehe oben I.A.3.1.

695 Corbin on Contracts, § 7.9, S. 381 ff.; siehe auch die entsprechende Regelung in Restatement of Contracts (Second) § 90 betreffend „marriage settlements“, der die unwiderlegliche Vermutung aufstellt, daß eine Heirat im Vertrauen auf das Zuwendungsversprechen erfolgt.

bestimmten Verhalten veranlassen sollte, mit anderen Worten, ob der Versprechende ein Verhalten „erkaufen" wollte. Die Frage, ob der Leistungsempfänger im Hinblick auf das Versprechen handelte, er also „käuflich" ist, bleibt aber als Frage, ob er im Vertrauen auf das Versprechen handelte, bestehen.[696]

II.F.1.1.2. Nichteheliche Lebensgemeinschaft

Der US-amerikanischer Autor Pettit ist der Ansicht, daß die Fälle in denen es um Ausgleichsansprüche nach der Auflösung nichtehelicher Lebensgemeinschaften („nonmarital cohabitation") geht, sich ebenfalls für eine unilateral contract-Analyse eignen.[697] An einem ausdrücklichen Austausch gegenseitiger Versprechen fehlt es hier regelmäßig. Sobald sich aber ein stillschweigendes Versprechen eines Partners feststellen läßt, für erbrachte Dienstleistungen in der Zukunft zu zahlen, und der andere Partner diese Dienstleistungen tatsächlich erbracht hat, ohne sich zuvor dazu verpflichtet zu haben, soll ein vertragsrechtlicher Anspruch aufgrund des im Rahmen eines unilateral contract verbindlichen Versprechens in Betracht kommen.[698] Pettit bezieht sich auf die folgende Entscheidung.

> Marvin v. Marvin[699]
>
> Michelle Triola, die sich Michelle Marvin nannte, und Lee Marvin hatten 6 Jahre unverheiratet zusammengelebt, bevor sie sich 1970 trennten, woraufhin Mr. Marvin jegliche Unterstützung für Ms. Marvin einstellte. Diese behauptete, daß sie und der Beklagte vereinbart hätten, ihr Eigentum und ihre Einkünfte zusammenzulegen, daß sie ihre eigene berufliche Karriere aufgegeben hätte, um ihre Zeit und Fürsorge dem Beklagten zu widmen, und daß der Beklagte dafür versprochen habe, sie für den Rest ihres Lebens zu versorgen („provide for all of plaintiff's financial support and needs for the rest of her life"). Das Gericht erkannte an, daß auch Partner in einer nichtehelichen Lebensgemeinschaft ausdrückliche („express") oder stillschweigende („implied") Verträge schließen können, solange nicht sexuelle Leistungen Gegenstand der Vereinbarung sind. Die Klage wurde allerdings im Ergebnis abgewiesen, weil die Klägerin eine ausdrückliche vertragliche Vereinbarung nicht beweisen konnte und sich auf eine stillschweigende Vereinbarung nicht berufen hatte.

---

696 Auf dieses Problem hinweisend: Gordley, Enforcing Promises, 82 California L.Rev., 547, 575 ff. (1995).

697 Pettit, Modern Unilateral Contract, 63 Boston U.L.Rev. 551, 559 Fn. 40 (1983).

698 „You take care of me now, and I'll take care of you when I acquire fortune and fame.": Pettit, Modern Unilateral Contract, 63 Boston U.L.Rev. 551, 559 Fn. 40 (1983).

699 557 P.2d 106 (1976).

Diese Entscheidung des California Supreme Court war bahnbrechend für die Durchsetzbarkeit von Vereinbarungen zwischen nichtehelichen Lebenspartnern in den Vereinigten Staaten. Allerdings wurde in dieser und ähnlichen Entscheidungen nicht ein unilateral contract herangezogen, sondern gingen die Gerichte ohne weiteres von einer Verpflichtung beider Parteien und damit von einem ausdrücklichen oder stillschweigenden bilateral contract aus. Gegen einen bilateral contract spricht jedoch, daß es der zur Fürsorge „verpflichteten" Partei offen steht, die Beziehung und ihre Fürsorge jederzeit zu beenden, so daß sie nur ein Scheinversprechen abgibt, das keine ausreichende consideration darstellt. Diese Frage wie auch die Frage, ob ein Anspruch entfällt, wenn nicht der Unterstützungsverpflichtete sondern der Fürsorgeverpflichtete die Beziehung beendet, war soweit ersichtlich bisher noch nicht Gegenstand einer gerichtlichen Entscheidung. Ob und unter welchen Voraussetzungen im Einzelnen Ausgleichsansprüche in nichtehelichen Lebensgemeinschaften bestehen, ist im übrigen sowohl im englischen als auch im US-amerikanischen Recht umstritten.[700]

II.F.1.1.3. Pflege von Familienangehörigen oder Verwandten

Eine weitere Fallgruppe, in der englische und US-amerikanische Gerichte auf den unilateral contract zurückgreifen, sind Versprechen, die von älteren und pflegebedürftigen Personen an ihnen nahestehende Verwandte oder Bekannte gemacht werden und in denen die pflegebedürftige Person eine testamentarische Begünstigung als Gegenleistung für die Pflege verspricht, z. B. die Übertragung eines Anwesens,[701] wenn der Versprechensempfänger zu ihnen zieht und sie bis an ihr Lebensende pflegt und versorgt.

Die Gestaltung als unilateral contract, bei dem der Pfleger kein Versprechen abgibt, Pflegeleistungen zu erbringen entspricht in diesen Fällen insofern dem Willen der Parteien, weil ein solches Versprechen eine sehr weitgehende Belastung und Einschränkung der persönlichen Lebensplanung des Pflegers darstellen würde. Auf der anderen Seite ist dem Pflegebedürftigen auch nicht daran gelegen, seinen Pflegeanspruch gegen den Pfleger gerichtlich durchzusetzen, denn auch ein Gericht könnte nicht erzwingen, daß der Pfleger

---

700 Ausführlich Green/ Long, Marriage and Family Law Agreements, S. 158 ff. mit weiteren Nachweisen und einer Besprechung der Entscheidung in Marvin v. Marvin auf S. 190 ff.

701 Ein Vertrag, der zur Begünstigung durch ein aufzusetzendes Testament verpflichtet, ist in den Vereinigten Staaten zulässig: Hay, Einführung in das amerikanische Recht, S. 119.

seine Dienste liebevoll, aufmerksam und rücksichtsvoll erbringt.[702] Ebensowenig soll der Pfleger mit den Kosten eines professionellen Pflegers belastet werden, wenn er selbst nicht gewillt oder in der Lage ist die Pflegeleistung zu erbringen. Bei der Übernahme von Pflegeverpflichtungen innerhalb der Familie oder unter Freunden steht vielmehr die persönliche Beziehung im Vordergrund, was sich letztlich auch in Art und Wert der versprochenen Gegenleistung, etwa der Übertragung des Grundstücks und Wohnhauses des zu Pflegenden, widerspiegelt.

> Klockner v. Green[703]
>
> Richard Klockner und dessen Tochter hatten jahrelang für ihre Stiefmutter bzw. Stiefgroßmutter, Edyth Klockner, gesorgt. Sie hatten sie regelmäßig besucht, begleiteten sie auf Reisen und standen ihr bei, wenn sie sich nicht gut fühlte. Ein knappes Jahr vor ihrem Tod informierte Edyth Klockner ihren Stiefsohn Richard Klockner, daß er das Grundstück und seine Tochter das übrige Vermögen erhalten sollten, wenn sie bis zu ihrem Tod für sie sorgen würden, was sie auch taten. Ein Testament mit diesem Inhalt unterzeichnete Edyth Klockner, vermutlich aus Aberglauben, nicht. Nach dem Tod von Edyth Klockner klagten Richard Klockner und seine Tochter gegen die Erben auf Übertragung des Grundstücks und des übrigen Vermögens der Verstorbenen.

Das Gericht gelangte zu der Überzeugung, daß durch die Erbringung der Pflegeleistungen ein unilateral contract zwischen den Klägern und der Verstorbenen zustandgekommen war, und gab der Klage statt. Einen Erfüllungsanspruch (specific performance) der Kläger begründete das Gericht in diesem Fall damit, daß sich ein objektiver Wert der Pflegeleistungen nicht ermitteln ließe und den Klägern daher ein Anspruch auf Erfüllung (specific performance) dessen zustehe, was die Verstorbene versprochen hatte. In diesem Zusammenhang führt das Gericht aus:

> Who can value the worth to a lonely person of having a loved one available at the slightest moment of anxiety, or at the most trivial moment of need? The law furnishes no standard whereby the value of such services can be measured. It is incumbent on equity, therefore, to accept the estimate of their value made by the party requesting the services by decreeing specific performance of the agreement.
>
> Wer vermag zu ermessen, welchen Wert es für eine einsame Person darstellt, wenn ein geliebter Mensch ihr in den geringsten Momenten der Angst und bei den einfachsten Bedürfnissen zur Seite steht. Das Recht gibt keinen Maßstab, um den Wert dieser Dienste zu bestimmen. Es ist daher billig, die Wertschätzung der Partei zugrundezule-

---

[702] Martin v. Martin, 230 S.W.2d 547 (1950): „... a court could not require the promisee to be kind and thoughtful and considerate to the promisor ...“; siehe auch Hall v. Milham, 284 S.W.2d 108 (1955).

[703] 254 A.2d 782 (1969)

gen, die diese Dienste verlangt, indem angeordnet wird, die getroffene Vereinbarung zu erfüllen.

II.F.1.2. Widerruf

Hätte der Onkel in dem oben dargestellten Fall Hamer v. Sidway[704] sein Zahlungsversprechen einen Tag vor dem 21. Geburtstag des Neffen widerrufen können?

Allgemeine vertragsrechtliche Grundsätze legen ein solches Widerrufsrecht nahe, denn ein Vertrag kommt erst mit der vollständig erbrachten Leistung, in dem Fall mit einem Unterlassen der beschriebenen Laster bis zum 21. Lebensjahr, zustande.

Dieses Ergebnis versuchen Gerichte aber bei Leistungen im Privatbereich häufig zu vermeiden, was zunächst der oben[705] bereits dargestellte Fall Errington v. Errington[706] belegt, in dem ein Vater seiner Tochter und deren Ehemann versprochen hatte, das Haus zu übertragen, sobald sie die Hypothek abgezahlt hatten. Sogar über den Bereich der innerfamiliären Leistungen hinaus wird dieser Fall im englischen Recht als Leitentscheidung für die Regel zitiert, daß das Versprechen im Rahmen eines unilateral contracts nicht mehr frei widerrufbar ist, wenn der Versprechensempfänger mit der Gegenleistung begonnen hat.

Diese Regel wurde in der folgenden Entscheidung, die ebenfalls eine innerfamiliäre Leistung betrifft, bestätigt.

> Ward v. Bayham[707]
>
> Ein Vater versprach seiner Ehefrau und Mutter seines Kindes, ihr einen wöchentlichen Unterhalt zu zahlen, wenn sie für das Kind sorgt und dafür sorgt, daß es glücklich ist. Lord Denning stellte dazu fest, daß ein bindender Vertrag zustande kam, sobald die Mutter damit begonnen hatte, für das Kind zu sorgen: „Once the mother embarked on the task of looking after the child, there was a binding contract." Die zu erbringende Fürsorge der Mutter war hier eine ausreichende consideration, weil sie über die bereits bestehende gesetzliche Fürsorgepflicht hinausging.

Diese Entscheidungen sind richtig, denn bei privaten, innerfamiliären Transaktionen bedienen sich die Parteien des unilateral contract nicht, um das vertragliche Risiko zu verteilen, daß es dem Empfänger eines

---

[704] 27 N.E. 256 (1891); siehe oben II.F.1.1.

[705] siehe oben I.A.4.2.

[706] (1952) 1 K.B. 290; 1 All E.R. 149.

[707] [1956] 2 All E.R. 318.

Leistungsversprechens unter Umständen nicht gelingt den Leistungserfolg herbeizuführen,[708] sondern weil ein verbindliches Versprechen im Rahmen der von der privaten Beziehung geprägten Verhältnisses der Parteien, entweder nicht erwünscht oder sogar unwirksam wäre. Die Versagung eines Widerrufsrechts schützt in diesen Fällen den Empfänger eines Leistungsversprechens, der unter Umständen bereits erhebliche Leistungen erbracht und seine gesamte Lebensplanung umgestellt hat, um die verlangten Pflegeleistungen zu erbringen. Vor allem die Umstellung der Lebensplanung könnte im Rahmen eines bloß „bereicherungsrechtlichen" Anspruchs auf Zahlung eines „quantum meruit" für erbrachte Leistungen[709] nicht angemessen berücksichtigt werden.

Daß die Versagung eines Widerrufsrecht und ein Festhalten an dem Pflegeverhältnis für beide Seiten, insbesondere für den Versprechenden allerdings auch eine nicht unerhebliche persönliche und wirtschaftliche Belastung bedeuten kann, illustriert der folgende US-amerikanische Fall:

Brackenbury v. Hodgkin[710]

Am 8.2.1915 bat die verwitwete Sarah D.P. Hodgkin, die allein auf einer Farm am Stadtrand von Lewiston, Maine, wohnte, in einem Brief ihre Tochter, die mit ihrem Ehemann in Missouri lebte, zu ihr nach Maine zu ziehen und sie bis an ihr Lebensende zu versorgen und zu pflegen. Mrs. Hodgkin versprach dem Paar das Nutzungsrecht an der gesamten Farm mit Ausnahme bestimmter Räume und Dinge, die sie selbst für ihren Privatgebrauch benötigte, sowie das gesamte Anwesen nach ihrem Tod („You two have the place when I have passed away"). Die Tochter und ihr Ehemann entsprachen der Bitte und zogen Ende April 1915 nach Maine. Bereits nach wenigen Wochen gestaltete sich die Beziehungen zwischen der Mutter und ihrer Tochter äußerst unangenehm („most disagreeable"). Grund dafür sollen nach der Überzeugung des Gerichts vor allem die unsinnigen Wünsche und das bösartige Verhalten der Mutter gewesen sein. Mrs. Hodgkin verklagte ihren Schwiegersohn mehrmals erfolglos wegen belangloser Kleinigkeiten und befahl schließlich den Brackenburys, ihr Haus zu verlassen. Als diese sich weigerten, versuchte sie am 7. November 1916 das Grundstück an ihren Sohn Walter C. Hodgkin zu verkaufen, damit dieser dann die Brackenburys hinausklagen konnte. Noch am selben Tag, an dem die Übereignungsurkunde ausgefertigt wurde, forderte Walter die Brackenburys auf, das Grundstück zu verlassen, fünf Tage später verklagte er sie wegen Hausfriedensbruchs und Freiheitsberaubung. Das Gericht gab der Klage der Brackenburys gegen Mrs. Hodgkin und ihren Sohn auf Rückübertragung des Grundstücks statt und stellte fest, daß an dem Grundstück gemäß der mit den Klägern

[708] Zur Funktion des unilateral contract als Instrument der vertraglichen Risikoverteilung, siehe unten Teil III.
[709] siehe oben I.A.4.3.
[710] 102 A. 106 (1917).

getroffenen Vereinbarung ein Treuhandverhältnis („Trust") zugunsten der Kläger besteht.

Das Gericht war der Ansicht, daß der Brief der Beklagten ein Angebot auf Abschluß eines unilateral contract enthielt. Ein Vertrag konnte also dadurch zustande kommen, daß die Kläger die Pflegeleistung tatsächlich und vollständig erbrachten. Ein Vertrag schied also nicht von vornherein aus, weil ein Gegenversprechen der Kläger fehlte.[711] Dieser potentiellen vertraglichen Leistungspflicht durfte sich die beklagte Mrs. Hodgkin nicht durch die Übertragung des Grundstücks entziehen. Ein Widerrufsrecht lehnte das Gericht ab, da die Kläger durch ihren Umzug nach Maine und die Versorgung von Mrs. Hodgkin mit der Erbringung der Gegenleistung begonnen hatten.[712]

Im Ergebnis führte diese Entscheidung aber dazu, daß mehrere Personen trotz einer gestörten Vertrauensbasis an einer Vereinbarung festgehalten wurden, die ein erhebliches Maß an Kooperation und gegenseitigem Vertrauen voraussetzte.[713]

In einem älteren Fall, in dem der Vater die Pflegeleistungen seines Sohnes ablehnte,[714] verweigerte das Gericht zunächst die vom Kläger beantragte

---

711 Cornish, C.J. in Brackenbury v. Hodgkin 102 A. 106: „The offer was the basis, not of a bilateral contract, requiring a reciprocal promise, a promise for a promise, but of a unilateral contract requiring an act for a promise." Zu der (unzutreffenden) Vorstellung, ein Vertrag könne niemals vorliegen, wenn es an einer gegenseitigen Verpflichtung fehlt siehe oben I.A.3.1.2.1. Zur Frage einer Widerrufbarkeit des Versprechens von Mrs. Hodgkin siehe unten II.F.1.2. Siehe auch Sommerville v. Epps 419 A.2d 909 (1980); McCandlish v. Estate of Timberlake 497 S.W.2d 191. In Davis v. Jacoby, 34 P.2d 1026 (1934), einem Fall in dem es ebenfalls um Pflegeleistungen einer Nichte bis zum Lebensende ihrer Tante und deren Ehemann ging, unterstellte das Gericht ausnahmsweise ein Gegenversprechen der Nichte und damit einen bilateral contract. Der besondere Grund dafür lag darin, daß entgegen den Erwartungen des alten Ehepaars der Ehemann, der die Zuwendung anbot, vor seiner Frau verstarb. Da bei einem unilateral contract aber erst mit der Pflege bis zum Lebensende der Frau eine wirksame Annahme vorlag, zu diesem Zeitpunkt das Angebot von Mr. Davis wegen seines Todes aber bereits erloschen gewesen wäre, versuchte das Gericht einen früheren Annahmezeitpunkt zu finden.

712 Irreführend allerdings dann die Folgerung von Cornish C. J.: „The existence of a completed valid contract is clear." Zum Versuch einer dogmatischen Begründung des Widerrufsrechts in diesem Fall: Corbin, Comment: The Formation of a Unilateral Contract, 27 Yale L.J. 382 ff. (1918).

713 Nach dem Urteilsspruch sollen Sarah Hodgkin und die Brackenburys weiter zusammengelebt haben. Das Verhältnis zwischen ihnen soll allerdings angespannt gewesen sein. Gerüchten zufolge hatte Mr. Brackenbury sich eine Durchschrift der Gerichtsentscheidung besorgt, und pflegte der alten Frau daraus von Zeit zu Zeit vorzulesen. Mrs. Hodgkin starb 4 Jahre nach Urteilsverkündung an einer Lungenentzündung. Nach ihrem Tod haben die Brackenburys die Farm sofort verkauft und zogen zurück nach Missouri.

714 Davison v. Davison, 13 N.J.Eq 246 (1861).

Sicherung der zukünftigen Übereignung durch Errichtung eines Trusts zugunsten des Sohnes, in der Hoffnung, daß die Parteien sich auf eine einverständliche Regelung einigen könnten, behielt sich aber ausdrücklich weitere Anordnungen vor. Ein anderes Gericht[715] fand eine Lösung, indem es der Klage auf Übertragung des Grundstücks zwar stattgab, die Klägerin aber verpflichtete, jährlich $ 800 Miete an den pflegebedürftigen Vater zu zahlen, wenn dieser es „mit seinem Gewissen nicht vereinbaren kann", wieder in das von seiner Tochter bewohnte Haus zurückzukehren.

II.F.2. Deutsches Recht

II.F.2.1. Zustandekommen

Im deutschen Recht stellen sich im innerfamiliären Bereich bei der Frage, unter welchen Umständen eine Partei an ihrem Leistungsversprechen festgehalten werden kann, ähnliche Probleme wie im englischen und US-amerikanischen Recht. Ausgangspunkt ist, daß auch im deutschen Recht nur entgeltliche Leistungsversprechen formlos verbindlich sein können. Es kommt also darauf an, ob für das formlose Leistungsversprechen eine Gegenleistung erbracht werden soll. Diese Gegenleistung kann zunächst versprochen oder aber auch nur tatsächlich erbracht werden:

RG, Das Recht 1919, Nr. 1940

Die Klägerin klagte gegen die Erben ihres Verlobten, der ihr eine Entschädigung für die Aufgabe von Vorteilen versprochen hatte, die ihr daraus entstünden, daß sie ihre Anstellung aufgeben würde. Das Versprechen war entgeltlich und damit formlos verbindlich, weil die Wirksamkeit eines Vertrages, durch den sich jemand zur Entrichtung einer Vergütung für eine bestimmte Leistung des anderen Teiles verpflichtet, nach Ansicht des Reichsgerichts nicht notwendig voraussetzt, daß für ihn ein klagbarer Anspruch auf die Leistung (d. h. auf die Aufgabe eines Anstellungsverhältnisses) besteht oder begründet wird: „Auch für eine rechtlich nicht erzwingbare Leistung kann für den Fall ihrer Bewirkung eine Gegenleistung rechtswirksam ausbedungen werden."[716]

Allerdings ordnet das deutsche Recht im Gegensatz zum englischen oder US-amerikanischen Recht nicht jedes objektive Verhalten des Zuwendungsempfän-

---

[715] White v. Massee, 202 Iowa 1304, 211 N.W. 839 (1927).

[716] Wer eine Unterhaltsbedürftigkeit seines Verlobten, die dadurch entstanden ist, daß der Verlobte wegen der beabsichtigten und alsbald durchgeführten Eheschließung seine Berufstätigkeit aufgibt, beseitigt, handelt allein aufgrund einer sittlichen Verpflichtung: BFH, Entscheidung vom 30.7.1993, FamRZ 1994, S. 570.

gers anläßlich einer Leistung als Gegenleistung ein. Für die Frage ob Entgeltlichkeit oder Unentgeltlichkeit vorliegt, kommt es auf die subjektive Vorstellung der Parteien an.[717] Dies ermöglicht es dem deutschen Recht auch, ein Versprechen in einen entgeltlichen und einen unentgeltlichen Teil aufzuteilen, wenn nach dem Willen der Parteien das Verhalten eines Zuwendungsempfängers nur für einen Teil der Leistung Gegenleistung ist, während ein anderer Teil unentgeltlich zugewendet wird (gemischte Schenkung)[718] oder aber die Vornahme des mit der Leistung erstrebten Verhaltens als bloße Wertminderung oder Einschränkung einer unentgeltlichen Leistung zu qualifizieren (Schenkung unter Auflage, § 525 BGB). Ist ein Leistungsversprechen danach ein Schenkungsversprechen, so sind die besonderen Regelungen des Schenkungsrechts in § 516 ff. BGB zu beachten. Insbesondere ist ein Vertrag, durch den eine Leistung schenkweise versprochen wird, nur dann gültig, wenn das Versprechen notariell beurkundet wurde (§ 518 BGB).

Damit ist der rechtlichen Beurteilung von Leistungsbeziehungen unter Familienangehörigen und Freunden im deutschen Recht ein weiter Spielraum eröffnet.[719] Die Ergebnisse in den einzelnen Entscheidungen sind losgelöst von ihrem jeweiligen konkreten Sachverhalt nur schwer zu vereinen.

II.F.2.1.1. Eheschließung

Für Leistungsversprechen des Vaters oder der Mutter, die im Hinblick auf die Eheschließung des Leistungsempfängers abgegeben werden (Ausstattungsversprechen), besteht im deutschen Recht eine Sonderregelung in § 1624 BGB. Rechtsgrund des Ausstattungsversprechens ist keine Schenkung, sondern eine causa sui generis. Das Ausstattungsversprechen ist formlos wirksam. Erst wenn und soweit das Ausstattungsversprechen das den Umständen entsprechende Maß übersteigt, kann eine Schenkung in Betracht kommen, wenn solche überschießenden Zuwendungen unentgeltlich gemäß §§ 516 ff. BGB sind.[720] Eine Zuwendung, die über eine Ausstattung hinausgeht, ist jedoch dann keine Schenkung, wenn die Ausstattung Gegenleistung für die Lasten der Ehe ist oder

---

[717] MüKo-Kollhosser, § 516 Rn. 6, 9.
[718] MüKo-Kollhosser, § 516 Rn. 26.
[719] vgl. BGH FamRZ 1970, 376.
[720] Soergel-Strätz, § 1624, Rn. 13.

die Ehe überhaupt erst ermöglicht und der Bedachte die Eheschließung daher von der Zuwendung abhängig macht.[721]

Dagegen ist zwar eingewendet worden, die Vorstellung von der Ehe als Übernahme einer Belastung eines der Partner und damit als Gegenleistung für eine Zuwendung entspreche nicht der allgemeinen modernen Vorstellung der Ehe als gleichberechtigter Partnerschaft.[722] Dem ist jedoch entgegenzuhalten, daß es kein Verbot von Verträgen gibt, denen eine unmoderne Auffassung der Ehe zugrunde liegt, und die Parteien insofern in der Gestaltung ihrer Beziehungen frei sind.[723]

Darüberhinaus sind formlose Leistungsversprechen zur Förderung der Ehe nur dann gültig, wenn die Leistung nicht schenkweise, also unentgeltlich versprochen wurden, sondern es sich um das Versprechen einer entgeltliche Leistungen handelt. Unentgeltlich ist eine Leistung, wenn sie unabhängig von einer Gegenleistung, auch von oder an einen Dritten erfolgt.[724]

Eine Eheschließung kann Gegenleistung für ein Leistungsversprechen sein. Ein Eheversprechen des Empfängers eines Zuwendungsversprechens scheidet allerdings aus: Der Empfänger des Leistungsversprechens kann sich zur Eheschließung nicht verpflichten. Die Zusage der Heirat nach dem Willen eines anderen ist sittenwidrig und somit nichtig gemäß § 139 Abs. 1 BGB, weil die Eingehung der Ehe eine Handlung ist, die nach unseren sittlichen Anschauungen frei sein muß.[725] Auch unter Verlobten ist das Versprechen der Eheschließung nicht durchsetzbar (§ 1297 BGB, 888 II ZPO).

Der Wille des Zuwendenden, seine Leistung mit der Anforderung eines bestimmten Verhaltens (Eheschließung) zu verknüpfen, kann aber auch dadurch erreicht werden, daß er die Leistung von der Eheschließung als Bedingung abhängig macht.[726] Eine solche konditionale Verknüpfung begründet eine Entgeltlichkeit, wenn der Zuwendende die Eheschließung nicht nur im Interesse

721 Soergel-Hermann Lange, 11. Aufl., 1981, § 1624, Rn. 11 unter Bezugnahme auf RG JW 1908, 71; SeuffA 74, Nr. 69; KG OLG 28, 174. Soergel-Stürz, § 1624, Rn. 15, verweist auf diese Ausführungen in der Vorauflage ohne hierzu eine eigene oder abweichende Meinung darzulegen.

722 MüKo-Hinz, § 1624, Rn. 11.

723 Soergel-Hermann Lange, 11. Aufl., 1981, § 1624, Rn. 11.

724 BGH NJW 1982, 436.

725 Enneccerus-Nipperdey, § 191, S. 1170.

726 Haymann, Zur Grenzziehung zwischen Schenkung und entgeltlichem Geschäft, 56 Jher.Jahrb. (1910) 86, 131.

des Empfängers, sondern aufgrund eigener, selbständiger Interessen begehrt.[727] Die Gegenleistung wurde in der Eheschließung vor allem im Hinblick auf die mit der Eheschließung übernommenen Unterhaltsverpflichtungen des Ehemannes gesehen.[728]

Reichsgericht, JW 1911, 278

Der Beklagte hatte dem Kläger eine Zuwendung versprochen unter der Bedingung der Eheschließung und der Bezahlung der Schulden des Neffen E. des Klägers. Das formlose Versprechen war verbindlich und nicht gemäß § 518 BGB formnichtig, weil es sich um ein entgeltliches Versprechen handelte. Dem Mitgiftversprechen haben die Eheschließung und die Schuldentilgung als Gegenleistung gegenübergestanden, auch wenn sich der Kläger zu beiden Leistungen nicht verpflichtet hatte.

II.F.2.1.2. Nichteheliche Lebensgemeinschaften

Die nichteheliche Lebensgemeinschaft wird – wie auch die Ehe – im deutschen Recht nicht als Gegenleistungsbeziehung konstruiert, bei der Leistungen ausgetauscht werden und Mehrleistungen auszugleichen sind. Haben die Parteien einer nichtehelichen Lebensgemeinschaft unter sich nichts Besonderes geregelt, so ist - wie in einer ehelichen Lebensgemeinschaft - grundsätzlich davon auszugehen, daß persönliche und wirtschaftliche Leistungen nicht miteinander abgerechnet werden, sondern ersatzlos von dem Partner erbracht werden sollen, der dazu in der Lage ist.[729] Dies schließt aber nicht aus, daß die Parteien einen Anspruch auf Unterhalt nach Trennung vertraglich begründen. Allerdings bedarf es dazu besonderer Anhaltspunkte, für die diejenige Partei, die Ansprüche geltend macht, beweispflichtig ist. Dabei ist jedoch von dem Grundsatz auszugehen, daß Unterhaltsvereinbarungen in einer nichtehelichen Lebensgemeinschaft nicht getroffen werden. Denn das Zusammenleben der Partner wird von der für selbstverständlich gehaltenen Solidarität bestimmt und rechtsgeschäftlich verbindliche Regelungen sind in einer solchen Rechtsgemeinschaft allgemein ungewöhnlich.[730] Eine über den Bestand der nichtehelichen Lebensgemeinschaft hinausgehende Unterhaltspflicht hielt der BGH in folgendem Fall für möglich und verwies ihn daher zur weiteren Aufklärung an die Vorinstanz zurück:

---

[727] Haymann, Zur Grenzziehung zwischen Schenkung und entgeltlichem Geschäft, 56 Jher.Jahrb. (1910) 86, 129.

[728] Haymann, Zur Grenzziehung zwischen Schenkung und entgeltlichem Geschäft, 56 Jher.Jahrb. (1910 86, 129ff., 132 ff.; RG WarnR 1931 Nr. 24, S. 54; RG JW 1908, 71.

[729] OLG Düsseldorf, FamRZ 1997, 1110, 1111 sowie OLG Karlsruhe FamRZ 1986, 1095, 1096 mit zahlreichen weiteren Nachweisen.

[730] BGH NJW 1980, 1520; BGH NJW 1986, 374.

BGH NJW 1986, 374

Die Klägerin hatte mit dem Beklagten von 1973 bis 1977 oder 1978 in einer nichtehelichen Beziehung zusammengelebt. Die Klägerin brachte ein Kind mit in die Beziehung. Die Parteien hatten außerdem eine 1973 geborene gemeinsame Tochter. Im Jahre 1975 hatten die Parteien eine schriftliche Vereinbarung getroffen, wonach der Beklagte monatlich DM 1.200,00 an die Klägerin „zur Unterhaltung der Kinder sowie ihrer [der Klägerin] Lebenshaltungskosten bis zum 31.12.1980" zahlen sollte. Im Gegenzug verpflichtete sich die Klägerin, die Kinder zu jeder Zeit dem Beklagten zu geben. Die Vorinstanz hatte nach Ansicht des BGH nicht ausreichend berücksichtigt, daß die Gesamtumstände wie auch die Formulierung der Vereinbarung konkrete Anhaltspunkte dafür enthielten, daß die Parteien ihre Rechtsbeziehungen über das Ende der nichtehelichen Lebensgemeinschaft hinaus regeln wollten.

Ebenso wie im englischen und US-amerikanischen Recht sind also ausdrückliche Vereinbarungen im Rahmen nichtehelicher Lebensgemeinschaften auch im deutschen Recht zulässig und werden von den Gerichten beachtet. Anders als die Rechtsprechung des US-Bundesstaates Kalifornien und einiger anderer US-Jurisdiktionen sind deutsche Gerichte aber zurückhaltend bei der Annahme stillschweigender Vereinbarungen nichtehelicher Lebenspartner.

II.F.2.1.3. Pflege von Familienangehörigen oder Verwandten

Auch im deutschen Recht gibt es Fälle, in denen Angehörige oder nahestehende Personen Pflege- und Betreuungsleistungen erbringen und der Pflegebedürftige dafür keine regelmäßige Vergütung zahlt, sondern dem Pfleger beispielsweise das Haus überträgt (und sich gegebenenfalls selbst ein lebenslanges Wohnrecht sichert). Im Gegensatz zum englischen und US-amerikanischen Recht ist im deutschen Recht allerdings ein Vertrag über die Verpflichtung, eine Verfügung von Todes wegen zu errichten oder in einer bestimmten Weise zu testieren, grundsätzlich nichtig (§ 2302 BGB). Verspricht der Pflegebedürftige eine Erbeinsetzung, nimmt aber dann keine entsprechende letztwillige Verfügung vor, so kann derjenige, der im Hinblick auf eine solche Zusage Dienstleistungen erbracht hat, nicht die Erbeinsetzung verlangen. Er hat allerdings Anspruch auf die taxmäßige oder übliche Vergütung seiner Leistung gemäß § 612 Abs. 2 BGB, wenn sich aus dem Versprechen einer späteren Vergütung – insbesondere durch Erbeinsetzung – ergibt, daß keine unentgeltliche Dienstleistung gewollt war.[731]

[731] BGH FamRZ 1965, 318 f.

II.F.2.1.3.1. Erbvertrag

Wollen die Parteien den Erblasser an sein Versprechen, in einer bestimmten Weise letztwillig zu verfügen, binden, so steht ihnen im deutschen Recht der formbedürftige Erbvertrag zur Verfügung. Darin wird die versprochene Erbeinsetzung oder das Vermächtnis geregelt. Im Gegensatz zum Testament ist der Erblasser an den Erbvertrag vertraglich gebunden, er kann ihn also nicht mehr einseitig ändern.

Im Zusammenhang mit dem Erbvertrag kann sich der Bedachte zu einer Leistung unter Lebenden verpflichten, etwa der Pflege und Betreuung des Erblassers im Alter. Die Erbeinsetzung einerseits und die Pflegeleistungen andererseits erfolgen jedoch aufgrund unterschiedlicher, rechtlich selbstständiger Verträge und stehen daher nicht in einem Verhältnis von Leistung und Gegenleistung im Sinne der §§ 320 ff. BGB.[732] Die Möglichkeiten des Erblassers, seine letztwillige Verfügung zu widerrufen, wenn der Bedachte die Pflegeleistungen nicht erbringt, werden unten im Zusammenhang mit dem Widerruf dargestellt.[733]

II.F.2.1.3.2. Übergabevertrag

Neben den erbvertraglichen Regelungsmöglichkeiten zur Entlohnung des Pflegers, ist es in Deutschland (wohl auch aus steuerlichen Gründen) üblich, daß der Pflegebedürftige seine Zuwendung nicht nur verspricht, sondern bereits zu Lebzeiten - etwa im Rahmen eines Übergabevertrages - durchführt.

Die Übernahme von Pflege- und Betreuungsleistungen in einem solchen Übergabevertrag wird in der Rechtssprechung unterschiedlich eingeordnet. Teilweise – insbesondere in den Hofübergabefällen - wird die Pflegeleistung oder Altenteilsleistung nicht als Gegenleistung, sondern als Auflage angesehen. Teilweise werden die Pflege- und Betreuungsleistungen als Gegenleistung für die Zuwendung betrachtet, so daß der Vertrag (jedenfalls teilweise) entgeltlich ist. Die Unterscheidung hat weitreichende Folgen für die Frage, ob und inwieweit der Pflegebedürftige seine Zuwendung widerrufen kann, insbesondere wenn die Pflegeleistungen nicht erbracht werden.

---

732 MüKo-Musielak, vor § 2274, Rn. 21.; LG Köln, DNotZ 1978, S. 685, BayObLG, 28.01.1998, 1/BR 162/97 und 1Z BR 176/97.

733 siehe unten II.F.2.2.

II.F.2.1.3.2.1. Schenkung mit Auflage

Bei der Schenkung unter Auflage stehen sich Leistung und Gegenleistung nicht in einem Gegenseitigkeitsverhältnis gegenüber, sondern im Verhältnis von Hauptsache und Nebensache. Die Zuwendung ist insgesamt eine Schenkung. Die Pflege- und Betreuungsleistungen sind nicht Bestandteil eines Leistungsaustauschs, sondern lediglich Nebenbestimmung der Schenkung. Der BGH geht in seiner ständigen Rechtssprechung davon aus, daß die Erbringung von Altenteilsleistungen, insbesondere die Versorgung des Zuwendenden, in den sogenannten Hofübergabefällen[734] eine Auflage der unentgeltlichen, also schenkweisen Übertragung des Hofes ist, weil diese Leistungen lediglich aus dem Hof und dessen Ertrag zu erbringen sind. Aber auch in einem Fall ohne landwirtschaftlichen Zusammenhang ging das OLG Frankfurt a.M. von einer Schenkung aus, verbunden mit der Auflage, ein Einsitzrecht in der Erdgeschoßwohnung zu gewähren sowie Verköstigung, Pflege und Instandhaltung und Säuberung von Kleidung und Räumen zu übernehmen.[735] Ob eine pauschale Einordnung der Versorgungsleistungen jedenfalls im Rahmen landwirtschaftlicher Hofübergaben in jedem Einzelfall der tatsächlichen Motivationslage der Parteien entspricht, kann jedoch bezweifelt werden. Dies gilt insbesondere dann, wenn das Risiko besteht, daß die Erträge des Hofes die Aufwendungen nicht abdecken.[736]

II.F.2.1.3.2.2. Entgeltlicher Vertrag

Besteht die Zuwendung nicht in einem landwirtschaftlichen Betrieb, dessen Ertrag – zumindest nach der Erwartung der Parteien – die Kosten der Pflege und Betreuung abdecken, so ist die Pflegeleistung eine Gegenleistung für die Zuwendung, und es handelt es sich um einen entgeltlichen Vertrag. Entspricht der Wert der Zuwendung nur zu einem Teil dem Wert der Pflegeleistungen und wissen und wollen die Vertragsparteien dies, so liegt eine gemischte Schenkung, die sich aus einem entgeltlichen und einem unentgeltlichen Teil zusammensetzt.

Die Abgrenzung ist oft schwierig, denn nicht bei jedem objektiven Mißverhältnis von Leistung und Gegenleistung kann bereits von einer gemischten

---

734 BGH vom 7.4.1989, JR 1990, 192 f.; die Entscheidung bestätigend auch BGH, Urteil vom 5.2.1993, FamRZ 1993, 785 f. Ebenso bereits die Entscheidung in BGHZ 3, 206 ff. aus dem Jahre 1959 und RGZ 29, 173 ff.

735 OLG Frankfurt, NJW-RR 1996, 781.

736 Probst, Anm. zum BGH-Urteil vom 7.4.1989, JR 1990, 193, 194.

Schenkung ausgegangen werden. Es muß vielmehr auch ein subjektives Element, also eine Einigung der Vertragsparteien über die Unentgeltlichkeit vorliegen. Allerdings spricht bei einem objektiv groben Mißverhältnis von Leistung und Gegenleistung eine Vermutung dafür, daß sich die Vertragsparteien dieses Mißverhältnisses bewußt waren und über die Unentgeltlichkeit der dem anderen Teil zugewendeten Bereicherung einig waren. Die Anwendung dieser Grundsätze auf Vereinbarungen zwischen Angehörigen über Pflegeleistungen muß schwierig sein, denn für die Pflege und Betreuung gerade durch einen nahen Angehörigen läßt sich ein Marktwert nicht feststellen und können die allgemeinen Pflegesätze nicht herangezogen werden. Insofern müssen die oben zitierten Ausführungen des Gerichts in der Entscheidung Klockner v. Green[737] auch für Deutschland gelten.

Dennoch gelangen deutsche Gerichte in ihren Entscheidungen immer wieder zur Feststellung einer gemischten Schenkung mit der Folge, daß auf den geschenkten Teil Schenkungsrecht anwendbar ist, und dieser Teil beispielsweise dem Zugriff der Sozialhilfeträger unterliegt, wenn dieser gemäß § 90 BSHG übergeleitete Ansprüche nach § 528 Abs. 1 BGB geltend macht.[738] Offenbar hat ein ohnedies nur schwer zu ermittelnder Parteiwille hinter einer objektiven wirtschaftlichen Betrachtung zurückzustehen, wenn vermeintlich berechtigte Interessen Dritter berührt sind.

II.F.2.2. Widerruf

Mit der Frage der Widerrufbarkeit des Versprechens einer Zuwendung unter Familienangehörigen hat sich die deutsche Rechtsprechung soweit ersichtlich bislang nur selten auseinandersetzen müssen, da die Zuwendungen meist nicht nur versprochen, sondern bereits zu Lebzeiten erbracht werden. Häufiger sind daher die Fälle, in denen eine bereits geleistete Zuwendung zurückverlangt wird, weil sich die Erwartungen des Zuwendenden, insbesondere bezüglich der Gegenleistung, nicht erfüllt haben.

Im Bereich der innerfamiliären Zuwendungen gibt es im deutschen Recht verschiedene Regelungen. So kann beispielsweise jeder Verlobte gemäß § 1301 BGB von dem anderen die Herausgabe von Geschenken verlangen, wenn die Eheschließung unterbleibt.

---

737 254 A.2d 782 (1969).

738 Näher dazu siehe unten II.F.2.2.

Komplex ist die Abwicklung von Vereinbarungen über die Betreuung und Pflege nahestehender Personen, wenn der Pfleger seine Leistungen nicht mehr erbringen kann, soll oder will.

Hier kommt es zunächst darauf an, von welcher der oben[739] beschriebenen Gestaltungsmöglichkeiten die Parteien Gebrauch gemacht haben.

Bei der Zuwendung durch letztwillige Verfügung im Rahmen eines Erbvertrages[740] bestehen zunächst Spezialvorschriften. Ein Rücktrittsrecht des Erblassers gewährt § 2295 BGB, jedoch nur, wenn er mit Rücksicht auf eine rechtsgeschäftliche Verpflichtung des Bedachten verfügt hat und diese Verpflichtung später aufgehoben wird. Ob auch die Kündigung oder der Widerruf des Pflegevertrages durch den Erblasser etwa wegen Nicht- oder Schlechterfüllung eine Aufhebung im Sinne des § 2295 BGB sein kann, ist streitig.[741] Weiter kann der Erblassers den Erbvertrag gemäß § 2078 i.V.m. § 2281 BGB mit der Begründung anfechten, seine Erwartung, der Bedachte würde ihn betreuen, sei irrig gewesen. Da die Erbeinsetzung und die Erbringung von Pflegeleistungen nicht im Verhältnis von Leistung und Gegenleistung stehen,[742] sind die §§ 320 ff. BGB nicht anwendbar und können daher kein Rücktrittsrecht wegen Schlechterfüllung, Verzug oder Nichterfüllung begründen. Eine zuverlässige Verknüpfung von Erbeinsetzung und Pflege und Betreuung kann der Erblasser dadurch erreichen, daß er seine letztwillige Verfügung durch die korrekte Pflege und Betreuung auflösend bedingt erklärt. Die Gerichte sind bei der Auslegung des Erbvertrages und der Annahme einer solchen Bedingung, die auch stillschweigend vereinbart werden kann, eher großzügig.

OLG Hamm, DNotZ 1977, 751 ff.

1964 schloß die Erblasserin mit ihrem Neffen einen Erbvertrag, in dem dieser gegen die Übernahme bestimmter Zahlungs- und Pflegepflichten zum Erben eingesetzt wurde. Es kam zu Spannungen und Mißhelligkeiten zwischen der Erblasserin und dem Neffen. Sie trafen eine Vereinbarung über die Aufhebung des Erbvertrages gegen Zahlung einer Abfindung, die aber formunwirksam war. 1970 setzte die Erblasserin durch notarielles Testament ihre Nichte zur alleinigen Erbin ein. 1974 verstarb die Erblasserin. Der Neffe und die Nichte nehmen beide das alleinige Erbrecht für sich in Anspruch.

---

739 siehe oben II.F.2.1.3.

740 siehe oben II.F.2.1.3.1.

741 LG Hamm DNotZ 1978, 753 ff. mit kritischen Anm. Bengel. Zu dem Meinungsstreit auch MüKo-Musielak, § 2295, Rn. 6.

742 siehe oben II.F.2.1.3.1.

Das OLG führte aus, daß die Erblasserin erkennbar die vertragsmäßige Verfügung (Erbeinsetzung) mit der Erbringung der Pflege- und Betreuungsleistungen verknüpfen wollte. Bei einer solchen Sachlage dränge sich nach Ansicht des OLG regelmäßig die Frage auf, ob die vertragsmäßige Zuwendung nicht von vorneherein durch den Bestand der Leistungspflicht des Bedachten bedingt sein sollte (§ 158 Abs. 2 BGB).[743]

Erfolgt die Zuwendung nicht durch Erbvertrag, sondern bereits zu Lebzeiten als Schenkung mit Auflage,[744] stehen Zuwendung und Pflege ebenfalls nicht in einem Gegenseitigkeitsverhältnis. Einen Zugriff des Pflegebedürftigen auf die Zuwendung ermöglicht § 527 Abs. 1 BGB. Dieser Anspruch setzt zunächst voraus, daß es sich um eine vermögenswerte, d. h. kommerzialisierbare Auflage handelt. Dienst- und Pflegeleistungen können im wirtschaftlichen Verkehr gegen ein Entgelt erworben werden, so daß insofern ein Rückforderungsanspruch besteht. Dieser Anspruch geht jedoch nur so weit, als die Zuwendung zur Vollziehung der Auflage hätte verwendet werden sollen.

Weiter kann der Zuwendende seine Zuwendung insgesamt wegen groben Undanks widerrufen, wenn sich der Beschenkte durch eine schwere Verfehlung gegen den Schenker oder einen nahen Angehörigen des Schenkers schuldig macht (§ 530 BGB). Grober Undank konnte z. B. darin bestehen, daß ein grundloser Entmündigungsantrag gestellt wurde,[745] daß eine hartnäckige Weigerung besteht, das bei der Schenkung vorbehaltene Wohnrecht zu erfüllen[746] oder die Nutzung des Gartens zu gewähren.[747]

BGH JR 1990, 192[748]

Im Jahre 1983 übertrug die Klägerin ihrem Sohn einen mit einem Wohnungsrecht der Schwester der Klägerin belasteten Grundbesitz, bebaut mit einer Gaststätte nebst Wohnräumen, den dieser „dankend annahm". Der Sohn räumte seiner Mutter ein lebenslängliches unentgeltliches Altenteil ein, bestehend aus einem Wohnungsrecht, monatlicher Rente sowie Zahlung von Beiträgen zur landwirtschaftlichen Alterskasse.

Bereits ein halbes Jahr später forderte die Mutter die Rückgabe der „übertragenen Grundbesitzungen wegen groben Undanks", der sich anscheinend in tätlichen Angriffen des Sohnes auf sie manifestierte. Voraussetzung dafür war, daß die Übertragung insge-

---

743 Für eine großzügige Anwendung der Bedingung: Bengel, Anmerkung zu LG Köln vom 5.7.1978, DNotZ 1978, 687, 688 f.

744 siehe oben II.F.2.1.3.2.1.

745 BGH, FamRZ 1993, 785 f.

746 BGH, Urteil vom 30.3.1984 – unveröffentlicht.

747 BGH, WM 1992, 71 ff.

748 m.Anm. Probst, S. 193 ff.

samt oder zumindest in ihrem überwiegenden Teil als Schenkung einzuordnen war. Dies setzte wiederum voraus, daß die zu erbringenden Altenteilsleistungen (Leibgedinge und Wohnrecht) keine Gegenleistung für die Leistung des Grundstücks waren. Im konkreten Fall beanstandete der BGH, die Vorinstanz hätte rechtsfehlerhaft nicht berücksichtigt, daß es sich bei den Altenteilsleistungen nicht um eine Gegenleistung, sondern auch um eine Auflage einer Schenkung gehandelt haben könnte. Dies führte zur Aufhebung des klageabweisenden Urteils und Rückverweisung.

In der Praxis bedeutsam ist schließlich auch die Rückforderung wegen Notbedarf des Zuwendenden gemäß § 528 Abs. 1 BGB. Dieser Anspruch wird häufig als übergeleiteter Anspruch (§ 90 BSHG) von dem Sozialhilfeträger geltend gemacht, wenn der Zuwendende die notwendigen Kosten – beispielsweise einer Heimunterbringung – nicht aus eigenen Mitteln bestreiten kann. Der Rückforderungsanspruch reicht allerdings nur so weit, wie Notbedarf beim Zuwendenden vorliegt. Er ist bei Grundbesitzübertragungen zumeist nicht auf Herausgabe des Grundbesitzes, sondern auf Wertersatz also auf Geldzahlung gerichtet, wenn der Wert des Grundbesitzes den aktuellen Unterhaltsbedarf des Zuwendenden übersteigt (§ 818 Abs. 2 BGB).

Daß die deutschen Gericht in konfliktbeladenen persönlichen Verhältnissen der Beteiligten im Einzelfall auch durch eine Änderung der ursprünglichen Vereinbarung zu einer pragmatischen Lösung finden können, dokumentiert schließlich die folgende Entscheidung:

BGHZ 25, 293

Der schwer kriegsbeschädigte Antragsteller übertrug 1948 seinen Hof dem Antragsgegner, seinem Sohn Willi, der dafür die „kindliche Hege und Pflege des Antragstellers in alten und kranken Tagen" übernahm. Im Laufe der Zeit kam es zu einer „erbitterten Feindschaft" zwischen dem Antragsteller einerseits und seinem Sohn sowie dessen Ehefrau andererseits. Streitpunkte waren unter anderem die Gewährung von „frei Licht und frei Strom für alle Geräte", die Erhöhung der Kohlezuteilung oder die Gestellung eines Fuhrwerks.

Nach Ansicht des Gerichts war unter diesen Umständen dem Antragsteller eine Betreuung durch Sohn Willi und dessen Ehefrau nicht mehr zuzumuten. Das Gericht ersetzte die Betreuungsverpflichtung von Sohn Willi durch eine Zahlungsverpflichtung von DM 100 monatlich an die Tochter Frieda des Antragstellers, die dafür die Pflege des Antragstellers übernahm. Denn bei einer grundlegenden Veränderung der bei der Begründung eines Altenteils bestehenden wirtschaftlichen oder persönlichen Verhältnisse ist auch die inhaltliche Abänderung eines Altenteilsrecht nach den Grundsätzen von Treu und Glauben (§§ 157, 242 BGB) zulässig.

Ein Rücktrittsrecht kommt schließlich auch beim entgeltlichen Vertrag[749] nur ausnahmsweise in Betracht. Führen veränderte Verhältnisse, wie etwa Streitigkeiten und Zerwürfnisse zwischen den Parteien, dazu, daß eine Pflege und Betreuung nicht mehr zumutbar ist, so soll damit die Geschäftsgrundlage des Vertrages entfallen sein. Folge eines Wegfalls der Geschäftsgrundlage ist (sowohl nach den von Literatur und Rechtssprechung entwickelten Grundsätzen als auch nach der gesetzlichen Regelung in § 313 BGB) in erster Linie die Anpassung des Vertrages an die geänderten Verhältnisse und nicht seine Rückabwicklung. So hatte sich der BGH jüngst mit folgendem Fall zu befassen:[750]

> Die Klägerin war Eigentümerin eines Einfamilienhausgrundstückes. Mit notariellem Vertrag vom 2. September 1988 übertrug sie das Grundstück an die Beklagten. Als Gegenleistung sollten die Beklagten u.a. der Klägerin einen lebenslänglichen Nießbrauch an dem Grundstück bestellen, DM 50.000,00 an sie zahlen und sie und ihren zwischenzeitlich verstorbenen Lebensgefährten, den Vater der Beklagten zu 2. „in gesunden und kranken Tagen" pflegen und betreuen.
>
> Der Nießbrauch wurde bestellt, die Zahlung geleistet. Auch die Pflege- und Betreuungsleistungen wurden zunächst erbracht. Später kam es zu Unstimmigkeiten. Die Beklagten stellten die Pflege und Betreuung ein, nachdem die Klägerin die Entgegennahme der Leistungen abgelehnt und ihnen Hausverbot erteilt hatte. Die Klägerin verlangte von den Beklagten Rückauflassung des Grundstücks Zug um Zug gegen Zahlung von DM 50.000,00, hilfsweise die Zahlung von monatlich DM 2.396,00.

Der BGH stellte in seiner Entscheidung zunächst fest, daß die Pflegeleistungen zwar keine höchstpersönlichen Leistungen sind, die Parteien aber die Vereinbarung regelmäßig in der Erwartung schließen, der Pfleger werde die Pflege persönlich leisten. Dies soll insbesondere für den Pfleger gelten, der sich nach Meinung des BGH zu Pflegeleistungen nur deshalb verpflichten kann, weil der davon ausgeht, ohne größeren wirtschaftlichen Aufwand die von ihm geschuldeten Dienste selbst erbringen zu können. Wird die Pflege und Betreuung später unzumutbar, so soll dann aber doch nach den Grundsätzen des Wegfalls der Geschäftsgrundlage eine Zahlungsverpflichtung des Pflegers an die Stelle seiner Pflichten treten.

Bei der Berechnung der Höhe dieser Zahlungsverpflichtungen kann man entweder auf die Kosten einer Ersatzkraft oder auf die ersparten Aufwendungen des Pflegers abstellen. Die erste Berechnungsmethode ist für den Pflegebedürftigen, die zweite für den Pfleger die günstigere. Welche Berechnungsmethode letztlich zur Anwendung kommt, soll davon abhängen, ob

---

[749] siehe oben II.F.2.1.3.2.2.

[750] BGH vom 1.2.2002 V ZR 61/01, JZ 2002, 774.

eine der Parteien beweisen kann, daß die Zerrüttung des Verhältnisses jeweils der anderen Partei vorzuwerfen ist. Läßt sich dieser Nachweis nicht führen schlägt der BGH salomonisch vor, daß der Pfleger über die Ersparnisse hinaus die Hälfte der Differenz zwischen Ersparnissen und Kosten einer Ersatzkraft zu zahlen hat.[751]

In allen untersuchten Fällen gingen die Gerichte ohne weiteres von einer Verpflichtung des Pflegers zur Erbringung der Pflegeleistungen und damit von einem gegenseitig verpflichtenden Vertrag aus, obwohl der BGH jüngst anerkannt hat, daß es sich jedenfalls um eine sehr weitgehende Verpflichtung handelt. Die deutschen Gerichte lösen dieses Problem, indem sie den Pfleger an seiner Verpflichtung nicht festhalten, wenn sich später herausstellt, daß diese Pflege aus persönlichen oder sonstigen Gründen zu beschwerlich ist, sondern die Pflegeverpflichtung in eine Zahlungsverpflichtung umwandeln. Eine Auflösung des Vertrages und damit einen Rückgabeanspruch gewährt das deutsche Recht nur, wenn der Pfleger aufgrund seiner finanziellen Verhältnisse nicht in der Lage ist einer Zahlungsverpflichtung anstelle seiner Pflegeleistung nachzukommen.[752]

Den Interessen des Pflegers entspricht dies, wenn für ihn der Zuwendungsgegenstand mehr wert ist, als die Zahlungen, die er nun anstelle der lästig gewordenen Pflegeleistungen zu erbringen hat.

Den Interessen des Zuwendenden, entspricht dieser Ansatz allerdings zumindest dann nicht, wenn es für ihn wichtig ist, daß eine ihm nahestehende Person, die unter Umständen mit in seinem Haus lebt, die Pflegeleistungen erbringt und er ihr nur deswegen einen – häufig seinen einzigsten – wertvollen Vermögensgegenstand zugewendet hatte.

Die Gerichte sollten zumindest die Möglichkeit in Betracht ziehen, daß sich der Pflegeverpflichtete gar nicht zur Pflege verpflichtet hat, sondern – entsprechend dem unilateral contract - die Pflegeverpflichtung als aufschiebende oder auflösende Bedingung der Zuwendung einzuordnen ist, mit der Folge daß der Zuwendungsgegenstand an den Zuwendenden zurückfällt, wenn der Pfleger die Bedingung nicht erfüllt. Im Rahmen des Erbvertrages wird eine solche konditionale Verknüpfung bereits bejaht. Pflegeleistungen in der Vergangenheit mögen dann gemäß § 612 Abs. 2 BGB auszugleichen sein.

---

[751] BGH, NJW 2002, 440, 441; WM 1981, 657, 658; WM 1994, 2166, 2167; OLG Düsseldorf NJW-RR 1988, 326, 327; 1994, 201, 202.

[752] BGH, WM 1994, 2166, 2167.

II.F.3. Zusammenfassung und vergleichende Betrachtung

Die rechtliche Beurteilung von Leistungen und Versprechen im innerfamiliären Bereich ist sowohl im englischen und US-amerikanischen als auch im deutschen Recht problematisch, weil sich bei den beteiligten Parteien rationale geschäftliche Erwägungen mit emotionalen Aspekten vermischen. Leistungsversprechen im Privatbereich liegen – wie ein US-amerikanischer Autor zutreffend bemerkt – an der Peripherie des geschäftlichen Leistungsaustauschs.[753]

Die Frage, ob die Durchsetzbarkeit eines von den Parteien angestrebten Leistungsaustauschs mit rechtlichen Zwangsmitteln den nicht nur wirtschaftlich-geschäftsmäßigen Interessen der Parteien gerecht wird, läßt sich nicht immer eindeutig beantworten. Letztlich hängt die Entscheidung in den Fällen von Leistungsbeziehungen zwischen Familienmitgliedern oder Freunden in besonderem Maße von den jeweiligen Umständen des Einzelfalles ab.

Das deutsche Recht arbeitet hier mit einem breiteren Instrumentarium als das englische oder das US-amerikanische Recht: Zunächst bestehen eine Reihe spezialgesetzlicher Regelungen, insbesondere im Bereich der Ausstattung anläßlich einer Eheschließung und im Bereich des Erbvertrages. Außerdem stehen dem deutschen Recht mit der gemischten Schenkung und der Schenkung unter Auflage Zwischenstufen zur Verfügung, mit denen sich eine Leistung, die mit einer wie auch immer gearteten Gegenleistung verknüpft ist, noch als Schenkung oder bereits als entgeltliche Leistung einordnen läßt.

Grund dafür ist, daß das deutsche Recht bei der Abgrenzung zwischen unentgeltlicher und entgeltlicher Leistung den subjektiven Willen der Parteien ermittelt. Das common-law-Vertragsrecht kennt diese Zwischenstufen nicht, auch bei einer nach deutschem Recht gemischten Schenkung liegt immer eine ausreichende consideration für das ganze Versprechen vor: „promise that is supported by a mixture of gift and bargain is supported by adequate consideration."[754]

---

[753] „Transactions that are on the periphery of the marketplace": Farnsworth on Contract § 2.5, S. 69. Ein innerfamiliärer Leistungsaustausch findet in vielen Fällen nicht aufgrund eines „bargain", also um einer Gegenleistung willen statt.

[754] Pasant v. Jackson National Life Insurance Co., 35 F.3d 94 (1995); siehe auch comment c zu Restatement of Contracts (Second) § 71: „Even where both parties know that a transaction is in part a bargain and in part a gift the element of bargain may nevertheless furnish consideration for the entire transaction."; Calamari/ Perillo, The Law of Contracts, § 4-7, S. 179.

Da im deutschen Recht die Bandbreite der Versprechen, die noch als Schenkungsversprechen eingeordnet werden können, größer ist, ist auch der Anwendungsbereich der Formvorschrift des § 518 BGB, die vor übereilten Schenkungsversprechen schützen soll, größer als der Schutzbereich der consideration im englischen und US-amerikanischen Recht.

Dadurch daß, die Leistung - wie häufig in Deutschland - nicht nur versprochen, sondern bereits durchgeführt wurde, greift dieser Schutz nicht mehr, da der Mangel der Form durch die Bewirkung der versprochenen Leistung geheilt wird (§ 518 Abs. 2 BGB). Dann kommt im Rahmen des Schenkungsrechts ein Widerruf der Zuwendung wegen groben Undank in Betracht. Die bloße Nichterfüllung von Pflegeleistungen genügt hier freilich nicht, kann aber in Verbindung mit anderen Faktoren einen Widerruf begründen. So können unter dem Deckmantel der Abgrenzung von Entgeltlichkeit und Unentgeltlichkeit letztlich allgemeine Gerechtigkeits- oder public-policy-Gesichtspunkte zum Zuge kommen, wie bereits Lorenz in einem entsprechenden Aufsatz nachgewiesen hat.[755] Im übrigen suchen die Gerichte mit Hilfe des Rechtsinstituts des Wegfalls der Geschäftsgrundlage oder der ergänzenden Vertragsauslegung interessengerechte Ergebnisse zu erzielen. Allerdings neigen die Gerichte dazu, den zugewendeten Gegenstand bei dem Empfänger zu belassen und dem Pflegebedürftigen lediglich die Kosten für Pflege und Betreuung zu gewähren. Ob dies stets der Interessenlage entspricht, wurde bezweifelt.

Keine Bedenken bestehen im deutschen Recht anscheinend dagegen, daß der Pfleger sich verpflichtet, seine Leistungen bis zum Lebensende des Erblassers zu erbringen. Bei den entgeltlichen Verträgen wird ohne weiteres von einem gegenseitig verpflichtenden Vertrag ausgegangen. Nur beim Erbvertrag weicht das deutsche Recht ebenso wie das englische und US-amerikanische Recht beim Erbvertrag auf die Verknüpfung der letztwilligen Verfügung und der Pflegeleistung durch eine Bedingung aus, allerdings nicht, weil es an einem ausdrücklichen Gegenversprechen des Pflegers fehlt, sondern weil der Erbvertrag nicht dazu dient, Erbeinsetzung und Pflegeleistung im Sinne gegenseitiger Leistungspflichten festzulegen, sondern lediglich dazu, eine Bindung des Erblassers an seine letztwillige Verfügung zu erreichen.

Im englischen und US-amerikanischen Recht hingegen setzen sich englische und US-amerikanische Gerichte bei der Bestimmung der consideration regelmäßig mit der Frage auseinander, ob der Leistungsempfänger ein Gegenversprechen abgegeben hat oder nur eine tatsächliche Gegenleistung erbringen

---

755 Lorenz, Entgeltliche und unentgeltliche Geschäfte, in Festschr. f. Rheinstein, S. 547, 554.

sollte. Allerdings ergeben sich im englischen und US-amerikanischen Recht aus der Einordnung des Leistungsaustauschs als unilateral contract keine Folgen. Ein Vertrag kommt zwar erst mit vollständiger Leistungserbringung zustande. Aber das Zuwendungsversprechen ist dennoch nicht frei widerrufbar, wenn der Versprechensempfänger mit der Leistungserbringung begonnen hat.

II.G. Verträge im öffentlichen Recht und im Strafrecht

II.G.1. Englisches und US-amerikanisches Recht

Kurz erwähnt werden soll schließlich noch die Bedeutung des unilateral contract im englischen und US-amerikanischen Recht bei Verträgen im Bereich des öffentlichen Rechts.

Wenn ein Bürger für die Vornahme einer bestimmten Handlung durch die Behörde seinerseits eine Leistung verspricht, kann die Behörde häufig ein entsprechendes Gegenversprechen nicht abgeben. Denn ihre Entscheidung über die Vornahme der Handlung setzt zunächst die Beachtung öffentlich-rechtlicher Vorschriften voraus. Zulässig kann aber eine vertragliche Gestaltung sein, bei der sich der Bürger verpflichtet, die versprochene Leistung zu erbringen, falls die Behörde tatsächlich entsprechend den Interessen des Bürgers handelt, ohne daß die Behörde aber ein entsprechendes Versprechen abgibt.

So sind im US-amerikanischen Recht beispielsweise Vereinbarungen über die Klassifizierung eines Grundstücks hinsichtlich seiner zulässigen Bebauung (sogenanntes „Contract Zoning“) als unilateral contract zulässig, da der Antragsteller eine bestimmte Leistung verspricht, für den Fall, daß die Gemeinde eine bestimmte Klassifizierung vornimmt, die Gemeinde aber eine solche Klassifizierung nicht verspricht. Die Gemeinde muß ihre Entscheidung bei einer solchen Vereinbarung weiterhin allein aufgrund der gesetzlichen Vorschriften treffen.[756] Entscheidet sie vereinbarungsgemäß, so ist der Antragsteller verpflichtet, die versprochene Leistung zu erbringen.

---

[756] Ausführlich zum „Contract Zoning“ die Entscheidung Dacy v. Village of Ruidoso, 845 P.2d 793 (1992); Wegner, Moving Toward the Bargaining Table: Contract Zoning, Development Agreements, and the Theoretical Foundations of Government Land Use Deals, 65 N.C.L.Rev. 976 (1987); Kennedy, Note, Contract and Conditional Zoning: A Tool for Zoning Flexibility, 23 Hastings L.J. 825 (1972); siehe auch Westgate Families v. County Clerk, 667 P.2d 453 (1983); Mechem v. City of Santa Fe, 634 P.2d 690 (1981); Spray v. City of Albuquerque 608 P.2d 511 (1980).

Aber auch Ansprüche des Bürgers lassen sich mit Hilfe des unilateral contracts erfassen, wenn der Bürger für eine Zusage kein Gegenversprechen abgeben kann oder will. Prominentes Beispiel sind hier Absprachen im Rahmen eines Strafprozesses (sogenannte „plea bargains“).[757] Im englischen und US-amerikanischen Strafverfahren sind die Strafverfolgungsbehörde und das Gericht verpflichtet, sich an Zusagen z. B. bezüglich des Strafmaßes zu halten, wenn der Angeklagte ein bestimmtes Geständnis tatsächlich ablegt. Der Angeklagte ist allerdings zu keinem Zeitpunkt verpflichtet, ein solches Geständnis abzulegen. Die Vereinbarungen werden daher als unilateral contract eingeordnet, bei dem eine Verpflichtung des Gerichts erst entsteht, wenn das Geständnis abgelegt wurde.[758]

II.G.2. Deutsches Recht

Im deutschen Recht ist die Zulässigkeit von Vereinbarungen über das Strafmaß umstritten. Teilweise wird die Auffassung vertreten, Absprachen über den Urteilsinhalt seien mit den Prinzipien des deutschen Strafverfahrens grundsätzlich unvereinbar. Im Unterschied zum Zivilprozeß und zum Strafprozeß angloamerikanischer Prägung unterliege das Verfahrensergebnis nicht, auch nicht teilweise, der Dispositionsbefugnis der Parteien oder des Gerichts, so daß es ein Aushandeln von Schuld und Strafe im Sinne des „plea bargaining“ nicht gebe. Der Handel „Strafmilderung gegen Geständnis“ verstoße außerdem gegen das Gleichheitsprinzip (gleiche Strafen für Taten gleicher Schwere).[759] Der Bundesgerichtshof hat in einer Grundsatzentscheidung aus dem Jahre 1997 die Zulässigkeit von Absprachen im Strafverfahren zwar bejaht, sie aber unter wesentliche Vorbehalte gestellt.[760]

---

757 Ashworth, The Criminal Process, 1994, S. 257.

758 Pettit, Modern Unilateral Contract, 63 Boston U.L.Rev. 551, 568 f. (1983); Westen & Westen, A Constitutional Law of Remedies for Broken Plea Bargains, 66 California L.Rev. 471, 525 (1978); Ejzak, Plea Bargains and Nonprosecution Agreements: What Interests Should be Protected When Prosecutors Renege?, 1 U. Ill. L.Rev. 107 ff. (1991).

759 Schünemann, FS für Baumann, S. 361 ff. m. w. Nachw. Beulke/ Satzger, Der fehlgeschlagene Deal und seine prozessualen Folgen, JuS 1997, 1072 m. w. Nachw. zum aktuellen Meinungsstand.

760 BGHSt 43, 195. Das Gericht darf beispielsweise keine verbindliche Zusage zur Höhe der zu verhängenden Strafe machen, darf aber eine Strafobergrenze angeben, an die es - unter dem Vorbehalt neuer, den Angeklagten erheblich belastender Erkenntnisse - gebunden ist. Es muß auch von der Glaubwürdigkeit des Geständnisses überzeugt sein. Schließlich muß die Absprache unter Mitwirkung aller Verfahrensbeteiligten in einer öffentlichen Hauptverhandlung getroffen werden, da andernfalls der Grundsatz der Öffentlichkeit (§ 169 S. 1 GVG) verletzt ist.

Die Bindung des Gerichts an eine Vereinbarung, die danach ordnungsgemäß zustande gekommen ist, folgt im deutschen Recht allerdings nicht aus einem vertraglichen Schuldverhältnis, sondern aus den Grundsätzen des fairen Verfahrens, zu denen auch gehört, daß sich das Gericht nicht in Widerspruch zu eigenen früheren Erklärungen, auf die ein Verfahrensbeteiligter vertraut hat, setzen darf.[761] Bei fehlgeschlagener Absprache besteht daher die Möglichkeit eines Wiederaufnahmeantrags,[762] ein Verfahrenshindernis besteht dagegen nicht, allerdings darf ein auf diesem Weg erlangtes Geständnis nicht verwertet werden.[763]

---

761 BGHSt 36, 210, 214.
762 OLG Stuttgart NJW 1999, 375.
763 BGH NJW 1996, 3018.

II.H. Zusagen von arbeitsrechtlichen Sonderleistungen

II.H.1. Englisches und US-amerikanisches Recht

Neben einem laufenden Arbeitsentgelt kann ein Arbeitgeber Sonderleistungen gewähren, die zu bestimmten Anlässen (z. B. Weihnachten, 10-jährige Betriebszugehörigkeit) zahlbar sind. Auf dem Gebiet dieser arbeitsrechtlichen Sonderleistungen fand im US-amerikanischen Vertragsrecht die beachtlichste und jüngste Ausdehnung des unilateral contract statt.[764] Seit Mitte der 60er Jahren ist die Zahl der unilateral contract Fälle in diesem Rechtsbereich sprunghaft angestiegen. Die praktische Bedeutung des unilateral contract im Arbeitsrecht übertrifft damit inzwischen bei weitem die des Maklerrechts, das bislang als die wichtigste Fallgruppe des unilateral contract galt. Pettit stellte in seiner Untersuchung aus dem Jahre 1983 fest, daß seit 1964 die Gerichte in mehr als 20 arbeitsrechtlichen Entscheidungen den unilateral contract herangezogen haben.[765] Dieser Trend hat sich seitdem fortgesetzt und sogar noch verstärkt. Bemerkenswert ist diese Entwicklung vor allem deshalb, weil der unilateral contract von der Rechtswissenschaft als überholtes Rechtsinstitut betrachtet wurde, dessen Existenz allein dadurch zu erklären war, daß seine Anwendung in bestimmten Fallgruppen, insbesondere bei Auslobungen und Maklerverträgen, traditionell üblich war. Das Recht der arbeitsrechtlichen Sonderleistungen belegt jedoch, daß das Rechtsinstitut des unilateral contract auch in anderen, neuen Fallgruppen eine interessengerechte Gestaltung der Vertragsbeziehungen der Parteien ermöglicht.

II.H.1.1. Zustandekommen

Die Formen der arbeitsrechtlichen Sonderleistungen umfassen und erfassen auch grundlegende soziale Leistungen, zu denen der deutsche Arbeitgeber bereits aufgrund zwingender gesetzlicher Vorschriften verpflichtet ist.[766] Sie reichen von Geldleistungen über die Beteiligung an oder Übernahme von Versicherungen zugunsten des Arbeitnehmers (vor allem der Krankenver-

---

[764] Pettit, Modern Unilateral Contract, 63 Boston U.L.Rev. 551, 559 (1983); Tiersma, Reassessing Unilateral Contracts, 26 U.C. Davis L.Rev. 1, 61 ff. (1992).

[765] Pettit, Modern Unilateral Contract, 63 Boston U.L.Rev. 551, S. 560 in Fn. 45 (1983).

[766] Gerade im Vergleich mit dem US-amerikanischen Recht zeigt sich, daß sich auch im deutschen Recht die gesetzlichen Schutzvorschriften, etwa im Rahmen des Kündigungsschutzgesetzes oder Entgeltfortzahlungsgesetzes, durchaus als Leistung des Arbeitgebers im Rahmen eines Arbeitsverhältnisses mit Austauschcharakter erfassen lassen. Zu diesem Ansatz ausführlich Koller, Risikozurechnung, S. 399 ff.

sicherung) bis zu Zusagen über die Einhaltung bestimmter Vorgehensweisen bei Kündigungen (beispielsweise vorherige Abmahnung). Andere Arbeitgeberleistungen beinhalten bezahlten Urlaub oder die Zahlung von Beiträgen in eine Altersversicherung[767] des Arbeitnehmers.

Die Verbindlichkeit arbeitsrechtlicher Zuwendungsversprechen beurteilt sich nach allgemeinen vertragsrechtlichen Grundsätzen. Es muß also für jedes Versprechen eine ausreichende Gegenleistung (consideration) vorliegen, und die Parteien müssen sich durch Angebot und Annahme geeinigt haben.

Die Gegenleistung des Arbeitnehmers für Sonderzuwendungen kann in der Leistung einer über das normalerweise zu erwartende Maß hinausgehenden Arbeitsqualität- oder quantität (incentive bonus) oder in der Betriebstreue des Arbeitnehmers während eines bestimmten Zeitraums (retention bonus) liegen. Sie kann im US-amerikanischen Recht aber auch darin liegen, daß der Arbeitnehmer nach dem Versprechen der Sonderzuwendung weiterarbeitet (continued performance) und verstößt damit auch nicht gegen die in der englischen Entscheidung Stilk v. Myrick aufgestellte Regel, daß die Erfüllung einer bereits bestehenden Verpflichtung keine ausreichende consideration sein kann.

> Stilk v. Myrick[768]
>
> Während einer Seereise von London ins baltische Meer und zurück desertierten zwei Seeleute. Der Kapitän des Schiffes konnte keine Ersatzkräfte finden. Er versprach daher den verbliebenen Seeleuten, die Heuer der Deserteure unter ihnen aufzuteilen, wenn sie das Schiff zurück nach London segeln würden. Dieses Versprechen einer zusätzlichen Entlohnung war wegen fehlender consideration nicht verbindlich. Die Seeleute waren bereits aufgrund ihrer ursprünglichen Vereinbarung verpflichtet, das Schiff zurück nach London zu segeln, selbst wenn ein Teil der Mannschaft desertierte.

---

767 1974 wurde in den Vereinigten Staaten der Employee Retirement Income Security Act („ERISA“) erlassen, der weite Bereiche der Arbeitgeberleistungen (employee benefits), insbesondere der Altersversorgungssysteme („pension plans“) regelt. ERISA enthält bestimmte Mindestvoraussetzungen, die ein „pension plan“ erfüllen muß, insbesondere eine Regelung, die einen Verfall von Ansprüchen ausschließt. Auch sonstige Fürsorgepläne „welfare plans“ des Arbeitgebers werden von dem ERISA erfaßt, sind allerdings weniger strengen Voraussetzungen unterworfen. Die Frage, inwieweit der ERISA für die von dem Gesetz erfaßten Arbeitgeberleistungen eine abschließende Regelung enthält, neben der vertragliche Ansprüche (insbesondere aus einem unilateral contract) von vornherein ausscheiden, ist noch nicht entschieden worden. Es spricht aber viel dafür, daß vertragliche Ansprüche neben ERISA zur Anwendung kommen können, da das Gesetz nicht alle Arten von Arbeitgeberleistungen erfaßt. Ausdrücklich ausgeschlossen von dem ERISA sind z. B. sogenannte „top-hat-plans“, besondere Altersversicherungen für leitende Angestellte: Gallione v. Flaherty, 70 F.3d 724 (1995).

768 (1809) 2 Camp. 317.

In diesem Punkt unterscheidet sich das US-amerikanische Arbeitsrecht also grundlegend von dem englischen Arbeitsrecht. Grund dafür ist der Grundsatz des sog. employment-at-will, eine US-amerikanische Sonderentwicklung Ende des 19. Jahrhunderts. Der Grundsatz besagt, daß ein Beschäftigungsverhältnis, das nicht ausdrücklich für einen bestimmten Zeitraum abgeschlossen wurde, von beiden Parteien, also insbesondere auch vom Arbeitnehmer, jederzeit ohne Einhaltung von Kündigungsfristen und ohne Vorliegen bestimmter Kündigungsgründe beendet werden kann.[769] Er wurde von dem Rechtsgelehrten Wood wie folgt formuliert.

> „With us the rule is inflexible that a general or indefinite hiring is prima facie a hiring at will, and if the servant seeks to make out a yearly hiring, the burden is upon him to establish it by proof. A hiring at so much a day, week, month or year, no time being specified, is an indefinite hiring, and no presumption attaches that it was for a day even, but only at the rate fixed for whatever the time may be."[770]

> Bei uns gilt unverändert, daß eine allgemeine Anstellung oder eine Anstellung auf unbestimmte Zeit prima facie eine Anstellung „at will" ist, und wenn der Angestellte sich auf eine Anstellung für ein Jahr berufen will, es ihm obliegt, dies zu beweisen. Eine Anstellung für einen Tag, eine Woche, einen Monat oder ein Jahr ohne daß ein Ablauf festgelegt wurde, ist eine Anstellung auf unbestimmte Zeit, und es gibt keine Vermutung dahingehend, daß sie auch nur für einen Tag war, sondern nur für den Lohn der festgelegt wurde für welche Zeit auch immer.

Der Ansatz entsprach der Ende des 19. Jahrhunderts in den Vereinigten Staaten herrschenden Auffassung des wirtschaftlichen laisser-faire und dem Bedürfnis nach einem flexiblen Einsatz von Arbeitskräften[771] und erlangte allgemeine Geltung im US-amerikanischen Recht. Nur wenn der Arbeitgeber ausnahmsweise eine bestimmte Dauer des Arbeitsverhältnisses fest zusagt, greift dieser

---

[769] „That [the employment „at-will"] means that the employer can summarily dismiss the employee for any reason or no reason, and that the employee on the other hand, is under no obligation to remain on the job.": Pine River State Bank v. Mettle, 333 N. W.2d 622, 627 (1983). Zum Grundsatz des „employment at will" und zu seiner Einschränkung: Chagares, Limiting the Employment-at-Will Rule, 16 Seton Hall L.Rev. 465, 470 (1986); McWilliams, Note, The Employment Handbook as a Contractual Limitation on the Employment At Will Doctrine, 31 Vill.L.Rev. 335 (1986); Epstein, In Defence of the Contract at Will, 51 Chicago L.Rev. 947, 966 (1984); Rosenblatt, New Jersey's Recent Employment Manual Decisions: Traditional Contract Law Abandoned in Favor of an Employee's Unreasonable Expectations, 25 Seton Hall L.Rev. 1946 (1995).

[770] Wood, A Treatise on the Law of Master and Servant § 134, S. 272 (1877) zitiert nach Chagares, Limiting the Employment-at-Will Rule, 16 Seton Hall L.Rev. 465, 470 in Fn. 31 (1986).

[771] Chagares, Limiting the Employment-at-Will Rule, 16 Seton Hall L.Rev. 465, 470 (1986).

Grundsatz nicht. Noch heute ist die ganz überwiegende Zahl von Arbeitnehmern „at-will" angestellt.

Da der Arbeitnehmer keine Verpflichtung zur zukünftigen Arbeitsleistung übernimmt, ist das Versprechen oder die tatsächliche Erbringung weiterer zukünftiger Arbeitsleistung consideration für jedes zusätzliche Leistungsversprechen des Arbeitgebers.

Und weil der Arbeitnehmer zu einer Weiterarbeit nicht verpflichtet ist, ist bereits die bloße Weiterarbeit und der Verzicht auf den jederzeit möglichen Wechsel zu einem anderen Arbeitgeber eine besondere zusätzliche Leistung des Arbeitnehmers und ausreichende consideration für das Versprechen einer Sonderzuwendung.[772] Dem „Nachteil" des Arbeitnehmers entspricht der Vorteil des Arbeitgebers, der so bewährte Arbeitnehmer an den Betrieb bindet und eine kostenintensive Fluktuation von Arbeitskräften in seinem Unternehmen vermeidet.[773]

Ein Versprechen des Arbeitnehmers, die Gegenleistung zu erbringen, scheidet jedoch regelmäßig aus, da es den Interessen der Parteien nicht entspricht. Zum einen würde ein solches Versprechen die Rechte des Arbeitgebers unter dem Grundsatz des employment-at-will beschneiden. Aus diesen Schutzerwägungen heraus sind die Gerichte daher zurückhaltend, ein solches Gegenversprechen

---

[772] In Pine River State Bank v. Mettille, 33 N.W.2d 622 (1983) wurden die in einem Employment Handbook enthaltenen Kündigungsschutzregeln Bestandteil des Arbeitsvertrages, obwohl das Handbuch an die Mitarbeiter erst nach Beginn des Arbeitsverhältnisses ausgegeben wurden: „The employee's retention of employment constitutes acceptance of the offer of a unilateral contract; by continuing to stay on the job, although free to leave, the employee supplies the necessary consideration for the offer." (a.a.O. S. 627). Ebenso Gaydos v. White Motor Corporation, N.W.2d 697, 700 (1974): „As the employees continued to work thereafter, consideration was supplied for a unilateral contract". Siehe auch: Duldulao v. Saint Mary of Nazareth Hospital Center, 505 N.E.2d 314 (1987); Peters v. Mutual Beneficial Live Insurance Co., 420 N.W.2d 908 (1988); Southwest Gas Corp, v. Ahmad, 668 P.2d 261 (1983); Watson v. Idaho Falls Consol. Hospitals, 720 P.2d 632 (1986); Harbarger v. Frank Paxton co., 857 P.2d 776 (1993); Habeck v. MacDonald 520 N.W.2d 808 (1994); Mobile Coal Producing, Inc. v. Parks, 704 P.2d 702, 706 f. (1985). Ausführlich Pettit, Modern Unilateral Contract, 63 Boston U.L.Rev. 551, 559 ff. (1983). Kritisch Farnsworth on Contract (Suppl.), § 2.10, S. 36 ff.; ablehnend lediglich der Court of Appeals of North Carolina in Rucker v. First Union National Bank, 389 S.E.2d 622 (1990) für Kündigungsschutzzusagen des Arbeitgebers: „We decline to apply a unilateral contract analysis to the issue of wrongful discharge." Das Gericht begründet seine Ansicht damit, daß der Arbeitnehmer diesen Vorteil noch nicht verdient habe und dies außerdem zu einer Aushöhlung des at-will-employment führen würde.

[773] Brodie v. General Chemical Corp., 934 P.2d 1263 (1997): „The consideration which flows to the employer is the orderly, cooperative and loyal workforce which the employer hoped its promise would evoke"; ebenso: Mobile Coal Producing, Inc. v. Parks, 704 P.2d 702, 706 f. (1985).

des Arbeitnehmers zu unterstellen.[774] Zum anderen ist auch dem Arbeitgeber letztlich an einem Gegenversprechen des Arbeitnehmers nicht gelegen. Ihm geht es nicht darum, den Arbeitnehmer zwingen zu können weiterzuarbeiten, sondern er will dadurch, daß er die Zuwendung in Aussicht stellt, den Arbeitnehmer motivieren.

Ohne Gegenversprechen des Arbeitnehmers für das Zuwendungsversprechen des Arbeitgebers kann die Vereinbarung nicht als bilateral contract, sondern nur als unilateral contract verbindlich werden.[775] Consideration für das Versprechen des Arbeitgebers und Annahme seines Sonderleistungsangebots ist die nach dem Versprechen weiterhin tatsächlich erbrachte Arbeitsleistung. Dieses Konzept illustriert der folgende Fall:

> White v. Hugh Chatham Memorial Hospital[776]
>
> Das beklagte Krankenhaus hatte seiner ehemaligen Arbeitnehmerin, Mrs. White, unter anderem zugesagt, daß jeder vollzeitbeschäftigte Arbeitnehmer, der während seines Anstellungsverhältnisses arbeitsunfähig werde, weiterhin im Rahmen der günstigen betrieblichen Gruppenkrankenversicherung versichert bleiben könne. Die Klägerin arbeitete Vollzeit für das beklagte Krankenhaus, als sie infolge einer Erkrankung dauerhaft arbeitsunfähig wurde. Aus versicherungstechnischen Gründen konnte sie jedoch nicht mehr in der Gruppenversicherung versichert bleiben. Da sie die Voraussetzungen des Versprechens (Weiterarbeit bis zur Arbeitsunfähigkeit) erfüllt hatte, lag eine ausreichende consideration für das Versprechen des Weiterbestehens einer günstigen Krankenversicherung vor. Sie hatte damit das entsprechende Angebot angenommen, so daß ein unilateral contract entstanden war, den das Krankenhaus gebrochen hatte. Auf ein Gegenversprechen der Klägerin, das Beschäftigungsverhältnis fortzusetzen, was zu einem bilateral contract geführt hätte, kam es folglich nicht an.[777] Das Krankenhaus wurde verurteilt, der Klägerin die durch die Einzelversicherung entstandenen Mehrkosten zu ersetzten.

---

774 Pettit, Modern Unilateral Contract, 63 Boston U.L.Rev. 551, 565 f.(1983); Chagares, Limiting the Employment-at-Will Rule, Seton Hall L.Rev. 465, 485 (1986): „The unilateral contract analysis enables courts to use contract principles for determining the existence of an enforceable promise without straining to find a return promise."

775 Chagares, Limiting the Employment-at-Will Rule, 16 Seton Hall L.Rev. 465, 481 f. (1986): „[The unilateral contract analysis] realistically explains the employment relationship when the employer sets the terms of employment because the relationship is inherently based on performance rather than promise."

776 387 S.E.2d 80 (1990).

777 387 S.E.2d 80, 81 (1990): „Defendant's argument that the record contains no indication that after receiving the handbook plaintiff promised to continue her employment is irrelevant, since unilateral contracts are not based upon mutual promises or obligations as bilateral contracts are."

Anders ist hingegen die Rechtslage im englischen Recht. Dort galt bis in das 19. Jahrhundert, daß ein Arbeitsvertrag im Zweifel eine bestimmte Laufzeit von einem Jahr hatte und während dieser Zeit nicht grundlos gekündigt werden konnte. Heute ist das Arbeitsverhältnis im englischen Recht ein Dauerschuldverhältnis („continuing contract"), bei dem die Parteien sich gegenseitig die Erbringung zukünftiger Leistungen versprechen.[778] Das Arbeitsverhältnis kann nur unter Beachtung einer Kündigungsfrist für die Zukunft beendet werden.[779] Die folgenden Ausführungen zur Anwendung des unilateral contracts im Arbeitsrecht beziehen sich daher ausschließlich auf das US-amerikanische Recht.

II.H.1.2. Das Angebot

Eine Zeitlang war bereits zweifelhaft, ob Zusagen über Sonderleistungen, die in den Vereinigten Staaten häufig in Handbüchern (sogenannten „employment handbooks") enthalten sind, überhaupt ein wirksames Angebot bzw. Versprechen darstellen konnten, an das der Arbeitgeber durch eine Annahme und consideration des Arbeitnehmers vertraglich gebunden werden konnte, oder ob es sich dabei grundsätzlich nur um eine unverbindliche Darstellung der Geschäfts- und Firmenpolitik sowie allgemeiner Richtlinien handelte.[780] Heute gilt, daß Zusagen in einem Handbuch ein Angebot/ Versprechen darstellen,

---

778 Freedland, The Contract of Employment, S. 20; siehe auch: Kearney v. Whitehaven Colliery Co. [1893] 1 Q.B. 700, 711 per Lord Esher M.R.: „Now the contract here is a contract of employment. The consideration on the one side is „If you will enter into my employment, I will make you one, two or more several promises." The consideration on the other side is, 'If you will take me into your employment, I will make you one, two, or more several promises'."

779 Freedland, The Contract of Employment, S. 20, 142; siehe auch: Kearney v. Whitehaven Colliery Co. [1893] 1 Q.B. 700, 711 per Lord Esher M.R.: „Now the contract here is a contract of employment. The consideration on the one side is „If you will enter into my employment, I will make you one, two or more several promises." The consideration on the other side is, 'If you will take me into your employment, I will make you one, two, or more several promises'." Umfassende arbeitsrechtliche Rechte, insbesondere Regelungen zu Dauer und Beendigung des Arbeitsvertrages enthält der Employment Rights Act 1996.

780 Johnson v. National Beef Packing Co., 551 P.2d 779 (1976): „employment manual is a mere non-bargained for unilateral expression of company policy"; ebenso Gates v. Life of Mont. Ins. Co. 638 P.2d 1062 (1982); Weinter v. McGraw-Hill, Inc., 443 N.E.2d 441, 446 (1982); Beidler v. W.R. Grace Inc., 461 F.Supp. 1013 (1978); Heideck v. Kent General Hospital, Inc. 446 A.2d 1095 (1982).

wenn der Arbeitnehmer sie als solche verstehen durfte.[781] Das setzt allerdings voraus, daß das employment handbook hinreichend bestimmte Regelungen enthält.[782] Außerdem müssen diese Regelungen erkennen lassen, daß der Arbeitgeber sich bei einer Annahme rechtlich binden will, er also das Angebot im Hinblick auf einen Vertragsschluß abgegeben hat. Dies ist grundsätzlich der Fall, wenn sich den Regelungen des Handbuchs entnehmen läßt, daß der Arbeitgeber auch mit gewisser Sicherheit entsprechend dieser Bestimmungen handeln wird.[783]

---

[781] So bereits Cederstrand v. Lutheran Brotherhood, 117 N.W.2d 213, 221 (1962). Dies wurde inzwischen in 38 Jurisdiktionen der Vereinigten Staaten entschieden, siehe beispielsweise Pine River State Bank v. Mettle, 333 N. W.2d 622 (1983): „An employer's offer of a unilateral contract may very well appear in a personnel handbook as the employers response to the practical problem of transactional costs. Given these costs, an employer, such as the bank here may prefer not to write a separate contract with each individual employee. By preparing and distributing its handbook, the employer chooses, in essence, either to implement or modify its existing contracts with all employees covered by the handbook.“ Kritisch hierzu Rosenblatt, New Jersey's Recent Employment Manual Decisions, 25 Seton Hall L.Rev., 1496, 1511 (1995). In Montana begründet der Verstoß eines Arbeitgebers gegen Regelungen in seinem Handbuch im Falle einer unrechtmäßigen Kündigung sogar gesetzliche Ansprüche (Montana Code Annotated § 39-2-904 (1996). Lediglich in North Carolina gilt gegenwärtig für Kündigungsschutzzusagen, daß das Handbuch ausdrücklich in den Arbeitsvertrag einbezogen werden muß, alle anderen Arbeitgeberzusagen können aber auch aufgrund eines unilateral contract bindend werden: Rucker v. First Union National Bank, 389 S.E.2d (1990); White v. Hugh Chatham Memorial Hospital, Inc., 387 S.E.2d 80 (1990); Chagares, Limiting the Employment-at-Will Rule, Seton Hall L.Rev. 465, 482 ff. (1986).

[782] Pratt v. Heartview Foundation, 512 N.W.2d 675 (1997): „Such promises must meet the general requirements of a unilateral offer to be binding: they must be sufficiently definite or specific in terms.“ In diesem Fall waren die Regelungen in dem employment handbook nicht ausreichend bestimmt, um einen Kündigungsschutz zu begründen; aus dem gleichen Grund scheiterte die Klage eines Arbeitnehmers in Stewart v. Chevron Chemical Co., 762 Pd. 1143 (1988); Bjorn v. Associated Regional & Univ. Pathologists, Inc., 567 N.E.2d 417 (1990): „In the absence of clear, promissory language and no description of specific disciplinary procedures, the language of the [handboook provision] does not create enforceable employment contract rights ...“; Suter v. Harsco Corp. 403 S.E.2d 751 (1991); Goodkind v. University of Minnesota, 417 N.W.2d 636, 639 f (1988). Ebenso Swanson v. Liquid Air Corp., 826 P2d 664 (1992) und Wilson v. Long John Silver's, Inc., 423 S.E.2d 863 (1992).

[783] „[There are] strong equitable and social policy reasons militating against allowing employers to promulgate for their employees potentially misleading personnel manuals while reserving the right to deviate from them at their own caprice ... . It is patently unjust to allow him to ignore these very policies as a gratuitous, non binding statement of general policy whenever it works to his disadvantage. Assuredly, the employer would view these policies differently if it were the employee who failed to follow them.“: Small v. Springs Industries, Inc., 357 S.E.2d 452, 454 f. (1987).

Der Arbeitgeber kann sich gegen eine solche Auslegung allerdings schützen, indem er ausdrücklich erklärt, daß er mit dem Handbuch kein Vertragsangebot abgeben will („disclaimer“).[784]

II.H.1.3. Kenntnis des Angebots

Gerade in den Fällen, in denen der Arbeitgeber sein Angebot in einem employment handbook veröffentlicht hat, kann es vorkommen, daß der einzelne Arbeitnehmer die Bestimmungen des Handbuchs nicht liest, also keine Kenntnis von dem Angebot der Sonderleistung erhält, dennoch aber die nach dem Handbuch vorgeschriebene Gegenleistung für eine Sonderleistung erbringt, indem er – gegebenenfalls für einen bestimmten, vorgeschriebenen Zeitraum – für den Arbeitgeber weiterarbeitet.

Nach allgemeinen vertragsrechtlichen Grundsätzen ist eine Annahme ohne Kenntnis des Angebots nicht möglich, da eine Willenseinigung nicht stattfindet. Die Erbringung einer Leistung ohne Kenntnis des Versprechens ist auch keine ausreichende consideration, selbst wenn sie dem entspricht, was der Versprechende verlangt hat.[785] Die Anwendung dieses Grundsatzes auf die employment-Fälle ist jedoch umstritten. Einige Gerichte sind der Ansicht, daß nur solche Arbeitnehmer Rechte aus dem Handbuch herleiten können, die auch tatsächlich Kenntnis von seinem Inhalt erlangt haben.[786] Andere halten es für

---

[784] Ausführlich zur den (strengen) Wirksamkeitsvoraussetzungen einer solchen Klausel: Jacobs, Court Sets Limits on Handbook Disclaimers, 138 N.J.L.J. 1086 (1994) und Pratt, Comment, Unilateral Modification of Employment Handbooks: Further Encroachments on the Employment-at-Will Doctrine, 139 U. Pa. L.Rev. 197, 208 n. 76 (1990).Siehe auch die Feststellungen in den Entscheidungen Wooley v. Hoffmann-La Roche, Inc., 99 N.J.L.J. 384, 491 A.2d 1257, 1271 (1985), wonach für einen wirksamen disclaimer erforderlich ist: „the inclusion in a very prominent position of an appropriate statement that there is no promise of any kind by the employer contained in the manual; that regardless of what the manual says or provides, the employer promises nothing and remains free to change wages and all other working conditions without having to consult anyone and without anyone's agreement; and that the employer continues to have the absolute power to fire anyone with or without good cause.“

[785] siehe oben II.A.1.1.; sowie Chagares, Limiting the Employment-at-Will Rule, Seton Hall L.Rev. 465, 485 ff. (1986).

[786] Pine River Sate Bank, 333 N.W.2d 626: „The offer must be definite in form and must be communicated to the offeree.“; Watson v. Idaho Falls Consolidated Hospitals, Inc. 720 P.2d 632, 636: „The unilateral contract analysis is perfectly adequate for that employee who was aware of the manual and who continued to work intending that continuation to be the action in exchange for the employers promise.“, siehe aber auch die dissenting opinion von Justice Bakes, der bemängelt, die Mehrheit habe sich mit der Frage, ob der Klägerin in dem konkreten Fall die entsprechenden Vorschriften des manuals bekannt waren und damit ein „meeting of minds“ vorlag, überhaupt nicht befaßt.

unangebracht, die Frage, ob ein Arbeitgeber verpflichtet ist, eine versprochene Leistung an den Arbeitnehmer zu erbringen oder nicht, davon abhängig zu machen, ob der betroffene Arbeitnehmer sein Handbuch tatsächlich gelesen hat oder nicht.[787] Es soll genügen, daß der Arbeitgeber ein Arbeitsumfeld geschaffen hat, in dem der Angestellte glaubt, daß die gerade geltende Personalpolitik und -praxis gerecht ist und durchgängig und einheitlich für alle Arbeitnehmer gilt, was anschaulich auch als die sogenannte „happy campers"-Theorie bezeichnet wurde.[788] Auf eine Kenntnis des einzelnen Arbeitnehmers kommt es dann nicht mehr an.[789] Diese Rechtsprechung läßt sich jedoch nur mit public-policy-Erwägungen nicht aber auf der Grundlage des klassischen Vertragsrechts rechtfertigen,[790] weswegen sie teilweise heftig kritisiert wird.[791]

---

787 Kinoshita v. Canadian Pacific Airlines, 724 P2d 110 (1986): „[The] right to compel [an employer] to live up to his promises does not turn on whether they received all of the communications addressed to the employees or not." Wooley v. Hoffmann-La Roche, Inc., 99 N.J.L.J. 384, 491 A.2d 1257 (1985): „[E]mployees neither had to read [the manual], know of its existence or rely on it"; ebenso: Toussaint v. Blue Cross & Blue Shield of Michigan 292 N.W.2d 880 (1980); Gilbert v. Durand Glass Manufacturing Co., 609 A.2d 517 (1992).

788 Farnsworth on Contract (1996 Suppl.), § 2.10a, S. 39 f.

789 „No pre-employment negotiations need take place and the parties' minds need not meet on the subject; nor does it matter that the employee knows nothing of the particulars of the employer's policies and practices or that the employer may change them unilaterally. It is enough that the employer chooses, presumably in its own interest, to create an environment in which the employee believes that, whatever the personnel policies and practices, that are established and official at any given time, purport to be fair and are applied consistently and uniformly to each employee. The employer has then created a situation „instinct with an obligation.": Toussaint v. Blue Cross & Blue Shield of Michigan 292 N.W.2d 880, 892 (1980). Ebenso Wooley v. Hoffmann-La Roche, Inc. Jacobs, Court Sets Limits on Handbook Disclaimers, 138 N.J.L.J. 1086, 1110 (1994) merkt hierzu an, daß selbst wenn dem Arbeitnehmer das Handbuch zu Beginn des Arbeitsverhältnisses ausgehändigt wurde, er es doch häufig erst nach seiner Kündigung lesen.

790 Toussaint v. Blue Cross & Blue Shield of Michigan 292 N.W.2d 880, 892 (1980): „... these handbooks do not create contracts in the traditional sense. Although we have applied some basic concepts of contract law in recognizing a handbook's binding effect, there is no „meeting of the minds".; In re Certified Question, 443 N.W.2d 112, 119 (1989): „The benefit to the employer ..., rather than the traditional contract-forming mechanisms of mutual assent or individual detrimental reliance, gives rise to a situation „instinct with an obligation."; Wooley v. Hoffman-La Roche 491 A.2d, 1268 n.10: „[A] strict contractual analysis might protect the rights of some employees and not others."

790 491 A.2d 1257, 1260 (1985).

791 Farnsworth on Contract, § 3.15a, S. 244 „[A] radical departure form traditional contract jurisprudence"; Harris, Comment, 17 Rutgers L.J. 715, 729 (1986): „Wooley ignores basic elements of contract law". Ebenso kritisch: Rosenblatt, New Jersey's Recent Employment Manual Decisions, 25 Seton Hall L.Rev. 1946, 1507 f., Fn. 36 (1995).

II.H.1.4. Widerruf

Im Bereich der arbeitsrechtlichen Sonderzuwendungen hatten sich Rechtsprechung und Literatur erneut mit der klassischen unilateral-contract-Frage auseinanderzusetzen, ob der Arbeitgeber sein Angebot auf Gewährung einer Sonderleistung jederzeit frei widerrufen kann.

Ausgangspunkt ist auch in diesen Fällen der Grundsatz, daß ein Angebot frei widerruflich ist, bis ein Vertrag zustande gekommen ist, also bis zu dem Zeitpunkt zu dem das Angebot angenommen und die verlangte consideration erbracht wurde. Bei den arbeitsrechtlichen Sonderzuwendungen kommt es mithin darauf an, worin genau die als consideration verlangte Leistung besteht und ob diese vor dem Widerruf bereits tatsächlich vollständig erbracht wurde.

II.H.1.4.1. Retention Bonus

Ein „retention bonus" ist eine Sonderzuwendung dafür, daß der Arbeitnehmer während eines bestimmten, festgelegten Zeitraums für den Arbeitgeber gearbeitet hat. Die consideration für einen retention bonus ist daher regelmäßig erst dann vollständig erbracht, wenn die Arbeit während des gesamten festgelegten Zeitraums geleistet wurde.

Entsprechend kann der Arbeitgeber sein Zuwendungsversprechen frei widerrufen, bzw. den Arbeitgeber entlassen, bevor der festgelegte Stichtag erreicht wurde:

> State of Oregon, ex rel. Roberts v. Public Finance Co.[792]
>
> Der Bundesstaat Oregon klagt auf Zahlung einer Urlaubsabgeltung für Richard G. Hoglen, der vom 24.11.1961 bis zum 21. 11. 1980 für die Public Finance Co. gearbeitet hatte. Der Arbeitsvertrag sah vor, daß ein Urlaubsanspruch des Arbeitnehmers jeweils am ersten und darauf an allen folgenden Jahrestagen der Betriebszugehörigkeit des Arbeitnehmers begründet wird.[793] Der Urlaubsanspruch für das Jahr 1980 wäre also erst 3 Tage nach der Kündigung entstanden. Die Klage wurde abgewiesen, weil der

---

[792] 651 P.2d 728 (1982). Widerruft der Arbeitgeber sein Versprechen jedoch nicht rechtzeitig, bevor die festgelegten Bedingungen erfüllt sind, so entsteht ein verbindlicher unilateral contract: Brooks v. Carolina Telephone and Telegraph Co., 290 S.E.2d 370 (1982); ebenso für eine Weihnachtsgratifikation bereits Roberts v. Mays Mills, Inc., 114 S.E. 530 (1922).

[793] Wörtlich lautete die Regelung: „...., vacation entitlement is established on the employee's anniversary date with the Company."

Arbeitnehmer Hoglen die Voraussetzungen für die Entstehung eines Urlaubsanspruchs nicht vollständig erfüllt hatte.[794]

II.H.1.4.2. Incentive Bonus

Einen Mittelweg gehen die Gerichte, wenn es sich um eine Leistungszulage, einen „incentive bonus“ handelt. Hier kann der Arbeitnehmer in der Regel zwar nicht den ganzen, aber zumindest eine anteilige Auszahlung des Bonus verlangen.

American Security Life Insurance Company v. Moore[795]

Mr. Moore war bei der Versicherungsgesellschaft angestellt und sollte einen Bonus in Höhe von 10 % seines Gehaltes bekommen, wenn er jeweils am 15. Dezember jedes Jahres noch für die Firma arbeitete. Die Firma kündigte ihm am 29. November und weigerte sich, einen anteiligen Jahresbonus zu zahlen. Der Klage von Mr. Moore wurde stattgegeben,[796] wobei aber die dogmatische Begründung dieser eher pragmatischen Entscheidung unklar ist.[797]

Eine Rolle spielt bei den incentive-Fällen die Überlegung, daß es bei der Festlegung eines jährlichen Zahlungstermins nur um die Bestimmung eines Abrechnungszeitraums geht. Durch den bereits erbrachten Arbeitseinsatz des Arbeitnehmers während des laufenden Jahres hat der Arbeitgeber seinerseits bereits eine anteilige Gegenleistung für sein Versprechen erhalten.

Die genaue Bestimmung der Zielsetzung einer Arbeitgeberzuwendung kann aber schwierig sein.[798]

---

[794] Anderer Ansicht war in diesem Fall Judge Rossman, der in seiner dissenting opinion feststellt (651 P.2d 728, 730 ff. (1982)): „The thrust of the opinion is the same as telling a marathon runner, with only a few yards to go, 'Sorry, but the race is called off.'„ Außerdem habe das Gericht in dem summary judgement (Urteil im beschleunigten Verfahren) zweifelhafte Tatsachenfragen, insbesondere hinsichtlich der Auslegung der arbeitsvertraglichen Regelungen, nicht weiter verfolgt.

[795] 72 So. 2d 132 (1954).

[796] 72 So. 2d 132, 134 (1954). Auch in den folgenden Entscheidungen wurde ein Anteil pro rata temporis zugesprochen: Lampley v. Celebrity Homes, Inc., 594 P.2d 605 (1979); Morton v. E-Z Rake, Inc., 397 N.E.2d 720 (1979); Sinnett v. Hie Food Production, 174 N.W.2d 720 (1970).

[797] Hierzu Tiersma, Reassessing Unilateral Contracts, 26 U.C. Davis L.Rev. 1, 62 ff. (1992).

[798] Das zeigt sich z. B. bei Tiersma, Reassessing Unilateral Contracts, 26 U.C. Davis L.Rev. 1, 66 f. (1992), bei dem Versuch die jährliche Umsatzbeteiligung eines Vertriebsmitarbeiters einzuordnen.

II.H.1.4.3. Sonstige Zusagen, insbesondere Kündigungsschutzzusagen

Im Rahmen der Widerrufsmöglichkeiten sonstiger Zusagen spielen Zusagen über die Beachtung bestimmter Verfahrensweisen bei einer Kündigungen die wichtigste Rolle. Im Rahmen solcher Kündigungsschutzzusagen, wird beispielsweise festgelegt, daß für eine Kündigung bestimmte Gründe vorliegen müssen oder, daß eine wirksame Kündigung zunächst eine Abmahnung voraussetzt:

> „Dishonesty, drinking or use of drugs on duty, recklessness resulting in an accident, or the carrying of unauthorized passengers shall be deemed sufficient and proper cause for discharge without prior notice. In all other instances of misconduct, at least one warning, shall be given."[799]
>
> Unehrlichkeit, Trunkenheit oder Drogenmißbrauch während der Arbeitszeit, Leichtfertigkeit, die zu einem Unfall führt, oder die unerlaubte Mitnahme von Passagieren gelten als ausreichender und wichtiger Grund für eine fristlose Kündigung. In allen anderen Fällen von Verfehlungen soll mindestens eine Abmahnung erfolgen.

Da das Zuwendungsversprechen des Arbeitgebers keine besonderen Bedingungen enthält, genügt als consideration für solche Zusagen bereits die bloße Weiterarbeit.[800] Nachdem die Rechtsprechung Regelungen in employment handbooks als verbindliche Versprechen des Arbeitgebers einstufte, versuchten Arbeitgeber in die Handbücher einen „disclaimers" aufzunehmen, um sich gegen Ansprüche ihrer Arbeitnehmer aufgrund des Handbuchs zu schützen. Dies kam einem Widerruf der bestehenden Zusagen gleich und in zahlreichen Prozessen beriefen sich Arbeitnehmer daher auf Zusagen, und zwar vor allem Kündigungsschutzzusagen, die in den alten, nicht durch disclaimer eingeschränkten Handbüchern, enthalten waren.

Lange Zeit ging die herrschende Meinung in der Rechtsprechung dahin, daß eine einseitige Änderung des employment handbooks durch den Arbeitgeber zulässig ist, selbst wenn durch diese Änderung Rechte des Arbeitnehmers modifiziert oder aufgehoben werden. Der Michigan Supreme Court stellt dazu fest,[801] daß Versprechen in Handbüchern nicht nach vertragsrechtlichen Grundsätzen, sondern ohnehin nur unter dem generellen Gesichtspunkt des Gemein-

---

799 Swanson v. Liquid Air Corp. 826 P2d 664 (1992)

800 siehe oben II.H.1.1.

801 Bankey v. Storer Broadcasting Co., 443 N.W.2d 112 (1989).

wohls („public policy“) durchsetzbar seien.[802] Schon die Definition des Wortes Firmenpolitik („policy“) rechtfertige nicht die Erwartung einer dauerhaften Regelung. „Policy“ wird allgemein als ein flexibler Rahmen verstanden, der Orientierung für das Verhalten im Betrieb geben soll. In einer modernen wirtschaftlichen Umgebung müsse es aber möglich sein, solche Regeln anzupassen, um auf Veränderungen reagieren zu können.[803] Allerdings sei es erforderlich, daß der Arbeitgeber die betroffenen Arbeitnehmer von solchen Änderungen benachrichtige.[804]

Auf der Basis des allgemeinen Vertragsrechts ist diese Ansicht jedoch nicht haltbar.

Nach traditionellem Vertragsrecht ist das in den employment handbooks enthaltene Versprechen jedenfalls dann nicht mehr einseitig vom Arbeitgeber widerrufbar, wenn der Arbeitnehmer die vollständig consideration geleistet hat, da in diesem Moment ein verbindlicher unilateral contract zustande kommt.

Die Änderung eines bestehenden Vertrages kann nur nach allgemeinen vertragsrechtlichen Grundsätzen erfolgen. Eine wirksame Abänderung („variation“) setzt voraus, daß sich die Parteien hierüber geeinigt haben und der Arbeitnehmer für den Verzicht auf den Kündigungsschutz vom Arbeitgeber eine Gegenleistung (consideration) erhält.[805] Dies entspricht dem sogenannte „modified contract approach“ zahlreicher Staaten bezüglich Änderungen der

---

[802] „Without rejecting the applicability of unilateral contract theory in other situations, we find it inadequate as a basis for our answer to the question as worded and certified by the United Court of Appeals. We look, instead, to the analysis employed in Toussaint which focuses upon the benefit that accrues to an employer when it establishes desirable personnel policies. Under Toussaint, written personnel policies are not enforceable because they have been „offered and accepted“ as a unilateral contract; rather, their enforceability arises from the benefit the employer derives by establishing such policies.“: In re Certified Question (Bankey v. Storer Broadcasting Co.), 443 N.W. 2d, 112, 113 (1989).

[803] In re Certified Question (Bankey v. Storer Broadcasting Co.), 443 N.W.2d 112 (1989): „The very definition of 'policy' negates a legitimate expectation of permanence .... a 'policy' is commonly understood to be a flexible framework for operational guidance, not a perpetually binding contractual obligation. In the modern economic climate, the operating policies of a business enterprise must be adaptable and responsive to change.“

[804] „[F]or the revocation of a discharge-for-cause-policy to become legally effective, reasonable notice of the change must be uniformly given to affected employees“: In re Certified Question (Bankey v. Storer Broadcasting Co.) 443 N.W.2d 112 (1989).

[805] Harvard v. Anderson, 524 P.2d 880, 883 (1974); Robinson v. Ada S. McKinley Community Services, Inc., 19 F.3d 359 (1994): „[A] valid modification requires an offer, acceptance, and consideration.“; Brodie v. General Chemical Corp., 934 P.2d 1263 (1997); Freedland, The Contract of Employment, S. 55; Marriott v. Oxford & District Co-operative Society Ltd. (No.2) [1970] 1 Q.B. 186, die Änderung in dieser Entscheidung betraf allerdings nicht den Kündigungsschutz, sondern eine Lohnverringerung.

Pensionspläne für Angestellte des öffentlichen Dienstes: Eine einseitige Änderung soll zulässig sein, solange die Neuregelung die Einführung einer für den Angestellten nachteiligen Regelung durch einen vergleichbaren neuen Vorteil ausgleicht.[806] Nur dann kann man aus der fortgesetzten Arbeit schließen, daß der Arbeitnehmer damit einverstanden ist, auch Nachteile zu akzeptieren. In der Praxis bedeutet dies, daß ein Arbeitgeber, der sein Handbuch ändern will sich die Personalakten jedes seiner Angestellten vornehmen muß, um festzustellen, ob und welches Handbuch zum Zeitpunkt der Einstellung Gültigkeit hatte. Wenn die Möglichkeit besteht, daß der Angestellte aufgrund dieses Handbuchs ein Recht erworben hat, so sollte ihm zusammen mit einer nachteiligen Regelung in einem neuen Handbuch eine zusätzliche Leistung des Arbeitgebers angeboten werden, die dann eine ausreichende consideration für die Änderung der Bedingungen des bestehenden Arbeitsvertrages entsprechend den neuen Handbuch-Regelungen darstellt.[807]

Teilweise wird diese Lösung als eine zu weitgehende Einschränkung der Flexibilität des Arbeitgebers angesehen. Andererseits läßt sich aber nicht von der Hand weisen, daß Arbeitgeber in ihren Handbüchern Verpflichtungen eingegangen sind. Wenn ihnen diese Verpflichtung unter veränderten wirtschaftlichen Bedingungen als zu beschwerlich erscheinen, hätten sie das rechtzeitig bedenken und sich durch entsprechende Regelungen absichern sollen:

> „... they [the employers] should not expect the courts to bail them out by undoing the contractually determined allocation of risk on the question. Courts do not sit to relieve contract parties of their improvident commitments, except within the limited dispensation conferred by the doctrine of impossibility ... .“[808]
>
> ... sie [die Arbeitgeber] sollten nicht erwarten, daß die Gerichte ihnen aus der Klemme helfen, indem sie eine vertraglich festgelegte Risikoverteilung zu dieser Frage wieder auflösen. Gerichte sind nicht dafür da, um Vertragsparteien vor unklugen Verpflichtungen zu bewahren, außer in den Ausnahmefällen, die durch die Grundsätze der Unmöglichkeit eröffnet werden ... .

---

[806] Singer v. City of Topeka, 607 P.2d 467, 475 (1980); Betts v. Board of Administration of the Public Employees' Retirement System, 582 P.2d 614, 617 (1978); Opinion of the Justices, 202 N.E.2d 320, 328 (1973).

[807] Rudolph, Employee Handbook Law, Labor & Legislative Report, 6/1/94.

[808] Bidlack v. Wheelabrator, 993 F.2d 603, 608 (1993).

II.H.2. Deutsches Recht

Neben dem laufenden Entgelt kann auch der deutsche Arbeitgeber Sonderzuwendungen zu bestimmten Anlässen gewähren. Diese Sonderzuwendungen gibt es in geradezu unübersichtlicher begrifflicher und inhaltlicher Vielzahl. Gebräuchlich sind neben der Weihnachts-, Urlaubs- und Jubiläumsgratifikation das 13. Monatsgehalt, der Bonus, die Anwesenheits- und Treueprämie, Jahresleistung, betriebliche Sonderzuzahlungen, zusätzliches Urlaubsgeld, Heirats- und Geburtsbeihilfe, Mietzuschuß, Darlehen, Erfolgsbeteiligung und Abschlußgratifikationen, um nur einige zu nennen. Die Bedeutung dieser Sonderleistungen ist allerdings im Vergleich zum US-amerikanischen Recht, in dem auch grundlegende soziale Leistungen, wie der Urlaubsanspruch oder der Kündigungsschutz, eine von den Parteien frei aushandelbare Sonderleistung neben dem laufenden Entgelt darstellen, geringer. Als finanzielle Zusatzleistungen gewinnen sie aber auch in Deutschland an wirtschaftlicher Bedeutung.[809]

II.H.2.1. Zustandekommen

Im Gegensatz zum US-amerikanischen Recht entstehen in einem Arbeitsverhältnis nach deutschem Recht, ähnlich wie im englischen Recht, grundsätzlich gegenseitige zukunftsbezogene Leistungsverpflichtungen. Das Arbeitsverhältnis ist ein Dauerschuldverhältnis, das zwar von jeder Partei einseitig aufgelöst werden kann, allerdings nicht jederzeit und ohne Grund, sondern nur bei Vorliegen bestimmter Kündigungsvoraussetzungen, insbesondere unter Einhaltung bestimmter Kündigungsfristen. Die gesetzliche geregelten Mindestvoraussetzungen können auch nicht durch Parteivereinbarungen im voraus abbedungen werden.

Rechtsgrundlage für die Zusage von Sonderzuwendungen können im deutschen Recht zum einen Tarifverträge und Betriebsvereinbarungen sein, zum anderen einzelvertragliche Vereinbarungen mit dem jeweiligen Arbeitnehmer. Von der Rechtsgrundlage der Sonderzuwendung hängt es im deutschen Recht ab, ob und unter welchen Voraussetzungen die Sonderzuwendungszusage geändert oder widerrufen werden kann. Gegenstand dieser Betrachtung soll nur die einzelvertragliche Vereinbarung von Sonderzuwendungen sein, für die die allgemeinen vertragsrechtlichen Grundsätze gelten.

---

[809] Lipke/ Vogt/ Steinmeyer, Sonderleistungen im Arbeitsverhältnis, S. 7.

Zwischen Arbeitgeber und Arbeitnehmer muß folglich ein Vertrag über die Zahlung einer Sonderzuwendung und die für sie zu erbringende Gegenleistung zustande gekommen sein. Dies setzt voraus, daß sich die Parteien geeinigt haben, der Arbeitnehmer also ein entsprechendes Angebot des Arbeitgebers angenommen hat.

Eine consideration ist zwar nicht erforderlich, allerdings stellt sich auch im deutschen Recht die Frage, ob der Arbeitnehmer für das Zuwendungsversprechen eine Gegenleistung erbringt, da das Versprechen sonst als Schenkungsversprechen formlos unwirksam wäre (§ 518 BGB).

Ein Gegenversprechen im Sinne einer eigenen Leistungsverpflichtung gibt der Arbeitnehmer nur bezüglich seiner vertraglich geschuldeten Arbeitsleistung und nur für den durch seine Kündigungsmöglichkeiten abgesteckten Zeitraum ab. Nur soweit die Sonderzahlung Entgelt für diese vertraglich geschuldete Arbeitsleistung ist (Entgelt im engeren Sinn), liegt also ein Gegenversprechen des Arbeitnehmers und damit ein gegenseitiger Vertrag vor.

Aber auch wenn der Arbeitnehmer sich nicht verpflichtet, die für die Sonderzuwendung zu erbringende Leistung, etwa die Betriebstreue bis zu einem bestimmten Stichtag, zu erbringen, so besteht dennoch im deutschen Recht Einigkeit, daß die Sonderzuwendungen des Arbeitgebers entgeltlich ist.[810]

Worin die Gegenleistung des Arbeitnehmers besteht, wird im deutschen Arbeitsrecht unter dem Aspekt des Zuwendungszwecks erörtert.[811] Der Zweck einer Sonderzuwendung kann eine zusätzliche Vergütung für die im Bezugszeitraum geleistete Arbeit sein. Davon ist auszugehen, wenn die Zuwendung ohne weitere Voraussetzungen gewährt wird. Die Zuwendung ist damit Bestandteil des Leistungsaustauschs erbrachte Arbeitsleistung gegen Entgelt.[812] Ihre einzige Besonderheit gegenüber dem regelmäßigen, nach bestimmten, in der Regel monatlichen, Zeitabschnitten fällig werdenden Arbeitsentgelt liegt

---

[810] BAG vom 4.6.1980 EzA § 4 TVG Tariflohnerhöhung Nr. 5; BAG vom 25.5.1992 EzA § 115 SGB X Nr. 1; Hanau, Die Kürzung von Jahressonderzahlungen aufgrund fehlender Arbeitsleistung, DB 1992, S. 213.

[811] Zur zentralen Bedeutung des Gratifikationszwecks Sowka, NZA 1993, 783; Gaul, BB 1994, 494, 565; Schiefer NZA 1993, 1015; Lipke/ Vogt/ Steinmeyer, Sonderleistungen im Arbeitsverhältnis, S. 35 Rn. 8. Siehe auch Hanau, Die Kürzung von Jahressonderzahlungen aufgrund fehlender Arbeitsleistung, DB 1992, S. 213 ff.

[812] BAG vom 7.11.1991 in EzA § 611 BGB Gratifikation, Prämien Nr. 87; BAG vom 24.10.1990 RdA 1991, 63; BAG vom 1.3.1990 RdA 1990, 255.

darin, daß sie erst zu einem bestimmten Stichtag fällig sind.[813] Insbesondere die leistungsbezogenen Leistungen des Arbeitgebers („incentive bonus“) in Form einer Gewinn- oder Umsatzbeteiligung (Tantieme) sind, auch wenn sie jährlich gezahlt werden, grundsätzlich eine zusätzliche Vergütung, die das Arbeitsentgelt ergänzt.[814] Die Bezeichnung der vom Arbeitnehmer verlangten Leistung als Zuwendungszweck ändert nichts daran, daß es sich um eine Gegenleistung für ein entgeltliches Leistungsversprechen des Arbeitgebers handelt. Dem Grunde nach handelt es sich, da der Arbeitnehmer die verlangte Leistung nicht verspricht, um eine konditionale Leistungsverknüpfung. Darüber hinaus soll aber auch dann keine Unentgeltlichkeit vorliegen, wenn der Arbeitgeber den Arbeitnehmer nachträglich für bereits erbrachte Arbeitsleistungen entlohnt, da die Leistung des Arbeitgebers dann Ausfluß der Fürsorgepflicht aus dem Arbeitsverhältnis ist.[815]

Besondere Probleme bereiten im deutschen Individualarbeitsrecht die Zusagen von Sonderzuwendungen, wenn der Arbeitgeber diese nicht individuell mit jedem Arbeitnehmer vereinbart, sondern einseitig bekannt gibt, er werde jedem Arbeitnehmer bestimmte Leistungen gewähren, wenn er die vom Arbeitgeber abstrakt festgelegten Voraussetzungen erfüllt. In Deutschland üblich sind neben der Bekanntgabe betrieblicher Arbeitsordnungen oder -richtlinien[816] auch Erklärungen auf einer Betriebsversammlung, in einem Rundschreiben oder durch Anschlag am Schwarzen Brett.[817]

Nach der inzwischen wohl herrschende Meinung in Literatur und Rechtsprechung liegen der Gesamtzusage und der vertraglichen Einheitsregelung eine Vielzahl individualrechtlicher Einzelverträge zugrunde.[818] Die einseitige Arbeitgebererklärung wird folglich als eine Vielzahl gleichlautender Vertragsangebote

---

[813] BAG vom 13.6.1991, EzA § 611 BGB Gratifikation, Prämie Nr. 86; Hanau, Die Kürzung von Jahressonderzahlungen aufgrund fehlender Arbeitsleistung, DB 1992, S. 213; MünchArbR-Hanau, Bd. I, § 67 Rn.5.

[814] MünchArbR-Kreßel, Bd. I, § 66 Rn. 87.

[815] Staudinger-Cremer § 516 Rn. 60; BAGE 1, 36; 8, 38.

[816] z. B. einer „Ruhegeldordnung“ oder „Ruhegeldrichtlinie“ siehe Hilger, S. 37.

[817] Lipke/ Vogt/ Steinmeyer, Sonderleistungen im Arbeitsverhältnis, S. 55.

[818] Diese Auffassung wird vom BAG heute in ständiger Rechtsprechung vertreten, zuletzt BAG vom 26.3.1997 in NZA 1997, 1007; grundlegend BAG NJW 1971, 1422; Lipke/ Vogt/ Steinmeyer, Sonderleistungen im Arbeitsverhältnis, S. 56 f., Rn. 57; Ostrowicz, S. 93; Hueck in Festschr. für H. Lehmann (1956), II, S. 633, 636; Hueck-Nipperdey, Lehrbuch, Bd. I, § 25 zu V 1, S. 135 m. w. Nachw. Die rechtlichen Grundlagen insbesondere der Gesamtzusagen in Form der betrieblichen Übung waren lange Zeit umstritten. Sie wurden als Rechtsquelle eigener Art, eine Konkretisierung der Treu- und Fürsorgepflicht bzw. als bindend aufgrund normativer Wirkung betrachtet. Diese Ansichten sind inzwischen überholt.

betrachtet, die vom Arbeitgeber angenommen werden müssen, damit eine vertragliche Verpflichtung des Arbeitgebers entsteht.

Insofern entspricht der Ansatz des deutschen Rechts dem des US-amerikanischen Rechts, das auch Zusagen des Arbeitnehmers in Handbüchern nach allgemeinen vertragsrechtlichen Regeln beurteilt. Die Anwendung allgemeiner vertragsrechtlicher Grundsätze auf solche Gesamtzusagen bereitet allerdings auch im deutschen Recht Schwierigkeiten.

II.H.2.2. Das Angebot

Die Zusage eines Arbeitnehmers ist ein Angebot, wenn sie den Anforderungen einer rechtsgeschäftlichen Willenserklärung genügt. Die Zusage kann nicht nur ausdrücklich, etwa durch Anschlag am Schwarzen Brett, sondern auch konkludent gemacht werden. Hauptfall der konkludenten Erklärung ist die tatsächliche Gewährung einer bestimmten Sonderzuwendung. Wie bei jeder Willenserklärung kommt es darauf an, daß der Arbeitgeber aus der Sicht des Erklärungsempfängers einen auf eine bestimmte Rechtswirkung gerichteten Willen geäußert hat. Sofern dies zweifelhaft ist, ist entscheidend, ob der Erklärende bei Anwendung der im Verkehr erforderlichen Sorgfalt hätte erkennen und vermeiden können, daß seine Erklärung als Willenserklärung aufgefaßt wird.[819] Der im deutschen Recht angelegte Maßstab ist insofern ähnlich dem im US-amerikanischen Recht. Darüber hinaus liegt im deutschen Recht auch ohne eine entsprechend ausdrückliche Erklärung bei einer dreimaligen vorbehaltlosen Gewährung einer Gratifikation ein wirksames konkludentes Angebot vor, auch in Zukunft solche Zuwendungen zu machen.

II.H.2.3. Kenntnis des Angebots

Die Frage, ob der einzelne Arbeitnehmer positive Kenntnis von dem Zuwendungsangebot des Arbeitnehmers haben mußte, um berechtigt zu sein, die Sonderzuwendung zu verlangen, oder ob es genügt, wenn er die Voraussetzungen der Zuwendung in Unkenntnis des Angebots erfüllt hat, wird in der deutschen Literatur nur selten erörtert und ist soweit ersichtlich bisher noch nicht Gegenstand einer Entscheidung gewesen. Grundsätzlich ist eine Kenntnis des Angebots Voraussetzung für seine Annahme, so daß man einen wirksamen Vertragsschluß verneinen müßte, wenn der Arbeitnehmer keine

---

[819] Der fehlende Bindungswille kann sich auch aus den Umständen des Einzelfalls ergeben: Schaub S. 742 mit Rspr: DB 1986, 1627 BAG AP 6 und 9 zu § 611 (Gratifikationen), BAG AP 4,7, 16, 20, 21, 34, 86 zu § 611 (Gratifikationen).

Kenntnis von dem Zuwendungsangebot hat. Unter Berücksichtigung der public policy – Erwägungen, die im US-amerikanischen Recht bereits erörtert wurden,[820] wird man aber auch im deutschen Recht dem Arbeitnehmer, der nachweislich keine Kenntnis vom Angebot hatte, einen Anspruch auf die Zuwendung nicht verweigern können.

II.H.2.4. Widerruf

Im deutschen Recht ist zwischen der Kündigung des Arbeitsverhältnisses vor Erreichen des Stichtages und dem Widerruf der Zusage einer Sonderleistung zu differenzieren.

II.H.2.4.1. Kündigung durch den Arbeitgeber vor Erreichen des Stichtages

Die Antwort auf die Frage, ob und in welcher Höhe dem Arbeitnehmer ein Anspruch auf Vergütung zusteht, wenn das Arbeitsverhältnis beendet wurde, bevor der Arbeitnehmer die Voraussetzungen für eine Sonderzuwendung erfüllt hat, ergibt sich aus der Bestimmung des Zweckes der Sonderzuwendung. Der Arbeitnehmer kann die Zuwendung nur verlangen, wenn und soweit er die dafür verlangte Gegenleistung erbracht hat. Der Inhalt dieser Gegenleistung wird als Gratifikationszweck bezeichnet.

Bei der Sonderzahlung mit reinem Entgeltcharakter erdient sich der Arbeitnehmer bereits durch seine laufende Arbeitsleistung den Anspruch auf die Sonderzuwendung im Laufe des Bezugsjahres, und zwar entsprechend der zurückgelegten Zeitdauer und Arbeitsleistung („pro rata temporis"). Mit jedem Zeitabschnitt erbringt er die Gegenleistung für einen entsprechenden Anteil der Sonderzuwendung. Endet das Arbeitsverhältnis vor Erreichen des Stichtags, kann der Arbeitnehmer also eine seiner Arbeitsleistung entsprechende anteilige Auszahlung verlangen.

Bei einer nur oder auch die Betriebstreue honorierenden Gratifikation besteht die unteilbare Gegenleistung in der Betriebstreue während des gesamten Zeitraums. Erfüllt der Arbeitnehmer diese Voraussetzung wegen eines vorzeitigen

[820] siehe oben II.H.1.3.

Ausscheidens aus dem Betrieb nicht,[821] so kann er die Sonderleistung auch nicht anteilig verlangen. Das gleiche gilt für Zuwendungen bei denen die Gegenleistung neben der tatsächlichen Arbeitsleistung in der während eines bestimmten Zeitraums gehaltenen Betriebstreue besteht.

Der Arbeitnehmer kann also nur dann eine anteilige Auszahlung der Sonderzuwendung verlangen, wenn diese ausschließlich der Entlohnung erbrachter Arbeitsleistung dient. Das Problem liegt damit darin, die Zielsetzung einer Gratifikation zu beurteilen.

II.H.2.4.2. Widerruf oder Änderung der Zusage einer Sonderzuwendungen

Für die Änderung einzelvertraglicher Vereinbarungen von Sonderzuwendungen gelten die allgemeinen vertragsrechtlichen Grundsätze. Die Verpflichtung des Arbeitgebers zur Zahlung von Sonderleistungen wird mit der Annahme durch den Arbeitnehmer Bestandteil des Arbeitsvertrages. Der Arbeitgeber kann sie nicht einseitig aufheben. Er kann nur den ganzen Arbeitsvertrag kündigen, insbesondere durch eine Änderungskündigung.

Etwas anderes gilt nur dann, wenn der Arbeitgeber sich den einseitigen Widerruf oder die Möglichkeit zur einseitigen Änderung vorbehalten hat. Allerdings kann eine Leistungszulage trotz eines ausdrücklich vereinbarten Widerrufsvorbehalts des Arbeitgebers nicht nach dessen freiem Ermessen einseitig widerrufen werden. Der Arbeitgeber ist vielmehr an § 315 BGB gebunden und muß bei seinem Widerruf die Grundsätze von Treu und Glauben beachten.[822] Insbesondere ein Widerruf kurz vor dem Stichtag dürfte daher unzulässig sein, sofern nicht besondere Umstände vorliegen.

Im übrigen ist eine Änderung nur im Rahmen einer Änderungsvereinbarung, also mit Zustimmung des Arbeitnehmers, möglich. Diese Zustimmung braucht zwar nicht ausdrücklich, sondern kann auch konkludent erklärt werden. Das bloße Schweigen des Arbeitnehmers genügt allerdings ebensowenig wie ein bloßes widerspruchsloses Weiterarbeiten zu den neuen Bedingungen.[823] Der tatsächliche Vorgang des widerspruchslosen Weiterarbeitens wird nur dann zu

[821] Sei es infolge einer eigenen Kündigung, einer Befristung (BAG vom 31.1.1979 AP 101 zu § 611 BGB Gratifikation; BAG vom 24.11.1978 AP 127 zu § 611 Gratifikation), einer einverständlichen Beendigung des Arbeitsverhältnisses (zumindest wenn ansonsten eine ordentliche Kündigung des Arbeitgebers erfolgt wäre: BAG 18.5.1983 AP 115 zu § 611 BGB Gratifikation) oder wegen einer Kündigung des Arbeitgebers.

[822] BAG vom 13.5.1987 in DB 1988, 183.

[823] BAG NZA 1996, 1323.

einer rechtserheblichen Annahme des Änderungsangebots, wenn der Arbeitnehmer es nach Treu und Glauben und nach der Verkehrssitte als Akzeptierung der Änderung ansehen durfte, weil er annehmen konnte, daß der Arbeitnehmer der Änderung widersprechen würde, wenn er mit dieser nicht einverstanden sein sollte. Entsprechend den Grundsätzen der betrieblichen Übung ist dies der Fall, wenn er dreimal die Änderung widerspruchslos hingenommen hat.[824]

Problematisch ist die betriebseinheitliche Änderung oder Aufhebung von Zusagen, die der Arbeitgeber durch Gesamtzusagen oder vertraglichen Einheitsregelungen gemacht hat. Bei einer einzelvertraglichen Änderung wird die erwünschte Betriebseinheitlichkeit aufgrund des unterschiedlich gestalteten gesetzlichen Bestandsschutzes, den einzelne Arbeitnehmer genießen und den sie im Rahmen eines Kündigungsschutzverfahrens individuell gerichtlich durchsetzen können, in Frage gestellt.[825] Eine einheitliche Änderung kommt allenfalls nach den schuldvertragsrechtlichen Grundsätzen des Wegfalls der Geschäftsgrundlage in Betracht.[826]

Vor dem Hintergrund dieser Problematik wurde vielfach die Ansicht vertreten, die arbeitsvertragliche Einheitsregelung sei aus der Gestaltungsform des Vertrages auszugliedern und sei entweder als kollektiv-rechtliche Norm zu

---

[824] BAG NZA 1997, 1008.

[825] Beschluß des BAG (GS) vom 16.9.1986 AP 17 zu § 77 BetrVG 1972; siehe auch Coester, Zur Ablösung einheitsvertraglicher Leistungsordnungen, BB 1984, 797 ff.; Höhne, Zur praktischen Notwendigkeit ablösender Betriebsvereinbarungen, RdA 1983, S. 233 ff.; Ahrend, Änderung betrieblicher Versorgungsregelungen durch Betriebsvereinbarungen, BetrAV 1982, S. 96, 97; Ahrend-Förster-Rühmann, Die ablösende Betriebsvereinbarung - Instrument zur Anpassung betrieblicher Versorgungsregelungen, DB 1982, 224, 225; Hilger/ Stumpf, Ablösung betrieblicher Gratifikations- und Versorgungsordnungen durch Betriebsvereinbarung, in: Festschr. für Müller (1981), S. 209, 212; Hüftig, Die arbeitsrechtlichen Möglichkeiten zur Änderung von betrieblichen Versorgungsregelungen, DB 1978, S. 693 ff.

[826] Beschluß des BAG (GS) vom 16.9.1986 AP 17 zu § 77 BetrVG 1972. Für ein Widerrufsrecht des Arbeitgebers nach den Grundsätzen des Wegfalls der Geschäftsgrundlage sprechen sich insbesondere aus: Lieb, SAE, 1983 130, 132 ff. und Coester, Zur Ablösung einheitsvertraglicher Leistungsordnungen, BB 1984, 797, 800 ff.

behandeln oder dieser zumindest gleichzustellen.[827] Dies rechtfertige sich daraus, daß sowohl die Gesamtzusagen als auch die vertraglichen Einheitsregelungen betriebseinheitliche Geltung und damit einen starken kollektiven Bezug hätten. Aus der Qualifizierung der arbeitsvertraglichen Einheitsregelungen als Bestandteil des kollektiven Arbeitsrecht folgt insbesondere ihre Abänderbarkeit durch eine ablösende Betriebsvereinbarung.

Die Ansicht konnte sich aber nicht durchsetzen. Sie hätte im übrigen auch keine Abhilfe geschaffen für betriebsratslose Betriebe und für solche Arbeitnehmer, die vom Betriebsrat nicht repräsentiert werden (insbesondere leitende Angestellte).[828]

Einen Mittelweg versuchte schließlich der Große Senat des BAG in seiner Entscheidung aus dem Jahre 1986 zu gehen.[829] Er schloß sich zwar einerseits der individualrechtlichen Lösung an, nach der Sonderzuwendungsversprechen durch Gesamtzusagen oder vertragliche Einheitsregelungen vertragliche Ansprüche begründen, die durch nachteilige Betriebsvereinbarungen nicht aufgehoben werden dürfen. Insbesondere betont er, daß praktische Schwierigkeiten bei der Ablösung, dieser Versprechen, die der Arbeitgeber noch dazu durch einen Vorbehalt oder in Form einer Betriebsvereinbarung hätte vermeiden können, es nicht rechtfertigen, die Gesamtzusagen kollektivrechtlichen Gestaltungsmitteln gleichzustellen.[830] Andererseits trägt er aber dem kollektiven Bezug, sofern dieser für den Arbeitnehmer erkennbar war, bei der Auslegung des Begriffs „nachteilig" Rechnung: Zur Beurteilung, ob eine ablösende Betriebsvereinbarung nachteilig und damit unzulässig ist, kommt es nicht auf die Vor- und Nachteile an, die die Neuregelung für den einzelnen

---

827 Aufbauend auf der Lehre Nipperdeys vom Ordnungs- und Leistungsprinzip (Nipperdey, Mindestbedingungen und günstige Arbeitsbedingungen nach dem Arbeitsordnungsgesetz, Festschr. für Heinrich Lehmann (1937) S. 257 ff.), entwickelte Siebert das Kollisionsprinzip, wonach der Einzelvertrag bei funktionswidrigem Einsatz (d. h. bei der Schaffung gleichmäßiger Arbeitsbedingungen innerhalb eines Betriebs) im Verhältnis zu den kollektivrechtlichen Gestaltungsmitteln keinen einzelvertraglichen Bestandsschutz genießt (Siebert, Die deutsche Arbeitsverfassung, S. 80 ff. (1942); ders. Kollektivnorm und Individualrecht im Arbeitsverhältnis, Festschr. für Nipperdey (1955), S. 119 ff.). Hilger, Das betriebliche Ruhegeld, S. 51 ff., 66 f ordnete die Gesamtzusage schließlich als einseitige kollektivrechtliche Verpflichtung endgültig dem kollektiven Arbeitsrecht zu. Der Streitstand wird in dem Beschluß des BAG (GS) vom 16.9.1986 und von Richardi, Eingriff in eine Arbeitsvertragsregelung durch Betriebsvereinbarung, RdA 1983, 201 ff. ausführlich dargestellt.

828 Darauf weist insbesondere Coester, Zur Ablösung einheitsvertraglicher Leistungsordnungen, BB 1984, 797, 798 m. w. Nachw. hin.

829 Beschluß des BAG (GS) vom 16.9.1986 AP 17 zu § 77 BetrVG 1972.

830 Beschluß des BAG (GS) vom 16.9.1986 AP 17 zu § 77 BetrVG 1972.

Arbeitnehmer, sondern für die Belegschaft insgesamt zur Folge hat (sogenannter kollektiver Günstigkeitsvergleich oder modifiziertes Günstigkeitsprinzip). Verringert der Arbeitgeber seine Leistungen insgesamt nicht oder erweitert er sie sogar, so kommt es nicht darauf an, ob der einzelne Arbeitgeber schlechter gestellt wird. Diese Lösung ist allerdings speziell auf die Abänderung einer vertraglichen Einheitsregelung oder Gesamtzusage durch eine Betriebsvereinbarung zugeschnitten.

II.H.3. Zusammenfassung und vergleichende Betrachtung

Im US-amerikanischen Recht spielt der unilateral contract bei Zuwendungsversprechen eines Arbeitgebers gegenüber seinen Arbeitnehmern deshalb eine besondere Rolle, weil der unilateral contract zu einem wirksamen Vertrag zwischen Arbeitnehmer und Arbeitnehmer verhilft, ohne daß der Arbeitnehmer als consideration für das Versprechen des Arbeitgebers ein Gegenversprechen abgeben muß. Vielmehr ist es ausreichend, wenn er die verlangte Leistung erbringt oder, wie etwa bei den Kündigungsschutzzusagen, einfach nur für den Arbeitgeber weiterarbeitet.

Im deutschen Recht, in dem die bloße Einigung ausreicht, um neue vertragliche Zuwendungspflichten des Arbeitgebers zu begründen, bedarf es dieser Konstruktion nicht. Selbst für die Frage, ob das Zuwendungsversprechen keine Schenkung ist und damit ein Vertrag formlos zustande kommt, spielt die Gegenleistung nicht wirklich eine Rolle: Die Zuwendung ist stets Entgelt.

Im Zusammenhang mit der Widerrufbarkeit eines Zuwendungsversprechens differenziert das deutsche Recht im Gegensatz zum US-amerikanischen Recht, ob die für die Sonderzuwendung verlangte Gegenleistung nicht erbracht werden konnte, weil (i) dem Arbeitgeber zuvor gekündigt wurde oder weil (ii) der Arbeitgeber das Versprechen der Sonderzuwendung widerrufen wollte.

Im ersten Fall kommen US-amerikanisches und deutsches Recht zu ganz ähnlichen Ergebnissen: Dort wo die Sonderzuwendung die aufgeschobene Gegenleistung für laufend erbrachte Arbeit sein soll, kommt eine Zahlung pro rata temporis in Frage. Sollte hingegen die Betriebstreue entlohnt werden, so erhält der Arbeitnehmer nichts, wenn er vor Erreichen des Stichtages aus dem Betrieb ausscheidet.

In den Vereinigten Staaten sind bei bestehenden Arbeitsverhältnissen Klagen wegen des Widerrufs von Sonderversprechen, für die die verlangte Gegenleistung noch nicht erbracht wurde, selten. In sämtlichen untersuchten Fällen klagte der Arbeitnehmer nicht aus einem noch bestehenden Arbeitsverhältnis, sondern erst nach bzw. im Zusammenhang mit dessen Beendigung. Grund dafür mag das unterschiedliche Verständnis des Arbeitsverhältnisses in den Vereinigten Staaten einerseits und in Deutschland andererseits sein: Wer mit den bestehenden Konditionen eines Arbeitsverhältnisses nicht einverstanden ist, wird sich in den Vereinigten Staaten eher einen neuen Arbeitgeber suchen, als Ansprüche gegen den alten Arbeitgeber geltend zu machen, der im übrigen seinerseits das Arbeitsverhältnis jederzeit beenden kann.

Sowohl im deutschen als auch im US-amerikanischen Recht besteht das Bedürfnis nach Sonderregelungen bei betriebseinheitlichen Regelungen insbesondere für die betriebseinheitliche Abschaffung einer bisher gewährten Leistung. Hier sind Abweichungen von allgemeinen vertragsrechtlichen Grundsätzen notwendig, um den besonderen Interessen des Arbeitgebers Rechnung zu tragen. Erleichterungen werden im deutschen Recht zum einen bei einer Neuregelung durch eine ablösende Betriebsvereinbarung gewährt, zum andern durch die konkludente Annahme im Rahmen einer betrieblichen Übung. Beide Rechtsinstitute des deutschen Arbeitsrechts sind dem US-amerikanischen Recht in dieser Form fremd. Mit Hilfe der „consideration"-Doktrin kann das US-amerikanische Recht schließlich erreichen, was im deutschen Recht mit dem Rechtsinstitut der betrieblichen Übung erzielt wird, nämlich eine rechtserhebliche Zustimmung durch bloßes Weiterarbeiten zu neuen Bedingungen. Verspricht der US-amerikanische Arbeitgeber mit der Änderung auch einen irgendwie gearteten Vorteil, so leistet er die für eine Änderung erforderliche consideration, und das Weiterarbeiten zu den neuen Bedingungen stellt eine stillschweigende Annahme des Änderungsangebots dar.

Teil III. Der unilateral contract als Sonderfall der vertraglichen Risikoverteilung

III.A. Problemaufriß

Im vorhergehenden Teil der Untersuchung wurden einige typische Fallgruppen vorgestellt, in denen das englische und das US-amerikanische Recht den unilateral contract verwendet. Im folgenden soll von den in Teil II dargestellten, typischen Fallgruppen ausgehend aber unabhängig von diesen und über diese hinausgehend eine Antwort auf die grundsätzliche Frage gefunden werden, in welchen Situationen und bei welcher Interessenlage Parteien im allgemeinen einen unilateral contract abschließen oder eine entsprechende Gestaltung im deutschen Recht wählen.

Denn der Anwendungsbereich des unilateral contract und seiner allgemeinen vertragsrechtlichen Gegenstücke im deutschen Recht, insbesondere der konditionalen Leistungsverknüpfung, ist nicht auf bestimmte typische Fallgruppen begrenzt. Vielmehr kann theoretisch jeder Vertrag sowohl im englischen und US-amerikanischen als auch im deutschen Recht als oder wie ein unilateral contract abgeschlossen werden.

Besteht Klarheit darüber, bei welchen Interessenlagen Parteien einen unilateral contract abschließen, kann dies auch Anhaltspunkte für die Entscheidung der Frage bieten, ob die Parteien im konkreten Fall einen bilateral oder einen unilateral contract abschließen wollten. Diese Frage spielt im englischen und US-amerikanischen Recht eine zentrale Rolle, weil sie entscheidend dafür ist, welche consideration eine Partei leisten muß und unter welchen Voraussetzungen ein Vertrag zwischen den Parteien zustande kommt. Im deutschen Recht kommt es auf die Frage zwar nicht im Zusammenhang mit dem Zustandekommen eines Vertrages, aber für die Gestaltung des vertraglichen Leistungsaustauschs an.

Die Feststellung, ob die Parteien einen unilateral contract oder einen bilateral contract abschließen wollten allein aufgrund des Wortlautes der Erklärungen der Parteien ist häufig nicht einfach.[831] Die Parteien bieten sich normalerweise

[831] Ebenso Corbin, Offer and Acceptance, 26 Yale L.J. 169, 176 f. (1917): „It is not always an easy matter to determine whether a contract is in fact unilateral or bilateral .... The form of words used by the parties is not at all conclusive, when examined out of their setting and with the aid of nothing but a dictionary."

eben nicht den Abschluß eines unilateral oder eines bilateral contract oder „ein Versprechen für ein Versprechen“ bzw. „ein Versprechen für eine tatsächliche Leistung“ an.[832]

> „[The] first and outstanding fact of life is that outside lunatic asylums real people do not in good faith offer 'a promise for a promise'.“[833]

> [Die] erste und wichtigste Tatsache des Lebens ist, daß außerhalb von Irrenanstalten reale Personen in gutem Glauben kein 'Versprechen für ein Versprechen' anbieten.

So ist die Aussage einer Partei: „Ich zahle dir $ 2.000, wenn du mein Haus streichst“, ist ihrem Wortlaut nach grundsätzlich offen sowohl für eine Interpretation, nach der bis zur Fertigstellung weder der Maler ein Versprechen abgibt, den Anstrich durchzuführen, noch die Zahlung versprochen wird oder aber für eine Interpretation, nach der beide Parteien sich verpflichten, ihre jeweilige Leistung zu erbringen.

Wie schwierig eine Abgrenzung tatsächlich ist, wird auch durch ein Experiment bestätigt, das das Yale Law Journal, im Jahre 1951 durchführte:[834] Die juristische Zeitschrift bat mehrere Exporthändler das folgende Angebot auszulegen:

> „We are interested in feeding needy European nations. We offer you a thousand cases of condensed milk at $ 6 a case. This offer is subject to government approval for export and it is made with the understanding that we are to have a firm reply within two weeks from this date.“

> Wir sind daran interessiert, bedürftige europäische Staaten mit Nahrung zu versorgen. Wir bieten Ihnen tausend Kanister Kondensmilch zu $ 6 pro Kanister an. Dieses Angebot ist abhängig von einer Exportgenehmigung der Regierung und wir gehen davon aus, daß wir binnen zwei Wochen von heute ab eine verbindliche Antwort erhalten.

Die befragten Händler sollten dazu Stellung nehmen, unter welchen Voraussetzungen ihrer Ansicht nach ein bindender Vertrag zustande kommen konnte: 27 der Befragten waren der Ansicht, daß eine verbindliche Antwort genüge; 13 meinten, daß dies nicht ausreichend sei, und daß jede der Parteien bis zur Vorlage der Exportgenehmigung jederzeit einseitig widerrufen könne; sechs hätten um eine Klarstellung des Angebots gebeten. Das Angebot hatte die Zeitschrift nicht erfunden; es war vielmehr im Jahre 1950 Gegenstand des

---

[832] Note, Acceptance of Unclear Offers, 60 Yale L.J. 1043, 1046 (1951): „The basic fallacy of the Dean approach is the assumption that business men always bargain in terms of acts or promises.“

[833] Llewellyn, Our Case-Law of Contract: Offer and Acceptance II., 48 Yale L.J. 779, 789 (1938/39).

[834] Note, Acceptance of Unclear Offers, 60 Yale L.J. 1043 ff. (1951).

Rechtsstreits National Dairymen Association v. Dean Milk Co.[835] Das Gericht war der Ansicht, daß das Angebot eindeutig auf Abschluß eines bilateral contract gerichtet war, so daß die Beklagte die Vereinbarung nicht mehr widerrufen konnte, nachdem sie ihre Antwort fristgerecht abgesandt hatte, und daß die Beschaffung der Exportgenehmigung nur noch eine Bedingung für die vertragliche Leistungsverpflichtung der Beklagten war.[836]

In Situationen, in denen der Wortlaut der Parteierklärungen unklar ist, muß sowohl im englischen und US-amerikanischen Recht als auch im deutschen Recht der Inhalt der Erklärungen durch Auslegung unter Berücksichtigung der Begleitumstände, insbesondere der Interessenlage der Parteien ermittelt werden.

> „Bei der Auslegung einer Willenserklärung ist der wirkliche Wille zu erforschen und nicht an dem buchstäblichen Sinne des Ausdrucks zu haften."[837]

> „The meaning of words as used by the parties to a contract, cannot be determined with mathematical certainty; and the judge who is most certain to do injustice is the pedant who holds contractors to meticulous accuracy in the usage of words and in the construction of sentences."[838]

> Die Bedeutung von Worten, die von den Vertragsparteien verwendet wurden, kann nicht mit mathematischer Genauigkeit bestimmt werden; und der Richter, der am ehesten Unrecht tun wird, ist der Pedant, der die Vertragsparteien peinlich genau an ihrer Wortwahl und ihren Satzkonstruktionen festhält.

Allgemeine Feststellungen zur besonderen Interessenlage der Parteien eines unilateral contract können also eine Hilfestellung für die Auslegung der Erklärungen der Parteien im Einzelfall sein.

---

835 183 F.2d 349 (1950).

836 Das Gericht begründete seine Ansicht damit, daß (i) bereits der Wortlaut des Angebots eindeutig auf den Abschluß eines bilateral contracts gerichtet war, (ii) dieses Verständnis auch durch das weitere Verhalten der Parteien, insbesondere durch den Schriftwechsel gestützt wird und (iii) selbst wenn das Angebot unklar gewesen sein sollte, § 31 des Restatement of Contracts anzuwenden sei, wonach ein Angebot im Zweifel als auf einen bilateral contract gerichtet auszulegen ist.

837 § 133 BGB.

838 Corbin, Offer and Acceptance, 26 Yale L.J. 169, 177 (1917), der sich in Fn. 11 ausdrücklich auf § 133 BGB bezieht. Note, Acceptance of Unclear Offers, 60 Yale L.J. 1043, 1047 (1951) weist darauf hin, daß das Gericht in dem Fall National Dairymen Association v. Dean Milk Co. beispielsweise nicht der Frage nachgegangen ist, ob das Hauptmotiv der Dean Milk Co. für das Angebot der Export von Milch nach Europa war, so daß sie sich nur gegenüber einem solchen Käufer verpflichten wollte, der auch die erforderlichen Voraussetzungen für einen solchen Export erfüllte. Dafür gab es in dem Fall durchaus Anhaltspunkte.

III.B. Risikoverteilung und Planungssicherheit bei einem Leistungsaustausch

Ausgangspunkt der Überlegungen ist die Tatsache, daß der unilateral contract ein eher seltener Sonderfall des vertraglichen Leistungsaustauschs ist. Auch die in Teil II der Arbeit untersuchten Fallgruppen betrafen stets spezielle Situationen und Randbereiche des vertraglichen Leistungsaustauschs.

Die ganz überwiegende Zahl der Austauschgeschäfte wird im modernen Wirtschaftsleben als gegenseitig verpflichtender Vertrag, als bilateral contract, abgeschlossen.

So bestimmt beispielsweise § 433 Abs. 1 und 2 BGB für den Kaufvertrag:

> „Durch den Kaufvertrag wird der Verkäufer einer Sache *verpflichtet*, dem Käufer die Sache zu übergeben und das Eigentum an der Sache zu verschaffen ... . Der Käufer ist *verpflichtet*, dem Käufer den vereinbarten Kaufpreis zu zahlen und die gekaufte Sache abzunehmen." (Hervorhebungen d. Verf.)

Ebenso ist im englischen und US-amerikanischen Recht der gegenseitig verpflichtende bilateral contract der Normalfall des Austauschvertrages.[839]

> „...in case of doubt it is presumed that an offer invites the formation of a bilateral contract."[840]

> ... im Zweifel wird vermutet, daß ein Angebot auf den Abschluß eines bilateral contract gerichtet ist.

Um Feststellungen dazu treffen zu können, in welchen Ausnahmefällen die Parteien im englischen und US-amerikanischen Recht einen unilateral contract oder im deutschen Recht eine entsprechende Gestaltung wählen, muß zunächst Klarheit darüber gewonnen werden, warum die Parteien normalerweise einen bilateral contract oder gegenseitig verpflichtenden Vertrag abschließen.

Das Besondere an einem bilateral contract oder einem Austauschvertrag mit gegenseitigen Leistungspflichten ist, daß die Parteien nicht einfach nur ihre Leistungen austauschen, sondern daß sie sich zunächst gegenseitig versprechen, ihre jeweilige Leistung zu einem zukünftigen Zeitpunkt zu erbringen.

Mit einem Versprechen macht der Versprechende eine Zusage über den Eintritt eines zukünftigen Ereignisses. Bei einem Leistungsversprechen verpflichtet er sich, zu einem bestimmten zukünftigen Zeitpunkt seine Leistung zu erbringen.

---

[839] Farnsworth § 2.3, S. 64: „Contracts of this sort [bilateral] make up the bulk of economically significant promises today."

[840] Restatement of Contracts, § 31; siehe ausführlich oben I.A.4.1.4.

Mit den gegenseitigen Leistungsversprechen blicken die Parteien also über die Gegenwart hinaus und planen einen Leistungsaustausch in der Zukunft.

Diese Projektion des Leistungsaustauschs in die Zukunft spielt in einer primitiven oder einfachen Gesellschaft keine besondere Rolle. Der einfache Naturaltausch findet unmittelbar und bei gleichzeitiger Anwesenheit beider Parteien statt.

In einer arbeitsteiligen Gesellschaft jedoch gewinnt die Planung eines Leistungsaustauschs und damit der Blick in die Zukunft entscheidend an Bedeutung, zum einen, weil eine Vielzahl von Bedürfnissen durch Austausch von Leistungen abgedeckt werden müssen, zum anderen, weil bei der Herstellung eines Wirtschaftsgutes ein zunehmend komplexer Produktionsprozeß erforderlich ist.[841]

> „When more economy shifted into markets, when money became more the glue of society, and when goods became more complex and complexly produced, more extensive planning was required than could be supplied by relying on contemporaneous exchange transactions in the market. Planning had to occur before the commodity was produced, the producer had to know it was wanted, exchange had somehow to be projected into the future."[842]

> Als sich die Wirtschaftstätigkeit immer mehr in Märkte verlagerte, als die Gesellschaft immer mehr durch Geld zusammengehalten wurde und als Güter immer komplexer wurden und komplexer produziert wurden, wurde eine umfassendere Planung notwendig, als dies bei einem Vertrauen auf einen gleichzeitigen Austausch auf dem Markt möglich war. Die Planung mußte stattfinden, bevor die Güter produziert wurde, der Produzent mußte wissen, daß sie abgenommen wurde, der Austausch mußte irgendwie in die Zukunft projiziert werden.

Eine solche Planung ist aber stets mit Risiken verbunden. Grund dafür ist, daß jede Planung Annahmen über die Zukunft voraussetzt. Erforderlich für die Planung sind Prognosen über zukünftige Ereignisse, wie z. B. über die verfolgten Ziele, Handlungsalternativen, künftige Umweltbedingungen sowie die Wirkungsweise von Handlungen. Kein Prognoseverfahren gestattet es aber, künftige Ereignisse mit absoluter Sicherheit vorauszusagen.[843] Die Prognose ist

---

[841] Anson's Law of Contract, S. 3: „The more complex the transaction the greater will be the need for such planning and the more detailed the provisions that are likely to be made."; ebenso: Farnsworth on Contract, § 1.3, S. 10. MacNeil, The Many Futures of Contracts, 47 Southern California Law Review, 691, 756 (1973/74)

[842] MacNeil, The Many Futures of Contracts, 47 Southern California Law Review, 691, 764 f. (1973/74).

[843] Adam, Planung und Entscheidung, S. 5, 173 ff.; Philipp, Risiko und Risikopolitik, S. 10 ff.

immer nur ein Wahrscheinlichkeitsurteil mit einer mehr oder weniger großen Unsicherheit und birgt damit ein mehr oder weniger großes Risiko der Planabweichung.

III.B.1. Risikoverteilung beim Bilateral Contract

In einer Situation, in der die Parteien einen Leistungsaustausch planen, d. h. in die Zukunft projizieren, ermöglicht der gegenseitig verpflichtende Vertrag beiden Parteien eine günstige Verteilung der Risiken, die mit dieser Projektion verbunden sind und macht den Leistungsaustausch so insgesamt besser planbar.

Bei einem zukünftigen Leistungsaustausch plant jede der Parteien stets zum einen die Verwendung des durch den Leistungsaustausch jeweils erlangten Gutes (im folgenden auch die „Verwendungsplanung" genannt).[844] Außerdem plant jede Partei die Beschaffung der eigenen Leistung, die sie im Rahmen des Leistungsaustauschs erbringen muß, um jenes Gut zu erwerben (im folgenden auch die „Beschaffungsplanung" genannt).[845]

Ohne gegenseitige Leistungsverpflichtungen steht es jeder Seite frei, den Leistungsaustausch nicht durchzuführen, wenn ihre eigene Verwendungs- und Beschaffungsplanung fehlschlägt. Damit trägt sie zwar nicht das Risiko, daß sie ihre Leistung erbringen muß, obwohl dies für sie beschwerlicher wurde, als ursprünglich angenommen und sie trägt auch nicht das Risiko den Leistungsaustausch durchführen zu müssen, obwohl sie die Gegenleistung gar nicht mehr gebrauchen kann. Dafür muß sie aber das Risiko übernehmen, daß der Leistungsaustausch nicht zustande kommt, weil die Verwendungs- oder Beschaffungsplanung der anderen Seite falsch war und die andere Seite damit von ihrer Möglichkeit Gebrauch macht, den geplanten Leistungsaustausch nicht durchzuführen. Dies wirkt sich wiederum auf ihre eigene Verwendungs- und Beschaffungsplanung aus: Wenn für eine Partei ungewiß ist, ob sie die Gegenleistung tatsächlich erhält, weil die Gegenseite aufgrund ihrer Planungsfehler den Leistungsaustausch nicht mehr durchführt, kann sie auch die Verwendung der Gegenleistung nicht zuverlässig planen. Dasselbe gilt für ihre

---

[844] Staudinger-Schmidt, § 242, Rn. 1148 f., 1302 ff, 1341 ff., der hier weiter differenziert zwischen einem Abweichen der Verwendungsplanung des Empfängers von der effektiven Verwendungsmöglichkeit und einem Abweichen der Kosten-/Ertragsplanung von den Effektivdaten. Dies ist aber nicht erforderlich ist, da bei einer entsprechend weiten Fassung des Verwendungsbegriffs, die erstere die letztere umfaßt. Koller, Die Risikozurechnung bei Vertragsstörungen in Austauschverträgen, S. 1, spricht von der Planung des „Einsatzes des Gutes zur Deckung des Bedarfs".

[845] Staudinger-Schmidt, § 242, Rn. 1146, 1156, 1191 ff.; Koller, Die Risikozurechnung bei Vertragsstörungen in Austauschverträgen, S. 1 spricht von der „Leistungsplanung".

Beschaffungsplanung. Die Partei müßte Prognosen über Umstände bei der anderen Partei machen, die sie nicht vorhersehen oder beherrschen kann. Die Nachteile, die mit einer Risikoverteilung ohne gegenseitige Leistungsversprechen verbunden sind, verdeutlicht folgendes Beispiel:[846]

> Wenn ein Bäcker und ein Schneider ein Brot gegen eine Jacke tauschen wollen, ohne sich vorher gegenseitig zur Leistung zu verpflichten, trägt der Bäcker das Risiko, daß der Leistungsaustausch doch nicht durchgeführt wird und er das Brot umsonst gebacken hat, weil der Schneider nicht mehr hungrig ist oder weil es dem Schneider nicht gelingt die Jacke für ihn zu nähen und der Schneider das Risiko, daß der Leistungsaustausch nicht durchgeführt wird und er die Jacke umsonst genäht hat, weil der Bäcker nicht mehr friert oder weil es dem Bäcker nicht gelungen ist das Brot für ihn zu backen.

Versprechen sich die Parteien dagegen, ihre Leistungen zu einem zukünftigen Zeitpunkt zu erbringen, so trägt jede Partei das Risiko, daß sie den Leistungsaustausch durchführen muß, obwohl sich ihre eigene Beschaffungsplanung und Verwendungsplanung als unzutreffend erweist. Dies ist jedoch ein Risiko, das jede Partei wesentlich besser vorhersehen und beherrschen kann, als das Risiko, daß der Leistungsaustausch nicht stattfindet, weil die andere Partei falsch geplant hat. Denn jede Partei kennt die Aufwendungen, die erforderlich sind, um ihre Leistung zu erbringen, besser als die andere Partei. Jede Partei kann besser einschätzen, welche Faktoren ihre eigene Verwendung in der Zukunft beeinflussen können.

Der bilateral contract oder der gegenseitig verpflichtende Vertrag entspricht also in der Regel den Interessen der Parteien, weil so für jede Partei die Risiken, die mit der Planung eines Leistungsaustauschs verbunden sind, reduziert werden. Jede Partei trägt die Risiken, die sie am besten beherrschen kann, nämlich das Risiko, daß ihre eigene Verwendungs- und Beschaffungsplanung fehlschlägt, und muß für sich beurteilen und bereits in der Gegenwart verbind-

---

846 In Anlehnung an Samuelson in einem Standardlehrbuch zur Volkswirtschaftslehre: „nur wenn ein hungriger Schneider einen unbekleideten Bauern trifft, der über Nahrungsmittel verfügt und sich Hosen wünscht, können beide einen Handel abschließen": Samuelson, Volkswirtschaftslehre, S. 356. Mit dieser sogenannten doppelten Koinzidenz demonstriert Samuelson den Vorteil des Geldes. Allein die Einführung des Geldes hilft aber bei dem hier interessierenden weiteren Nachteil des Naturaltauschs nicht weiter, der darin besteht, daß es bei einem unmittelbaren Austausch von Ware gegen Ware oder Ware gegen Geld nicht möglich ist, diesen Leistungsaustausch zuverlässig zu planen.

lich festlegen, ob und unter welchen Bedingungen sie den Leistungsaustausch zu einem zukünftigen Zeitpunkt durchführen wird.[847]

> „Die Anerkennung der bindenden Kraft der Verträge vom Standpunkt des Zweckgedankens aus betrachtet, heißt nichts als Sicherung des ursprünglichen Zwecks gegen den nachteiligen Einfluß einer späteren Interessenverschiebung oder veränderter Interessenbeurteilung in der Person des einen Teils, oder: Rechtliche Einflußlosigkeit von Interessenänderung."[848]

III.B.2. Sonderfälle der Risikoverteilung

Sind nun aber auch Situationen denkbar, in denen bei den Parteien ein Bedürfnis besteht, von der Risikoverteilung eines gegenseitig verpflichtenden Vertrages abzuweichen?

Voraussetzung für das Funktionieren des Normalfall-Modells der gegenseitigen Leistungsverpflichtung ist, daß das Risiko, das mit der eigenen Beschaffungs- oder Verwendungsplanung verbunden ist, von jeder Partei tatsächlich beherrschbar ist. Ein Risiko ist aber dann schlecht beherrschbar, wenn es von Faktoren abhängt, die sich zum Zeitpunkt des Vertragsabschlusses nur schlecht übersehen lassen und auf die die Partei keinen Einfluß hat, wie etwa in dem folgenden Beispiel:

> Der Hund des A ist entlaufen. A möchte den Hund gerne wiederhaben und ist bereit, den B dafür zu bezahlen, daß dieser den Hund zurückbringt. Der Leistungserfolg des B (Zurückbringen des Hundes) hängt zunächst davon ab, daß er sich überhaupt auf die Suche begibt. Insofern kann B den Leistungserfolg beeinflussen. Er hängt aber dann davon ab, daß B den Hund auch findet und einfangen kann. Hierauf hat B wenig Einfluß. Es kann sein, daß er den Hund bereits im nächsten Stadtpark findet, nachdem er zweimal seinen Namen gerufen hat. Es kann aber auch sein, daß er tagelang die ganze Stadt absuchen muß. Es kann auch sein, daß er trotz aller Anstrengungen, den Hund gar nicht findet.

In dieser Situation haben die Parteien verschiedene Möglichkeiten zur Gestaltung ihres Leistungsaustauschs: der Leistungsempfänger übernimmt das Risiko, daß sich mit der Leistung ein bestimmter Erfolg verwirklichen läßt (II.A.3.1),

---

[847] Fikentscher, Die Geschäftsgrundlage des Vertragsrisikos, S. 31: „Es ist Sinn des Vertrages, für jede Partei ein Risiko zu schaffen und sie daran festzuhalten." Ebenso: Henssler, Risiko als Vertragsgegenstand, S. 13: „In einem weiten Sinn bedeutet jeder Vertragsschluß eine vertragliche Risikoübernahme." MacNeil, The Many Futures of Contracts, 47 Southern California Law Review, 691, 756 (1973/74): „Thus were the ghosts of the past, present and future to be brought into the clear sharp focus of the discretely perceived conscious present."

[848] v. Jhering, Der Zweck im Recht, 1. Band 1884, S. 76.

der Leistende übernimmt das Risiko, daß ein bestimmter Erfolg eintritt (III.A.3.2) oder aber die Parteien schließen einen unilateral contract (III.A.3.3).

III.B.2.1. Risikoübernahme des Leistungsempfängers

Sofern ein Leistungserfolg erzielt werden soll (z. B. die Vermittlung eines Kaufinteressenten oder das Auffinden eines verlorenen Gegenstandes), könnte der Leistungsempfänger das Risiko übernehmen, daß allein durch die Leistungshandlung, zu der sich die andere Partei verpflichtet, der von ihm gewünschte Leistungserfolg eintritt. Bezogen auf das Beispiel des entlaufenen Hundes würde dies bedeuten:

> A verpflichtet sich, B € 20 dafür zu zahlen, daß B sich einen Nachmittag lang den Hund sucht. B verpflichtet sich, sich einen Nachmittag lang zu suchen.

B trägt dann nur das für ihn relativ gut beherrschbare Beschaffungsrisiko für seine Leistungshandlung, nämlich das Suchen. Das Risiko, daß diese Bemühungen auch zum Erfolg, nämlich zum Auffinden des Hundes führen, trägt A.

Eine solche Risikoverteilung macht jedoch nur dann Sinn, wenn die Partei, welche die Leistungshandlung empfängt, das Risiko, daß sich allein mit der Leistungshandlung ein bestimmter Leistungserfolg erreichen läßt, besser oder jedenfalls genauso schlecht beherrschen kann, wie der Leistende. Dies ist etwa bei den typischen Dienstverträgen der Fall: Auf die Genesung des Patienten hat der Arzt letztlich genauso wenig Einfluß wie der Patient, weswegen der Behandlungsvertrag in der Regel ein Dienstvertrag ist. In dem oben dargestellten Beispiel, ebenso wie beim Maklervertrag, hat dagegen der Auftraggeber genauso wenig oder sogar weniger Einfluß darauf, ob die Bemühungen des Suchers oder des Maklers zum Erfolg führen, als der Suchende oder der Makler. Er hat noch nicht einmal eine angemessene Kontrolle darüber, ob der Suchende oder der Makler geeignete Anstrengungen übernehmen.

III.B.2.2. Risikoübernahme des Leistenden

Eine weitere Möglichkeit der Risikoverteilung wäre, daß der Leistende das Risiko übernimmt, einen Leistungserfolg herbeizuführen. Eine solche Risikoübernahme hat natürlich einen Preis. In der Wirtschaftswissenschaft gibt es differenzierte Methoden, um den Preis für eine Risikoübernahme bei verschiedenen Wirtschaftsgütern zu berechnen, grundsätzlich entspricht danach der Erwartungswert oder Preis eines Risikos dem potentiellen Schaden multipliziert mit der Schadenswahrscheinlichkeit.[849] Auf den Punkt gebracht wird dieses Prinzip von Häsemeyer mit dem Satz:

> „Jede Risikoversicherung verlangt nun einmal Versicherungsprämien."[850]

Wenn dieser Preis aber außer Verhältnis zu den Vorteilen steht, die eine Planungssicherheit für die Gegenseite bedeutet, wird ein Leistungsaustausch auf der Basis dieses Risikoverteilungsmodells nicht zustande kommen.

III.B.2.3. Unilateral contract

In einer Situation, in der dem Leistungsempfänger nur am Leistungserfolg gelegen ist, der Leistende den Eintritt des Leistungserfolgs zu einem angemessenen Preis aber nicht versprechen kann, will oder soll, bietet der unilateral contract im englischen und US-amerikanischen Recht oder seine Gegenstücke im deutschen Recht, das bedingte Angebot bzw. die konditionale Leistungsverknüpfung, eine Möglichkeit der Risikoteilung zwischen den Parteien.

Beim unilateral contract und seinen Gegenstücken im deutschen Recht trägt die nicht leistungsverpflichtete Partei nämlich nicht das Risiko, daß sie den Leistungserfolg herbeiführen muß, denn sie hat sich nicht verpflichtet, die Leistung zu erbringen.

Sie trägt vielmehr nur das Risiko, daß sich die Kosten, die ihr im Hinblick auf die Beschaffung des Leistungserfolgs tatsächlich entstanden sind, als verloren erweisen, weil sie den Leistungserfolg nicht herbeiführen konnte und daher keine Gegenleistung erhält (sog. uneinbringliche Investitionen oder „sunk costs").

Allerdings – und darin liegt der Vorteil des unilateral contract - muß die leistungsverpflichtete Partei dieses Risiko nicht bereits zum Zeitpunkt des Vertragsabschlusses bewerten, da sie sich nicht verpflichtet, den erwünschten Leistungserfolg herbeizuführen. Sie kann vielmehr den Umfang ihrer Aufwendungen laufend und auf der Basis aktueller Erkenntnisse und Informationen an die Chance anpassen, den Leistungserfolg zu erzielen und die versprochene Gegenleistung zu erlangen.[851]

---

849 Schäfer/Ott, Lehrbuch der ökonomischen Analyse des Zivilrechts, S. 375.

850 Häsemeyer, Geschäftsgrundlage und Vertragsgerechtigkeit, S. 67, 75.

851 Dieser Gedanke wird deutlich entwickelt von Gordley, Enforcing Promises, 82 California L.Rev. 547, 602 f. (1995): „The promisee cannot make a commitment without knowing more about the difficulty and cost of performance".

Wenn A dem B € 20 dafür verspricht, daß B den entlaufenen Hund zurückbringt, dann wird er vielleicht eine Stunde lang durch den Stadtpark laufen und den Hund rufen. Wenn er dort konkrete Hinweise erhält, daß der Hund sich im Stadtpark aufhält, seine Chancen also steigen, wird er dort noch eine weitere Stunde suchen.

Für den potentiellen Leistungsempfänger ist der unilateral contract oder seine Gegenstücke im deutschen Recht ein Mittel, einen Anreiz dafür zu setzen, daß die andere Partei versucht, den gewünschten Leistungserfolg herbeizuführen. Der potentielle Leistungsempfänger legt fest, wie viel ihm die erwünschte Leistung einschließlich der Risikoübernahme bezüglich vergeblicher Aufwendungen durch die Gegenseite wert ist. Der Gegenseite bleibt es dann überlassen abzuschätzen, ob der Wert der versprochenen Leistung ihre tatsächlichen Aufwendungen sowie das Risiko, daß sich mit diesen Aufwendungen der Leistungserfolg nicht herbeiführen läßt, noch abdeckt. Dieses Risiko kann sie fortlaufend neu bewerten und aus dem Leistungsaustausch aussteigen, wenn sie meint, das Risiko übersteige die Gewinnchancen.

Über den Preis, den der potentielle Leistungsempfänger bereit ist zu zahlen, kann er also den Aufwand steuern, den die andere Partei bei dem Versuch, den Leistungserfolg herbeizuführen, gewillt ist zu erbringen,:

Bietet A dem B statt € 20 sogar € 100 dafür, daß er den Hund zurückbringt, wird B bereit sein, intensiver zu suchen und vielleicht zusätzlich sein Taschengeld investieren, um eine Hundepfeife zu kaufen.

Auch das zentrale Problem des englischen und US-amerikanischen Rechts, nämlich die Widerrufbarkeit des Angebots auf Abschluß eines unilateral contract oder im deutschen Recht die Frage nach einem Widerrufs,- Kündigungs,- oder Rücktrittsrecht des bedingten Anbieters oder der bedingt leistungsverpflichteten Partei, ist letztlich ein Problem der Risikoverteilung: Hat der bedingt Leistungsverpflichtete das Recht zu widerrufen, so erhöht dies das Risiko der anderen Partei, weil sich die Wahrscheinlichkeit vergeblicher Aufwendungen erhöht. Dieses Risiko muß die nicht leistungsverpflichtete Partei in ihre Überlegungen einstellen, in welchem Umfang sie Aufwendungen zum Erbringen ihrer Leistung auf sich nimmt. Wenn die Wahrscheinlichkeit vergeblicher Aufwendungen ohnehin sehr hoch ist, hat das zusätzliche Risiko eines Widerrufs kein besonderes Gewicht. Deshalb ist etwa bei der Auslobung oder beim Maklervertrag ein freier Widerruf gerechtfertigt. Andererseits kann es aber auch interessengerecht sein, der bedingt leistungsverpflichteten Partei dann ein Widerrufsrecht zuzubilligen, wenn sie im Falle des Widerrufs der Gegenseite ihre Aufwendungen ersetzt und sie so von dem Risiko vergeblicher Aufwendungen im Falle eines Widerrufs entlastet.

III.B.3. Grenzen der Risikobetrachtung

Die Betrachtung des Leistungsaustauschs unter Risikogesichtspunkten versagt aber, wenn sich die Parteien nicht aus Gründen einer besonderen vertraglichen Risikoverteilung für ein bestimmtes Risikoverteilungsmodell entschieden haben. Einen unilateral contract können Parteien auch jenseits einer vertraglichen Risikoverteilung wählen, wenn eine Partei aus anderen persönlichen oder von der Rechtsordnung vorgegebenen ethischen oder an Schutzgedanken orientierten Gründen ihre Gegenleistung nicht versprechen soll, kann oder will. Dies ist beispielsweise bei Vereinbarungen unter Familienangehörigen und Freunden oder bei Zusagen arbeitsrechtlicher Sonderleistungen der Fall.

Diese Fälle sind in der Tat auch nicht geeignet, allgemeine Grundsätze für einen wirtschaftlichen Anwendungsbereich des unilateral contract unter Berücksichtigung der vertraglichen Risikoverteilung zu entwickeln.

> „... it is not safe to reason about business cases from cases in which an uncle became interested in having his nephew see Europe, go to Yale, abstain from nicotine, or christen his infant heir 'Alavardus Torrington III'."[852]

> ... es ist gefährlich, Fälle des Wirtschaftslebens auf der Grundlage von Fällen zu beurteilen, in denen einem Onkel daran gelegen war, daß sein Neffe Europa sieht, nach Yale geht, sich vom Nikotin fernhält oder seinen Stammhalter 'Alavardus Torrington III' tauft.

Dasselbe gilt im übrigen für die Lehrbuchfälle, in denen Personen nach York gehen oder Fahnenmasten erklimmen, denn sie enthalten keine Informationen dazu, warum die Parteien einen solchen Leistungsaustausch eigentlich durchführen wollen.[853]

---

[852] Llewellyn, Our Case-Law of Contract: Offer and Acceptance, II., 48 Yale L.J. 779, 785 (1938/39).

[853] Cheshire, Fifoot and Furmston's Law of Contract, S. 65: „... it is perhaps unfortunate that the discussion has centered upon an apparently frivolous and unexplained walk to York." Oder, wie Simpson, Innovation in Nineteenth Century Contract Law, S. 247, 262 Fn. 62, bemerkt: „the man who goes to York had been a familiar medieval figure on his way to Rome or Winchester, and in modern times sometimes goes to Paris. *Why* he goes is never revealed." Zu den sogenannte „hypotheticals" stellt Murray, Contracts, A New Design for the Agreement Process, 53 Cornell L.Rev., 785 (1968) ironisch fest: „Of course he [the law student] is obliged to use hypotheticals, since no recorded case makes the point so clearly. That offerors rarely if ever operate in this fashion does not concern the student striving to understand this fundamental area." Vgl. auch Farnsworth on Contract, § 3.24, S. 297.

III.C. Zusammenfassung

Der unilateral contract im englischen und US-amerikanischen Recht und seine Gegenstücke, das bedingte Angebot oder der Vertrag mit konditionaler Leistungsverknüpfung im deutschen Recht sind eine eher seltene Form des Leistungsaustauschs.

In der weit überwiegenden Anzahl der Fälle, in denen Parteien Leistungen austauschen, gehen sie zuvor gegenseitige Leistungsverpflichtungen ein, sie schließen also einen bilateral contract, einen gegenseitig verpflichtenden Vertrag, da so die Risiken die mit der Planung eines Leistungsaustauschs verbunden sind jeweils der Partei zugewiesen werden, die sei am besten beherrschen kann. Diese Verteilung entspricht den Interessen der Parteien an geringen Planungskosten und einem Höchstmaß an Planungssicherheit.

Die Planung des Leistungsaustauschs gewinnt in einer arbeitsteiligen Gesellschaft entscheidend an Bedeutung, was auch die historischen Entwicklung des common-law-Vertragsrechts belegte: Der Vertragsabschluß als der Zeitpunkt, in dem ein zukünftiger Leistungsaustausch zwischen den Parteien festgeschrieben wurde, erlangte erst mit der Industrialisierung im 18. und 19. Jahrhundert eine überragende Bedeutung.[854]

In Ausnahmefällen entspricht der Normalfall des gegenseitig verpflichtenden Vertrages den Interessen der Parteien jedoch nicht. Dazu gehören insbesondere die Fälle, in denen eine Partei das Risiko der Leistungsbeschaffung nicht beherrschen kann, etwa weil die Beschaffung von Umständen abhängt, die nicht vorhersehbar sind. Hier stehen mit dem unilateral contract bzw. dem bedingten Angebot oder der konditionalen Leistungsverknüpfung besondere Instrumente zur Risikoverteilung zur Verfügung: Derjenige, der die in besonderem Maße risikobehaftete Leistung erbringen soll, wird aus der Verpflichtung, die Leistung um jeden Preis erbringen zu müssen, entlassen und kann jederzeit aus dem geplanten Leistungsaustausch aussteigen. Dies ermöglicht ihm eine fortlaufende, optimale Risikoabwägung zwischen dem Risiko verlorener Aufwendungen einerseits und der Chance auf Erlangen der Gegenleistung andererseits.

Diese Erkenntnis hilft auch bei der Auslegung der Erklärungen der Parteien und bei der im englischen und US-amerikanischen Recht zentralen Frage einer Abgrenzung zwischen unilateral und bilateral contract. Wenn hinsichtlich der Beschaffung einer Leistung eine besonders große Unsicherheit besteht, spricht viel dafür, daß sich die Partei, die diese Leistung erbringen soll, nicht

---

[854] siehe oben I.A.5.4.

verpflichtet hat, die Leistung zu erbringen. Es liegt dann ein unilateral contract oder ein bedingtes Angebot bzw. ein Vertrag mit konditionaler Leistungsverknüpfung vor. Die Frage, ob und unter welchen Umständen sich die andere Partei einseitig von ihrem (bedingten) Leistungsversprechen lösen kann, ist dabei ebenfalls ein Aspekt der Risikoverteilung.

Die Untersuchung der vertraglichen Risikoverteilung hat belegt, daß über die einzelnen Fallgruppen und bestimmte spezielle Interessenlagen hinaus auch allgemeine rationale, wirtschaftliche Überlegungen dazu führen können, daß die Parteien von der Gestaltungsmöglichkeit des unilateral contract oder seiner Gegenstücke im deutschen Recht Gebrauch machen.

Resümee

Der unilateral contract ist eine spezielle Vertragsform des englischen und US-amerikanischen Vertragsrechts. Er ist ein Vertrag über einen Leistungsaustausch, bei dem die eine Partei ihre Leistung verspricht, die andere Partei ihre Gegenleistung jedoch nicht versprechen kann, soll oder will. In dieser Situation kommt im englischen und US-amerikanischen common law ein Vertrag erst zustande, wenn die Partei, die ihre Leistung nicht versprechen konnte, sollte oder wollte, ihre Leistung tatsächlich und vollständig erbracht hat. Dieser Vertrag ist ein unilateral contract. Er enthält lediglich die Leistungsverpflichtung der anderen Partei. Im Gegensatz zum unilateral contract ist der bilateral contract ein Vertrag über einen Leistungsaustausch, bei dem sich beide Parteien gegenseitig ihre Leistungen versprechen.

Im deutschen Recht gibt es keine Vertragskategorie, die dem unilateral contract unmittelbar entspricht.[855] Es lassen sich im Rahmen des allgemeinen Vertragsrecht zwar Gegenstücke konstruieren, insbesondere durch eine konditionale Leistungsverknüpfung. Diese Gegenstücke sind aber nicht vollständig deckungsgleich mit dem unilateral contract.[856]

Ursache dafür ist ein grundlegend unterschiedliches Verständnis des Vertrages und seines Zustandekommens im deutschen Recht einerseits und im englischen und US-amerikanischen Recht andererseits.

Im deutschen Recht folgt die vertragliche Verpflichtung aus dem Vertrag als zweiseitigem Rechtsgeschäft, das durch die Einigung der Vertragspartner zustande kommt.[857] Der Umstand, daß eine Partei eines Leistungsaustauschs sich nicht zu einer Leistung verpflichtet, spielt für das Zustandekommen des Vertrages keine Rolle und kann im Rahmen eines wirksamen Vertrages durch eine konditionale Leistungsverknüpfung berücksichtigt werden.

Das englische und das US-amerikanische Recht arbeiten vordergründig zwar auch mit dem Konzept der vertraglichen Einigung. Entscheidend für das Zustandekommen einer vertraglichen Verpflichtung ist aber das von einer consideration getragene Versprechen der einzelnen Partei.[858] Consideration kann entweder ein Gegenversprechen oder eine tatsächlich erbrachte Gegenleistung sein. Fehlt es an einem Gegenversprechen, kann ein Vertrag als

[855] siehe oben I.B.1.
[856] siehe oben I.B.3.
[857] siehe oben I.B.2.
[858] siehe oben I.A.3.

unilateral contract erst zustande kommen, wenn die Gegenleistung tatsächlich erbracht wurde.

Der unterschiedliche vertragsrechtliche Ansatz führt zu weiteren Divergenzen bei der Frage, ab welchem Zeitpunkt (aus der Sicht des englischen und US-amerikanischen Rechts) beziehungsweise bis zu welchem Zeitpunkt (aus der Sicht des deutschen Rechts) sich eine Partei an dem geplanten Leistungsaustausch festhalten lassen muß.[859] Während das englische und US-amerikanische Recht eine Bindung grundsätzlich erst mit vollständiger Leistungserbringung der nicht leistungsverpflichteten Partei bejahen, entsteht im deutschen Recht eine vertragliche Bindung unabhängig davon, ob eine Gegenleistung erbracht wurde, bereits mit der Einigung.

Der historische Rückblick[860] belegt, daß die Unterschiede zwischen dem englischen und US-amerikanischen Recht einerseits und dem deutschen Recht andererseits in der historischen Entwicklung des Vertragsrechtes begründet sind: Trotz der Übernahme des Konzeptes der vertraglichen Einigung durch Angebot und Annahme aus dem kontinentaleuropäischen Recht im 19. Jahrhundert in das common law werden das englische und US-amerikanische Recht auch heute noch von spezifischen älteren Rechtskonzepten, wie dem der consideration, beherrscht.

Die Unterschiede treten allerdings nur beim unilateral contract in Erscheinung. Beim bilateral contract, der bei weitem häufigeren Vertragsform, decken sich die Erklärungen von Versprechen und Gegenversprechen im Rahmen des consideration-Konzepts mit den Erklärungen von Angebot und Annahme zur Begründung einer Einigung.

Eine Untersuchung der Fallgruppen,[861] in denen das englische und das US-amerikanische Recht mit dem unilateral contract arbeiten, zeigt, daß der Anwendungsbereich des unilateral contract eher in speziellen Randgebieten des Vertragsrechts liegt, die sich aber nur durch den unilateral contract in das allgemeine Vertragsrecht integrieren lassen.

Zu den typischen unilateral-contract-Fallgruppen gehören die Auslobung,[862] der Maklervertrag,[863] der Schulderlaß,[864] die persönliche Forderungssicherung,[865]

---

859 Für das englische und US-amerikanische Recht siehe oben I.A.4;für das deutsche Recht siehe oben I.B.3.3.

860 Für das englische Recht siehe oben I.A.5; für das deutsche Recht siehe oben I.B.2.2.

861 siehe oben Teil II.

862 siehe oben II.A.

863 siehe oben II.B.

das unwiderrufliche Dokumentenakkreditiv,[866] Leistungen zwischen Familienangehörigen, Verwandten und Freunden,[867] bestimmte Verträge im öffentlichen Recht und im Strafrecht[868] sowie - als eine der aktuellsten und zahlenmäßig häufigsten Fallgruppen - Zusagen von arbeitsrechtlichen Sonderleistungen.[869]

Das deutsche Recht hält für viele dieser Fallgruppen, insbesondere den Maklervertrag und die Auslobung, spezielle gesetzliche Regelungen in Abweichung zum allgemeinen Vertragsrecht bereit.

Bemerkenswert ist, daß beide Rechtssysteme in den einzelnen Fallgruppen, zwar auf unterschiedlichen Wegen, letztlich aber doch zu ganz ähnlichen Ergebnissen gelangen.

Die Betrachtung der typischen Fallgruppen des unilateral contract zeigt aber auch, daß im Mittelpunkt sowohl des englischen und US-amerikanischen als auch des deutschen Vertragsrechts nicht der unilateral contract oder seine Gegenstücke, sondern der bilateral contract oder der gegenseitig verpflichtende Vertrag stehen.

Grund dafür liegt im Bereich der vertraglichen Risikoverteilung.[870] Der gegenseitig verpflichtende Vertrag gewährleistet eine vorteilhafte Verteilung der Risiken, die mit der Planung eines Leistungsaustauschs zu einem zukünftigen Zeitpunkt verbunden sind: Indem beim gegenseitig verpflichtenden Vertrag jede Partei die Risiken trägt, die sie besser beherrschen kann, wird insgesamt eine höhere Planungssicherheit des Leistungsaustauschs erreicht. Dies mag auch der Grund dafür sein, daß der unilateral contract im englischen und US-amerikanischen Recht als eine Vertragsform gilt, die zwar theoretisch möglich ist, den Interessen der Parteien aber in der Regel nicht entspricht und folglich bei der Auslegung unklarer Erklärungen normalerweise ausscheidet.

Von dem Normalfall des bilateral contract ausgehend, erschließt sich aber – über die einzelnen Fallgruppen hinaus – ein Anwendungsbereich des unilateral contract oder seiner Gegenstücke im deutschen allgemeinen Vertragsrecht dort,

---

864 siehe oben II.C.
865 siehe oben II.D.
866 siehe oben II.E.
867 siehe oben II.F.
868 siehe oben II.G.
869 siehe oben II.H.
870 siehe Teil III.

wo die Risikozuweisung des bilateral contract oder des gegenseitig verpflichtenden Vertrages den Interessen der Parteien nicht entspricht.[871]

Der gegenseitig verpflichtende Vertrag entspricht den Interessen der Parteien nicht, wenn die Beschaffung der Leistung für eine Partei von Umständen abhängt, die sie schlecht oder gar nicht vorhersehen oder beherrschen kann. Hier steht mit dem unilateral contract und seinen deutschen Gegenstücken eine Risikoverteilung zur Verfügung, die es einer Partei erlaubt, ihr Risiko im Laufe ihres Leistungsversuches stets neu zu bewerten und aus dem Leistungsaustausch auszusteigen, wenn Chancen und Risiko nach ihrer Einschätzung nicht mehr in einem angemessenen Verhältnis stehen. Denn bei einem unilateral contract ist sie nicht verpflichtet ihre Leistung zu erbringen, ihr Risiko beschränkt sich darauf, daß sie, bei dem Versuch die Leistung zu erbringen, unter Umständen vergebliche Aufwendungen hatte.

---

[871] siehe oben III.B.2.3.

Exit: The bearded lady

Zu der Unterscheidung zwischen dem unilateral und dem bilateral contract hat Llewellyn mit seiner besonderen Vorliebe für bildliche Vergleiche festgestellt:

> „To be sure, no line of analysis can properly said to be wrong, merely because it divides mankind, say, into such a dichotomy as those who are bearded ladies and those who are not. But such a line of analysis does suggest the presence of more bearded ladies than there are, which tends to be misleading. And it raises the question as to just who is a bearded lady, and what the consequences are of being one, which may be fascinating and certainly offer dramatic teaching possibilities, but which still are hardly the most useful training material to be had for a crowded curriculum."[872]

> Freilich kann man eine Argumentation nicht schon deshalb als wirklich falsch bezeichnen, nur weil sie beispielsweise die Menschheit in bärtige und nicht bärtige Damen einteilt. Aber eine solche Argumentation impliziert die Anwesenheit von mehr bärtigen Damen, als tatsächlich vorhanden sind, was tendenziell irreführend ist. Und sie führt zu weiteren Fragen danach, wer nun eigentlich eine bärtige Dame ist, und welche Folgen sich daraus ergeben, wenn man eine ist, die faszinierend sein können und dramatische Unterrichtsmöglichkeiten eröffnen, aber dennoch wohl kaum das sinnvollste Übungsmaterial in einem überfüllten Lehrplan sein dürften.

Abgesehen von der von Llewellyn bewußt provozierten negativen Konnotation (der unilateral contract soll einer Abnormalität, nämlich einer bärtigen Dame gleichen),[873] hat diese Arbeit belegt, daß sein Vergleich auch aus sachlichen Gründen unzutreffend ist.

Denn im Gegensatz zur bärtigen Dame ist der unilateral contract keine bloß ordnende Bezeichnung für eine von der Natur vorgegebene Erscheinung. Er ist auch keine sinnleere Kategorie, die von der Rechtswissenschaft allein aus Gründen der Symmetrie gebildet wurde.[874] Vielmehr lassen sich im englischen und US-amerikanischen Recht allein mit dem unilateral contract die Fälle eines Leistungsaustauschs erfassen, in denen eine Partei aufgrund einer besonderen Interessenlage keine Leistungsverpflichtung eingehen kann, will oder soll.

Richtig ist freilich, daß der gegenseitig verpflichtende Vertrag, der bilateral contract, das Paradigma des Vertrages in einer modernen Wirtschaftsgesellschaft ist. Diese Erkenntnis wurde durch die Untersuchung des unilateral contract bestätigt.

---

[872] Llewellyn, Our Case-Law of Contract: Offer and Acceptance, I., 48 Yale L.J. 1, 36 (1938/39).

[873] Llewellyn ist ein erklärter Gegner des unilateral contract: siehe oben I.A.4.1.4.

[874] Anderer Ansicht ist Llewellyn, On the Good, Fine and Beautiful in Law, 9 Chicago L.Rev.224, 228 f.(1942), siehe oben I.A.6.

Kolibri 360 GmbH
Ferdinand-Jühlke-Straße 7
99095 Erfurt, Deutschland
produktsicherheit@kolibri360.de

Druck:
CPI Druckdienstleistungen GmbH
im Auftrag der
Kolibri 360 GmbH
Ferdinand-Jühlke-Str. 7
99095 Erfurt